JN116955

寺本康之 著

エクシア出版

はじめに

「債権」とは、特定人に対して一定の行為を要求する権利です。「物権」とは異なり、物に対する支配権ではないので、目に見えません。それゆえとても抽象的であり、勉強する上でも難しく感じると思います。実際、何とか民法Ⅰをクリアしてきた受験生の中にも、民法Ⅱの債権分野で完全にノックアウトする人が出てくるかもしれません。ただ、ご安心ください。そんなことにならないように、本書では事例や図を交えて丁寧に説明するように心がけました。抽象的な事象をなるべく可視化することで理解が進むように配慮してあります。

一方、「家族」は「親族」と「相続」に分かれます。試験では出題されても1問（出題されない試験種もある）なので、効率を意識してテーマを絞りました。いらないテーマはバッサリとやっちゃいました。このメリハリが試験対策的には重要だと考えたためです（楽をしているわけではない）。

本書の特徴は、まわりくどい説明は一切カットし、シンプルな解説に徹している点にあります。したがって、学問としての民法を無視して割り切って読み進められると思います。また、私が普段教えている内容をそのまま書き起こしたので、講義を受けている感覚で読み進めることができるでしょう。

近年、民法は改正が相次いでいます。特に債権・家族はフルボッコに改正されており、またいつ変わるかわからない状況です。しかし、条文を押さえておけば解けるという本質は変わらないので、それらを一つひとつビシッと押さえていけば怖くありません。是非本書を利用して民法を得意科目にしていただきたいと思います。最後に手前味噌ではありますが、畑中先生をはじめ、怒涛の校正作業で私の拙文をプラチナカードレベルまで引き上げるべく何度も推敲してくださったエクシア出版のスタッフの皆様に改めて感謝の言葉を申し上げます。

寺本康之

CONTENTS

はじめに 3

How to use The BEST 6

民法について 8

1 債務不履行 10

2 受領遅滞 29

3 債権者代位権 35

4 詐害行為取消権 52

5 多数当事者の債権債務 74

6 保証 91

7 債権譲渡 111

8 債務引受 132

9 弁済 139

10 供託 157

11 相殺 161

12 契約の成立 182

13 同時履行の抗弁権 187

14 危険負担 195

15 第三者のためにする契約 201

16 解除 204

17 定型約款 218

18 売買 223

19 贈与 240

20 消費貸借・使用貸借 245

21 賃貸借 258

22 請負 283

23 委任 294

24 寄託・組合・和解 303

25 事務管理 315

26 不当利得 322

27 不法行為 333

28 親族 358

29 相続 382

索引 406

How to use The BEST

重要度
星3つまでの3段階。星が多いほど民法を理解するために大切。

頻出度
星3つまでの3段階。星が多いほど試験で出題される頻度が高め。

1

債務不履行

重要度
★★★
頻出度
★★★

まず、1章では契約違反、すなわち債務不履行の問題を扱っていく。契約違反をされてしまうと困るのは相手方……。その相手方を保護するために民法はどのような手段を認めているのだろうか？

ランク
A … 受験生なら誰しもが知っている超重要知識
B … 合格者なら知っている重要知識

A被用者には不法行為の要件が備わっていなければなりません。この点は、責任無能力者の監督者責任とは大きく異なる点なので注意しましょう。ちなみに、B被用者の失火について使用者責任を認めるためには、「被用者」に重過失があることが求められます（最判平7・1・24）。「使用者」を基準とするのではなく、あくまでも「被用者」を基準として重過失の有無を考えていくのです。

判例
公務員試験で過去複数回出題されたことがあるものを列挙。メリハリをつけて学習しましょう。

PLAY! 理解度チェック

1. 債権者が債務の履行を受けることを拒み、又は受けることができない場合において、その債務の目的が特定物の引渡しであるときは、債務者は、履行の提供をした時からその引渡しをするまで、(　　　　)をもって、その

1.
自己の財産に対するのと同一の注意

PLAY!
とくに試験で問われそうなコア知識の簡単なQ＆A。理解度をチェックしましょう。

TRY!
実際の本試験問題で知識を確認。解くことよりも読んで誤りを確認することの方を重視しましょう。

TRY! 本試験問題に挑戦

詐害行為取消権に関するア～オの記述のうち、妥当なもののみを全て挙げているのはどれか。　【国家一般職 R2】

ア. 債権者は、その債権が詐害行為の前の原因に基づいて生じたものである場合に限り、詐害行為取消請求をすることができる。

ア. ○
そのとおり。
被保全債権が詐害行為後に生じたものであっても、詐害行為の「前の原因」に基づいて生じたものであれ

図
判例や通説、理解のポイントなどをわかりやすくまとめています。複雑な内容がイメージできるよう、本書では図を多く取り入れています。

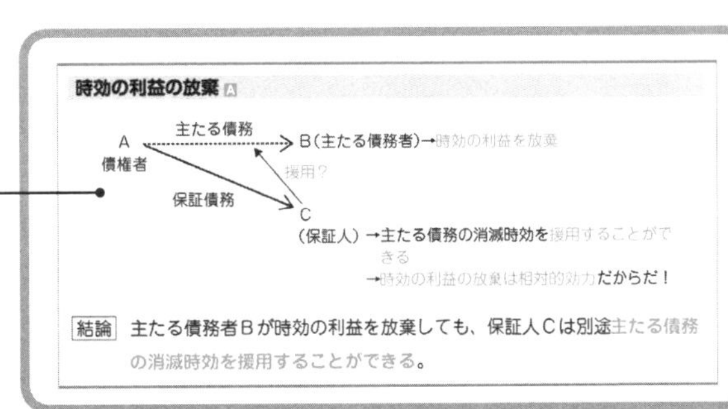

民法について

民法とは

民法は、私人間で起こり得る法律問題につき、その権利義務関係を規律している法律で、難しく言うと「**私法の一般法**」ということになります。ん～……よく分かりませんね（笑）。ただ、一般法ということなので、網羅性があります。つまり、私人間で何かトラブルが起こったときには、民法を見れば大体解決できてしまうということですね。とりあえず最初のうちは、**契約をはじめとする財産関係や婚姻や離婚、相続などの家族関係をメインに取り扱っている法律**くらいに思っておくとよいでしょう。

民法の基本原則

民法には大切な基本原則があります。これは１条に規定されているのですが、最初に少しこの点について触れておきます。

まず、１条１項には、「**私権は、公共の福祉に適合しなければならない**」と規定されています。これは、個人が私的に持っている権利は、公共の福祉、つまり社会一般の利益に適合しなければならないということを意味しています。次に１条２項では「**権利の行使及び義務の履行は、信義に従い誠実に行わなければならない**」と規定されています。これは非常に大切な原則で、「信義誠実の原則（信義則）」と言います。契約などにおいては、相手を裏切ることなく、誠実に権利を行使し、義務を果たさなければならないということです。要は、契約の場面ではみんな紳士淑女でなければならないということですね（笑）。さらに、１条３項では「**権利の濫用は、これを許さない**」と規定されています。要するに、いかに自分に権利がある場合でも、それをみだりに行使してはいけないということを意味しています。

以上、民法はこのような素晴らしい基本原則の下、成り立っているのです。

債権・家族について

債権法は、多くの受験生が苦手にする厄介な分野です。実際、総則・物権と比べても条文自体が分かりにくく、イメージがわきにくいと思います。ただ、結局は主に契約を中心に勉強することになるので、全く分からない……ということにはならないと思われます。利害関係をしっかりと把握して、条文の意味を理解するように心がけましょう。

ちなみに、本書では説明を「**条文そのままの表現**」を使ってするように心がけました。これに慣れておかなければ問題が解けないからです。したがって、「あえてそうしたのだ」と思ってください。一方、**家族法は、あまり試験では出題されませんので、最小限の労力で乗り切ってください。**ただ、身内関係を勉強したり、人が死んだときの財産関係を勉強したりするので個人的にはおもしろい分野だと思いますが……。

いずれにしても完璧な理解はできないのが債権・家族です。ですから、受験生である皆さんは、「勇気ある割り切り」に徹するべきでしょう。**問題が解ければそれでいいのです。**

1 債務不履行

重要度
★★★
頻出度
★★★

まず、1章では契約違反、すなわち債務不履行の問題を扱っていく。契約違反をされてしまうと困るのは相手方……。その相手方を保護するために民法はどのような手段を認めているのだろうか？

1 債務不履行

（1）債務不履行とは？

「債務不履行」とは、債務者がその債務の本旨に従った履行をしないこと又は債務の履行が不能であること、すなわち、債務の内容どおりの給付をしないことを言います（415条）。もっと簡単に言うと、債務者のせいで契約違反が生じたケースのことです。これを民法ではあえて債務不履行と呼んでいるわけです。ここではまず「債権」と「債務」について説明しておきます。これは今後ずっとお付き合いしていく用語なので、最初に覚えてしまいましょう。

債権は特定人に対して一定の行為を要求する権利です。一方、債務は特定人に対して一定の行為をしなければならない義務です。例えば、売買契約（555条）では、以下のような関係になります。

債権と債務 A

AはBに対して自動車を売却した。

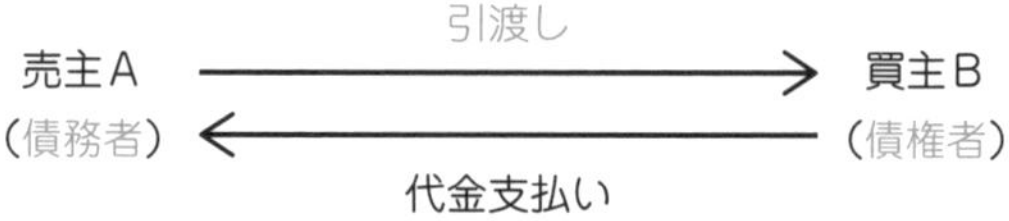

結論 「引渡し」については、売主Aが債務者、買主Bが債権者である。よって、BはAに対して自動車の引渡しを請求することができる。

何となく分かりましたか？ 「引渡し」について着目すると、売主Aは自動車を引き渡す義務を負うことになるので、債務者となります。一方、買主Bは自動車を引き渡してくれと請求できるので、債権者となります。ただ、1点注意してください。

Bこれはあくまでも「引渡し」を基準にしたときの話です。「代金支払い」に着目すると、売主Aは代金を請求していく側になるので、債権者となり、逆に買主Bは代金を支払わなければならないので、債務者となります。このように、Aどの矢印に着目するかで債権者・債務者の交替が生じることになるのです。試験的には「引渡し」に着目することが非常に多いので、まずは売主Aが債務者、買主Bが債権者という例から覚えるといいでしょう。

債権について、民法は選択債権に関する条文を置いています。選択債権とは、債権の目的が数個の給付の中から選択によって定まるものを言います。リンゴかミカンかのどちらかを売買の目的として引き渡すような場合が該当します。この場合、その選択権は、債務者に属するとされています（406条）。つまり、債務者である売主がリンゴかミカンかを決めるということです。しかし、B債権が弁済期にある場合においては、相手方から相当の期間を定めて催告をしても、選択権を有する当事者がその期間内に選択をしないときは、その選択権は、相手方に移転するとされています（408条）。ですから、売主がもたもたしていると、選択権が買主側に移ってしまうわけです。また、B第三者が選択をすべき場合には、その選択は、債権者又は債務者に対する意思表示によってします（409条1項）。この場合に、第三者が選択をすることができず、又は選択をする意思を有しないときは、選択権は、債務者に移転してしまいます（409条2項）。原則に戻って債務者に選択権が移るというわけです。

この選択権は、相手方に対する意思表示によって行使するよ（407条１項）。そして、この意思表示は、相手方の承諾を得なければ、撤回することができない（407条２項）。さらに、選択は、債権の発生の時に遡ってその効力を生ずるんだけど、第三者の権利を害することはできない（411条）。

なお、B債権の目的である給付の中に不能のものがある場合において、その不能が選択権を有する者の過失によるものであるときは、債権は、その残存するものについて存在することになります（410条）。例えば、売主Aが買主Bに対してリンゴかミカンを引き渡す場合で、Aが選択権を有するときは、Aの過失によってリンゴが腐ってしまった（不能）のであれば、残りのミカンを引き渡すことになります。つまり、引渡しの目的物をミカンに特定するわけです。これが逆にBの過失であったときは、Aは残存するミカンではなく、あえて不能になったリンゴを選択して、Bに引き渡さないこともできます。これをまとめると次のようになります。

不能による選択債権の特定 B

○＝特定　×＝特定せず

	債務者が選択権	債権者が選択権	第三者が選択権
債務者の過失	○	×	×
債権者の過失	×	○	×
第三者の過失	×	×	○

さて、いよいよ債務不履行の類型を見ていきます。この債務不履行には、①**履行遅滞**、②**履行不能**、③**不完全履行**の３つの類型があります。これは要するに、契約違反の種類が３つあると考えると分かりやすいと思います。

債務不履行の類型 B

履行遅滞	履行期になったのに、ずるずると履行しないこと。引渡し日になったのに、目的物を引き渡さない場合など。
履行不能	履行期に履行することができないこと。引渡し日前に目的物が滅失した場合や、契約時に既に目的物が滅失していた場合など。
不完全履行	履行期に履行したが、その履行が不完全なこと。引渡し日に目的物（例えばリンゴ）を引き渡したが、そのうち半分が腐っていた場合など。契約の内容に適合していないので債務不履行と解釈されます。

（2）債務不履行の概要

債務不履行が**債務者の帰責事由**に基づくときは、債権者は**損害賠償を請求することができます**（解除もできるが、この場合は債務者の帰責事由は不要）。この帰責事由とは、債務者の責めに帰することができる事由を指し、**契約**その他の債務の発生原因及び**取引上の社会通念**に照らして判断されます（415条１項）。ですから、A例えば、「引渡し」が不能になったとしてもそれが売主である債務者の帰責事由に基づくものでなければ債務不履行に基づく損害賠償は認められません。次の図で確認してみましょう。

債務不履行 A

●履行不能の例

AはBに中古車を売却したが、Aの帰責事由により滅失し引き渡すことができなくなった。

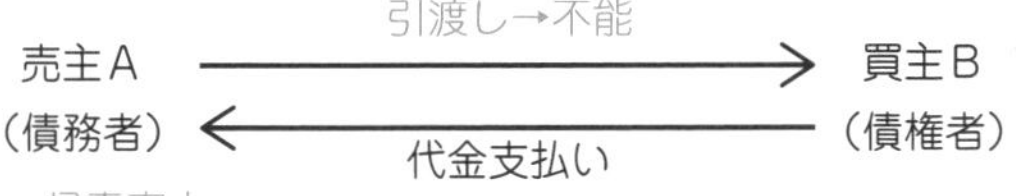

売主Aの「帰責事由」が必要

結論 債務不履行が**債務者の帰責事由**に基づくときは、債権者は**損害賠償を請求できる**。また、契約を解除することもできる（解除する場合は債務者の帰責事由は不要）。

なお、債務者が任意に債務の履行をしないときは、債務の性質が許す限り、債権者は民事執行法などの規定を使って直接強制、代替執行、間接強制その他の方法による**履行の強制**を裁判所に請求することができる（414条１項）。この場合にも**損害賠償の請求は可能**だよ（414条２項）。

なお、債務者の帰責事由は裁判の場面では A **「債務者」が免責事由として主張・立証する責任**を負います（415条１項ただし書）。これは「債務者」の側が、「今回の債務不履行について、私には帰責事由がありません」と主張・立証しなければならないということです。もしこれができなければ、損害賠償を請求されてしまうのです。なぜ、このような主張・立証責任になるのかと言うと、契約違反が生じたという客観的な事実がある以上、「債務者が悪かった」と考えるのが一般的だからです。ですから、その責任を免れたいのであれば、その一般的な考えを債務者自身で覆す必要があるのです。

なお、不法行為の損害賠償の場面では、**「債権者」（被害者）が加害者の故意又は過失を主張・立証する**んだよ。この点は後述するね。

（３）履行遅滞の要件

①履行期に履行が可能なこと

これは履行不能と区別するために設けられた要件です。

②債務者が弁済の提供をせずに履行期を徒過したこと（412条）

この履行期の徒過については覚えることがたくさんあります。いわゆる「**履**

行遅滞の起算点」という論点があるからです。これは要するに、いつから履行遅滞になるのですか？ という問題です。債務の種類によって、履行期に違いがあるので、一つひとつ見ていくことにします。

履行遅滞の起算点 A

	履行遅滞の起算点
確定期限のある債務	期限到来時（412条１項）
不確定期限のある債務	期限の到来した後に履行の請求を受けた時又は期限の到来したことを知った時のいずれか早い時（412条２項）
期限の定めのない債務	履行の請求を受けた時（催告時）（412条３項）
債務不履行に基づく損害賠償債務（415条）	履行の請求を受けた時（催告時）（412条３項）∵期限の定めのない債務となるから
返還時期の定めのない消費貸借債務	履行の請求（催告）をしてから相当期間経過後（591条１項）
不当利得返還債務（703条・704条）	履行の請求を受けた時（催告時）（412条３項）∵期限の定めのない債務となるから
不法行為に基づく損害賠償債務（709条以下）	不法行為時（損害発生と同時に遅滞に陥る）∵被害者救済の観点から、即遅滞にして、損害賠償をたくさんとらせる

不法行為とは、今のところ交通事故のケースだと思っておこう。つまり、事故でケガをしたときの損害賠償の話だよ。

この履行遅滞の起算点は、民法Ｉの消滅時効の起算点とよく似ていますね。ただあちらの議論との関連性はとくにありません。間違えやすいものとしては、「不確定期限のある債務」がよく挙げられます。A「期限の到来した後に履行の請求を受けた時又は期限の到来したことを知った時のいずれか早い時」とは、債権者から「早く払ってよ」と言われたのが先か、債務者自身が期限の到来を知ったのが先か、という問題ですね。早い方に合わせるのがポイントです。

また、「返還時期の定めのない消費貸借債務」は、だいたい「期限の定めのない債務」と同じように考えていくわけですが、「相当期間経過」というものが入るので注意を要します。例えば、金銭消費貸借契約を締結し、期限の定めを

お金を貸す契約だよ。

しなかった場合、貸し付けた次の日に履行の請求をすればすぐに遅滞になるというのでは、お金を借りた意味がありませんよね。お金を借りる行為にはそれを運用することも当然含まれるわけですから、その運用の利益を守るために客観的に相当期間が経過しなければ履行遅滞にならないようにしたのです。

③履行しないことが違法であること

債務者が**同時履行の抗弁権**や**留置権**を主張している場合には、履行しないことが違法とならないため、相手方に履行を強制できません。したがって、債務者は履行遅滞責任を負わなくてすみます。結局、このように履行遅滞を正当化する要素が相手方に備わっている場合には損害賠償を請求することはできないのです。

④債務者に帰責事由があること

債務者が帰責事由不存在（免責事由）を立証したときは損害賠償を請求できません（前述のとおり）。

なお、A **金銭債務**の損害賠償については、「債務者は、不可抗力をもって抗弁とすることができない」とされていることから（419条３項）、帰責事由がなくても責任を負わなければなりません。つまり、損害賠償をしなければなりません。例えば、あなたが誰かから金銭を借りていて弁済期になっても弁済しないとしましょう。このとき、あなたは自身に帰責事由がなくても遅滞の責任を負わなければなりません。遅滞原因が不可抗力でも言い訳にならないのです。というわけで、くれぐれも金銭債務には注意しましょう（笑）。

> 金銭債務は履行不能にはならないよ。「金銭」という概念がこの世から消えることはないでしょ。だから遅滞にしかならないんだ。

（４）履行不能の要件

①履行が社会通念上不能であること

まず、A 不能は**原始的不能であろうと後発的不能であろうと問いません**。原始的不能とは、契約成立時に履行が既に不可能な場合を言い、例えば、建物の売買契約をしたのに、契約成立時に既に当該建物が焼失していたようなケースを指します。一方、後発的不能とは、契約成立後に履行が不可能となった場合を言います。先ほどの事例で言うと、建物の売買契約をした後に、当該建物が焼失したようなケースを指します。原始的不能であれ、後発的不能であれ、契約は有効に成立するのが前提とされているわけです。ただし、契約締結前の説明義務違反について、判例は、契約の一方当事者が、当該契約の締結に先立ち、**信義則上の説明義務に違反**して、当該契約を締結するか否かに関する判断に影響を及ぼすべき情報を相手方に提供しなかった場合には、一方当事者は、相手方が当該契約を締結したことにより被った損害につき、[B]不法行為による賠償責任を負うことがあるのは格別、当該契約上の**債務の不履行による賠償責任を負うことはない**としています（最判平23・4・22）。応用判例ではありますが、一応覚えておくとよいでしょう。

次に、不能か否かは、社会通念によって判断されるため、物理的不能だけでなく、[A]二重譲渡で敗れた場合のような**法律的不能も含まれます**。

社会通念とは、「社会一般の常識」という意味だよ。

また、[A]**履行期到来前**でも、給付が社会通念上不能となれば、履行不能となります。履行期まで待つ必要はないということですね。

法律的不能とは？ [A]

●二重譲渡のケース

AはBに土地を売却し、その後Cにも土地を売却した。そして、Cが当該土地につき先に登記を備えた。

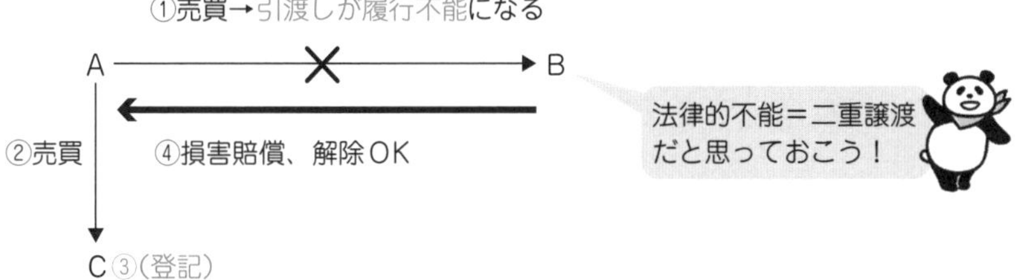

結論　二重譲渡でCが先に登記を備えた場合（③）、**その時点**（②売買の時点ではない）で「Bに対して目的物を引き渡す債務」が**Aの帰責事由により履行不能となる**（二重譲渡は当然Aの帰責事由あり）。よって、二重譲渡で負けたBは、Aに対して債務不履行に基づいて、損害賠償を請求することができる。また、契約を解除することもできる。

②その不能が違法であること

これは履行遅滞の場合と同じです。

③債務者に帰責事由があること

履行遅滞の場合と同様に債務者が帰責事由不存在（免責事由）を立証したときは、損害賠償を請求できません。ただ、A債務者の帰責事由に基づく履行遅滞中に履行不能となった場合（遅滞中の不能）、その責任を債務者に負わせるのが公平です。したがって、債務者がその債務について遅滞の責任を負っている間に当事者双方の責めに帰することができない事由によってその債務の履行が不能となったときは、その履行の不能は、債務者の責めに帰すべき事由によるものとみなされます（413条の2第1項）。例えば、既に債務者の帰責事由により履行遅滞に陥っていたところに追い打ちをかけるように地震が発生、目的物が滅失したとしましょう。この場合、目的物の滅失自体は不可抗力と言えるわけですが、そもそも履行遅滞に陥った時点で帰責事由があるわけなので、債務不履行責任を負わせてしまうのです。

（5）債務不履行による損害賠償

債務者がその債務の本旨に従った履行をしないとき又は債務の履行が不能であるときは、債権者は、損害賠償を請求することができます。前述しましたが、損害賠償を請求するためには、債務者に帰責事由がなければなりません（415条1項）。損害賠償を請求されたくなければ、債務者の側で帰責事由不存在（免責事由）につき立証しなければなりません。しつこいようですが、もう一度確認しておきます。そして、民法は、債権者が債務者に対してその債務の履行に代えて不履行による損害の填補を請求できる場合を列記しています。これを「填補賠償（てんぽばいしょう）」と呼ぶのですが、具体的には以下3つの場面で填補賠償が認められます。

損害賠償は、別段の意思表示がないときは、金銭をもってその額を定めることになっている(417条)。これを「金銭賠償の原則」と言うよ。

例えば、100万円の自動車を買ったのに当該自動車が滅失して履行不能になった場合は、自動車の価格100万円が填補賠償の額ということになるね。ちなみに、履行が遅滞したことによって生じた損害を賠償することを「遅延賠償」と呼ぶよ。自動車の引渡しが遅滞したので、代用車を手配したような場合における当該レンタル料がこれに当たるよ。

填補賠償が認められる場合（415条２項）Ａ

①債務の履行が不能であるとき（履行不能の場合）

②債務者がその債務の履行を拒絶する意思を明確に表示したとき（明確な履行拒絶のケース）

③契約が解除され（債務不履行の解除のみならず合意解除なども含む）、又は債務不履行により契約の解除権が発生したとき

※②のケースでは、債権者は本来の債務の履行と填補賠償のいずれを請求してもよい。また、③は解除権が発生すればよいので、解除権を行使しなくても填補賠償は可能。

（６）損害賠償の範囲

では、実際に債務不履行があったときには、いくら損害賠償が可能なのでしょう？まず、債務不履行によって生じた損害をすべて請求できるとは考えません（笑）。賠償の範囲が無限に広がってしまうからです。したがって、相当因果関係による絞りをかけ、あまりにも突飛な因果経過をたどる損害は賠償の範囲から外していくのです。次の図で具体的に見ていきましょう。

通常生ずべき損害＝通常損害 Ａ

民法416条１項
債務の不履行に対する損害賠償の請求は、これによって通常生ずべき損害の賠償をさせることをその目的とする。

買主Ｂは、自動車を100万円で買い取り（既にＡに代金を支払った）、それを150万円でＣに転売することを予定していた。それにもかかわらず、Ａの債務不履行により転売することができなかった。

結論　債権者Bは、支払った自動車の代金100万円のみならず、転売で得られたはずの**50万円の差益**も請求できる。つまり、合わせて150万円の損害賠償請求が可能である。

特別の事情によって生じた損害＝特別損害 A

民法416条２項
特別の事情によって生じた損害であっても、**当事者**がその事情を予見すべきであったときは、債権者は、その賠償を請求することができる。

買主Bは、自動車を100万円で買い取り（既にAに代金を支払った）、それを（150万円ではなく）200万円でCに転売することを予定していた。というのも、当該車種が現在、希少であることを理由に価格が騰貴（とうき）していたからである。それにもかかわらず、Aの債務不履行により転売することができなかった。

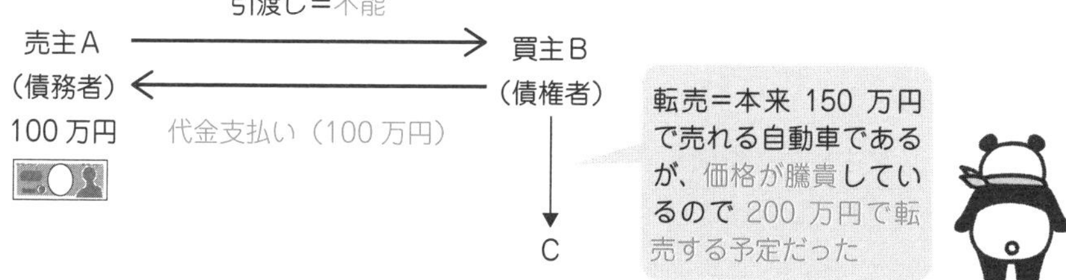

結論　債権者Bは、目的物の価格の騰貴という特別の事情を**債務者A**（条文は「**当事者**」となっている）が**債務不履行時**に予見すべきであったことを主張・立証できれば、支払った自動車の代金100万円のみならず、転売で得られるはずであった**100万円の差益**まで請求することができる。つまり、合わせて200万円の損害賠償請求が可能である。あくまで、予見すべき時期は**「債務不履行時」を基準**にするので注意しよう。

ちなみに、**金銭債務**については特則が用意されています。すなわち、金銭債務の不履行については、その損害賠償の額は、債務者が遅滞の責任を負った最初の時点における**法定利率**によって定まります。ただし、A約定利率が法定利率を**超えるとき**は、**約定利率に**よります（419条１項ただし書）。町金なんかは約定利率を定めて金儲けをしていますね。また、Aこの損害賠償について、債権者は**損害の証明をすることを要しません**（419条２項）。

法定利率は、年３％とされているんだけど、法務省令で定めるところにより、３年を１期として、１期ごとに利息を見直すことになっている(404条２項、３項)。これを「変動制」と言うよ。つまり、とりあえず最初は３％としておいて、その後一定期間ごとに市場の動向を見極めながら法定利率を計算しなおすというわけだ。

なお、将来において取得すべき利益についての損害賠償の額を定める場合に、その利益を取得すべき時までの利息相当額を控除するときは、Bその損害賠償の請求権が生じた時点における**法定利率**に基づいてすることになります（417条の２第１項)。これを「**中間利息の控除**」と言います。

（７）過失相殺

「**過失相殺**」とは、たとえ債権者が債務者に対して損害賠償を請求できる場合でも、損害の発生が**「債権者」のせい（過失）でもある**というときに、その賠償額を調整する制度です。つまり、損害を被ったのが自分のせいでもあったという場合には、その過失分を賠償額から差し引かれてしまうということです。趣旨は、「**損害の公平な分担**」です。民法418条には、「債務の不履行又はこれによる損害の発生若しくは拡大に関して債権者に過失があったときは、裁判所は、これを考慮して、損害賠償の**責任**及びその**額**を**定める**」と規定されています。

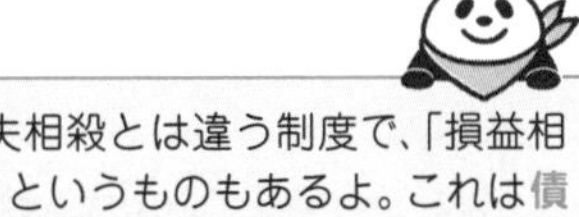

過失相殺とは違う制度で、「損益相殺」というものもあるよ。これは**債権者が損害を受けたのと同時に利益を受けた場合**に、その利益分を損害賠償額から控除する制度だ。医療過誤で患者が死亡した場合における損害賠償で、損害賠償額から死んだ人のその後の（かかるはずであった）生活費を差っ引くような場合がこれに当たる。判例では、遺族年金について損益相殺を認めたものや、香典や生命保険金などについて損益相殺を否定したものなどがあるよ。

過失相殺 A

買主B（債権者）は売主A（債務者）の履行遅滞により10万円の損害を被った。しかし、Bにも３割の過失があった。

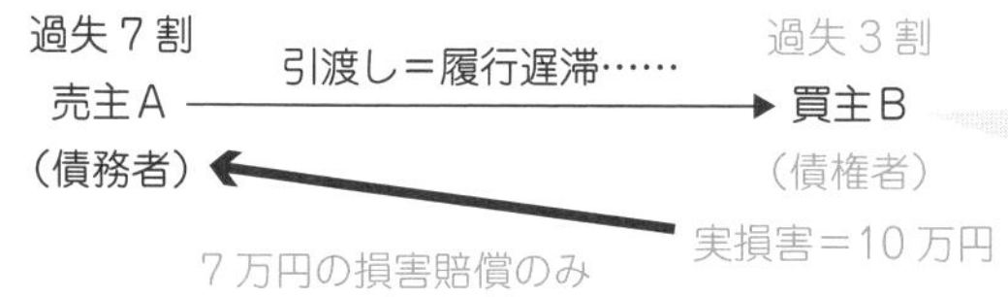

例えば、転居したのに債務者Aに通知しなかったなど＝過失あり

ちなみに、債務不履行に基づく損害賠償の場面における過失相殺は、B 額の調整だけでなく、賠償責任自体を否定することもできます。債権者の過失割合を10割と認定し、損害賠償自体をできなくしてしまうことも可能なのです。また、B 裁判所は過失相殺事由がある場合はそのことを必ず考慮しなければなりません。

ちなみに、不法行為に基づく損害賠償の場面では、賠償責任を否定することはできないし、裁判所は任意で考慮すればいいんだ。ただこの点は後で勉強しよう。

（８）損害賠償額の予定

契約の当事者は、債務不履行について損害賠償の額を予定することが可能です（420条１項）。これは、賠償額の無用なトラブルを防止するために、あらかじめ債務不履行が起こったときの賠償額を決めておくというものです。B 損害賠償額の予定をした場合は、損害の発生及びその額の証明が不要（つまり、債務不履行の事実さえ証明すればよい）となるのみならず、基本的に裁判所もこれに拘束されるので、当事者があらかじめ定めた賠償額が実際に発生した損害よりも過大または過小であっても、賠償額を増減することができなくなります。ただし、不相当に過大な賠償額の予定がなされている場合（公序良俗に反するような場合）は、その予定条項自体が無効となります。よって、その場合は一定の減額が認められることになります。なお、損害賠償額が予定されている場合であっても、本来の履行を請求することや、契約を解除することはできます（420条２項）。また、債権者に過失がある場合には、

契約書に違約金条項があれば、この損害賠償額の予定だと考えていいよ。

過失相殺により賠償額を減額することはできます（最判平6・4・21）。この点には注意しましょう。

損害賠償額の予定は、当事者が金銭でないものを損害の賠償に充てるべき旨を予定した場合について準用されます（421条）。つまり、金銭ではないものを損害賠償として予定することもできるというわけです。

（9）損害賠償による代位

B債権者が、損害賠償として、その債権の目的である物又は権利の価額の全部の支払いを受けたときは、債務者は、その物又は権利について**当然に債権者に代位**します（422条）。これを「**損害賠償による代位**」と言います。これは**債権者が二重の利益を受けることを防止**するための制度です。次の図で確認してみましょう。

損害賠償による代位 B

AはBから時計を借りていたが、自宅保管中に自己の帰責事由によって何者かに盗まれてしまった。そこで、AはBに対して、返還債務の履行不能につき損害賠償金を支払った（債務不履行に基づく損害賠償）。その後、時計がCに盗まれたことが分かった。さて、この場合、AとBのどちらが、時計の所有権を主張することができるのか？

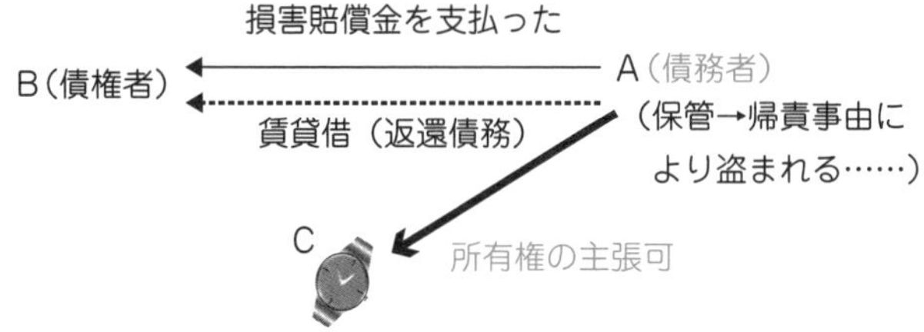

結論　既に損害賠償をした債務者Aは、**債権者Bに代わって当該物に対する権利を行使することができる**。つまり、Aが時計に対する所有権を主張することができる。

理由　Bは既に損害賠償金を受け取っており、損害は填補されているので、Bに所有権を主張させると**二重の利益**を受けることになってしまう。

(10) 代償請求権

債務者が、その債務の履行が不能となったのと同一の原因により債務の目的物の代償である権利又は利益を取得したときは、B債権者は、その受けた損害の額の限度において、債務者に対し、その権利の移転又はその利益の償還を請求することができます（422条の2）。これを「代償請求権」と言います。

代償請求権 B

AはBに建物を1000万円で売却したが、引渡し前に第三者による放火により当該建物が焼失した。Aは当該建物について火災保険をかけていたので、火災保険金1000万円の支払いを受けた。

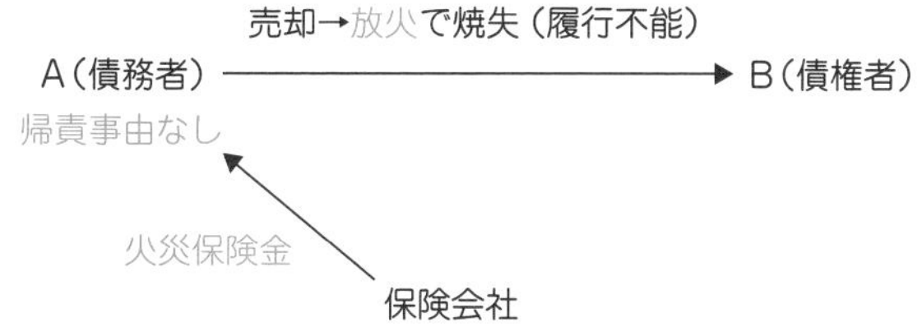

結論　BはAに対して、Aが受領した火災保険金1000万円をよこせと請求できる。なお、この代償請求権と債務不履行に基づく損害賠償請求権は別の権利であるが、債務者に帰責事由がある場合にも代償請求権が認められるかについては争いがある。

PLAY! 理解度チェック

1. 債務不履行の効果とは？

2. 債務不履行に基づく損害賠償の場面において、債務者の帰責事由は裁判の場面では誰が主張・立証する責任を負うのか？

3. 不確定期限のある債務はいつから履行遅滞になるのか？

4. 期限の定めのない債務はいつから履行遅滞になるのか？

5. 返還時期の定めのない消費貸借債務はいつから履行遅滞になるのか？

6. 金銭債務の特徴は？

7. 履行不能には原始的不能も含まれるのか？

8. 債務者がその債務について遅滞の責任を負っている間に当事者双方の責めに帰することができない事由によってその債務の履行が不能となったときは、その履行の不能は、債務者の責めに帰すべき事由によるものとみなされるのか？

1.
損害賠償ができる。また、解除することもできる。

2.
「債務者」が帰責事由不存在を主張・立証する責任を負う。

3.
期限の到来した後に履行の請求を受けた時又は債務者が期限到来を知った時のいずれか早い時から。

4.
履行の請求を受けた時から。

5.
履行の請求をしてから相当期間経過後に履行遅滞となる。

6.
履行不能にならない、不可抗力をもって抗弁とすることができない、損害の証明が不要。

7.
含まれる。

8.
みなされる。

9. 填補賠償が認められる場合とは？　３つ挙げよ。

9.
①履行不能の場合、②明確な履行拒絶のケース、③合意解除などで契約が解除され、又は債務不履行により契約の解除権が発生したとき。

10. 特別事情によって生じた損害を賠償請求できる場合とは？

10.
当事者（債務者）が、債務不履行時にその事情を予見すべきであった場合。

11. 債務の不履行又はこれによる損害の発生若しくは拡大に関して債権者に過失があったときは、裁判所は、これを考慮して、損害賠償の（　①　）及びその（　②　）を定めることとなる。これを「過失相殺」と呼ぶ。

11.
①責任　②額

12. 損害賠償額の予定をした場合は、損害の発生及びその額の証明が必要か？

12.
不要である。

13. 債務者が、その債務の履行が不能となったのと同一の原因により債務の目的物の代償である権利又は利益を取得したときは、債権者は、その受けた損害の額の限度において、債務者に対し、その権利の移転又はその利益の償還を請求することができる。これを（　　　　）と言う。

13.
代償請求権

TRY! 本試験問題に挑戦

債務不履行に基づく損害賠償に関するア～エの記述のうち、妥当なもののみを全て挙げているのはどれか。 【国家一般職 R４】

ア. 売買契約における債務の不履行に対する損害賠償の請求は、その損害が特別の事情によって生じた場合には、当事者が契約締結時にその事情を予見していたときに限りすることができる。

> ア．×
> 「当事者がその事情を予見すべきであったとき」にすることができる。

イ. 将来において取得すべき利益についての損害賠償の額を定める場合において、その利益を取得すべき時までの利息相当額を控除するときは、その損害賠償の請求権が生じた時点における法定利率により行う。

> イ．〇
> そのとおり。
> いわゆる「中間利息の控除」であり、条文のままである。

ウ. 金銭の給付を目的とする債務の不履行に基づく損害賠償については、債務者は、不可抗力をもって抗弁とすることができない。

> ウ．〇
> そのとおり。
> 金銭債務は無過失責任である。

エ. 売買契約の当事者は、債務の不履行について損害賠償の額を予定した場合であっても、解除権を行使することができる。

> エ．〇
> そのとおり。
> 損害賠償額が予定されている場合であっても、本来の履行を請求することや、契約を解除することはできる。

1．ア、ウ　2．イ、ウ　3．イ、エ　4．ア、イ、エ
5．イ、ウ、エ

正答　5

TRY! 本試験問題に挑戦

民法に規定する債務不履行に関する記述として、妥当なのはどれか。

【特別区 H28】

1．債務の履行について確定期限があるときは、債務者は、その期限の到来した時から遅滞の責任を負うが、債務の履行について期限を定めなかったときは、履行の請求を受けたとしても、遅滞の責任を負うことはない。

1．×
期限の定めがなかったときは、履行の請求を受けた時から遅滞の責任を負う。

2．債務者が任意に債務の履行をしないときは、債務の性質が許す限り、債権者は民事執行法などの規定を使って直接強制、代替執行、間接強制その他の方法による履行の強制を裁判所に請求することができる。ただし、この場合には損害賠償を請求することができない。

2．×
履行を強制する場合でも、損害賠償の請求は妨げられない。

3．債権者が、損害賠償として、その債権の目的である物又は権利の価額の全部の支払を受けたときは、債務者は、その物又は権利について当然に債権者に代位する。

3．○
そのとおり。
「損害賠償による代位」の説明として正しい。

4．最高裁判所の判例では、硫黄鉱区の採掘権を有する者が、鉱石を採掘してこれを売り渡す売買契約において、契約の存続期間を通じて採掘する鉱石の全量を買主に売り渡す約定があったとしても、鉱石市況の悪化を理由として、買主が契約期間内に採掘した鉱石を引き取らないことは、信義則に反しないとした。

4．×
判例は、鉱石市況の悪化を理由として、買主が契約期間内に採掘した鉱石の引取りを拒絶することは、信義則に反するとしている（最判昭46・12・16）。ただ、これはかなり細かい判例なので、普通の受験生は知らないであろう。

5. 最高裁判所の判例では、売買契約の目的物である不動産の価格が、売主の所有権移転義務の履行不能後も騰貴を続けているという特別の事情があり、かつ、履行不能の際に売主がそのような特別の事情の存在を予見すべきであったとしても、買主は履行不能時の価格を基準として算定した損害額の賠償を請求すべきとした。

5. ×
本肢のような価格の騰貴という特別の事情があり、それを履行不能の際に債務者たる売主が予見すべきであったという場合には、その騰貴した価格を基準として算定した損害額の賠償を請求し得る。

正答　3

2 受領遅滞

重要度
★★★
頻出度
★★★

この章では債務不履行の延長で「受領遅滞」を見ていく。試験ではあまり出題されないが、その法的性質について学説の対立がある。

1 受領遅滞とは?

「受領遅滞」とは、債務者が債務の履行の提供をしたにもかかわらず、債権者が受け取ることを拒んだり、受け取ることができなかったりする場合を言います。例えば、債務者（売主）が自動車の引渡しのために債権者（買主）の自宅まで運んだのに、債権者（買主）が引き取ろうとしないケースがこれに該当します。何らかの理由があって受領を拒んでいるのであればまだしも、正当な理由もないのに受け取らない又は受け取ることができない場合が受領遅滞です。これでは債務者は履行を完了することができませんね。そこで、B民法はこのような場合には債務者を保護するために、一定の効果を発生させています。

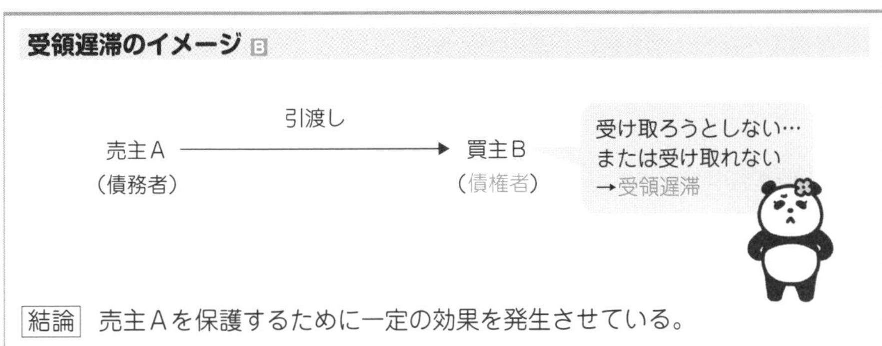

2 受領遅滞の効果

受領遅滞の効果は、主に３つあります。具体的には①保存義務の軽減、②増加費用の債権者負担、③受領遅滞中の履行不能の際に危険が移転する、の３つです。一つひとつ説明していきましょう。

（1）保存義務の軽減

「特定物」とは、個性に着目した物を言うよ。この世に一つしかなくて代えが効かないんだ。例えば、中古の自動車などが典型だよ。逆に個性に着目しない物は「不特定物」（種類物）と呼ぶよ。新車は不特定物ないしは種類物ということになる。

A債権者が債務の履行を受けることを拒み、又は受けることができない場合において、その債務の目的が特定物の引渡しであるときは、債務者は、履行の提供をした時からその引渡しをするまで、自己の財産に対するのと同一の注意をもって、その物を保存すれば足ります（413条１項）。本来、債権の目的が特定物の引渡しであるときは、債務者は、その引渡しをするまで、契約その他の債権の発生原因及び取引上の社会通念に照らして定まる善良な管理者の注意をもって、その物を保存しなければなりません（400条、善管注意義務）。しかし、受領遅滞の場合は、この善管注意義務が軽減され、「自己の財産に対するのと同一の注意」でOKとされているわけです。

（2）増加費用の債権者負担

A債権者が債務の履行を受けることを拒み、又は受け取ることができないことによって、その履行の費用が増加したときは、その増加額は、債権者の負担とします（413条２項）。これは例えば、債権者が受け取らなかったので、目的物につき無駄な保管費用がかかったときに、その増加費用（つまり、余分にかかった保管費用）を債権者に請求することができるという意味です。

（3）受領遅滞中の履行不能の際に危険が移転する

A債権者が債務の履行を受けることを拒み、又は受けることができない場合において、履行の提供があった時以後に当事者双方の責めに帰することができない事由によってその債務の履行が不能となったときは、その履行の不能は、債権者の責めに帰すべき事由によるものとみなされます（413条の２第２項）。これは、例えば、受領遅滞中に売買の目的物である建物が地震で倒壊したケースのように、受領遅滞中に履行不能になったときは、債権者の帰責事由を擬制するということを意味しています。「債権者のあんたが受け取らなかったから不能になってしまったのでしょう……」というわけです。これにより、B①債権者は、履行の追完請求や代金減額請求、損害賠償請求ができなくなります（民法562条２項、563条３項、415条１

項ただし書)。また、B②契約の解除もできなくなります(543条)。さらにB③債権者は、反対給付の履行を拒むことができないので、代金等はちゃんと支払わなければなりません(536条2項)。でも、この①〜③は受領遅滞をした債権者が悪いのですから、いわば自業自得ですよね。

3 受領遅滞責任の法的性格

従前から、受領遅滞責任の法的性格については争いがあります。民法はこの点について触れていないので学説上争われてきたというわけですね。通説は、受領遅滞責任は、履行の遅延から生じる不利益を債務者に課すのはかわいそうだ、という発想からくる債権者に負わせた法定責任と考えています。これは債権者に受領義務があるのか? という点について実益がある議論だとされます。法定責任説からは、債権者は権利者であるため、受領義務はないと考えていきます。しかし、例外的に売買の目的物がその性質上、長期間の保存に耐えられないことが、契約当事者双方に明らかな場合(生鮮食品の引渡しなど)は、債権者に信義則を根拠に受領義務を認めていきます。これを「黙示の引取義務」と言います。B判例では、硫黄鉱石の売買契約で、信義則上、採掘した鉱物を債権者は引き取る義務があるとしたものがあります(最判昭46・12・16)。ただ、試験的にはあまり出題されないと思うので、スルーして構いません。

法律があえて政策的に定めた特別の責任ということだよ。

PLAY! 理解度チェック

1. 債権者が債務の履行を受けることを拒み、又は受けることができない場合において、その債務の目的が特定物の引渡しであるときは、債務者は、履行の提供をした時からその引渡しをするまで、(　　　　　)をもって、その物を保存すれば足りる。

2. 債権者が債務の履行を受けることを拒み、又は受け取ることができないことによって、その履行の費用が増加したときは、その増加額は誰が負担するのか？

3. 債権者が債務の履行を受けることを拒み、又は受けることができない場合において、履行の提供があった時以後に当事者双方の責めに帰することができない事由によってその債務の履行が不能となったときは、その履行の不能は誰の帰責事由とみなされるのか？

4. **3.**の場合には、債権者は契約を解除することができるのか？

5. **3.**の場合には、債権者は、反対給付の履行を拒むことができるのか？

1.
自己の財産に対するのと同一の注意

2.
債権者が負担する。

3.
債権者の帰責事由とみなされる。

4.
できない。

5.
できない。

TRY! 本試験問題に挑戦

民法に規定する債務不履行に関する記述として、妥当なのはどれか。

【特別区 R３】

1．債権者が債務の履行を受けることができない場合において、履行の提供があった時以後に当事者双方の責めに帰することができない事由によってその債務の履行が不能となったときは、その履行の不能は、債務者の責めに帰すべき事由によるものとみなす。

1．×
受領遅滞中に履行不能になったときは、債権者の帰責事由とみなされる。

2．債務者が任意に債務の履行をしないときは、債権者は、民事執行法その他強制執行の手続に関する法令の規定に従い、直接強制、代替執行、間接強制その他の方法による履行の強制を裁判所に請求することができるが、債務の性質がこれを許さないときは、この限りでない。

2．○
そのとおり。
強制履行は、債務の性質がこれを許さないときにはできない。

3．債務者がその債務の本旨に従った履行をしないとき、債権者は、その債務の不履行が契約その他の債務の発生原因及び取引上の社会通念に照らして債務者の責めに帰することができない事由によるものであるときであっても、これによって生じた損害の賠償を請求することができる。

3．×
損害賠償を請求するためには、債務者の帰責事由が必要。

4. 金銭の給付を目的とする債務の不履行の損害賠償については、債権者が損害の証明をすることを要し、その損害賠償の額は債務者が遅滞の責任を負った最初の時点における法定利率によって定める。

5. 当事者は、債務の不履行について損害賠償の額を予定することができるが、当事者が金銭でないものを損害の賠償に充てるべき旨を予定することはできない。

4．×
損害の証明は不要である。

5．×
金銭でないものを損害の賠償に充てるべき旨を予定することもできる。

正答　2

3 債権者代位権

重要度
★★★
頻出度
★★★

３章では「債権者代位権」を見ていく。次に勉強する「詐害行為取消権」と並んで、債権総論の中では超頻出となる。覚えることは多いが、確実に点数につながるおいしいテーマである。是非とも得点源にしていきたい。

1 債権者代位権とは？

「債権者代位権」とは、債務者が自己の有する債権を行使しない場合に、債権者が債務者の代わりに、その債権を行使することができる権利です。簡単に言うと、債権者が債務者の権利を代わりに行使してしまうということです。「君が行使しないのなら僕が代わりに行使しちゃうからね」というわけです。その趣旨は、債務者の責任財産を保全し、強制執行に備える点にあるとされています。次の図で大まかなイメージを持つようにしましょう。

強制執行の引当てになる債務者の財産のことだよ。債権の回収を完全なものにするためには、債務者の下に責任財産がなければならないんだ。

債権者代位権 A

債権者Ａは債務者Ｂに対して100万円を貸し付けている（これを「被保全債権」と言う）。ところが、債務者のＢは現在無資力状態にある。Ｂは唯一の財産として第三債務者Ｃに対する100万円の貸金債権（これを「被代位権利」と言う）を有しているが、これを行使しようとしない（このままだとＡはＢが無資力である以上被保全債権の回収ができない）。このとき、ＡはＢがＣに対して有する貸金債権をＢの代わりに行使する（「代位行使」と言う）ことができるのか？

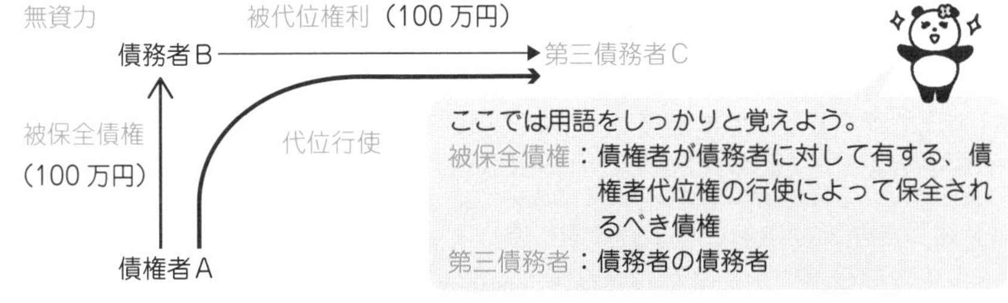

結論 債権者Aは、一定の要件を満たせば、BがCに対して有する貸金債権（被代位権利）を代位行使することができる。

2 要件

では、次に債権者代位権を行使するための要件を見ていきます。ここは要件ごとに論点があるので、一つひとつていねいに確認してみてください。いずれも試験では頻出です。

（1）債権者が自己の債権（被保全債権）を保全する必要があること

被保全債権は原則として金銭債権であり、かつ債務者が無資力であることが必要です。債権回収が困難になるからこそ認められた権利、それが債権者代位権です。そうである以上、被保全債権は金銭で満足できるものでなければなりませんし、かつ債務者が無資力である必要があります。ただ、これはあくまでも原則なので、後で例外も出てきます（債権者代位権の転用、後述）。また、Ａ被保全債権が強制執行により実現することができないものであるときは、被代位権利を行使することができません（423条３項）。

（2）債務者が自らその権利を行使していないこと

債権者代位権の行使は、他人の債権を勝手に使うことを意味するので財産権侵害を伴う行為と言えます。したがって、なるべく抑制的であるべきです。そこで、Ａいったん債務者自身が権利を行使した場合には、たとえ債務者の権利行使が債権者を害するような場合であっても債権者は債権者代位権を行使することができません（最判昭28・12・24）。なお、債権者の被保全債権は、代位される債権（被代位権利）よりも前に成立している必要はありません（最判昭33・7・15）。

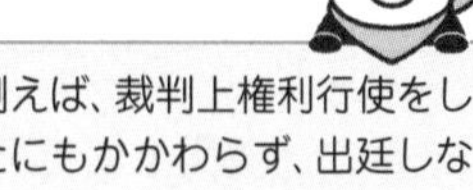

例えば、裁判上権利行使をしたにもかかわらず、出廷しなかったり、証拠書類を提出しなかったりする場合だよ。こんなやる気のない裁判の仕方じゃ100%負けちゃうよね。

（3）被保全債権が原則として弁済期に達していること

債権者代位権は、債権者の強制執行の準備を目的としているので、それを行使するためには強制執行が可能な状態でなければなりません。よって、A被保全債権が原則として弁済期に達している必要があります（423条２項本文）。被保全債権が弁済期に達していなければ、債務者としてはまだ弁済する必要がないはずです。にもかかわらず、債権者代位権を行使されたらたまったものではありません。それこそ財産権侵害になってしまいますよね。

被保全債権が原則として弁済期に達していること A

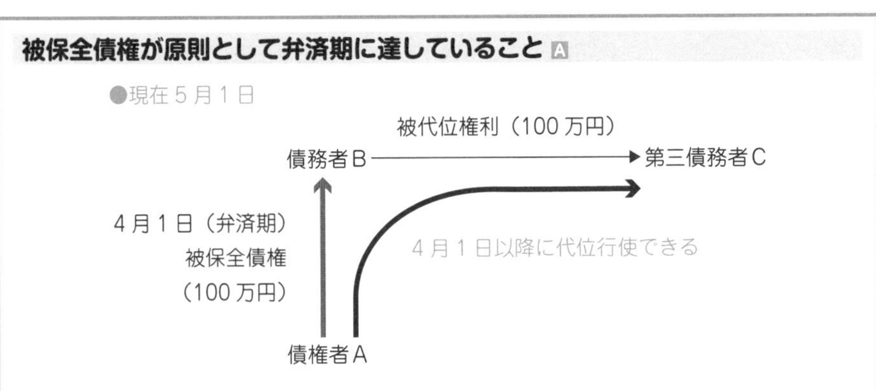

結論　被保全債権は、原則として弁済期に達していなければならない。なぜなら、弁済期に達していないということは、まだ履行を強制できる状態ではないことを意味するため。

ただ、例外的に被保全債権が弁済期に達していなくても債権者代位権を行使することができる場合があります。それは、A保存行為の場合です（423条２項ただし書）。保存行為には「時効の完成猶予・更新措置」と「未登記の権利の登記」の２つがあります。どちらも被保全債権が弁済期に達するまで待っていたのでは手遅れになってしまうような緊急性のある場合の話です。こちらは具体例と一緒に次にまとめてみます。

時効の完成猶予・更新措置 A

債権者Ａは債務者Ｂに被保全債権を有しているが、まだ弁済期が到来していない。しかし、Ｂが第三債務者Ｃに対して有している債権があと10日で消滅時効にかかってしまう状況にある。このとき、ＡはＢのＣに対する債権を代位行使することができるのか？

●現在３月１日

時効の完成猶予・更新措置
（あと10日で時効消滅の危機）

債務者Ｂ → 第三債務者Ｃ

４月１日（弁済期）
被保全債権

債権者Ａ

４月１日が未到来でも代位行使可
→早くしないと時効で消滅してしまう！
（緊急性あり）
→よって、４月１日は到来していないけれど
債権者代位権の行使を認める

結論　Ａは、ＢのＣに対する債権を**代位行使することができる。**

未登記の権利の登記 A

債権者Ａは債務者Ｂに被保全債権を有しているが、まだ弁済期が到来していない。しかし、Ｂは第三債務者Ｃに対して有している登記請求権を行使しようとしない（ＣはＢに対して不動産を売却したという事情があった）。このとき、ＡはＢのＣに対する登記請求権を代位行使することができるのか？

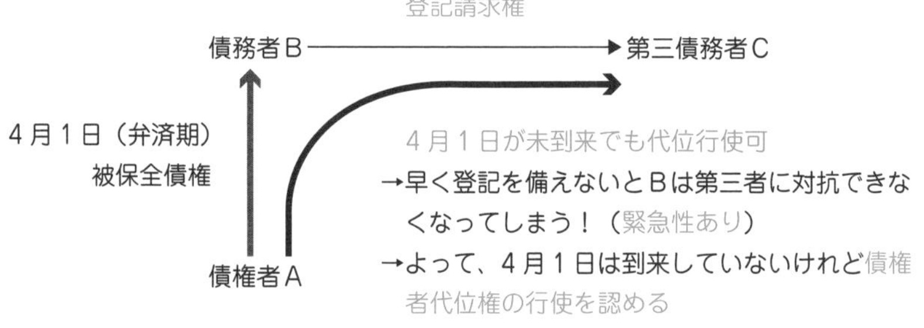

結論　Ａは、ＢのＣに対する登記請求権を**代位行使することができる。**

被保全債権が弁済期に達していなくてもよい例外 A

保存行為
- ①時効の完成猶予・更新措置
- ②未登記の権利の登記

3 債権者代位権の対象（被代位権利）

債権者代位権の対象となる被代位権利は、債務者に属する財産権一般です。これはとても対象が広いということを意味していて、A例えば、物権的請求権や時効の完成猶予・更新措置（大判昭15・3・15）、時効の援用権（最判昭43・9・26）、相殺権（大判昭8・5・30）、委任契約の解除権（大判大8・2・8）、債権者代位権の代位行使（大判昭5・7・14）などがすべて対象となります。ただし、債務者の一身専属権や差押えが禁じられた権利は債権者代位権の対象となりません（423条1項ただし書）。ここで慰謝料請求権について代位行使できるのか？ という論点を見ていきます。慰謝料請求権も基本的には「悲しい思いをした、痛い思いをした」のはその本人のみなので、行使上の一身専属権にあたり債権者代位権の対象とはならないのかどうかが問題となります。

権利行使が債務者の意思に基づいてなされる必要があるからだよ。

慰謝料請求権 A

債権者Aは、債務者Bが第三債務者Cに対して有する名誉権侵害に基づく慰謝料請求権を代位行使することができるのか？

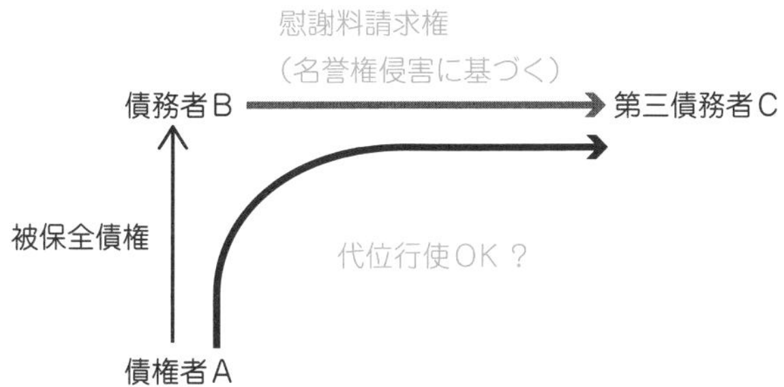

結論　原則は、代位行使することができない。しかし、例外的に、具体的な金額が確定すれば、請求権の範囲及び内容が明確になる（単なる金銭債権になる）ので、代位行使することができる（最判昭58・10・6）。

また、判例では遺留分侵害額請求権が債権者代位権の対象となるのかが争われたこともあります。これも慰謝料請求権と同じように「原則は○○だけど例外は△△」という形で押さえてください。次の図でまとめてみます。

遺留分とは、人が死んだときに、相続人が必ず受け取ることのできる最低限度の相続財産のことだよ。

遺留分侵害額請求権 A

債権者Aは、債務者Bが第三債務者Cに対して有する遺留分侵害額請求権を代位行使することができるのか？

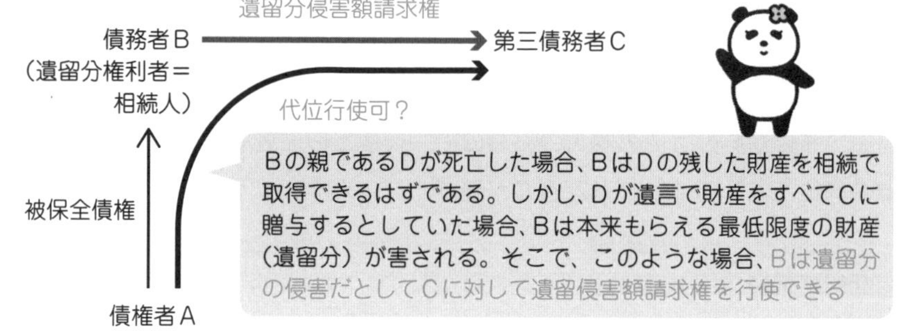

結論　原則は、代位行使することができない。しかし、例外的に、遺留分権利者であるBが、権利行使の確定的意思を有することを外部に表明したと認められる特段の事情がある場合には、（単なる金銭債権になるので）代位行使することができる（最判平13・11・22）。

なお、離婚に伴う財産分与請求権を代位行使しようとした事案では、判例は、協議・審判等によって、その具体的内容が形成される前は、その範囲や内容が不明確であるため、債権者代位権を行使することができないとしています（最判昭55・7・11）。

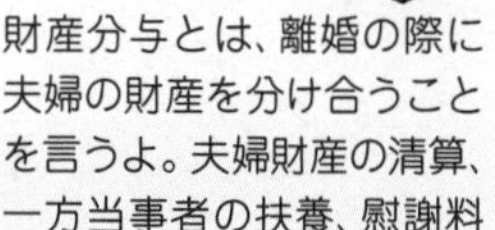

4 債権者代位権の行使方法と範囲

A債権者は、債務者の権利を、債務者の代理人として行使するのではなく、債権者自身の権利として行使します。つまり、「自己の名」で行使することになります。そして、A債権者は、債権者代位権を裁判上行使しても構わないし、裁判外で行使しても構いません。ちなみに、裁判上で行使する場合は、債権者代位訴訟を提起することになります。このとき、B債権者は遅滞なく債務者への訴訟告知をしなければなりません（423条の6）。「債権者代位訴訟を提起したからね～」と債務者に対して言わなければならないというわけです。

また、目的が可分であるときは、A債権者は自己の債権額（被保全債権額）の限度においてのみ債務者の権利（被代位権利）を代位行使することができます（423条の2）。これは、債権者代位権が被保全債権を確保するために認められた権利である以上当然です。例えば、被保全債権が100万円であり、被代位権利が200万円である場合には、債権者は100万円の限度で被代位権利を代位行使できるということになります。ただし、これは被代位権利の目的が可分であるときの話です。被代位権利が不可分であるときは、被保全債権の限度を超えて行使することができます。

5 行使の相手方

債権者代位権は、第三債務者（債務者の債務者）を相手方として行使します。この点はいいのですが、その際、A代位行使の相手方である第三債務者は、債務者に対するすべての抗弁事由を代位債権者に対して主張することができます（423条の4）。第三債務者は自己の債権者にあたる債務者に対して言えたことを、代位債権者に対しても言えるということです。例えば、第三債務者が債務者に対して同時履行の抗弁権を主張することができる場合には、それを代位債権者に対しても主張することができるのです。

債権者代位権を行使する債権者のことだよ。

また、第三債務者が主張した抗弁事由に対して、代位債権者がさらに反論する（「再抗弁」と言う）場合、Bその再抗弁事由は債務者自身が主張し得るものに限られ、代位債権者独自の事情を主張することはできません（最判昭54・3・16）。この点はよく試験で出題されています。

6 代位行使の効果

債権者代位権を裁判上行使した場合、債務者の第三債務者に対する債権が行使されることになるため、被代位権利の消滅時効が完成猶予・更新します（大判昭15・3・15）。つまり、B債務者の第三債務者に対する債権の時効が完成猶予・更新するのであって、代位債権者の債務者に対する被保全債権の時効が完成猶予・更新するのではありません。この点は注意しましょう。また、代位債権者が、被代位権利を行使した場合でも、A債務者は被代位権利の取立てその他の処分権限を失いません（423条の5前段）。したがって、債務者自らが第三債務者に取立てその他の処分をすることも可能です。また、A第三債務者も、債務者に対して履行することができます（423条の5後段）。したがって、債務者が第三債務者から履行を受ければ、これにより当該権利は消滅することになります。

7 債権者代位権の転用

「債権者代位権の転用」とは、一般的に被保全債権が金銭債権でない場合で、かつ債務者が無資力でないにもかかわらず債権者代位権の行使を認める場合を言います。通常の債権者代位権とは趣が異なりますね。簡単に言うと、特定債権を保全するために債権者代位権を行使するような場合をイメージすると分かりやすいでしょう。債権者代位権の転用は、条文が被保全債権を金銭債権に限定していないこと、これを認める社会的必要性があることを理由に、判例上いくつかの事案で肯定されてきました。A債権者代位権の転用の場面は、被保全債権が金銭債権以外の特定債権である以上、債務者が無資力である必要はありません（無資力要件は不要）。債権者は金銭的な満足を得るために債権者代位権を行使しているわけではないのです。

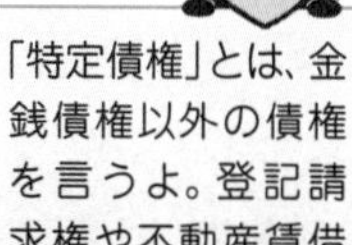

「特定債権」とは、金銭債権以外の債権を言うよ。登記請求権や不動産賃借権などが典型だね。

では、試験で出たことのある転用事例を次にまとめておきます。ここをマスターするポイントは、何が被保全債権になっているのか、あるいは何を代位するのかをしっかりと理解することです。時間をかけてでも是非マスターしたいところですね。

債権者代位権の転用 A

転用事例	代位行使
①不動産の転得者による、登記請求権の代位行使	○
②債権の転得者による、債権譲渡の通知請求権の代位行使	○
③賃借人による、賃貸人の所有権に基づく妨害排除請求権の代位行使	○
④抵当権者による、抵当不動産の所有者が有する妨害排除請求権の代位行使	○
⑤売主の共同相続人の一部による、他の相続人に対する買主の登記請求権の代位行使	○
⑥借地上の建物の賃借人による、建物賃貸人（借地人）の建物買取請求権の代位行使	×

①不動産の転得者による、登記請求権の代位行使 A

AはBに土地を売却し、Bはさらに当該土地をCに転売した。いまだ登記がAの下にある場合に、Cは自己の登記請求権を被保全債権として、BのAに対する登記請求権を代位行使することができるのか？

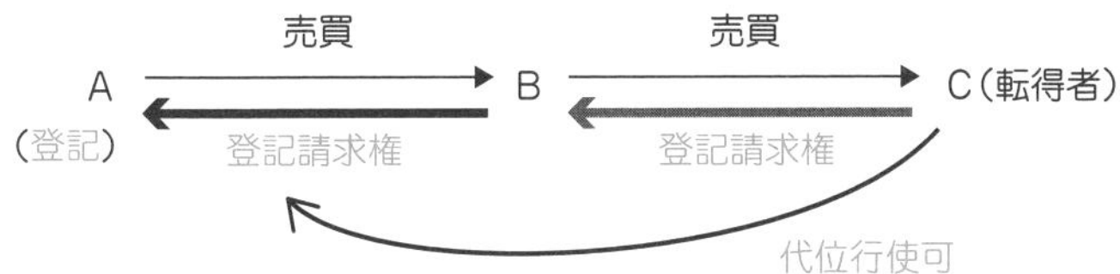

結論　転得者Cは、自己の登記請求権を被保全債権として、BのAに対する登記請求権を代位行使することができる（423条の7）。

②債権の転得者による、債権譲渡の通知請求権の代位行使 A

AはDに対して有する債権をBに譲渡し、Bはさらにこれを Cに譲渡した。ところが、AはBに譲渡したときに債務者に対する通知（債権譲渡の対抗要件）をするべきであったのにこれをしなかった。このとき、Cは自己の通知請求権を被保全債権として、BのAに対する通知請求権を代位行使することができるのか？

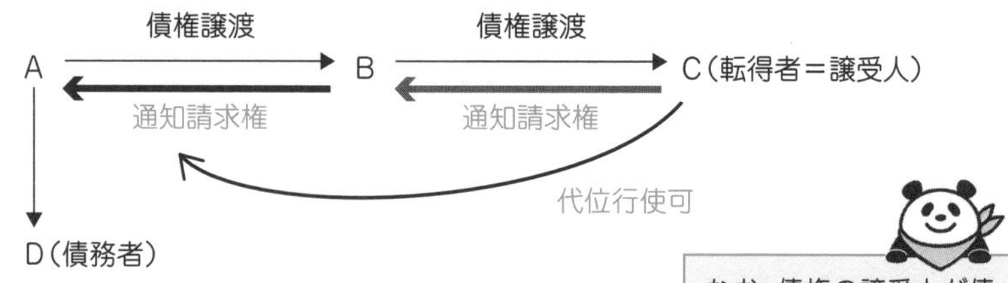

結論　転得者Cは、**自己の通知請求権を被保全債権として、BのAに対する通知請求権を代位行使することができる**（大判大8・6・26）。

なお、債権の譲受人が債権譲渡の通知を代位行使することはできないよ（大判昭5・10・10）。この点はまた後で説明するね。

③賃借人による、賃貸人の所有権に基づく妨害排除請求権の代位行使 A

CはBから建物を借りていた。ところが、現在、不法占拠者のAが当該建物に居座っているためCは使用できていない。このとき、賃借人Cは、自己の賃借権を被保全債権として、賃貸人であり所有者であるBがAに対して有している所有権に基づく妨害排除請求権を代位行使することができるのか？

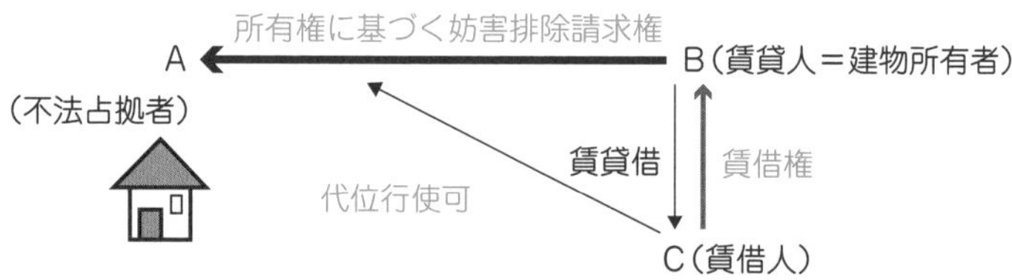

結論　賃借人Cは、**自己の賃借権を被保全債権として、BがAに対して有している所有権に基づく妨害排除請求権を代位行使することができる**（最判昭29・9・24）。

④抵当権者による、抵当不動産の所有者が有する妨害排除請求権の代位行使 A

AはBに対して金銭を貸し付け、B所有の土地につき抵当権の設定を受けた。ところが、その後当該土地に不法占拠者Cが居座るようになり、抵当不動産の価値が下落し始めている。このとき、抵当権者Aは、自己が有する担保価値維持請求権を被保全

ここの場面における被保全債権は「被担保債権」ではないんだ。抵当権者が設定者に対して「担保価値を害さないようにちゃんと管理してくれ」と要求する「担保価値維持請求権」を被保全債権と考えるんだよ。

債権として、BがCに対して有している所有権に基づく妨害排除請求権を代位行使することができるのか？

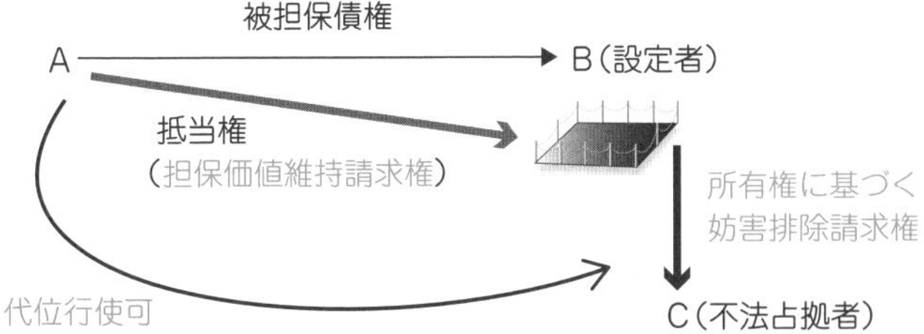

結論 抵当権者Aは、**自己が有する担保価値維持請求権を被保全債権**として、**BがCに対して有している所有権に基づく妨害排除請求権を代位行使することができる**（最大判平11・11・24）。

⑤売主の共同相続人の一部による、他の相続人に対する買主の登記請求権の代位行使 A

土地の売主Aの死亡後、買主Dに対する所有権移転登記手続義務を相続した共同相続人の１人であるBは当該義務の履行を拒絶している。そのため、Dが同時履行の抗弁権を行使して土地の売買代金全額について弁済を拒絶している。この場合、他の相続人Cは、自己の相続した代金債権を被保全債権として、買主DがBに対して有する所有権移転登記手続請求権（登記請求権）を代位行使することができるのか？

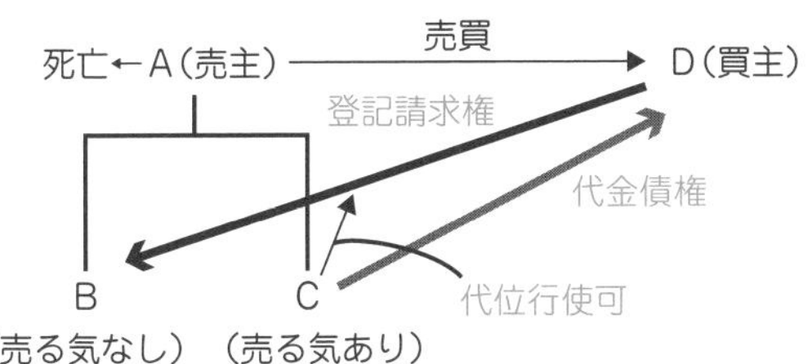

結論 Cは、**自己の相続した代金債権を被保全債権**として、Dが無資力でなくても、登記手続義務の履行を拒絶しているBに対し、**Dの所有権移転登記手続請求権（登記請求権）を代位行使することができる**（最判昭50・3・6）。

⑥借地上の建物の賃借人による、建物賃貸人（借地人）の建物買取請求権の代位行使 A

AはBに土地を賃貸し、Bは借りている土地の上に建物を建てて、それをCに賃貸していた。その後、ＡＢ間の土地の賃貸借契約が期間満了で終了したため、現在、BはAに対して建物買取請求権を行使できる状態にある。にもかかわらず、Bはこれを行使しようとしない。このとき、建物の賃借人であるCは、自己の賃借権を被保全債権としてBがAに対して有している建物買取請求権を代位行使することができるのか？（このままBが建物買取請求権を行使しないと、土地の返還に伴い、建物が取り壊されてしまうのでCが困る）

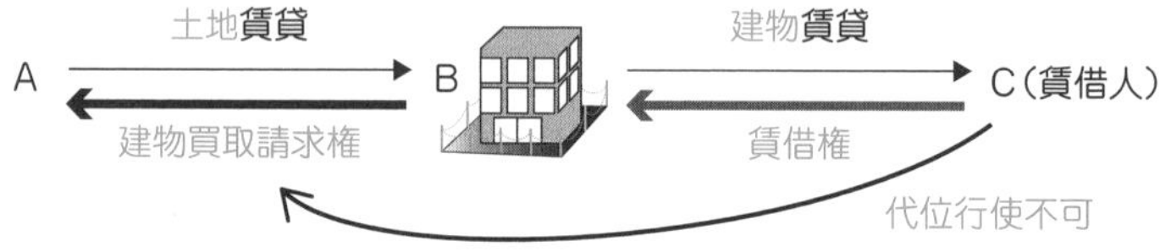

結論　建物の賃借人であるCは、**自己の賃借権を被保全債権としてBがAに対して有している建物買取請求権を代位行使することはできない**（最判昭38・4・23）。建物買取請求権はあくまでも「**土地**」について認められた権利であるから、「**建物**」を賃借しているだけのCに代位行使させるわけにはいかない。

8 代位債権者が目的物を直接引き渡すよう請求できる場合

A債権者は、代位行使によって**金銭**の支払い又は**動産**の引渡しを目的とする場合、債務者への支払い又は引渡しを請求することができるだけでなく、**直接自己への支払い又は引渡しを請求することもできます。この場合において、相手方が債権者に対してその支払い又は引渡しをしたときは、被代位権利は消滅します**（423条の3）。これは債権者への直接の支払い又は引渡しを認めなければ、債務者が受領を拒絶した場合、代位行使の目的を達成することができなくなってしまうからです。そして、債権者が金銭を直接受領した場合、債権者は、債務者に対する金銭債権（つまり、被保全債権）と債務者の債権者に対する不当利得に基づく金銭返還請求権とを相殺して、事実上優先弁済を受けることができます。

もっとも、A債権者が、債務者の第三債務者に対する登記請求権を代位行使する場合には、債務者名義への移転を請求することができるに過ぎず、直接自己名義への移転を請求することはできません（423条の7が423条の3を準用していない）。登記を債務者名義にすることは、債務者の意思に反しても可能であるため、代位行使の目的を達成することができるからです。

PLAY! 理解度チェック

1. ひとたび債務者自身が権利を行使した場合であっても、債務者の権利行使が債権者を害するような場合には、債権者代位権を行使することができるのか？

2. 被保全債権が弁済期に達していなくても債権者代位権を行使することができる場合がある。それはどのような場合か？

3. 債権者代位権の対象とならない権利は何か？

4. 名誉権侵害に基づく慰謝料請求権は代位行使の対象となるのか？

5. 遺留分侵害額請求権は代位行使の対象となるのか？

1.
できない。

2.
保存行為の場合。

3.
行使上の一身専属権。

4.
原則ならない。ただし、具体的な金額が確定すれば代位行使の対象となる。

5.
原則ならない。ただし、遺留分権利者が権利行使の確定的意思を有することを外部に表明したと認められる特段の事情がある場合には代位行使の対象となる。

6. 債権者は、債務者の代理人として債権者代位権を行使するのか？	**6.** 債権者自身の権利として「自己の名で」行使する。
7. 裁判外で債権者代位権を行使することはできるのか？	**7.** できる。
8. 代位行使できる範囲は？	**8.** 被保全債権の限度においてのみ代位行使できる。
9. 第三債務者は、債務者に対するすべての抗弁事由を代位債権者に対して主張することができるのか？	**9.** できる。
10. 債権者代位権を行使した場合に、時効が完成猶予・更新するのはどの債権か？	**10.** 債務者の第三債務者に対する債権（つまり、被代位権利）。
11. 債権者代位権の転用は認められるのか？　その際、債務者の無資力は必要か？	**11.** 転用は認められる場合がある。その際、債務者の無資力は必要ない。
12. 不動産の転得者による、登記請求権の代位行使は認められるのか？	**12.** 認められる。
13. 抵当権者による、抵当不動産の所有者が有する妨害排除請求権の代位行使は認められるのか？	**13.** 認められる。
14. 借地上の建物の賃借人による、建物賃貸人（借地人）の建物買取請求権の代位行使は認められるのか？	**14.** 認められない。

15．代位行使によって、債権者が直接自己への引渡しを請求できるのはどんな場合か？

15．
金銭や動産の引渡しを目的とする場合。なお、債務者の第三債務者に対する登記請求権を代位行使する場合は、債務者名義への移転を請求することができるだけである。

TRY! 本試験問題に挑戦

民法に規定する債権者代位権に関するA～Dの記述のうち、妥当なものを選んだ組合せはどれか。 【特別区 R3】

A. 債権者は、その債権が強制執行により実現することのできないものであるときは、被代位権利を行使することができない。

A. ○
そのとおり。
債権者代位権は強制執行の準備行為であるため、当然の要件である。

B. 債権者は、その債権の期限が到来しない間は、保存行為であっても、裁判上の代位によらなければ被代位権利を行使することができない。

B. ×
保存行為の場合は、被保全債権の期限が到来しない間であっても、債権者代位権を行使することができる。

C. 債権者は、被代位権利を行使する場合において、被代位権利が金銭の支払を目的とするものであるときは、相手方に対し、金銭の支払を自己に対してすることを求めることができない。

C. ×
金銭の支払を自己に対してすることを求めることができる。

D. 債権者が被代位権利を行使した場合であっても、債務者は、被代位権利について、自ら取立てその他の処分をすることを妨げられず、この場合においては、相手方も、被代位権利について、債務者に対して履行をすることを妨げられない。

> D. ○
> そのとおり。
> 債務者は自ら取立てその他の処分をすることができる。また、第三債務者も債務者に対して履行することができる。

1．A、B　2．A、C　3．A、D　4．B、C　5．B、D

正答　3

TRY! 本試験問題に挑戦

債権者代位権に関する次のア～オの記述のうち、妥当なもののみを全て挙げているのはどれか。【国家一般職 R3】

ア. 債権者は、その債権の期限が到来しない間であっても、裁判上の代位によれば、債務者に属する権利を行使することができる。

> ア. ×
> 被保全債権の期限が到来しない間は、保存行為の場合以外は、債権者代位権を行使することができない。

イ. 債権者は、債務者に属する権利を行使する場合において、その権利の目的が可分であるときは、自己の債権の額の限度においてのみ、その権利を代位行使することができる。

> イ. ○
> そのとおり。
> 権利行使は被保全債権の額の限度に限られる。

ウ. 債権者は、債務者に属する権利を行使する場合において、その権利が金銭の支払を目的とするものであるときは、相手方に対し、その支払を債務者に対してすることを求めることはできるが、自己に対してすることを求めることはできない。

> ウ. ×
> 自己に対してすることを求めることもできる。

エ. 債権者が債務者に属する権利を行使した場合であっても、債務者は、その権利について、自ら取立てをすることができる。

オ. 登記をしなければ権利の得喪及び変更を第三者に対抗することができない財産を譲り受けた者は、その譲渡人が第三者に対して有する登記手続をすべきことを請求する権利を行使しないときであっても、その第三者の同意を得れば、その権利を行使することができる。

エ. ○
そのとおり。債務者は、自ら取り立てることができる。

オ. ×
登記請求権の代位行使は転用事例として許される。もっとも、「第三者の同意」は要件とされていない。

1．ア、イ　2．ア、オ　3．イ、エ　4．ウ、エ　5．ウ、オ

正答　3

4 詐害行為取消権

重要度
★★★
頻出度
★★★

この章では「詐害行為取消権」を見ていく。これも債務者の責任財産を保全する制度であるため、債権者代位権と趣旨は同じだ。両者の違いを意識して勉強するようにしよう。

1 詐害行為取消権とは？

このような財産処分行為を「債権者を害する行為」という意味で「詐害行為」と呼ぶよ。

「詐害行為取消権」とは、債務者が責任財産の減少を知りながら財産処分行為をした場合に、債権者がその行為を取り消すことができる権利です。債権者が自己の債権（被保全債権）の回収を確実にするために取消権を行使するので「債権者取消権」とも呼びます。その趣旨は、債務者の責任財産を保全し、強制執行の準備をするという点にあります。債権者代位権と同じですね。A具体的には①詐害行為の取消しと、②逸出した財産の取戻しの双方を訴訟を提起して実現していくことになります。詐害行為取消権は債権者代位権とは異なり必ず訴訟を提起することになるので（詐害行為取消請求）、まずはこの点をしっかりと覚えてください。では、ここまでを次の図にまとめてみましょう。

詐害行為取消権 A

AはBに対して100万円を貸している（被保全債権）。債務者であるBは無資力であるにもかかわらず、唯一の財産である自動車（100万円）を受益者Cに贈与してしまった。これによりAは被保全債権の回収ができない状況になった。このとき、AはBがした贈与を取り消して当該自動車を取り戻すことができるのか？

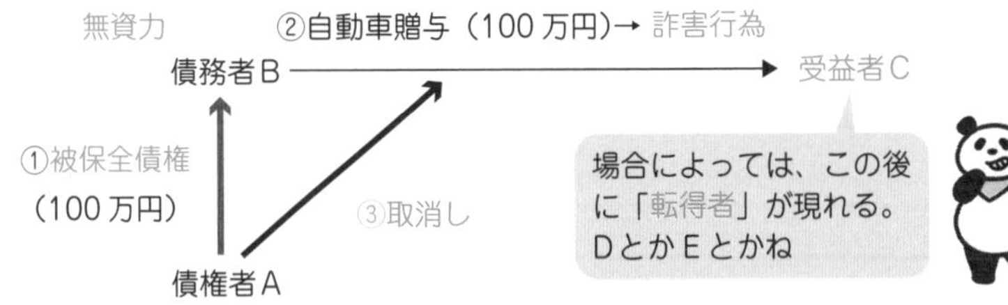

結論 債権者Aは、一定の要件を満たせば、Bがした贈与を詐害行為として取り消すことができる。これが「詐害行為取消権」である。この権利は必ず裁判上請求することになる（詐害行為取消請求）。

2 受益者に対して詐害行為取消権を行使する場合の一般的要件（424条）

ここからは、受益者に対して詐害行為取消権を行使する場合（詐害行為取消請求をする場合）の一般的要件を見ていきます。

（1）債務者が債権者を害することを知ってした行為であること（424条1項本文）

この要件は、債務者の詐害意思を要求するもので、当然といえば当然です。債務者が善意の場合は、債務者がした行為を責めることはできませんから……。ここに「詐害意思」とは、特定の債権者を害してやろうといった積極的な意思でなくてもよく、その行為が一般的にすべての債権者に対する関係で弁済の資力に不足をきたすことを知っている状態を指します。したがって、一般的な悪意だと思っておけば足ります。

判例も、必ずしも債権者を害することを意図し、若しくは欲して行ったものであることを要しない、としているよ（最判昭35・4・26）。

（2）受益者が詐害行為時において債権者を害することを知っていたこと（424条1項ただし書）

この要件は、受益者の悪意を要求するものです。ここで言う「受益者」とは、詐害行為によって利益を受けた者を言います。

（3）財産権を目的とする行為であること（424条2項）

「詐害行為」と言うためには、債務者のなした行為が財産権を目的とするものでなければなりません（424条2項）。よって、A相続の承認や放棄（最判昭49・9・20）、婚姻、離婚、認知などの身分行為については取消しの対象となりません。ただし、判例では、次のような例外的なパターンがしばしば問題となっているので注意しましょう。

離婚に伴う財産分与 A

Bは離婚に伴う財産分与として、妻Cに対して、自己の有する財産5000万円をすべて渡し、完全に無資力となった。しかし、客観的な財産分与額としては2500万円が相当であった（つまり、不相当に過大な財産分与をしたということ）。この場合、債権者AはBからCに対してなされた財産分与を取り消せるのか？

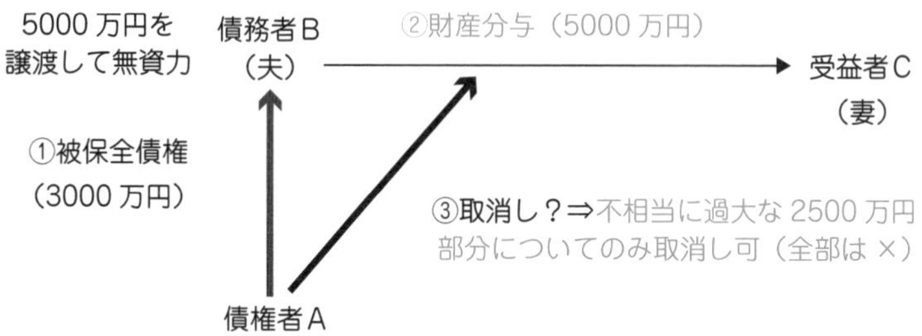

結論　債権者は、原則として詐害行為取消権を行使することができない。もっとも、離婚に伴う財産分与が、不相当に過大であり、財産分与に仮託してなされた財産処分行為であると認められる場合には、その不相当に過大な部分に限り取り消すことができる（最判昭58・12・19、最判平12・3・9）。

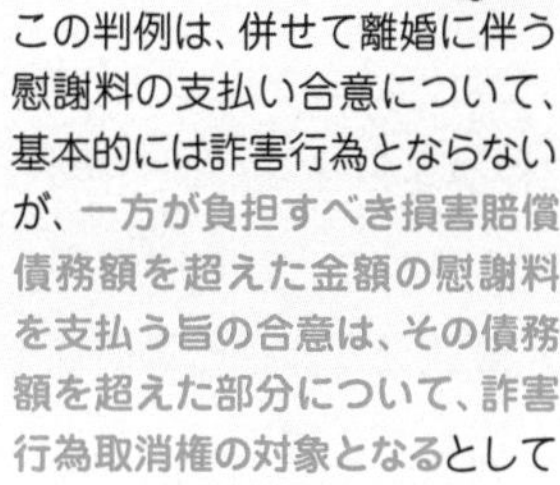
この判例は、併せて離婚に伴う慰謝料の支払い合意について、基本的には詐害行為とならないが、一方が負担すべき損害賠償債務額を超えた金額の慰謝料を支払う旨の合意は、その債務額を超えた部分について、詐害行為取消権の対象となるとしているよ（最判平12・3・9）。

これ以外にも、A遺産分割協議が詐害行為取消権の対象となるのかが争われた事案で、判例は、遺産分割協議は相続の開始によって共同相続人の共有状態となった財産の帰属を終局的に確定させるものであるから、その性質からして財産権を目的とする行為と同視でき、詐害行為取消権の対象となるとしています（最判平11・6・11）。

（4）被保全債権が、詐害行為よりも前の原因に基づいて生じたものであること（424条3項）

イメージとしては、被保全債権の発生が詐害行為よりも先行していなければならない、という感じです。論理的に考えても、被保全債権が「害された」と言えるためには、順番として被保全債権の発生の方が詐害行為より先でないとおかしいですものね。ただ、条文は詐害行為の前に生じたとはしておらず、詐害行為の「前の原因に基づいて生じた」としています。これはどういうことかというと、A債権発生の「原因」が詐害行為よりも前であれば、実際の債権の「発生」は詐害行為よりも後でよいということを意味しています。つまり、被保全債権の発生が詐害行為よりも前であれば、当然詐害行為取消権を行使できるわけですが、それだけではなく、厳密には詐害行為よりも後に生じた債権であっても、詐害行為よりも前の原因に基づいて生じた債権であれば、それを被保全債権として詐害行為取消権を行使して構わないよ、と言っているわけです。ちょっと難しいと思うので、詐害行為後に発生する遅延利息債権（遅延損害金）のケースで説明します。

> 不動産の売却が被保全債権の成立前になされた場合には、たとえ登記が被保全債権の成立後になされたときでも、債権者は詐害行為取消権を行使できない（最判昭55・1・24）。不動産の売却自体は被保全債権が成立する前になされているから、というのが理由だ。

> ほかにも将来発生する養育費などのケースも考えられるね。

前の原因に基づいて生じたもの A

債権者Aは債務者Bにお金を貸した（貸金債権＝被保全債権）。その後、Bは唯一の財産である自動車をCに贈与した（詐害行為）。この場合、Aは詐害行為後に発生したBに対する遅延利息債権（貸金債権の債務不履行に基づいて発生した利息債権＝遅延損害金）を被保全債権として、Bがなした贈与を取り消すことができるか？

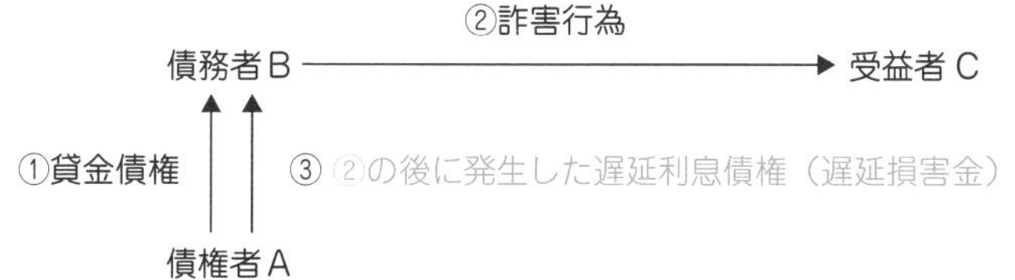

結論 ③の遅延利息債権（遅延損害金）は、その「発生」は②の詐害行為後ではあるものの、詐害行為前に成立していた①の貸金債権の遅延利息債権なので、詐害行為の「前の原因に基づいて生じたもの」と言える。よって、Bの贈与を取り消すことができる。

なお、詐害行為取消権の場合は、債権者代位権の場合とは異なり、被保全債権は金銭債権でなければなりません（転用が認められない）。しかし、判例は、B特定物引渡請求権（特定物債権）を被保全債権とする詐害行為取消権も認められるとしています。最初は特定物債権であっても、それが履行不能など債務不履行になると、当該特定物債権は、同一性を保ったまま損害賠償債権（填補賠償請求）に変化していくわけですね。したがって、債務者の一般財産により担保されなければならないことは、金銭債権と同様だと評価できるわけです（最大判昭36・7・19）。

（5）被保全債権が強制執行により実現できるものであること（424条4項）

詐害行為取消権は債務者の責任財産を保全し強制執行の準備をするために認められる権利なので、B強制執行により実現することができない債権を被保全債権とすることはできません。例えば、裁判所に訴えないという約束で金銭を貸し付けたような場合は、当該債権を被保全債権として詐害行為取消権を行使することはできません。

3 受益者に対して詐害行為取消権を行使する場合の特則

（1）相当な対価を得てした財産の処分行為（424条の2）

例えば、債務者が1000万円の土地を1000万円で売ったような場合のように、債務者が、その有する財産を処分する行為をした場合において、A受益者から相当の対価を取得しているときは原則として、詐害行為として取り消すことはできません。ただ、債権者は次の３つの要件をすべて満たす場合に限り、詐害行為として取り消すことができます。

①債務者において隠匿等の処分をするおそれを現に生じさせる行為であること
②債務者が対価として取得した金銭その他の財産について、隠匿等の処分をする意思を有していたこと
③債務者が隠匿等の処分をする意思を有していたことを受益者が知っていたこと

「相当の対価を取得しているとき」とは、上で述べたように、債務者が1000万円の土地を1000万円で売ったような場合です。この場合は、「1000万円の代金が入ってくるのだから別に詐害行為じゃないんじゃないの？」と思うかもしれませんね。しかし、固定資産を現金化すること自体が危険な行為だと考えられているのです（隠匿等がしやすくなる）。次の図で確認しましょう。

相当の対価を得てした財産の処分行為 A

債権者Ａは債務者Ｂに対してお金を貸していた（貸金債権＝被保全債権）。ところが、その後、Ｂは唯一の財産である土地を相当価格で売却した。この場合、ＡはＢがなした土地の売却行為を取り消すことができるのか？

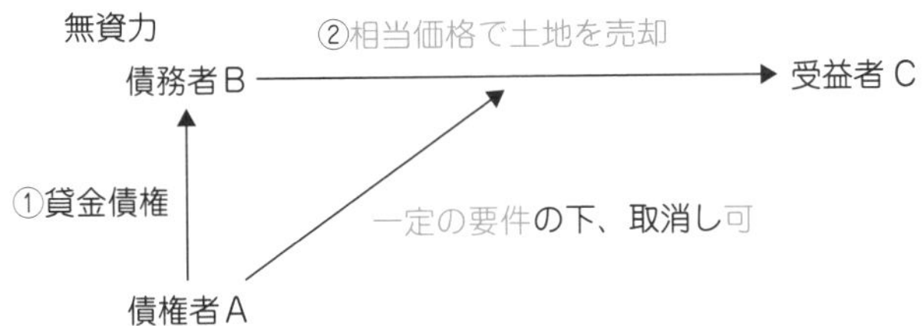

結論　相当価格の土地の売却が、Ｂにおいて隠匿等の処分をするおそれを現に生じさせる行為で、Ｂが隠匿等の処分をする意思を有しており、Ｃもその意思を知っていたときは、Ａは当該土地の売却行為を取り消すことができる。

（2）特定の債権者に対する担保の供与等（424条の3）

担保を提供したり、弁済をしたりする行為は、債務者として当然果たすべき義務の履行行為に過ぎないため、原則として、詐害行為とはなりません。しかし、例え

ば、ほかにも債権者が多数いるのに、特定の債権者だけに抜け駆け的に担保を提供したり、弁済したりするような行為はやはり他の債権者を害するため許されないと考えるべきでしょう。そこで、債務者がした既存の債務についての**担保の供与**又は**債務の消滅に関する行為**については、A債権者は、次の２つの要件をともに満たす場合に限り、詐害行為として取り消すことができます。

①債務者が**支払い不能**の時に行われたこと
②債務者と受益者とが**通謀**して**他の債権者を害する意図**を持っていたこと

なお、「支払い不能」とは、債務者が、支払能力を欠くために、その債務のうち弁済期にあるものにつき、一般的かつ継続的に弁済することができない状態を言います。

特定の債権者に対する担保の供与等 A

債権者Ａは債務者Ｂに対してお金を貸していた（貸金債権＝被保全債権）。ところが、その後、Ｂはほかにも債権者が多数いるのに、その１人であるＣに対してだけ抜け駆け的に弁済した。この場合、ＡはＢがなした弁済行為を取り消すことができるのか？

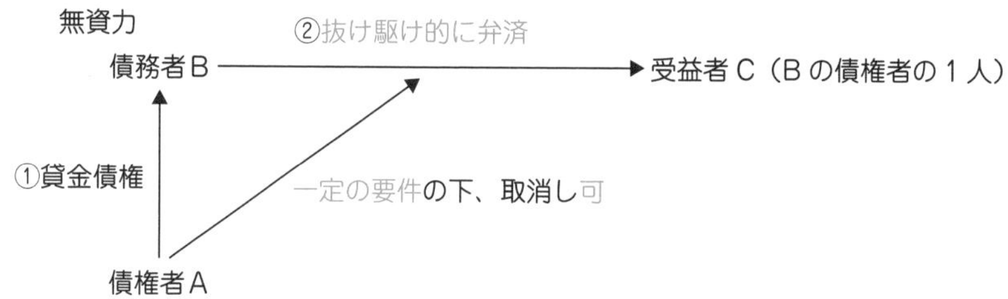

結論　Ｂが**支払い不能の時に弁済**をし、ＢとＣが**通謀**して**他の債権者を害する意図**を持っていたときは、ＡはＢがなした弁済行為を取り消すことができる。

（３）非義務行為について（424条の３第２項）

では、（２）とは異なり、義務なくして行う担保の供与や期限前に弁済をしたような場合は詐害行為取消権を行使できるのでしょうか？　この点につき、そもそも義務なくして行う担保の供与は本来的な義務の履行行為でありませんし（債務者の義務に属しない）、期限前弁済はまだ弁済する必要がないのに弁済している（時期が債務者の義務に属しない）わけですから、一定の場合には詐害行為となり取消しの対象となります。具体的にはA次の２つの要件をともに満たす場合に限り、詐害行為として取り消すことができます。

①債務者が支払い不能になる前30日以内に行われたこと
②債務者と受益者とが通謀して他の債権者を害する意図を持っていたこと

（4）過大な代物弁済

代物弁済とは、弁済者が、債権者との間で、本来の給付に代えて他の給付をすることにより債務を消滅させる行為を言います。100万円を借り入れた際に、金銭ではなく100万円相当の自動車を引き渡すような行為だと思っておきましょう。そして、この代物弁済が過大なものである場合、例えば、100万円を借り入れたのに、200万円の自動車を代物弁済として引き渡した場合は、A受益者に対して詐害行為取消権を行使する場合の一般的要件（424条）の要件さえ満たせば、債権者は過大な部分についてだけを、取り消すことができます（424条の４）。つまり、全部は取り消せずに、代物弁済によって消滅した債務100万円の額に相当する部分を超える部分（超過している100万円部分）のみ取り消すことができるわけです（つまり無駄に渡し過ぎと認定される）。

過大な代物弁済について A

債権者Ａは債務者Ｂに対してお金（100万円）を貸していた（貸金債権＝被保全債権）。ところが、その後、Ｂは自身の100万円の借入れを200万円の自動車で代物弁済した。この場合、ＡはＢがなした代物弁済を取り消すことができるのか？

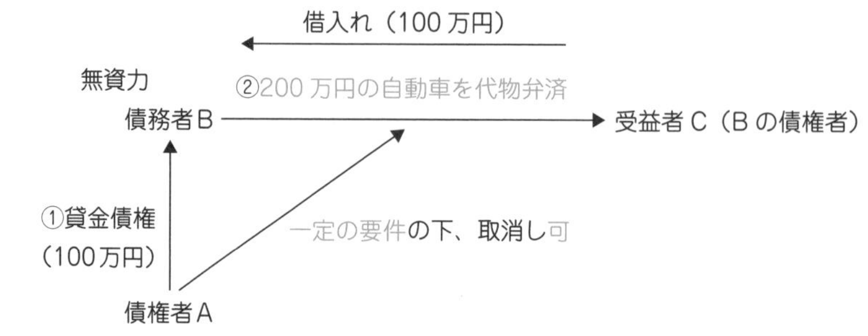

結論　Ａは、代物弁済によって消滅した債務100万円の額に相当する部分を超える部分（超過している100万円部分）については、424条の要件さえ満たせば取り消すことができる。

4 転得者に対して詐害行為取消権を行使する場合の一般的要件（424条の5）

これまで、受益者に対して詐害行為取消権を行使する場合のお話をしてきました。ここでは、転得者に対する詐害行為取消請求の要件を見ていきます。頭がごっちゃにならないように気を付けてくださいね。２つのケースがありますので、順番に見ていきましょう。

転得者に対する詐害行為取消請求（その１）Ａ

債権者Ａは債務者Ｂに対してお金を貸した（貸金債権＝被保全債権）。その後、Ｂは唯一の財産である土地を贈与した。さらに、受益者Ｃが当該土地をＤに売却した。この場合、ＡはＢがなした土地の贈与行為を取り消すことができるのか？　なお、この詐害行為取消請求は、債権者Ａが原告、転得者Ｄが被告であることを前提とする。

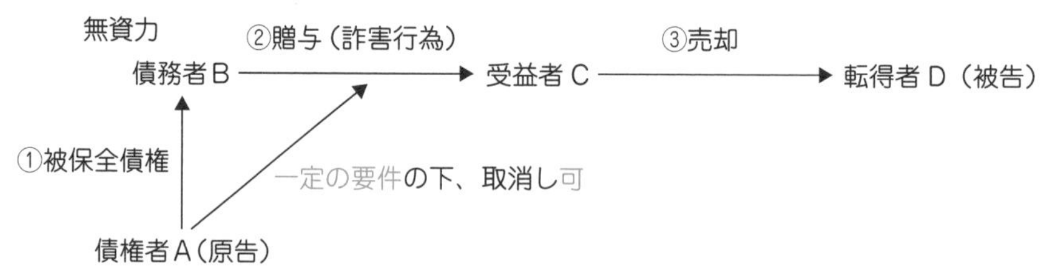

結論　Aは一定の要件を満たせば、Bがした贈与を取り消すことができる。

では、上記事案において、Aが転得者Dに対する詐害行為取消権を行使するための一定の要件は何でしょうか？　条文は以下の2つの要件を課しています。

424条の5第1項 A

①受益者（C）に対する詐害行為取消権の要件を満たしていること（つまり、債務者の詐害意思や受益者の悪意等）

②当該転得者（D）が、転得の当時、債務者がした行為が債権者を害することを知っていたこと（転得者の悪意）

なお、転得者の悪意とは、B「債務者のした行為が債権者を害すること」を知っていることであって、受益者が悪意であることを知っていることではないので注意しましょう。まとめると次のような図になります。

転得者に対する詐害行為取消請求（その1まとめ） A

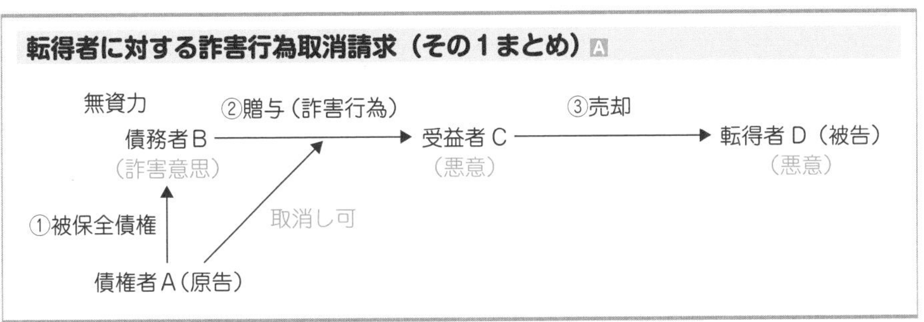

次に、転得者がさらに他の転得者に転売したケースを考えてみましょう。この場合にも条文が用意されているので、面倒ですが試験では押さえなければなりません。まずは次の図で事案を確認してみてください。

転得者に対する詐害行為取消請求（その２）A

債権者Aは債務者Bに対してお金を貸した（貸金債権＝被保全債権）。その後、Bは唯一の財産である土地を贈与した。さらに、受益者Cが当該土地をDに、DはEに順次売却した。この場合、AはBがなした土地の贈与行為を取り消すことができるのか？　なお、詐害行為取消請求は、債権者Aが原告、転得者Eが被告であることを前提とする。

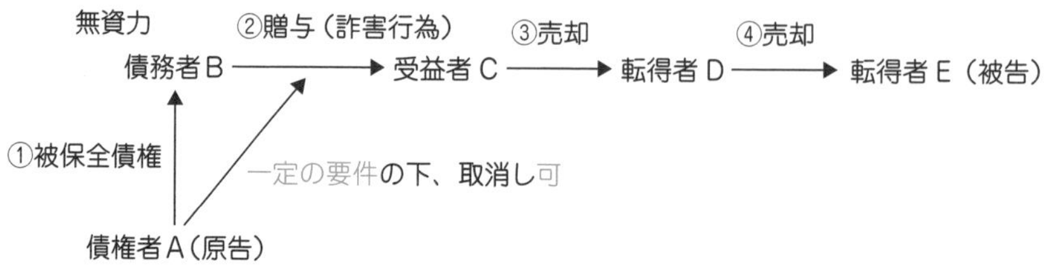

結論　Aは一定の要件を満たせば、Bがした贈与を取り消すことができる。

では、上記事案において、Aが転得者Eに対する詐害行為取消権を行使するための一定の要件は何でしょうか？ 条文は以下の２つの要件を課しています。

424条の５第２項 A

①受益者（C）に対する詐害行為取消権の要件を満たしていること（つまり、債務者の詐害意思や受益者の悪意等）

②当該転得者（E）及びその前に転得したすべての転得者（D）が、それぞれ転得の当時、債務者がした行為が債権者を害することを知っていたこと（すべての転得者の悪意）

なお、上の図における転得者Dのことを中間の転得者なので「中間転得者」と呼ぶことがあります。ただ、Aいずれにしても転得者が全員悪意でなければ詐害行為取消権を行使することができないわけです。まとめると次のような図になります。

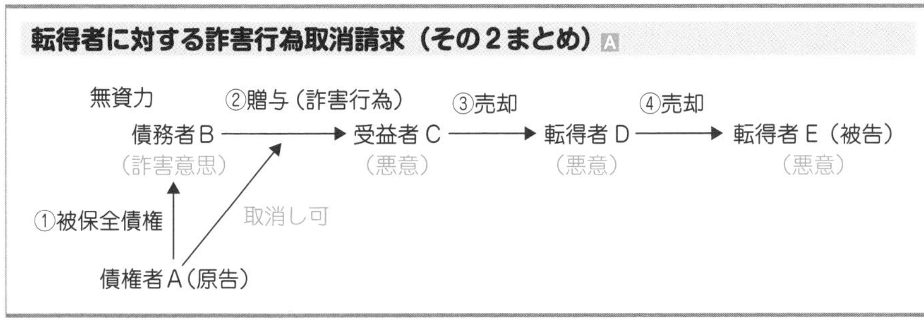

5 詐害行為取消権の行使の方法等

（１）財産の返還又は価額の償還の請求（424条の６）

A債権者は、「受益者に対する詐害行為取消請求」において、債務者がした行為の取消しとともに、その行為によって受益者に移転した財産の返還を請求することができます。もっとも、受益者が財産の返還をすることが困難であるときは（滅失したとか、転売してしまったなど）、債権者は、その価額の償還を請求することができます（424条の６第１項）。要するに、取消しとともにできるのは、財産の返還（現物返還）が原則なのですが、それが困難であるときには価額の償還を請求することができるわけです。

また、A債権者は、「転得者に対する詐害行為取消請求」においても、同じように債務者がした行為の取消しとともに、転得者が転得した財産の返還を請求することができます。もっとも、転得者がその財産の返還をすることが困難であるときは、債権者は、その価額の償還を請求することができます（424条の６第２項）。

（２）被告及び訴訟告知（424条の７）

詐害行為取消権は必ず訴訟で行います（詐害行為取消請求）。そこで、被告が誰になるのかが問題となります。この点、条文は被告を「受益者」又は「転得者」としています。つまり、受益者に対する詐害行為取消請求に係る訴えであれば受益者が被告となり（424条の

つまり、反対解釈より、債務者は被告とならない。債務者は多重債務者などであることが通常で、逃げ回っていることが多いので、その人を被告としなければならないとすると、訴訟を提起する債権者の負担が重くなりすぎてしまうんだ。

7第1項1号)、転得者に対する詐害行為取消請求に係る訴えであれば転得者が被告となります(424条の7第1項2号)。そして、A債権者は、詐害行為取消請求に係る訴えを提起したときは、遅滞なく、債務者に対して訴訟告知をしなければなりません(424条の7第2項)。

(3) 詐害行為の取消しの範囲(424条の8)

A詐害行為取消権は、原則として、債権者の被保全債権の額の限度で行使することができます(424条の8第1項)。もっとも、債務者がした詐害行為の目的が、土地や一棟の建物の引渡しなど性質上不可分である場合は、債権額の限度で取り消すのは不可能です。「屋根の部分だけ返還するね」と言われても困りますよね。そこで、例外的にその詐害行為全部につき取消権を行使することができます(最判昭30・10・11)。

(4) 債権者への支払い又は引渡し(424条の9)

取消しによって債務者の下に財産が回復された場合、取消債権者は、その財産に対して強制執行をし、配当を受けることになります。もっとも、A金銭の支払いや動産の引渡しを求める場合、債権者は、受益者又は転得者に対して直接自己に支払い・引渡しを請求することができます(424条の9)。債権者への直接の支払い・引渡しを認めなければ、債務者が受領を拒絶した場合に詐害行為取消権行使の目的を達成できないからです。

たくさんいる債権者のうちでも、詐害行為取消権を行使した債権者のことをとくに「取消債権者」と呼ぶことがあるんだ。

そして、債権者が金銭を直接受領した場合、債権者は、債務者に対する被保全債権と債務者の債権者に対する不当利得に基づく金銭返還請求権とを相殺して、事実上優先弁済を受けることができます(最判昭37・10・9)。一方、A不動産の登記の場合、債権者は、債務者名義への移転を請求することができるだけで、直接自己名義への移転を請求することはできません(最判昭53・10・5)。これらの点は債権者代位権と同じですね。

ただ、A取消債権者の金銭の返還請求に対し、受益者又は転得者は、自己の債権額に対応する按分額の支払いを拒むことはできません(最判昭46・11・19)。

受益者又は転得者自身も債務者に対する債権者の1人であるようなケースだよ。

これは、詐害行為取消権を行使された受益者又は転得者が、取消債権者に対して「俺もお前と同じ債権者の１人で、債権は○○万円持っているのだから、その分は引き渡さないぞ」とは言えない、という意味です。また、Ｂ取消債権者は、他の債権者からの請求に応じて、債権額の割合に従い分配する必要もありません（最判昭37・10・9）。

6 詐害行為取消権行使の効果

（１）認容判決の効力が及ぶ者の範囲（425条）

詐害行為取消請求を認容する確定判決は、Ｂ債務者及びその全ての債権者に対してもその効力を有します。債務者にも判決効が及ぶという点は重要です。なお、転得者に対する詐害行為取消請求を認容する確定判決は、当該転得者と債務者には及びますが、当該転得者の前者（受益者や中間転得者）には及びません。

（２）債務者の受けた反対給付に関する受益者の権利（425条の２）

債務者がした財産の処分に関する行為（債務の消滅に関する行為を除く）が取り消されたときは、Ａ受益者は、債務者に対し、その財産を取得するためにした反対給付の返還を請求することができます。また、Ａ債務者がその反対給付の返還をすることが困難であるとき（反対給付が金銭以外の場合＝交換など）は、受益者は、その価額の償還を請求することができます。これはちょっとわかりづらいと思いますので、次の図を見てみましょう。

支払った代金などが典型だよ。

債務者の受けた反対給付に関する受益者の権利 Ａ

債権者Ａは、債務者Ｂが受益者Ｃに対してした100万円相当の宝石の売却を詐害行為であるとして取り消した（受益者Ｃは宝石を返還することになる）。このとき、受益者Ｃは既にＢに対して支払った代金を返還してもらえるのか？

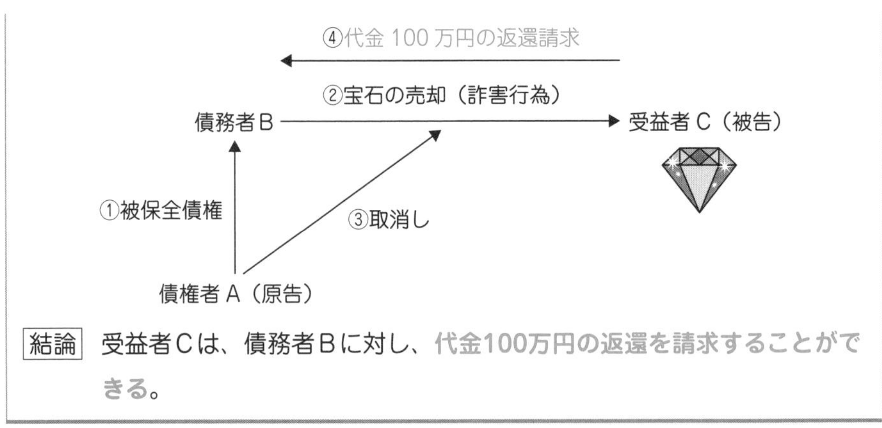

結論　受益者Ｃは、債務者Ｂに対し、**代金100万円の返還を請求することができる。**

（３）受益者の債権の回復（425条の３）

Ａ債務者がした債務の消滅に関する行為（**弁済や代物弁済等**）が取り消された場合において、受益者が債務者から受けた給付を返還し、又はその価額を償還したときは、**受益者の債務者に対する債権は、これによって原状に復します**。つまり、弁済や代物弁済などでいったん消滅した受益者の債権が復活するということです。イメージだけを図で表すと次のようになります。

受益者の債権の回復 Ａ

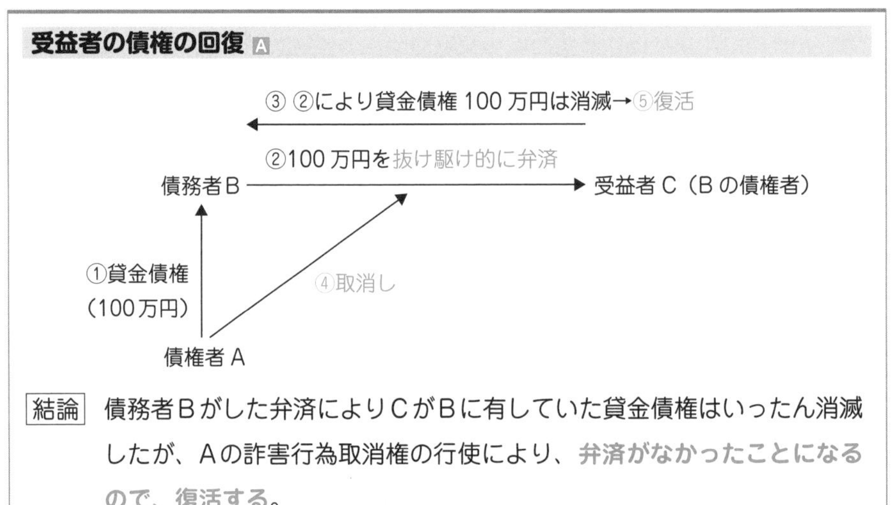

結論　債務者Ｂがした弁済によりＣがＢに有していた貸金債権はいったん消滅したが、Ａの詐害行為取消権の行使により、**弁済がなかったことになるので、復活する。**

（4）詐害行為取消請求を受けた転得者の権利（425条の4）

最後に転得者の権利について解説しておきます。ただ応用知識になるので、分からない方はとばして構いません。分からないからといってここで立ち止まらないようにしましょう。ではいきます。

B債務者がした財産の処分に関する行為が転得者との関係で取り消された場合、転得者は、受益者に対する詐害行為取消請求によって取り消されたとすれば生ずべき受益者の債務者に対する反対給付の返還請求権又はその価額の償還請求権を行使することができます（425条の4第1号）。

詐害行為取消請求を受けた転得者の権利（その1） B

債権者Aは、債務者Bが受益者Cに対してした宝石（100万円相当）の売却を詐害行為であるとして取り消した（現在宝石は転得者Dの下にあり、Dを被告として詐害行為取消請求をした）。このとき、転得者Dは宝石を返還することになるが、既に支払った代金80万円をどのように回収するのか？

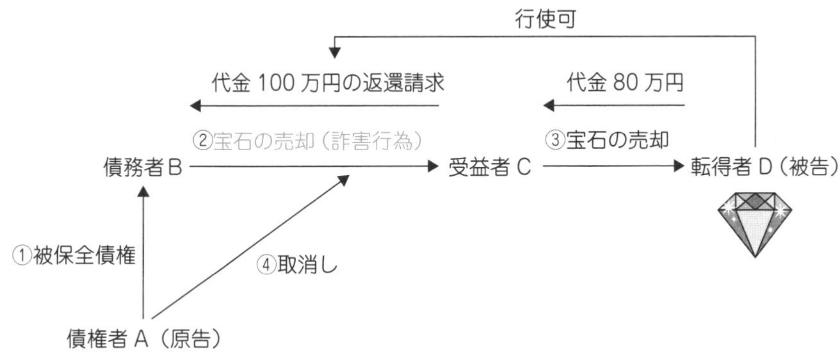

結論　転得者Dは、Cに対して有する代金80万円を限度として、CがBに対して有したであろう代金100万円の返還請求権を行使することができる。つまり、80万円をBから回収できる。

※ただし、この場合は転得者の有する反対給付の価額が限度となる（425条の4柱書ただし書）。

また、B同じように債務者がした債務の消滅に関する行為（弁済や代物弁済等）が転得者との関係で取り消された場合、転得者は、その行為が受益者に対する詐害行為取消請求によって取り消されたとすれば回復すべき**受益者の債務者に対する債権を行使**することができます（425条の４第２号）。ここは抜け駆け的な弁済の例よりは代物弁済の例の方がわかりやすいと思いますので、代物弁済の事例で説明します。

詐害行為取消請求を受けた転得者の権利（その２） B

債権者Aは、債務者Bが受益者Cに対してした宝石（100万円相当）の代物弁済を詐害行為であるとして取り消した（現在宝石は転得者Dの下にあり、Dを被告として詐害行為取消請求をした）。このとき、転得者Dは宝石を返還することになるが、既に支払った代金80万円をどのように回収するのか？

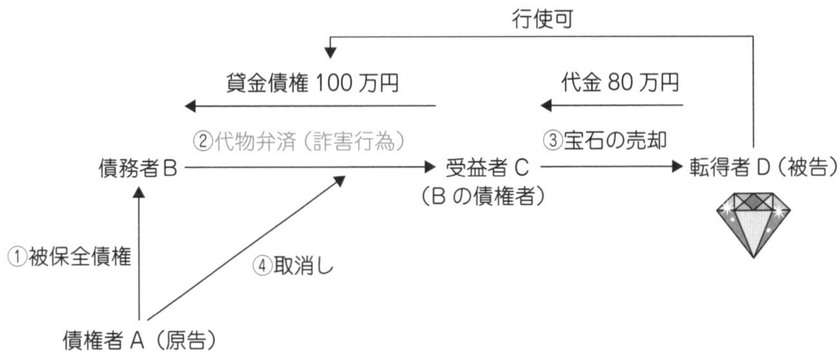

結論　転得者Dは、**Cに対して有する代金80万円を限度として、回復すべきCのBに対する貸金債権100万円を行使することができる**。つまり、80万円をBから回収できる。

※ただし、この場合は転得者の有する反対給付の価額が限度となる（425条の４柱書ただし書）。

7 詐害行為取消権の時期の制限

詐害行為取消請求に係る訴えは、債務者が債権者を害することを知って行為をしたことを**債権者が知った時から２年を経過**したときは、提起することができません。また、**行為の時から10年を経過**したときも、同じように提起することができません（426条）。これは法律関係を早期に安定させる必要があるからです。

PLAY! 理解度チェック

1. 詐害行為取消権は裁判外でも行使することができるのか？	1. できない。必ず裁判上で行使しなければならない。
2. 被保全債権が詐害行為の前の原因に基づいて生じたものであっても、詐害行為取消権を行使することができるのか？	2. できる。
3. 強制執行により実現することができない債権を被保全債権とする詐害行為取消は認められるか？	3. 認められない。
4. 相当な対価を得てした財産の処分行為の場合における詐害行為取消権の要件は？	4. ①債務者において隠匿等の処分をするおそれを現に生じさせる行為であること、②債務者が隠匿等の処分をする意思を有していたこと、③債務者が隠匿等の処分をする意思を有していたことを受益者が知っていたこと、の３つ。
5. 特定の債権者に対する担保の供与等につき詐害行為取消権を行使するための要件は？	5. ①債務者が支払い不能の時に行われたこと、②債務者と受益者とが通謀して他の債権者を害する意図を持っていたこと、の２つ。
6. 債務者→受益者→転得者と財産が移転した場合において、転得者に対する詐害行為取消権の要件は？	6. ①受益者に対する詐害行為取消権の要件を満たしていること、②当該転得者が、転得の当時、債務者がした行為が債権者を害することを知っていたこと、の２つ。

7. 債務者→受益者→転得者１→転得者２と財産が移転した場合において、転得者２に対する詐害行為取消権の要件は？

7.
①受益者に対する詐害行為取消権の要件を満たしていること、②当該転得者（転得者２）及びその前に転得したすべての転得者（転得者１）が、それぞれ転得の当時、債務者がした行為が債権者を害することを知っていたこと、の２つ。

8. 債権者は、「受益者に対する詐害行為取消請求」において、受益者が財産の返還をすることが困難であるときは、何を請求できるのか？

8.
その価額の償還を請求することができる。

9. 詐害行為取消請求の被告は誰？

9.
「受益者」又は「転得者」。

10. 債権者は、詐害行為取消請求に係る訴えを提起したときは、遅滞なく、誰に対して訴訟告知をしなければならないのか？

10.
債務者。

11. 詐害行為取消請求を認容する確定判決は、誰に対して効力を有するのか？

11.
債務者及びその全ての債権者に対してその効力を有する。

12. 金銭の支払いや動産の引渡しの場合、債権者は、受益者に対して直接自己に支払い又は引渡しを請求できるのか？

12.
できる。

13. 債務者がした債務の消滅に関する行為（弁済や代物弁済等）が取り消された場合、受益者の債務者に対する債権は原状に復するのか？

13.
原状に復する（債権が復活する）。

14. 詐害行為取消請求に係る訴えは、債務者が債権者を害することを知って行為をしたことを債権者が知った時から（　①　）を経過したときは、提起することができない。行為の時から（　②　）を経過した時も、同様とする。

14.
①2年　②10年

TRY! 本試験問題に挑戦

詐害行為取消権に関するア～オの記述のうち、妥当なもののみを全て挙げているのはどれか。　【国税専門官 R3】

ア. 債権者は、その債権が強制執行により実現することのできないものであるときは、詐害行為取消請求をすることができない。

ア. ○
そのとおり。
詐害行為取消請求は強制執行の準備行為なので当然である。

イ. 詐害行為取消請求に係る訴えは、債務者が債権者を害することを知って行為をしたことを債権者が知った時から1年を経過したときは提起することができず、その行為の時から20年を経過したときも同様である。

イ. ×
それぞれ「1年」→「2年」、「20年」→「10年」の誤り。

ウ. 詐害行為取消請求を認容する確定判決は、債務者及びその全ての債権者に対してもその効力を有する。

ウ. ○
そのとおり。
債務者にも判決効が及ぶ点には注意しよう。

エ. 詐害行為取消請求に係る訴えは、受益者又は転得者を被告として提起しなければならないが、その際、債務者に対して訴訟告知をする必要はない。

エ. ×
債務者に対して訴訟告知をしなければならない。債務者にも判決効が及ぶので、少なくとも訴訟参加の機会を保障するためである。

オ. 債権者は、詐害行為取消請求をする場合において、債務者がした行為の目的が可分であるときであっても、総債権者のために、自己の債権の額の限度を超えて、その行為の取消しを請求することができる。

> オ. ×
> 目的が可分であるときは、自己の債権の額の限度を超えて、その行為の取消しを請求することはできない。

1. ア、イ　2. ア、ウ　3. イ、エ　4. ウ、オ　5. エ、オ

正答　2

TRY! 本試験問題に挑戦

債権者代位権及び詐害行為取消権に関する次のア～オの記述のうち、妥当なもののみを全て挙げているものはどれか（争いのあるときは、判例の見解による。）。
【裁判所職員 R3】

ア. 債権者代位権は、債務者の責任財産の保全のためのものであるから、被保全債権が300万円の金銭債権、被代位権利が500万円の金銭債権である場合、債権者は被代位権利全額について代位をした上で、これを債務者に返還することができる。

> ア. ×
> 被保全債権が300万円なので、300万円についてのみ代位することができる。全額についての代位はできない。

イ. 債権者代位権は、自己の債権を保全する必要性がある場合に認められるものであるから、債権者代位権を行使するためには、常に債務者が無資力であることが必要である。

> イ. ×
> 転用事例においては、債務者の無資力は不要である。

ウ. 被代位権利が不法行為に基づく慰謝料請求権である場合は、具体的な金額の請求権が当事者間で客観的に確定する前の段階では、代位行使の対象とならない。

> ウ. ○
> そのとおり。
> 逆に、具体的な金額の請求権が当事者間で客観的に確定した後であれば、代位行使の対象となる。

エ. 詐害行為取消権は、債務者の責任財産の保全のためのものであるから、取消債権者は、受益者から返還を受ける物が動産である場合、直接自己への引渡しを請求することはできず、債務者への返還を請求することができるにとどまる。

エ. ×
返還を受ける物が動産である場合、直接自己への引渡しを請求することができる。

オ. 詐害行為となる債務者の行為の目的物が、不可分な一棟の建物であり、その価額が債権者の被保全債権額を超える場合において、債権者は、詐害行為の全部を取り消すことができる。

オ. ○
そのとおり。
目的物が不可分な場合は、詐害行為の全部を取り消すことができる。逆に、目的物が可分な場合は、自己の債権額の限度においてのみ、取り消すことができる。

1. ア、イ　2. ア、エ　3. イ、ウ　4. ウ、オ　5. エ、オ

正答　4

5 多数当事者の債権債務

重要度 ★★★
頻出度 ★★★

５章では債権者が多数いる場合や債務者が多数いる場合の法律関係を見ていく。多数当事者間で相互に影響を及ぼし合う場面が出てくるので、しっかりと理解していこう。

1 分割債権・連帯債権・不可分債権

（1）分割債権

分割債権とは、数人の債権者（例えば２人）が１人の債務者に対して200万円を貸し付けたような場合を言います。この場合は、各債権者がそれぞれ等しい割合で権利を有します（427条）。つまり、１人ひとりの債権者がそれぞれ100万円ずつの債権を有するというわけです。これが原則形態であり、１人の債権者に生じた事由が他の債権者に影響を及ぼすことはありません（相対的効力）。

（2）連帯債権

連帯債権とは、債権の目的がその性質上可分であるにも関わらず、法令の規定又は当事者の意思表示によって数人が連帯して債権を有する場合を言います（432条）。先ほどの例で言うと、数人の債権者（例えば２人）が１人の債務者に対して200万円を貸し付けたような場合で、当事者の特約により連帯することになっているようなケースです。この場合は、１人ひとりの債権者が200万円の債権を持つことになります。つまり、債権の額面はそれぞれ200万円となる……えっ？ と思うかもしれませんが、これは計400万円回収できるというわけではなく、合計で200万円回収できることを意味します。回収の仕方が自由だということを意味するのです。100万円ずつ履行の請求をしてもよいし、１人が150万円請求し、他方が50万円請求してもよいということです。

連帯債権 A

A、BはCに対して200万円を貸し付けた。このとき、当事者間の特約で連帯債権とした（A、Bの利益部分は１：１、ゆえに100万円ずつ）。

利益部分は、A、Bが有する内部の利益割合のことだよ。

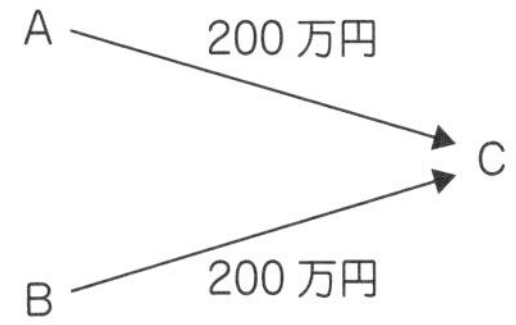

結論 A、Bは**それぞれ200万円の債権を有する**。A、Bは200万円の範囲内で全部又は一部の履行を請求できる。**債務者Cは全ての債権者のために各債権者に対して履行することができる**。仮に、Aが200万円の履行を請求し、Cがこれに対して200万円を履行した場合は、債務は消滅し、Aは利益部分100万円を手元に残し、半分の100万円はBに渡す（つまり半分こ）。

連帯債権者の1人の行為又は1人に生じた事由は、他の連帯債権者に対して効力を生じないのが原則です（**相対的効力**）。ただその場合でも、B他の連帯債権者の1人及び債務者が**別段の意思を表示したとき**（特約など）は、当該他の連帯債権者に対する効力は、その意思に従うことになります（435条の2）。したがって、特約などで絶対的効力にできるというわけです。要するに相対的効力はあくまでも原則であり、任意規定だということですね。

また、連帯債権の場合は、例外的に**絶対的効力事由**が明記されています。つまり、いくつかの事由は連帯債権者の1人に生じたときに、他の連帯債権者にも影響を及ぼすのです。具体的には、A弁済は当然として、**履行の請求**、**更改**(こうかい)、**免除**、**相殺**、**混同**が絶対的効力事由となっています。覚え方は、ゴロに頼らず条文の順に「**請**(せい)、**更**(こう)、**免**(めん)、**相**(そう)、**混**(こん)」です（笑）。そのままですが、中国王朝で、5つの国が全国統一をめぐって争っているイメージで覚えてください。キングダムが好きな人は覚えられますね。

①履行の請求（432条）

A 各債権者は、**全ての債権者のために**全部又は一部の**履行を請求**することができ、債務者は、**全ての債権者のために**各債権者に対して**履行**をすることができます。要するに、１人の債権者が債務者に履行を請求すれば、他の債権者も履行の請求をしたことになるという意味です。実益はどこにあるか？ というと、時効の完成猶予・更新、期限の定めのない債務の場合における履行遅滞効などにあるとされます。債権者の１人が履行の請求をすることで、他の債権者は時効の完成猶予・更新や履行遅滞効にあずかれるというわけです。

②更改・免除（433条）

A 連帯債権者の１人と債務者との間に**更改**又は**免除**があったときは、その連帯債権者がその権利を失わなければ分与されるべき利益に係る部分（つまり**利益部分**）については、**他の連帯債権者は、履行を請求することができません**（433条）。ちょっと分かりづらいと思いますので、免除の例で図解します。

> 新債務を成立させることによって旧債務を消滅させる契約を言うよ。プロ野球選手の年俸の更改などを思い浮かべるといいかもね。

免除 A

A、BはCに対して200万円を貸し付けた。このとき、当事者間の特約で連帯債権とした（A、Bの利益部分は100万円ずつ）。AはCに対して200万円全額を免除した。

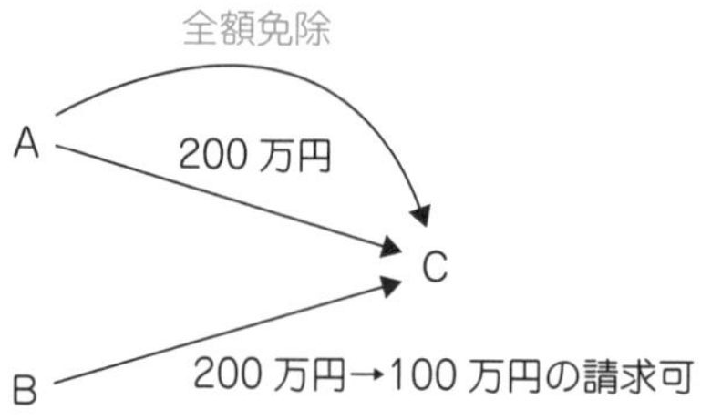

結論　AとBの利益部分が１：１（100万円ずつ）なので、Aが全額免除すると、**Bは100万円のみを請求することができる**（Bの債権200万円－Aの利益部分100万円＝100万円）。**Bは、Aの利益部分100万円について、Cに対して請求することができない。**

理由　Bの債権にAの利益部分が影響を及ぼすから。

③相殺（434条）

債務者が連帯債権者の１人に対して債権を有する場合、Aその債務者が相殺を援用したときは、その相殺は、他の連帯債権者に対しても、効力を生じます。これも図解しましょう。

相殺 A

A、BはCに対して200万円を貸し付けた。このとき、当事者間の特約で連帯債権とした（A、Bの利益部分は100万円ずつ）。CはAに対して有する債権200万円（反対債権）で、相殺した。

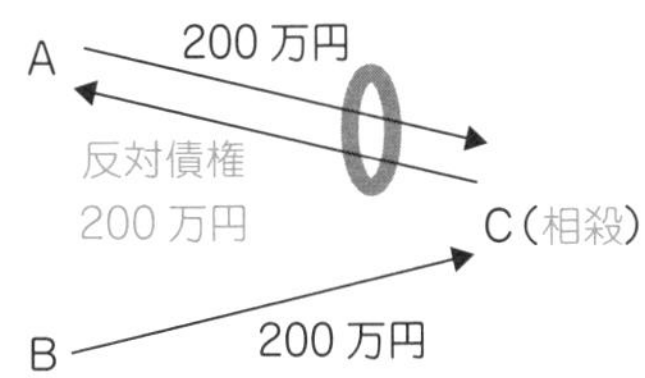

結論　債務者Cが債権者Aに対する反対債権で相殺すると、Aの債権200万円が消滅する。よって、Bもこれ以上Cに履行を請求することはできない（Bの債権も消滅する）。

理由　Cの相殺の効果がBにも及ぶから。

④混同（435条）

A連帯債権者の１人と債務者との間に混同があったときは、債務者は、弁済したものとみなされます。よって、他の債権者との関係で絶対的効力が生じます（弁済は絶対的効力だから）。

債権者と債務者が同一人になってしまうようなケースだよ。例えば、債権者が債務者の唯一の相続人として相続したような場合を考えてみよう。この場合は債権を残しておく実益に乏しいよね。だから、「弁済した」って扱いにしてしまうんだ。

（３）不可分債権

最後に不可分債権について見ていきましょう。数人の債権者が債務者に対して性質上不可分な目的の債権を有している場合を言います（428条）。例えば、AとBがCから不動産を借りていて、それぞれが不動産の引渡請求権を有している場合を考えてみましょう。不動産の引渡しは金銭などとは異なり性質上不可分なので、不可分債権となるわけです。この場合、弁済は当たり前として、**履行の請求と相殺が絶対的効力事由**となっていて（428条、432条、434条）、それ以外は相対的効力事由とされています。ですから、例えば、B不可分債権者の１人と債務者との間に**更改**又は**免除**があっても、他の不可分債権者は、**債務の全部の履行を請求することができます**（429条）。

2 分割債務・連帯債務・不可分債務

（1）分割債務

分割債務とは、数人の債務者（例えば２人）が１人の債権者から200万円を借りたような場合を言います。この場合は、各債務者がそれぞれ等しい割合で義務を負います（427条）。つまり、１人ひとりの債務者がそれぞれ100万円ずつの債務を負担するというわけです。これが原則形態であり、１人の債務者に生じた事由が他の債務者に影響を及ぼすことはありません（**相対的効力**）。

（2）連帯債務

連帯債務とは、**債権の目的がその性質上可分**であるにも関わらず、**法令の規定又は当事者の意思表示によって**数人が連帯して債務を負担する場合を言います（432条）。先ほどの例で言うと、数人の債務者（例えば２人）が１人の債権者から200万円を借りたような場合で、当事者の特約により連帯することになっているようなケースです。この場合は、１人ひとりの債務者が200万円の債務を負担することになります。つまり、債務の額面はそれぞれ200万円となるというわけです。これも債権者が計400万円回収できるというわけではなく、合計で200万円回収できることを意味します。つまり、回収の仕方が自由だということを意味するわけですね。よって、A債権者は、**連帯債務者の１人に対し**、又は同時に若しくは順次に**全ての連帯債務者に対し、全部又は一部の履行を請求することができます**（436条）。例えば、債権者が連帯債務者の１人に200万円を請求してもいいですし、２人に対して、同時に若しくは順次に100万円ずつ請求しても構いません。はたまた、一方に対して50万円、他方に対して150万円請求してもいいわけです。とにかく200万円の範囲内であればいかようにも請求できるのです。連帯債務にしておくと、債務者の無資力を債権者が被らなくてよくなります。だって、一方が無資力になっても、他方に200万円請求できるわけですからね。このように、連帯債務は債権者にとって大きなメリットをもたらすため、融資を促すという効果を期待できます。

連帯債務 A

B、CはAから200万円を借りた。このとき、当事者間の特約で連帯債務とした（B、Cの負担部分は1：1。ゆえに100万円ずつ）。

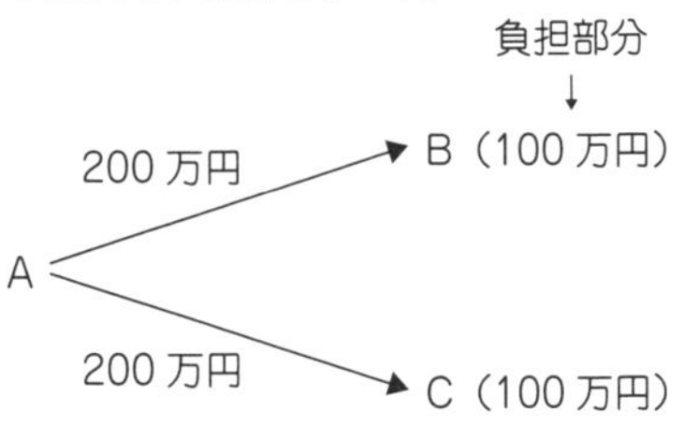

負担部分は、求償の時に使うもので、痛み分けの内部基準だ。当事者間の特約で決める。特約がなければ、公平の観点から平等の割合となる（つまり、200÷2＝100万円ずつということ）。ちなみに、負担部分がゼロの者がいても構わない。

結論　B、Cは**それぞれ200万円ずつの債務を負担する**。もし、Bが200万円全額を弁済したら、**BはCに対して100万円求償できる**。

上の図のように、Bが全額の200万円をAに支払ったのであれば、他の連帯債務者も債務を免れることになるわけですが、BはCに対して、100万円を請求することができます。これを「**求償権**」と言います。つまり払い過ぎた分（立て替えた分）は仲間に対して請求できるのです。この求償権を考える際に使うのが「**負担部分**」です。いくら求償することができるのかという話になったときに、その金額を決める基準が必要なのですが、それを負担部分と呼んでいるわけです。痛み分けの内部基準、それが負担部分ということになります。

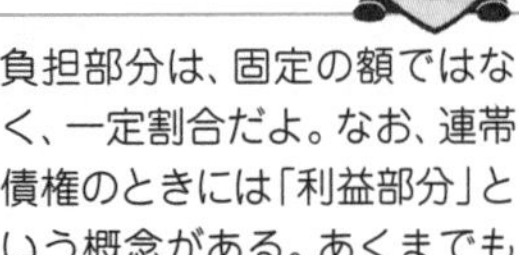

負担部分は、固定の額ではなく、一定割合だよ。なお、連帯債権のときには「利益部分」という概念がある。あくまでも債権なので痛み分けというイメージではないね。だから「利益部分」と呼んでいるんだ。

なお、この求償権を行使できる場面は、何もBが全額弁済をした場合に限られません。例えば、Bが20万円しか弁済しなくても、BはCに対して10万円求償することができます。つまり、A求償は**自己の負担部分を超えない弁済の場合にもできる**のです。これは超頻出ですね。

Ａ連帯債務者の１人について法律行為の**無効又は取消しの原因**があっても、**他の連帯債務者の債務は、その効力を妨げられません**（437条）。あくまでも、債務者相互が連帯しているだけであって異なる債務だからです。このように、連帯債務者の１人の行為又は１人に生じた事由は、他の連帯債務者に対して効力を生じないのが原則です（**相対的効力**）。ただその場合でも、Ａ債権者及び他の連帯債務者の１人が**別段の意思を表示したとき**（特約など）は、当該他の連帯債務者に対する効力は、その意思に従うことになります（441条）。したがって、特約などで絶対的効力にできるというわけです。要するに相対的効力はあくまでも原則であり、任意規定だということです。

また、連帯債務の場合は、例外的に**絶対的効力事由**が明記されています。つまり、いくつかの事由は連帯債務者の１人に生じたときに、他の連帯債務者にも影響を及ぼすのです。具体的には、Ａ弁済は当然として、**更改**、**相殺**、**混同**が絶対的効力事由となっています。覚え方は、「**更**（こう）・**相**（そう）・**混**（こん）」を「高宗婚」と当てればいいのではないでしょうか？ こちらも中国王朝で、唐の第３代皇帝「高宗」が開いた結婚式というイメージで覚えましょう。

①更改（438条）

Ａ連帯債務者の１人と債権者との間に**更改**があったときは、債権は、**全ての連帯債務者の利益のために消滅**します。

②相殺（439条）

Ａ連帯債務者の１人が債権者に対して債権を有する場合において、**その連帯債務者**が**相殺**を援用したときは、債権は、**全ての連帯債務者の利益のために消滅**します。

相殺 Ａ

B、CはAから200万円を借りた。このとき、当事者間の特約で連帯債務とした（B、Cの負担部分は100万円ずつ）。BはAに対する反対債権で相殺した。

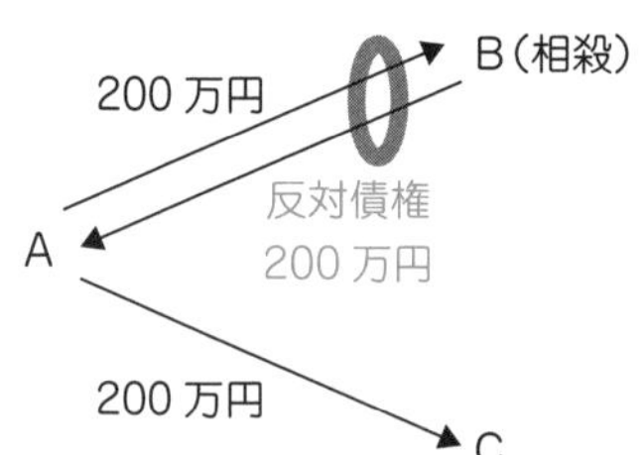

結論 Bが相殺を援用した場合、200万円の債権が消滅する。この効果がCとの関係でも生じる（つまり、Cに対する債権200万円も消滅する）。

なお、A前の図で反対債権を有する連帯債務者Bが相殺を援用しない間は、Bの負担部分の限度において、他の連帯債務者Cは、債権者に対して債務の履行を拒むことができます（439条２項)。「Bの負担部分の限度において」ということですから、CはAに対して、「Bの負担部分100万円については支払わないぞ！」と言えるわけです。

③混同（440条）

A連帯債務者の１人と債権者との間に混同があったときは、その連帯債務者は、弁済したものとみなされます。よって、弁済は絶対的効力事由ですので、その効果が他の債務者に及ぶというわけです（債権者の他の債務者に対する債権も消滅するということ)。

（3）不可分債務（430条）

最後に不可分債務について見ていきましょう。数人の債務者が債権者から性質上不可分な目的の債務を負担している場合を言います（428条)。例えば、BとCがAに不動産を貸していて、B、Cが不動産を使用収益させる債務を負っている場合を考えてみましょう。Aに不動産を使わせてあげる債務は金銭債務などとは異なり性質上不可分なので、不可分債務となるわけです。この場合、弁済（使用収益させること）は当たり前として、更改と相殺が絶対的効力事由となっていて（430条)、それ以外は相対的効力事由とされています。

絶対的効力事由まとめ A

分割債権（原則）	分割債務（原則）
絶対的効力事由なし	絶対的効力事由なし
不可分債権（性質）	不可分債務（性質）
弁済は当然 履行請求 相殺 } は絶対的効力事由	弁済は当然 更改 相殺 } は絶対的効力事由
連帯債権（法令又は特約）	連帯債務（法令又は特約）
弁済は当然 履行請求 更改（利益部分のみ） 免除（利益部分のみ） 相殺 混同 } は絶対的効力事由	弁済は当然 更改 相殺※ 混同 } は絶対的効力事由 ※反対債権を有する債務者が相殺しない間は他の連帯債務者は履行拒絶可。

3 求償権

（1）連帯債務者間の求償権

最後に、連帯債務者間の求償権についてルールを押さえておきましょう。意外と試験では問われるポイントになりますので、難しいとは思いますが気を抜かないで読んでください。

まず、連帯債務者の１人が弁済をし、その他自己の財産をもって共同の免責を得たときは、A その連帯債務者は、その免責を得た額が自己の負担部分を超えるかどうかにかかわらず、他の連帯債務者に対し、その免責を得るために支出した財産の額のうち各自の負担部分に応じて求償することができます（442条１項）。ポイントは、自己の負担部分を超えなくても求償できるという点です。なお、免責を得るために支出した財産の額が共同の免責を得た額を超える場合には、その免責を得た額を基準として求償することになります。例えば、連帯債務者各自が100万円の連帯債務を負担している場合（負担部分は平等）に、１人の連帯債務者が200万円の自動車を代物弁済したような場合には、共同の免責額は100万円なので、求償も免責額100万円を基準として、50万円を求償していくことになります。

そして、求償には、弁済その他免責があった日以後の法定利息及び避けることができなかった費用その他の損害の賠償も包含されるよ（442条２項）。

（2）通知を怠った連帯債務者の求償の制限

求償権を行使するためには、事前通知と事後通知が必要になります。これを怠るととんでもないことになります。

まず、事前通知を欠いた場合からお話ししましょう。A 他の連帯債務者がいることを知りながら、共同の免責を得ることを他の連帯債務者に通知しないで弁済をしてしまうと（事前通知を欠く）、他の連帯債務者は、債権者に対抗することができる事由（相殺の抗弁など）をもって、その負担部分について、免責を得た連帯債務者に対抗できてしまいます。これは要するに、弁済をして免責を得た連帯債務者の求償が制限されてしまうわけです（443条1項）。

事前通知を欠いた場合 A

B、CはAから200万円を借りた。このとき、当事者間の特約で連帯債務とした（B、Cの負担部分は100万円ずつ）。BはAに対して反対債権100万円を有していたが、突如、CがBに対して事前通知をしないで200万円弁済してしまった。

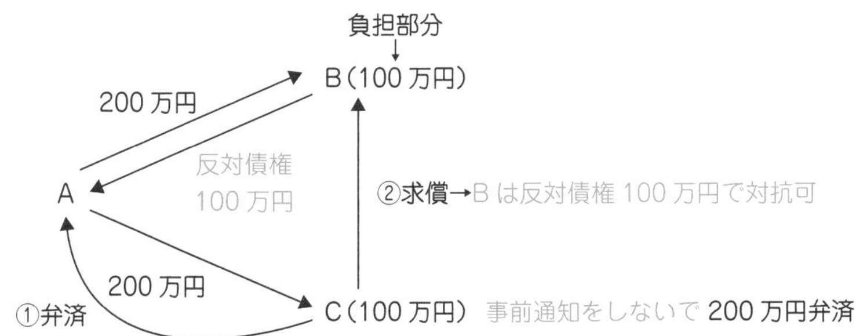

結論 CがBに対して100万円を求償してきたとしても、Bは自己が有する反対債権100万円で対抗できる（相殺することになる）。よって、Cの求償権が制限される。なお、この場合、Cは債権者であるAに対して、相殺によって消滅すべきであった債務100万円の履行を請求することができる。

理由 Bの相殺への期待を保護するためにCの求償権を制限した。Cが事前通知をしなかったため、Bの相殺の利益は一方的に奪われる結果となった（Bは相殺しようかな～と思っていたかもしれない）。そこで、Bの相殺への期待を保護する必要が出てくる。

次に、事後通知を欠いた場合です。A弁済をし、共同の免責を得た連帯債務者が、他の連帯債務者があることを**知りながら**その免責を得たことを**他の連帯債務者に通知することを怠った**ため、**他の連帯債務者が善意で弁済した**ときは、当該**他の連帯債務者**は、自分の弁済を**有効とみなすことができます**（443条２項）。つまり、事後通知を欠くと、第二弁済を有効とみなすことができるわけです。事後通知を欠くと、他の連帯債務者は、弁済があった事実を知ることができないので、その後善意で弁済してしまうことがあり得ます。そこでこのような場合は、第二弁済（他の連帯債務者がなした弁済）の方を保護するわけです。よって、この場合は、求償権自体を行使することができなくなってしまいます（むしろ求償権を行使される側の立場になる）。厳しいですよね～。

事後通知を欠いた場合 A

B、CはAから200万円を借りた。このとき、当事者間の特約で連帯債務とした。Cは事前通知をして200万円を弁済したが、事後通知をしなかった。その後、Bが事前通知をした上で善意にて弁済した。

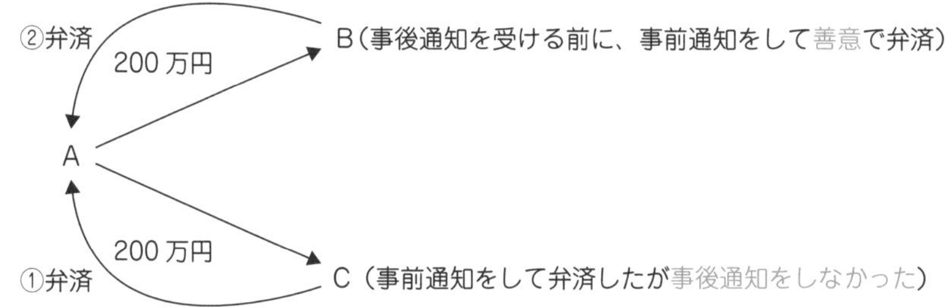

結論　Bは自己がした**②の弁済を有効とみなすことができる**。その上で、BはCに対して求償権を行使することができる。

理由　Cから事後通知がなされていない以上、BがCの弁済を知らずに弁済してしまうのはやむを得ない。よって、Bのした第二弁済を有効とみなす道を用意した。

（3）償還する資力のない者の負担部分の分担

B 連帯債務者の中に償還をする資力のない者（無資力者）がいるときは、その償還することができない部分は、**求償者及び他の資力のある者の間**で、**各自の負担部分に応じて**分割して負担します（444条1項）。

償還をする資力のない者の負担部分の分担 B

B、C、Dは、債権者Aから120万円の連帯債務を負担したが、その後Bが120万円を弁済した。Dが無資力であったときは、Dの負担部分を誰がどのように負担するのか？　なお、B、C、Dの負担部分はそれぞれ平等である（40万円ずつ）。

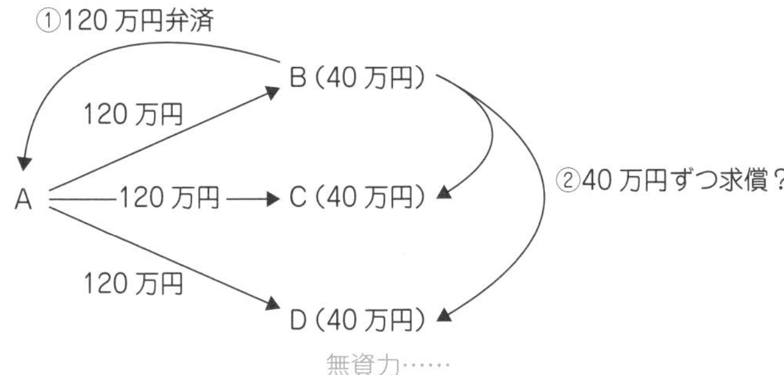

結論　無資力者Dの負担部分40万円は、**B、Cがそれぞれの負担部分に応じて（つまり1:1の割合）、20万円ずつ負担する**。よって、BはCに対して60万円（40万円+20万円）を求償することができる。ただし、求償できなくなったのが求償権者Bの過失に基づくときはCに対して分担を請求できない。つまり、Bが無資力者Dの負担部分40万円全額を負担することになる。よって、BはCに対して通常通り40万円を求償することができるにとどまる。

例えば、Bが求償を怠っている間にDが無資力となったような場合だよ。

分かりましたか？　Dの負担部分をBとCとで痛み分けすると思っておけばOKです。ただし、B 償還を受けることができないことについて**求償者に過失があるとき**は、他の連帯債務者に対して**分担を請求することができません**（444条3項）。例えば、上の図で、BがDの資産状態の悪化を知っていて、なおかつCからも「早く

Dに求償しろ。資産状態が極めて危険だ！」と忠告されていたのに、それを怠っていたところ、実際にDが無資力となってしまったというケースを考えてみましょう。この場合は、明らかにBの過失ですよね（笑）。忠告を無視したBが悪い。そこで、BはCに対して無資力者Dの負担部分の分担を請求することができない、つまりDの負担部分を自己が全額負担しなければならないのです。

（4）連帯債務者の１人との間の免除等と求償権

B 連帯債務者の１人に対して債務の免除がされ、又は連帯債務者の１人のために時効が完成した場合においても、その連帯債務者に対して、債権者に弁済した他の連帯債務者は、求償権を行使することができます（445条）。免除と時効が相対的効力事由とされているので、他の連帯債務者はその影響を受けない結果、その者に対して通常通り求償することができるわけです。簡単に言うと、弁済した他の連帯債務者は、免除や時効があったことなどお構いなしに求償してしまっていいのです。

PLAY! 理解度チェック

1. 連帯債権者の1人の行為又は1人に生じた事由は、原則として、他の連帯債権者に対して効力を生じるのか？	**1.** 生じない（相対的効力）。
2. 連帯債権の場合に、弁済以外で絶対的効力事由とされているのは何？	**2.** 履行の請求、更改、免除、相殺、混同。「請・更・免・相・混」。
3. 連帯債権者の1人と債務者との間に更改又は免除があったときに、他の連帯債権者が履行を請求することができなくなるのはどの範囲か？	**3.** その連帯債権者がその権利を失わなければ分与されるべき利益に係る部分（つまり利益部分）。
4. 不可分債権の場合に、弁済以外で絶対的効力事由とされているのは何？	**4.** 履行の請求と相殺。
5. 債権者は、連帯債務者の1人に対し、又は同時に若しくは順次に（　①　）の連帯債務者に対し、（　②　）又は一部の履行を請求できる。	**5.** ①全て　②全部
6. 連帯債務の場合において、求償は自己の負担部分を超えない弁済の場合にはできないのか？	**6.** 自己の負担部分を超えない弁済の場合にもできる。
7. 連帯債務者の1人について法律行為の無効又は取消しの原因があったときは、他の連帯債務者の債務は、その効力を妨げられるのか？	**7.** 効力を妨げられない（相対的効力）。

8. 連帯債務の場合に、弁済以外で絶対的効力事由とされているのは何？

8.
更改、相殺、混同。「更・相・混」。

9. 連帯債務の場合において、反対債権を有する連帯債務者が相殺を援用しない間は、他の連帯債務者は何ができるのか？

9.
反対債権を有する連帯債務者の負担部分の限度において、債務の履行を拒むことができる。

10. 連帯債務の場合において、他に連帯債務者がいることを知りながら事前通知をしないで弁済してしまったときは、求償権はどうなる？

10.
制限される。他の連帯債務者が債権者に対抗することができる事由をもって、対抗されてしまう。

11. 連帯債務の場合において、他の連帯債務者がいることを知りながら事後通知をしなかったときは、他の連帯債務者は、自己の善意による弁済をどうすることができるのか？

11.
自己の善意による弁済を有効とみなすことができる。

12. 連帯債務者の中に無資力者がいるときは、その者の負担部分は誰がどのように負担するのか？

12.
求償者及び他の資力のある者との間で、各自の負担部分に応じて分割して負担する。

13. 連帯債務者の１人に対して債務の免除がされ、又は連帯債務者の１人のために時効が完成した場合においても、その連帯債務者に対して、債権者に弁済した他の連帯債務者は、求償権を行使することができるのか？

13.
できる。

TRY! 本試験問題に挑戦

連帯債権・連帯債務に関する次のア～エの記述のうち、妥当なもののみを全て挙げているものはどれか（争いのあるときは、判例の見解による。）。

【裁判所職員 R4】

ア. AとBがCに対して1000万円の連帯債権を有しており、分与を受ける割合はAとBで平等である。AがCに対して免除の意思表示をした場合、BはCに対して500万円を請求することができる。

ア. ○
そのとおり。
連帯債権においては、免除は絶対的効力事由である。そして、免除の場合は、Aの利益部分についてのみ、Bは履行を請求することができなくなる。よって、BはCに対して500万円（1000万円－500万円）のみを請求することができる。

イ. AとBがCに対して1000万円の連帯債務を負い、AとBの負担部分は同じである。CがAに対して債務の全部を免除した場合、CはBに対して1000万円を請求することができるが、BはAに対して求償することができない。

イ. ×
連帯債務においては、免除は相対的効力を有するに過ぎない。よって、CはBに対して1000万円を請求することができる。また、Bが弁済した場合において、BはAに対して、通常通り求償することができる。

ウ. AとBがCに対して1000万円の連帯債権を有しており（分与を受ける割合は平等）、CがAに対して1000万円の債権を有している。CがAに対して相殺の意思表示をした場合、BはCに対して500万円を請求することができる。

ウ. ×
連帯債権においては、相殺は絶対的効力事由となっている。したがって、CがAに対して相殺の意思表示をした場合は、債権が消滅する以上、その効力がBにも及ぶため、BはCに対して500万円を請求することができない。

エ. ＡとＢがＣに対して1000万円の連帯債務を負い（負担部分は平等）、ＡがＣに対して1000万円の債権を有している。ＡがＣに対して相殺の意思表示をした場合、ＣはＢに対して1000万円を請求することができない。

エ．○
そのとおり。
連帯債務において、相殺は絶対的効力事由となっている。したがって、反対債権を有しているＡがＣに対して相殺の意思表示をした以上、債務は消滅するので、ＣはＢに対して1000万円を請求することはできない。

1．ア、イ　2．ア、エ　3．イ、ウ　4．イ、エ　5．ウ、エ

正答　2

6 保証

重要度 ★★★
頻出度 ★★★

今回は人的担保である「保証」を見ていく。よく保証人にはなってはいけないと言われるが、本当なのだろうか？　これから勉強することをしかと受け止めるべし。

1 保証債務とは？

「保証債務」とは、債務者が債務を履行しない場合に、保証人がこれに代わって履行することを内容とする債務を言います。皆さんが他人の債務の「保証人」になると、ここで言う「保証債務」を負うことになるわけですね。ここまでは常識の範囲内でしょう。ただ、保証を考える際には用語をちゃんと押さえなければなりません。前述した保証債務は保証人が負う債務のことですからとくに問題ないと思いますが、保証も一種の担保である以上、担保物権で言うところの「被担保債権」に相当するものがあるわけです。保証の場面ではこれを「主たる債務」と呼びます。そして、主たる債務を負う者のことを「主たる債務者」と言います。次の図で確認しましょう。

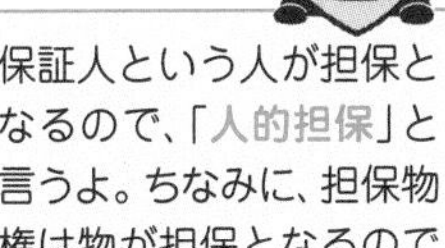

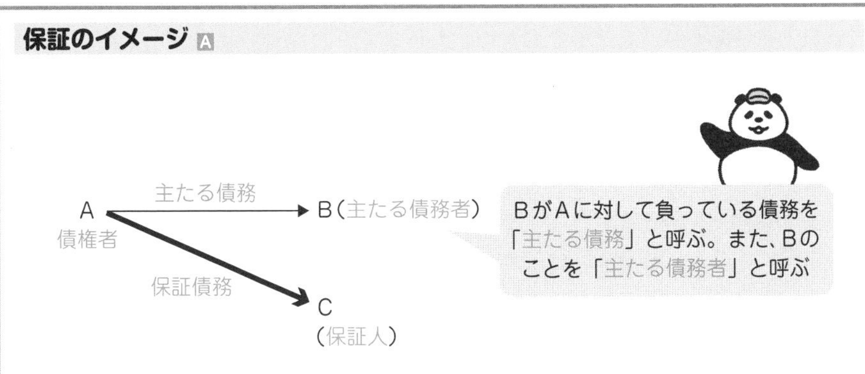

結論　保証債務は、主たる債務を担保するために保証人が負う、主たる債務とは別個の債務である。

（1）保証債務の法的性質

①付従性（物的担保と共通）

保証債務は、主たる債務が履行されない場合に、主たる債務者に代わって履行するものなので、主たる債務の存在を前提とし、主たる債務に従たる性質を持っています。これを保証債務の付従性と言います。物的担保と共通の性質があるのだと思っておきましょう。

もっとも、主たる債務は、必ずしも現実に発生している必要はないんだ。将来発生する債務であってもいいということだよ。これを「付従性の緩和」と呼ぶんだったね。覚えているかい？

具体的には、主たる債務が成立しなければ、保証債務も成立しません（成立の付従性）。また、主たる債務が消滅すれば、保証債務も消滅します（消滅の付従性）。そして、A保証債務は、その負担が債務の目的又は態様において主たる債務よりも軽いことは差し支えないのですが（一部保証は可）、重くなってはいけません。もし重くなった場合には、主たる債務の限度まで減縮されることになります（内容の付従性、448条1項）。また、B主たる債務の目的又は態様が保証契約の締結後に加重されたときであっても、保証人の負担は加重されません（448条2項）。

もっとも、A保証人がとくにその保証債務につき違約金や損害賠償の額を予定することは、許されます（447条2項）。この場合には、保証債務の目的や態様が主たる債務よりも重くなっているのではなく、保証債務の履行を確実にすることが意図されているに過ぎないからです。この点はよく試験で問われています。

一方、制限行為能力以外の取消原因（錯誤や詐欺、強迫）を保証人が知っていても、推定は働かないよ。

消滅の付従性については、民法に特別規定が用意されています。すなわち、保証契約締結当時に主たる債務者が制限行為能力者であることを知っていた保証人は、主たる債務が制限行為能力を理由に取り消された場合であっても、同一内容の独立の債務を負担したものと推定されます（449条）。なぜなら、制限行為能力により取り消される債務であることを知って保証人になる者は、主たる債務が消滅しても債権者に損害を被らせないという点について責任を負うべきだからです。

②随伴性（物的担保と共通）

保証債務の随伴性とは、保証債務によって担保されている債権（主たる債務）が譲渡された場合、保証人に対する債権（保証債務）も、それに伴って移転するという性質です。これも物的担保と共通の性質です。

③補充性（人的担保特有）

保証債務の補充性とは、保証人は、主たる債務者がその債務を履行しないときに初めて、自己の債務（保証債務）を履行する責任を負うという性質です（446条）。これに関しては、民法上催告の抗弁権（452条）と検索の抗弁権（453条）の２つが用意されているので、後述します。

（２）保証契約の締結

A保証債務は、債権者と保証人との間の保証契約によって成立します。保証契約は、主たる債務者と保証人との間で締結されるものではありません。この点は注意しましょう。したがって、保証人は、主たる債務者の意思に反して、勝手に債権者との間で保証契約を締結してしまうことすらできます。バカ息子の借金について親がこっそりと保証人になっていてくれたなどという涙ぐましい愛情物語が成立するのもこのおかげなのです。

また、A保証人が主たる債務者の委託を受けて保証する際、主たる債務者による詐欺が行われたり、保証人が他にも担保が存在するものと誤信したりしていた場合であっても、それは基礎事情の錯誤（動機の錯誤）の問題（95条）あるいは第三者による詐欺の問題となるに過ぎず、当然に保証契約の有効性に影響を与えるわけではありません。

さらに、保証契約の締結は単なる合意だけでは足りず、書面又は電磁的記録によってしなければなりません（446条２項・３項）。これは保証契約を慎重に締結させる趣旨です。

契約の中で書面性が要求されるのは保証契約だけだよ。

2 保証人の資格

保証人の資格には、原則として制限がありません。もっとも、例外として、B債務者が保証人を立てる義務を負う場合（通常、保証人を立てろと言われる場合はほとんどこれに該当する)、保証人は、行為能力者であり、かつ弁済をする資力を有する者であることが必要です(450条1項)。Bもし、保証人が弁済の資力を有しなくなったときは、債権者が保証人を指名した場合を除き、債権者は行為能力者で、かつ弁済の資力を有する者に代えることを債務者に請求することができます(450条2項、3項)。なお、もし、債務者がこれらの要件を具備する保証人を立てることができないときは、他の担保を供してこれに代えることができます(451条)。

債権者が保証人を指名したときは、行為能力者でなくてもよいし、弁済の資力を有しなくてもよい(450条3項)。

3 保証債務の範囲

A保証債務は、主たる債務に関する利息、違約金、損害賠償その他その債務に従たるものを包含します(447条1項)。つまり、保証債務は広範囲に及ぶということです。ただ、ここで問題となるのは、主たる債務が契約解除によって消滅した場合、保証債務が原状回復義務にまで及ぶのかという点です。次の図を見てください。

解除に伴う原状回復義務の保証 A

例えば、AB間で売買契約が締結され、Cは売主Aの目的物引渡債務を保証するために保証人となった。ところが、その後、AB間の売買契約は解除されるに至った。このとき、Aは受け取った代金をBに返還する義務を負う(これを「原状回復義務」と言う)が、この原状回復義務についてもCは保証しなければならないのだろうか?

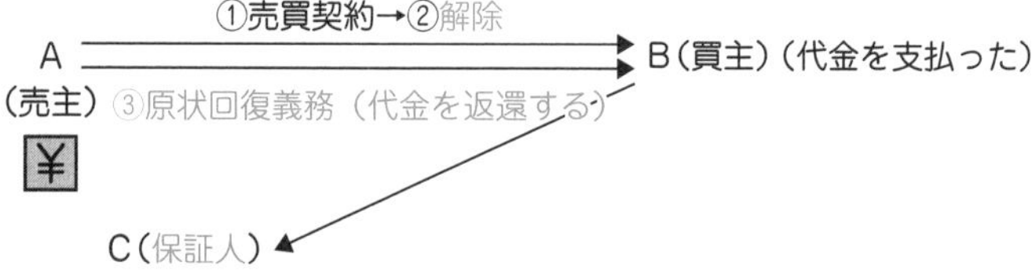

結論 保証人Cは、売主Aの目的物引渡債務を保証するだけでなく、解除した場合に生ずる原状回復義務(代金を返還する義務)についても、特に反対の意思表示のない限り、保証しなければならない。

理由 保証人Cは、買主Bに迷惑をかけないようにするために立てられたものであるから、解除によって原状回復義務が生じたのであれば、それも保証しないと意味がない。保証人の責任を制限する方向では考えないというのが理解のポイントである。

4 保証人が有する抗弁権

保証債務の履行を請求されたとき、保証人は、以下の抗弁権をもって債権者に対抗することができます。なお、A（1）（2）は補充性から認められる抗弁権、（3）は付従性から認められる抗弁権です。

（1）催告の抗弁権

A債権者が主たる債務者に請求することなく保証人に債務の履行を請求したときは、保証人は、まず主たる債務者に催告をすべき旨を請求することができます（452条）。これを「催告の抗弁権」と言います。要するに、「まず先に主たる債務者の方に行ってください」と債権者に対して言うことができるのです。もっとも、A主たる債務者が破産手続開始の決定を受けたとき、又はその行方が知れないときは、この請求をすることができません。というのも、このような場合は、主たる債務者の方に行っても空振りに終わってしまうことが明々白々だからです。

（2）検索の抗弁権

催告の抗弁権を主張した後に、債権者が主たる債務者よりも先に保証人の財産に執行してきた場合、A保証人は、①主たる債務者に弁済の資力があり、かつ、②執行が容易であることを証明して、まず主たる債務者の財産に執行するよう請求することができます。これを「検索の抗弁権」と言います（453条）。ただ、これは①②を保証人自らが証明しなければならないので、結構面倒な抗弁権となりますね。

なお、催告の抗弁権や検索の抗弁権が出されたにもかかわらず、債権者が催告や執行を怠ったために主たる債務者から全部の弁済を得られなかったときは、保証人は、債権者が直ちに催告又は執行をすれば弁済を得ることができた限度において、義務を免れるんだ(455条)。債権者が怠慢だったわけだから当然と言えば当然だよね。

（3）付従性から認められる抗弁権

保証債務の付従性から、保証人には、主たる債務者の有する抗弁をもって債権者に対抗することができます（457条２項）。

簡単に言うと、主たる債務者が持っている抗弁権を保証人も使うことができるって話。これが付従性から認められる抗弁権だよ。

例えば、主たる債務者が債権者に対し同時履行の抗弁権（533条）を有している場合、保証人は、それをもって債権者に対抗することができます。また、保証人は、主たる債務者が債権者に対して相殺権、取消権又は解除権を有するときは、Aこれらの権利の行使によって主たる債務者がその債務を免れるべき限度において、債権者に対して債務の履行を拒むことができます（457条３項）。つまり、「履行拒絶の抗弁権」を有するというわけです。例えば、主たる債務が100万円の場合において、保証人は、主たる債務者が債権者に対して有している50万円の債権との相殺によって消滅する限度で（つまり50万円の限度で）、債権者に対して履行を拒絶することができ、また、主たる債務者が取消権や解除権を有している間は、保証人は保証債務の履行を拒絶することができます。

5 主たる債務者・保証人間の効力

ここは場面を２つに分けて考えていく必要があります。具体的には①主たる債務に生じた事由が保証債務に及ぼす影響（上から下）と、②保証債務に生じた事由が主たる債務に及ぼす影響（下から上）の２つです。

まず、①主たる債務に生じた事由が保証債務に及ぼす影響（上から下）を考えていきます。これは簡単です。A保証債務には付従性があるので、主たる債務に生じた事由はことごとく保証債務に影響を及ぼします。つまり絶対的効力が生じます。例えば、主たる債務が無効であったり、取り消されたりすると、保証債務も消滅しますし、A主たる債務者に対する履行の請求やその他の事由（承認など）による時効の完成猶予及び更新も、保証人に対して効力を生じます（457条１項）。

ただ、A例外的に主たる債務に生じた事由が保証債務に影響しない場合もあります。いわゆる相対的効力の例外です。試験的には時効の利益の放棄（援用権の喪失を含む）を覚えておきましょう。したがって、主たる債務者が時効の利益を放棄したとしても、保証人は、別途、主たる債務の消滅時効を援用することができます。

また、B主たる債務の目的又は態様が重くなったときも、それに連動して保証債務が重くなることはありません（448条２項）。

時効の利益の放棄 A

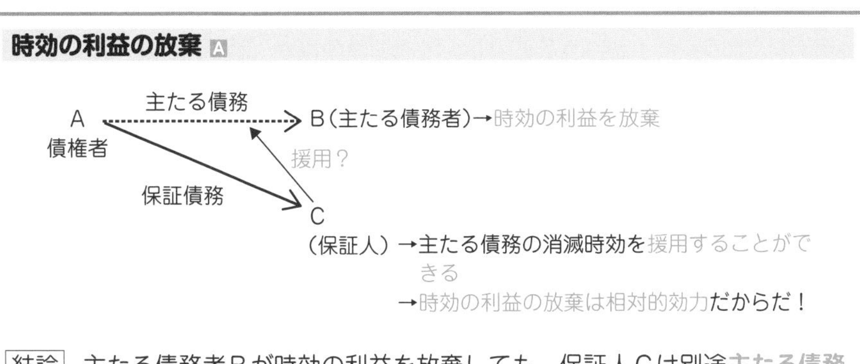

結論　主たる債務者Bが時効の利益を放棄しても、保証人Cは別途**主たる債務の消滅時効を援用することができる**。

次に、②保証債務に生じた事由が主たる債務に及ぼす影響（下から上）について考えていきます。ただ、Aこのような場面では付従性を考慮する必要がないので、**弁済などを除き**、保証債務に生じた事由が**主たる債務に影響を及ぼすことはありません**。したがって、例えば、債権者が保証人に対して「請求」したり、保証人が保証債務を「承認」したりしても、**主たる債務の時効は完成が猶予されたり更新されたりしません**。

6 債権者の情報提供義務

（１）主たる債務の履行状況に関する情報の提供義務（458条の２）

受託保証人のケースだよ。

個人が保証人になった場合にせよ、法人が保証人になった場合にせよ、保証人がA**主たる債務者の委託を受けて保証した場合**において、**保証人の請求**があったときは、**債権者は**、保証人に対し、遅滞なく、**主たる債務の履行状況に関する情報を提供**しなければなりません。この「履行状況に関する情報」とは、具体的には、主たる債務の元本及び主たる債務に関する利息、違約金、損害賠償その他の債務に従たる全てのものについての不履行の有無並びにこれらの残額及びそのうち弁済期が到来しているものの額に関する情報を指します。これらの情報は、保証人にとっては超重要な情報なので、債権者に照会できてしかるべきだろうという発想ですね。注意してもらいたいのは、あくまでもこの情報提供請求ができるのは、受託保証人に限られるということです。それもそのはず、勝手に保証人になった受託保証人以外の保証人に情報が漏れるのはよくないことだからです。

主たる債務の履行状況に関する情報の提供義務 A

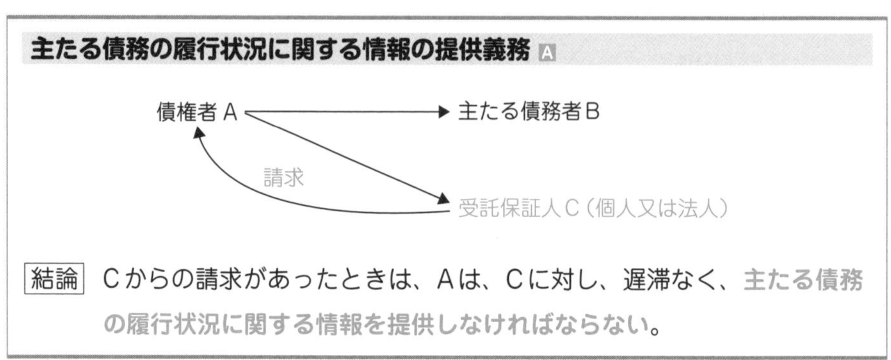

結論　Cからの請求があったときは、Aは、Cに対し、遅滞なく、主たる債務の履行状況に関する情報を提供しなければならない。

（2）主たる債務者が期限の利益を喪失した場合における情報の提供義務（458条の3）

A個人が保証人になっている場合に、主たる債務者が何らかの理由で期限の利益を喪失したときは、債権者は、保証人に対して、その利益の喪失を知った時から2か月以内に、その旨を通知しなければなりません（458条の3第1項）。これは、主たる債務者の期限の利益の喪失を保証人に知らせてあげないと、主たる債務の遅延損害金がどんどん雪だるま式にふくれあがってしまい、結局のところ保証人が害されてしまうからです。Aもし債権者が通知義務を怠ると、債権者は、保証人に対し、主たる債務者が期限の利益を喪失した時から通知を現にするまでに発生した遅延損害金に係る保証債務の履行を請求できなくなってしまいます（458条の3第2項）。これは一種のサンクション（社会的制裁）です。ポイントは、これらの規定はあくまでの保証人が個人の場合に適用されるという点です。つまり、保証人が法人の場合には債権者に通知義務はありません（458条の3第3項）。

主たる債務者が期限の利益を喪失した場合における情報の提供義務 A

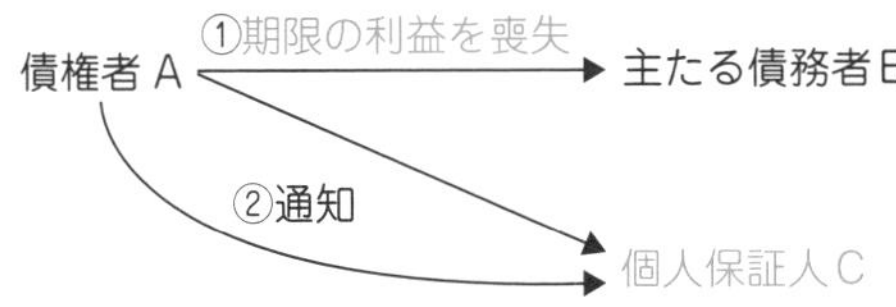

結論 Bが何らかの理由で期限の利益を喪失したときは、Aは、Cに対して、その利益の喪失を知った時から２か月以内に、その旨を通知しなければならない。

7 保証人の求償権

保証人が弁済などによって債務を消滅させた場合（債務の消滅行為）、保証人は債務者に対して求償権を行使することができます（459条、462条）。具体的には、B 受託保証人については、支出した財産の額を（459条１項）求償することができます。この場合、求償は、弁済その他免責があった日以後の法定利息及び避けることができなかった費用その他の損害の賠償を包含します（459条２項、442条２項）。一方、債務者の意思に反しない無受託保証人は、主たる債務者が債務の消滅行為（弁済等）の当時利益を受けた限度において（462条１項、459条の２第１項）、債務者の意思に反する無受託保証人は、主たる債務者が現に利益を受けている限度（保証人が主たる債務者に対して求償をした時点で主たる債務者が利益を受けている限度）において（462条２項）、それぞれ求償することができます。ただ、この求償の範囲については細かいので気にしなくて構いません。また、B 連帯債務者又は不可分債務者の１人のために保証した者は、他の債務者に対し、その負担部分のみについて求償権を有します（464条）。

債務者の委託を受けて保証人になった者を言うよ。また、債務者の委託を受けずに勝手に保証人になった者は無受託保証人と言うよ。

その財産の額がその債務の消滅行為によって消滅した主たる債務の額を超える場合は、その消滅した額となる（459条１項カッコ書）。

そして、B主たる債務者からとくに委託を受けて保証人となった**受託保証人**は、一定の場合に**事前求償権**を行使することができます（460条１項）。これは、弁済後の求償では、債務者の財産が悪化して事実上求償することができなくなるおそれがあるときに使うものです。

事前求償権が認められるのは、あくまでも頼まれて保証人になった場合（受託保証人）だけだよ。ちなみに、**物上保証人**には**事前求償権は認められない**ので注意しよう。

8 連帯保証

「**連帯保証**」とは、保証人が**主たる債務者と連帯して**債務を負担する旨の特約のある保証です（458条）。連帯保証も、保証の一種ですから、当然、付従性を有します。もっとも、A連帯保証には、**補充性がない**ので、①連帯保証人には**催告の抗弁権**、**検索の抗弁権**が**認められません**（454条）。また、A②共同保証の場合における各保証人間の**分別の利益もありません**。さらに、A連帯保証の場合には、**連帯債務の規定**が準用されているので、③連帯保証人について生じた事由が主たる債務に影響を及ぼすことがあります（458条）。つまり、**絶対的効力**が生じることがあります（更改、相殺、混同が絶対的効力事由）。このように、連帯保証は通常の保証とは趣を異にし、とくに①②の観点からは通常の保証よりも負担が重くなります。なお、連帯保証が成立するためには、保証契約においてとくに「連帯」である旨の特約をしておく必要があります。しかし、実際には日本の保証は99.9％連帯保証になっています。ですから、これから保証人になろうと思っているあなた、よ～く契約書を見てみましょう。必ず「連帯して」と書いてあるはずです。

共同保証とは、保証人が数人いる場合だよ。

例えば、主たる債務100万円を保証するために、２人の保証人がいた場合、各保証人は50万円ずつ保証債務を負担すればいい。これを「**分別の利益**」と言うんだ。でも、連帯保証になるとこの分別の利益がなくなってしまうので、各保証人は100万円全額の保証債務を負担することになるよ。

連帯保証人に対して生じた事由（共同保証のケース）A

債権者Aと連帯保証人Cの間に混同が生じた場合、その効果は主たる債務者Bにも及び債務が消滅するのか。また、連帯保証人Dにも及ぶのか。

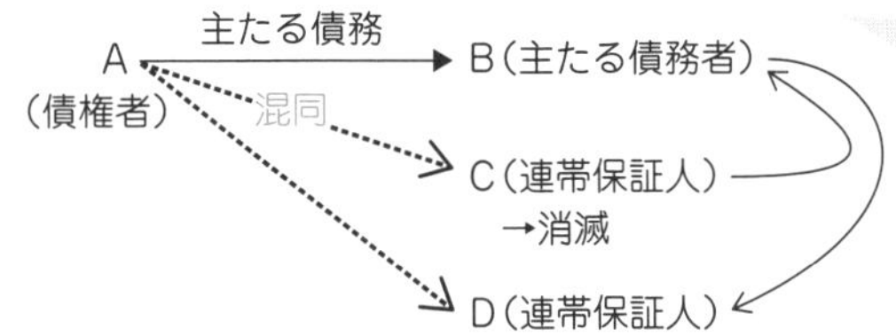

連帯保証は、あくまでも、主たる債務者と保証人が連帯しているだけだよ。つまり、保証人間に連帯債務関係が生じるのではないんだ。保証人間で連帯債務関係が生じるのは「保証連帯」と呼び、連帯保証とは別物だよ

結論　AとCとの間に混同が生じて連帯保証債務が消滅すると、**連帯保証の絶対的効力**により、その**消滅の効果はBにも及ぶ**（つまり、主たる債務も消滅する）。そして、**付従性**からそのBに生じた主たる債務の消滅の効果が、**今度はDにも及ぶ**。つまり、上がって下がる。結果的にDの連帯保証債務も消滅する。

通常の保証と連帯保証との違い A

	補充性（催告の抗弁権・検索の抗弁権）	分別の利益（債務の分割がなされるか）	絶対的効力（保証債務に生じた事由が主たる債務に影響を及ぼすか）
通常の保証人	あり	あり	なし
連帯保証人	**なし**	**なし**	**あり** （更改、相殺、混同）

9 共同保証の場合における保証人間の求償

共同保証の場合（保証人が数人いる場合）において、保証人が主たる債務者に対して求償できるのは当然です。この点は先ほど説明しました。ここでは、他の共同保証人に対して求償することができるのか？ という点について解説します。２つの場面に分けて考えていくことになるのですが、考え方は同じです。

なお、連帯債務者又は不可分債務者の１人のために保証をした者は、他の債務者に対し、その「負担部分のみ」について求償権を有するとされているよ（464条）。すでに述べたけどここでもう一度確認しておこう。

（1）分別の利益のない場合（連帯保証や保証連帯の場合）

共同保証人の１人が**全額又は自己の負担部分を超える弁済**をすれば、他の共同保証人に対して、求償することができます（465条１項、442～444条）。

（2）分別の利益のある場合（通常の保証の場合）

共同保証人の１人が**全額又は自己の負担部分を超える弁済**をすれば、他の共同保証人に対し、求償することができます（465条２項、462条）。

10 個人根保証契約

根保証（ねほしょう）契約とは、一定の範囲に属する不特定の債務を主たる債務とする保証契約を言います（465条の２第１項）。例えば、賃貸借契約の保証（賃借人から頼まれて保証人となった場合）では、従来「賃貸借契約から生じる一切の債務を保証人が負担する」となっているケースが多く見られました。これが根保証契約です。この場合における保証人は、極端な話、1000万円でも１億円でも支払う義務を負うことになります。しかし、これでは保証人にとって極めて不都合です。そこで、個人が根保証契約を締結する場合、すなわち、A **個人根保証契約**を締結する際には、保証人の責任が無限に拡大しないようにするため、**極度額**を定めなければ、その**効力を有しな**

あくまでも「個人」が根保証契約を締結する場面の話だよ。法人が根保証契約をする場合の話ではないから注意してね。

いこととしました（465条の２第２項）。極度額というのは、民法Ⅰの根抵当権でも勉強しましたが、要するに保証の上限額（保証人が負うMAXの責任）のことです。したがって、この極度額を書面又は電磁的記録によって定めておかないと、個人根保証契約は無効になります。

そして、個人根保証契約は、以下３つの場合に債務の元本が確定します。確定事由が生じればその時点で保証が打ち切られ、その後に発生した主たる債務は保証されなくなります（465条の４第１項）。

①債権者が、保証人の財産について、金銭の支払いを目的とする債権についての強制執行又は担保の実行を申し立てたとき（強制執行又は担保権の実行の手続の開始があったときに限る）
②保証人が破産手続開始の決定を受けたとき
③主たる債務者又は保証人が死亡したとき

なお、個人根保証契約であってその主たる債務が「貸金」等である場合（個人貸金等根保証契約という）は、上記３つのほかにも、債権者が、主たる債務者の財産について、金銭の支払いを目的とする債権についての強制執行又は担保権の実行を申し立てたとき（強制執行又は担保権の実行の手続の開始があったときに限る）、主たる債務者が破産手続開始の決定を受けたときにも元本が確定します（465条の４第２項）。でも、これは細かいので話半分で右から左で構いません。

11 事業に係る債務についての保証契約の特則

（１）公正証書の作成と保証の効力（465条の６）

最後に、事業性借入れを対象とする保証の特則を見ていきましょう。事業性借入れとは、例えば、会社などの事業用資金の融資（事業性融資）などがこれに該当します。新たな事業展開のため、という名目で銀行から多額の融資を受けることが通常であるため、保証人にとってはリスクが極端に高まります。そこで、このような事業性借入れについての保証人を保護するため、特別のルールを設けているのです。

具体的には、A事業性借入れを主たる債務とする保証契約（根保証契約も含む）は、契約に先立ち、その締結の日前1か月以内に作成された公正証書で保証人になろうとする者（個人に限る）が保証債務を履行する意思を表示していなければ無効となります（465条の6第1項）。つまり、本当に事の重大性を理解して保証人になろうとしているのかを確認しようというわけです。なお、公正証書を作成するには、保証人となろうとする者が保証契約、根保証契約の区分に応じて、それぞれ一定の事項を公証人に口授（くじゅ）する必要があります（465条の6第2項1号）。そして、公証人はそれを筆記し、保証人になろうとする者に読み聞かせ、又は閲覧させなければなりません（465条の6第2項2号）。さらに、保証人になろうとする者が筆記の正確性につき承認後、署名・押印し、最後に公証人が、証書がちゃんとした方式に従って作ったものである旨を付記して、署名・押印してやっと完成します（465条の6第2項3号、4号）。引くぐらい厳格ですよね（笑）。個人が事業性借入れを保証するというのはそのくらい危ない行為なのです。

保証人となろうとする者が個人である場合に限る（465条の6第3項）。つまり、保証人が法人の場合には適用されないよ。

事業に係る債務についての保証契約の特則 A

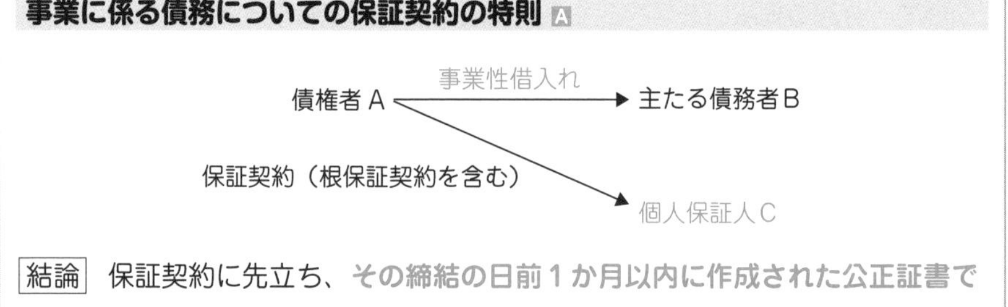

結論　保証契約に先立ち、その締結の日前1か月以内に作成された公正証書でCの意思を表示しておく必要がある。これをしないと保証契約は無効となる。

（2）公正証書の作成と保証の効力に関する規定の適用除外（465条の9）

ただ、例外的に公正証書の作成が不要となるケースが3つあります。具体的には、B①主たる債務者が法人であり、その理事、取締役、執行役又はこれらに準ずる者が保証人になろうとする場合（事業性借入れをする会社の取締役が保証人になろうとする場合など）、②主たる債務者が法人であり、その過半数議決権保有者等（大株主など）が保証人になろうとする場合、③主たる債務者が個人であり、その者と共同して事業を行う者（事業パートナー）又はその事業に現に従事している主たる債務者の配偶者（オーナーの奥さんなど）が保証人になろうとする場合、の3つです。このような場合は、保証人が主たる債務者の事情や当該事業性借入れの意味をちゃんと理解しているケースがほとんどなので、わざわざ公正証書で意思を確認する必要性に乏しいというわけです。

ここは貸金等債務（つまり借入れ）に限られないよ。事業のために負担する債務であれば何でもいいんだ。

（3）契約締結時の情報の提供義務

B主たる債務者が、個人に事業のために負担する債務を内容とする保証や根保証を委託するときは、その保証人になろうとする者に対して、①財産及び収支の状況、②主たる債務以外に負担している債務の有無・その額・履行状況、③主たる債務の担保として他に提供し、又は提供しようとするものがあるときは、その旨・その内容、といった情報を提供しなければなりません（465条の10第１項）。もし、❶主たる債務者がこれらの情報を提供せず、又は❷事実と異なる情報を提供したために保証人となろうとする者が誤認し、それによって、保証契約の申込み又は承諾の意思表示をしてしまった場合には、B債権者が❶又は❷を知り又は知ることができたとき（悪意又は有過失）に限り、保証人は、保証契約を取り消すことができます（465条の10第２項）。これはちょうど第三者による詐欺と同じ構図になります。

契約締結時の情報の提供義務 B

債権者A（悪意又は有過失）→ 主たる債務者B：事業性債務（貸金等債務に限られない）
主たる債務者B → 個人保証人C：情報提供義務違反（しない又は嘘の情報を提供）
債権者A → 個人保証人C：保証契約

結論　Bが情報提供義務違反を行い、Cがそれに基づいてAと保証契約を結んだ場合には、情報提供義務違反につきAが知り又は知ることができたときに限り、Cは保証契約を取り消すことができる。

PLAY! 理解度チェック

1. 保証人が、その保証債務についてのみ、違約金又は損害賠償の額を予定することはできるのか？	1. できる。
2. 保証契約は誰と誰との間でどのように締結するのか？	2. 債権者と保証人との間で書面又は電磁的記録により締結する。
3. 催告の抗弁権は、主たる債務者が破産手続開始の決定を受けたとき、又はその行方が知れないときでも行使できるのか？	3. できない。
4. 検索の抗弁権を行使する際に証明しなければならないことは何か？	4. 主たる債務者に弁済の資力があり、かつ、執行が容易であること。
5. 債務者が保証人を立てる義務を負う場合には、その保証人はどのような要件を具備する者でなければならないのか？	5. 行為能力者であること、弁済の資力を有すること、の２つの要件を具備しなければならない。
6. 主たる債務者に対する履行の請求その他の事由による時効の完成猶予及び更新は、保証人に対しても、その効力を生じるのか？	6. 生じる。
7. 保証人は主たる債務者が主張することができる抗弁をもって債権者に対抗することができるのか？	7. できる。

8. 主たる債務者が債権者に対して相殺権、取消権又は解除権を有するときに、保証人は債権者に対して何ができるか？

8.
これらの権利の行使によって主たる債務者がその債務を免れるべき限度において、債務の履行を拒むことができる。

9. 主たる債務者からとくに委託を受けて保証人となったときは、事前求償権を行使することができるのか？

9.
できる。

10. 物上保証人には事前求償権があるのか？

10.
ない。

11. 連帯保証の特徴を３つ挙げよ。

11.
①補充性がない、②分別の利益がない、③絶対的効力が生じる。

12. 共同保証の場合において、他の共同保証人に対して求償するための要件は何か？

12.
全額又は自己の負担部分を超える弁済をすること。

13. 保証人が主たる債務者の委託を受けて保証した場合において、保証人の請求があったときは、債権者は、何をしなければならないのか？

13.
保証人に対し、遅滞なく、主たる債務の履行状況に関する情報を提供しなければならない。

14. 個人根保証契約を締結する際には、極度額を定めなくても、その効力を生じるのか？

14.
生じない。

15. 事業性借入れを主たる債務とする保証契約（根保証契約も含む）は、契約に先立ち、何をしなければならないのか？

15.
契約に先立ち、その締結の日前１か月以内に作成された公正証書で、保証人になろうとする者（個人に限る）が保証債務を履行する意思を表示しなければならない。

TRY! 本試験問題に挑戦

保証債務に関するア～オの記述のうち、妥当なもののみを全て挙げているのはどれか。　　　【国家総合職 R３】

ア. 特定物の売買契約における売主のための保証人は、特に反対の意思表示のない限り、売主の債務不履行により契約が解除された場合における売主の原状回復義務についても、保証の責任を負うとするのが判例である。

ア．○
そのとおり。
「反対の意思表示のない限り」という留保が意外と重要なので、しっかりと確認しよう。

イ. 行為能力の制限によって取り消すことができる債務を保証した者は、保証契約の時においてその取消しの原因を知っていたときは、主たる債務が取り消されたとしても、これと同一の目的を有する独立の債務を負担したものと推定される。

イ．○
そのとおり。
取消し原因を知って保証人になった以上、いざ取り消されたとしても独立の債務を負担したものと推定するのが合理的だからである。もっとも、この推定はあくまでも「行為能力の制限」に基づく取消しの場面にしか及ばないので注意しよう。

ウ. 保証人は、主たる債務者が債権者に対して相殺権、取消権又は解除権を有するときは、これらの権利の行使によって主たる債務者がその債務を免れるべき限度において、債権者に対して債務の履行を拒むことができる。

ウ．○
そのとおり。
履行拒絶の抗弁権が認められる。

エ. 主たる債務者が期限の利益を有する場合において、その利益を喪失したときは、債権者は、保証人（法人を除く）に対し、その利益の喪失を知った時から一定の期間内に、その旨を通知しなければならない。また、当該通知をしなかったときは、債権者は、遅延損害金の請求を除き、主たる債務者についての期限の利益の喪失の効果を保証人に対して主張することができない。

エ. ×
当該通知をしなかったときは、債権者は、保証人に対し、主たる債務者が期限の利益を喪失した時から通知を現にするまでに生じた遅延損害金に係る保証債務の履行を請求することができない。「遅延損害金の請求を除き」という部分が誤り。むしろ遅延損害金を請求できないというのが通知懈怠の効果。

オ. 保証人が主たる債務者の委託を受けて保証をした場合において、主たる債務者に代わって弁済をしたときは、保証人は、主たる債務者に対する求償権を有するが、弁済があった日以後の法定利息や避けることができなかった費用を求償することはできない。

オ. ×
受託保証人は、支出した財産の額を求償することができる。したがって、弁済があった日以後の法定利息や避けることができなかった費用も求償することができる。

1．ア、イ　　2．ア、エ　　3．イ、オ　　4．ア、イ、ウ
5．ウ、エ、オ

正答　4

TRY! 本試験問題に挑戦

保証に関する次のア～オの記述のうち、妥当なもののみを全て挙げているものはどれか（争いのあるときは、判例の見解による。）。【裁判所職員 R２改題】

ア. 主債務者が取消原因のある意思表示を取り消さない場合、保証人は、主債務者の取消権を行使してその意思表示を取り消すことができる。

ア. ×
取消権の行使によって主たる債務者がその債務を免れるべき限度において、債権者に対して債務の履行を拒むことができるだけである。

イ. 保証契約は、口頭の合意によりその効力を生じる。

イ. ×
書面又は電磁的記録でしなければならない。

ウ. 主債務者が主債務を承認すると保証債務の時効も更新するが、保証人が保証債務を承認しても主債務の時効は更新しない。

ウ. ○
そのとおり。
付従性の発想を思い出そう。

エ. 特定物の売主の保証人は、特に反対の意思表示がない限り、債務不履行により売買契約が解除された場合に売主が負う代金返還債務についても責任を負う。

エ. ○
そのとおり。
原状回復義務についても責任を負う。

オ. 保証債務の履行を請求された場合、連帯保証人は、債権者に対し、催告の抗弁及び検索の抗弁を主張することができる。

オ. ×
連帯保証人には補充性がないので、催告の抗弁も検索の抗弁も主張することができない。

1. ア、イ　2. ア、ウ　3. イ、オ　4. ウ、エ　5. ウ、オ

正答　4

7 債権譲渡

重要度
★★★

頻出度
★★★

この章では債権の売買、すなわち債権譲渡を勉強する。今まで何回も出てきた用語なので初めて耳にする人はいないだろう。試験的には頻出とまでは言えないが、出てきたら必ず得点できるおいしいテーマだ。

1 債権譲渡とは？

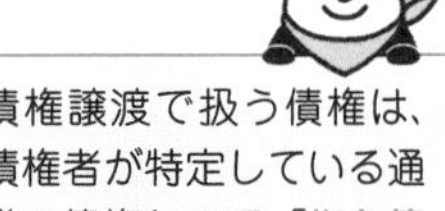

債権譲渡で扱う債権は、債権者が特定している通常の債権なので、「指名債権」と呼ぶこともあるよ。言葉として覚えておこう。

「債権譲渡」とは、債権の性質を変えずに第三者に移転させることです。とりあえず試験的には「債権の売買」だと思っておきましょう。この債権は、原則として譲渡人と譲受人の間の契約で自由に譲渡することができます(466条1項本文)。これを「債権譲渡自由の原則」と言います。次の図で概観をつかんでおきましょう。

債権譲渡の概観 A

AはCに対する100万円の債権をBに対して90万円で売却した。なお、このときのAを譲渡人、Bを譲受人と言う。

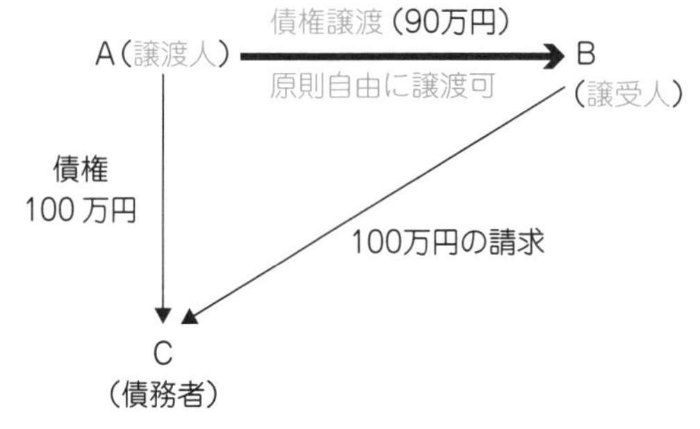

●債権譲渡のメリット
① Aは資金が今すぐ必要な場合に現金化できる。
② Bは、90万円という割引された価格で債権を取得し、弁済期になったらCに100万円請求できるので、10万円儲かる。

●債権譲渡のデメリット
① Bは不良債権（回収不能の債権）をつかまされる可能性もある。
② Aが二重に譲渡してしまう可能性がある。

結論 債権は、原則自由に譲渡することができる。なお、将来発生する債権を目的とする債権譲渡契約（将来債権の譲渡契約）は、同契約締結時において目的となる債権の発生可能性が低い場合であっても、当然に無効とはならない（最判平11・1・29）。つまり、債権の発生可能性が低いことは、債権譲渡の効力の発生を妨げる原因にはならない。

債権譲渡の効果は次の４つです。①は当然として、②〜④を何となく理解しておきましょう。

債権譲渡の効果 B

①当該債権は、譲受人に移転する。

②当該債権に関する担保物権や保証債務も、譲受人に移転する（随伴性）。

③当該債権の債務者は、対抗要件具備時までに譲渡人に対抗できた事由（同時履行の抗弁権や債務の不成立又は消滅など）を、譲受人に対抗することができる（468条１項）。この点は後述。

④契約上の地位に基づく取消権や解除権などは、移転しない。これは債権を譲り受けても当事者の契約上の地位までは移転しないということである。

2 債権譲渡が制限される例外

前述したとおり、債権譲渡は原則として自由なのですが、次の場合には例外的に譲渡性が制限されます。

（１）性質による制限（466条１項ただし書）

例えば、自分の肖像画を描かせる債権のように債権者（モデル）が異なると給付内容が全く変わってしまうような債権は性質上譲渡することができません。これは仕方がありません。ある日突然「今日から新しく僕がモデルになります、よろしくね」と言われても困りますからね（笑）。

（2）法律による制限

例えば、扶養請求権（881条）や恩給請求権は、一身専属的な権利であり、法律上譲渡が禁止されています。自分は裕福だからという理由で、自分が息子に対して有している扶養請求権をお隣さんに勝手に譲渡するなどということを認めたら大変です（笑）。したがって、譲渡できなくて当然と言えます。

（3）特約による制限（466条２項、譲渡制限特約）

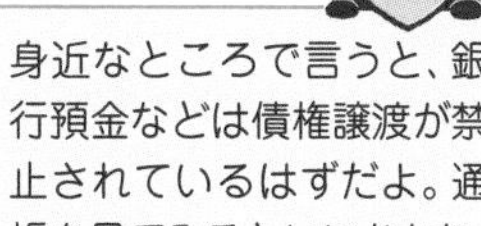

身近なところで言うと、銀行預金などは債権譲渡が禁止されているはずだよ。通帳を見てみるといいかもね。

債権者と債務者の間で債権譲渡を禁止又は制限する特約をすると、自由に債権譲渡ができなくなります。このような特約を「譲渡制限特約」と言い、主として債務者の利益を保護するために付けられます。つまり、債権者がころころ変わると債務者にとって不都合です（誰が債権者なのかが分からなくなる）。そこで、このような事態を防止するために「債権譲渡はダメだよ」としておくわけです（466条２項）。

譲受人の主観を問わず有効になるということだよ。

しかし、このような譲渡制限特約が付いている場合でも、譲渡自体は可能です。つまり、A 債権者が譲渡制限特約に違反して債権を譲渡してしまっても、譲渡の効力自体は有効となるのです（債権的効力）。ただし、この場合、A 債務者は、譲渡制限特約につき知り（悪意）、又は重大な過失によって知らなかった（重過失）譲受人に対して、債務の履行を拒むことができます。そして、A 譲渡人に対する弁済その他の債務消滅事由（相殺など）をもって債務の消滅を対抗することができます（466条３項）。つまり、譲渡人に弁済等をすれば免責されるということです。ここまでをまとめてみましょう。

譲渡制限特約 A

ＡがＣに対して有する債権には譲渡制限特約が付されていた。ところが、Ａはこれを Ｂ に譲渡してしまった。

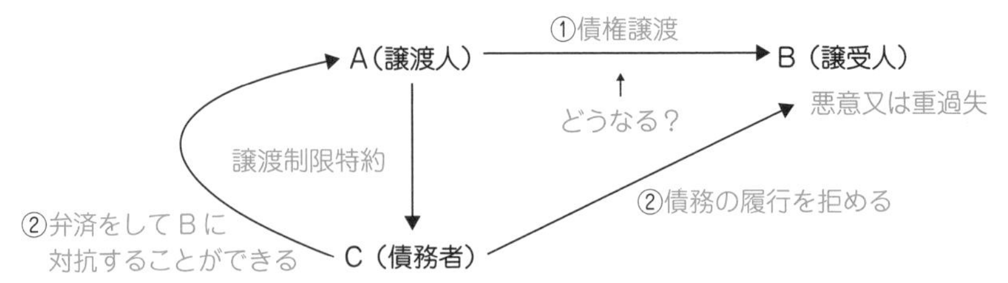

結論 **譲渡自体は有効**である。ただし、譲受人Bが譲渡制限特約につき**悪意又は重過失**であれば、CはBに対して**債務の履行を拒む**ことができ、譲渡人に対する弁済等による**債務の消滅を対抗する**ことができる。

なお、B債務者が債務の履行をしない場合に、**悪意又は重過失の譲受人**が**債務者に対して相当の期間を定めて譲渡人への履行を催告**したにもかかわらず、**債務者がその期間内に履行しない**ときは、**債務者は譲受人に対して債務の履行を拒むことができなくなります**（466条4項）。これは、債務者が、譲渡人に対してはもはや債権者ではないことを理由に履行を拒み、かつ譲受人に対しても悪意又は重過失を理由に履行を拒むという「**デッドロック状態**」を解消するための措置です。簡単に図解すると次のようになります。

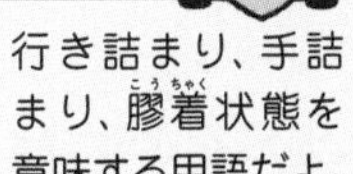

行き詰まり、手詰まり、膠着（こうちゃく）状態を意味する用語だよ。

デッドロック状態の解消措置 B

AがCに対して有する債権には譲渡制限特約が付されていた。ところが、Aはこれを Bに譲渡してしまった（Bは悪意又は重過失）。その後、BはCに対して、Aへの履行を催告したにもかかわらず、CはAに履行しようとしない。このとき、CはAにもBにも履行しなくてよいのだろうか？

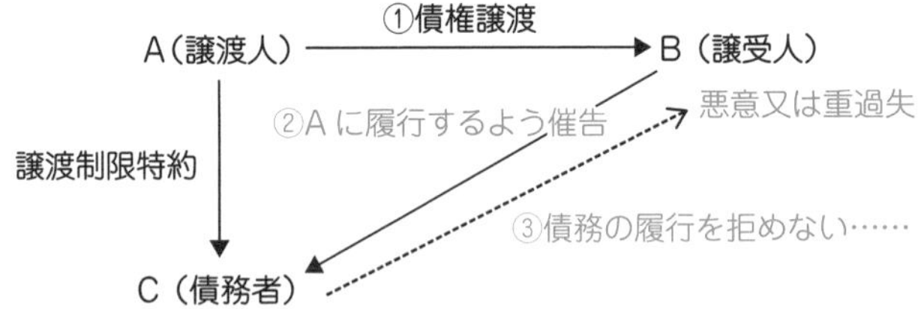

結論　BがCに対して相当の期間を定めてAへの履行を催告したにもかかわらず、Cがその期間内に履行しないときは、CはBに対して債務の履行を拒むことができなくなる。

最後にちょっと細かい話をしておきます。譲渡制限の意思表示、すなわち譲渡制限特約につき、悪意又は重過失ある譲受人に対して、B債務者が債権譲渡の承諾をすると、債務者は履行を拒むことができなくなると解されています（最判昭52・3・17）。この点については明文の規定がないのですが（判例上の解釈）、債務者自らが債権者固定の利益を放棄した以上当然であるといわれています。一応知識と入れておくとよいでしょう。

3 譲渡制限特約と供託

債務者は、譲渡制限特約付きの金銭債権が譲渡されたときは、Bその債権の全額に相当する金銭を債務の履行地の供託所に供託することができます（466条の2第1項）。つまり、供託を認めることで自己のなすべき履行義務を果たした状態を作りだすわけです。というのも、譲受人の主観的事情が分からない債務者は、弁済先を譲渡人か譲受人かで迷うことが予想されるため、供託を認めて履行義務から解放してやる必要があるのです。また、譲渡人について破産手続開始の決定があった場合には、第三者対抗要件（後述）を備えた債権全額を譲り受けた譲受人は、譲渡制限特約につき悪意又は重過失であっても、債務者に供託を請求することができます（466条の3）。譲渡人が破産手続開始の決定を受けているときは、債務者が破産管財人に対して弁済をしてしまうと、譲受人が債権全額の回収することが難しくなるからです。そして、B供託をした債務者は、遅滞なく、譲渡人及び譲受人に供託の通知をしなければなりません（466条の2第2項）。なお、供託した金銭は、債権譲渡が有効である以上、A譲受人に限り、還付を請求することができます（466条の2第3項）。要するに、譲受人が「供託金を僕にちょうだい」と言えるわけです。

譲受人が譲渡制限特約について悪意・重過失か否かを問わないよ（主観を問わない）。つまり、債務者が履行拒絶できるか否かにかかわらないということだね。

4 譲渡制限特約のある債権の差押え

債務者から見ると、債権者の債権者だよ。

Ａ債務者は、差押債権者に対して**譲渡制限特約の存在を主張することができません**（466条の4第1項）。よって、Ａ差押債権者に対しては、**債務の弁済を拒むことができません**し、債権者に対する**弁済等の債務の消滅をもって対抗することができない**のです。通常、差押債権者は、譲渡制限特約の存在につき悪意でしょうが、差押えはあくまでも強制執行の一環なので、私人の合意によって差押禁止財産を作りだすことを認めるわけにはいかないからです。簡単に図解すると次のようになります。

譲渡制限特約のある債権の差押え（その1） Ａ

債務者Cは、譲渡制限特約付きの債権を差し押さえた差押債権者B（債権者Aの債権者）に対して、債務の履行を拒み、債権者Aに対する弁済その他の債務消滅事由をもって債務の消滅を対抗することができるのか？

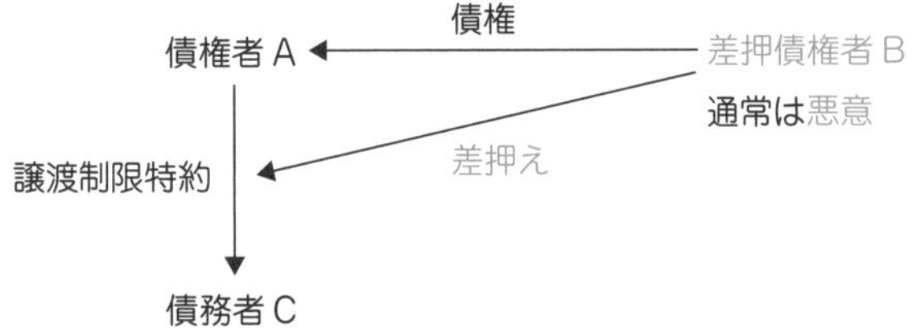

結論　CはBに対して、**債務の履行を拒み**、債権者Aに対する**弁済その他の債務消滅事由をもって債務の消滅を対抗することができない**。

理由　差押えは強制執行手段なので、手続安定性・確実性がとくに重視される。したがって、**差押債権者の主観を問題にする発想にそもそもなじまないから**。また、私人の合意によって差押禁止財産を作りだすことを認めるわけにはいかないから（法による強制執行を妨害する効果につながる……）。

ただし、Ａ**譲受人**が譲渡制限特約につき**悪意又は重過失**である場合において、**譲受人の債権者**が債権譲渡の目的債権を差し押さえたときは、**債務者は**、**その当該差押債権者に対して**、**債務の履行を拒むことができ**、譲渡人に対する**弁済その他の債**

務消滅事由をもって対抗することができます（466条の４第２項）。これはちょっと分かりづらいので、次の図で利害関係を確認してみてください。

譲渡制限特約のある債権の差押え（その２） A

債務者Cは、譲渡制限特約付きの債権を悪意又は重過失で譲り受けた譲受人Bの債権者（差押債権者）Dに対して、債務の履行を拒み、譲渡人に対する弁済その他の債務消滅事由をもって債務の消滅を対抗することができるのか？

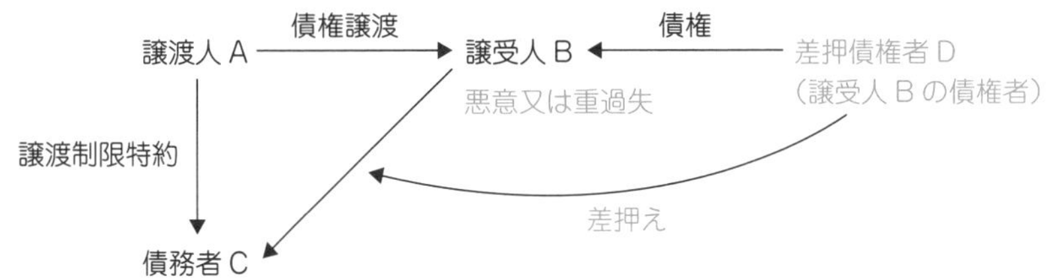

結論　CはDに対して、債務の履行を拒み、譲渡人に対する弁済その他の債務消滅事由をもって債務の消滅を対抗することができる。

理由　CはもともとBに対して債務の履行を拒むことができ、譲渡人に対する弁済その他の債務消滅事由をもって対抗することができる以上、Dに対しても同じように対抗できて当たり前である。

5 預金債権又は貯金債権に係る譲渡制限特約の効力

A 預貯金債権について当事者が譲渡制限特約を付けた場合、債務者は、譲渡制限特約につき悪意又は重過失の譲受人に対して、当該特約を対抗することができます（466条の５第１項）。つまり、譲渡制限特約につき悪意又は重過失の譲受人との関係では債権譲渡の効力が認められないということです。早い話、譲渡が無効になってしまいます（物権的効力）。これは、銀行取引においては、債権者が勝手に変わってしまうと事務が混乱して困るからです。ただし、B 預貯金債権といえども、差押債権者に対しては譲渡制限特約を対抗して無効を主張することはできません（466条の５第２項）。

預金債権又は貯金債権に係る譲渡制限特約の効力 A

AはCに対して預貯金債権を有していたが、これには譲渡制限特約が付されていた。ところが、AはこれをBに対して譲渡してしまった。Bが悪意又は有過失であるとき、CはBに対して何を主張できるのか？

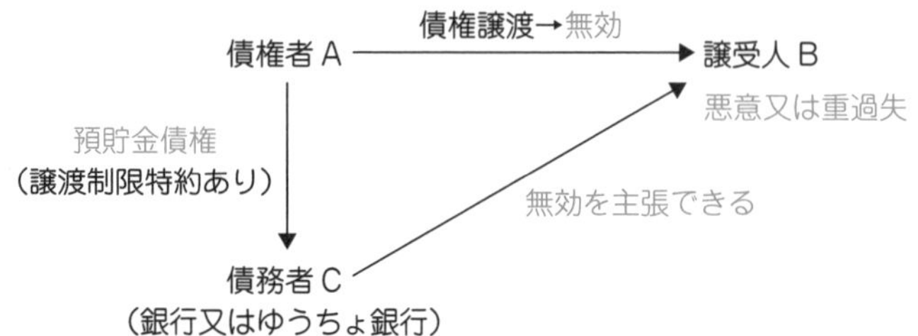

結論　CはBに対して、**譲渡制限特約を対抗することができる。**

理由　債務譲渡が無効となるから。

譲渡制限特約についてのまとめ A

		（1）通常の指名債権に譲渡制限特約が付いている場合	（2）預貯金債権に譲渡制限特約が付いている場合
譲受人が	善意・無重過失	→譲渡は有効 履行拒絶 × 債務消滅事由の主張 ×	→譲渡は有効 履行拒絶 × 債務消滅事由の主張 ×
	悪意又は重過失	→譲渡は有効 **履行拒絶 ○** **債務消滅事由の主張 ○**	→**譲渡は無効**
差押債権者		→履行拒絶 × 債務消滅事由の主張 ×	→履行拒絶 × 債務消滅事由の主張 ×

6 債権の二重譲渡の場合の処理

では、ここからは債権が二重譲渡されてしまった場合の処理を見ていきます。それぞれ判例があるので、ルールを覚えればそれほど難しくないはずです。ただ、その前に、債権譲渡の場面における対抗要件について説明しておきます。債権譲渡の対抗要件は「債務者に対する対抗要件」と「第三者に対する対抗要件」の2つがあります。まず、A「債務者に対する対抗要件」は、①譲渡人から債務者に対する通知、又は②債務者の承諾のいずれかになります。どちらか一方を備えればOKです。次の図でイメージをつかんでおきましょう。

譲渡人による通知又は債務者の承諾がなくても債権譲渡を債務者に対抗できる旨の特約は無効だよ（大判大10・2・9）。

債務者に対する対抗要件 A

AはCに対する債権をBに譲渡した。このとき、Bはどのようにすれば C に対して自己が新たな債権者であることを対抗できるのか？

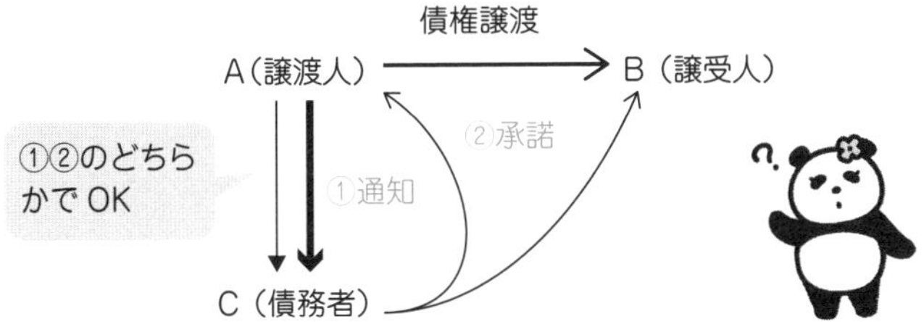

結論 ①譲渡人Aから債務者Cに対する通知、又は②債務者Cの承諾（A、Bいずれか一方に対して）があれば、BはCに対して自己が新たな債権者であることを対抗できる。

※①の通知について：通知は、譲渡人から債務者に対してなすので、譲受人は譲渡人に代位して通知することはできない。また、譲渡前にあらかじめ通知しても効力がない。つまり、通知は厳格に考える。

※②の承諾について：承諾の相手方は、譲渡人・譲受人のいずれでもよい。また、譲渡前にあらかじめ承諾をすることも有効である。つまり、承諾は緩やかに考える。

債権に保証人が付いている場合の通知は少し変わった感じになります。これも判例があるので、おまけとして覚えてください。とは言え、試験では時々出題されています。

保証人がいる場合の通知 B

AはCに対する債権（保証人Dが付いている）をBに譲渡した。このとき、Aは誰に対して通知をすればいいのだろうか？

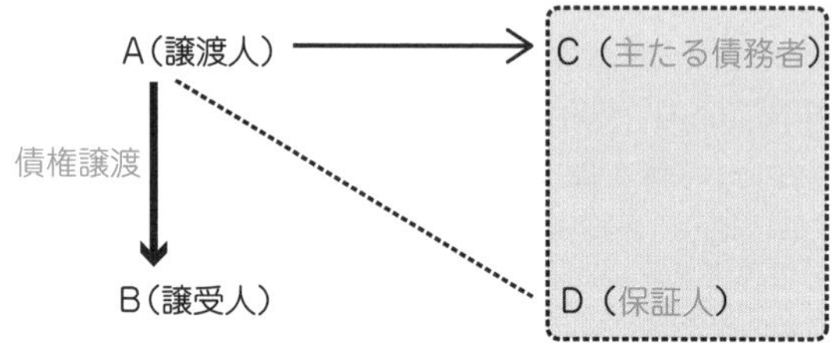

結論　**主たる債務者Cに対して通知**をすれば、**別途保証人Dに対して通知をしなくても**、保証人Dに対して債権譲渡を**対抗することができる**（大判明39・3・3、**付従性**）。一方、保証人Dに対して通知をしても、主たる債務者Cに対して対抗することができないのはもちろん、**保証人Dとの関係でも対抗することができない**。つまり、保証人に対する通知は**全く意味がない**ということだ。

次に、「第三者に対する対抗要件」を説明していきます。ただ、こちらは非常に簡単です。というのも、「債務者に対する対抗要件」、A すなわち①譲渡人から債務者に対する通知、又は②債務者の承諾に「**確定日付**」を付ければそれで足りるからです。確定日付とは、**公正証書の日付**や**内容証明郵便の日付**などを意味します。このように、「確定日付ある証書」をもって通知又は承諾をすることにより容易に第三者に対する対抗要件を備えることができます。ちなみに、**法人の金銭債権の譲渡**の場合には特例があります。具体的には、「動産及び債権の譲渡の対抗要件に関する民法の特例法等に関する法律」（動産債権譲渡特例法）というものがあり、法人は、金銭債権の譲渡について**債権譲渡登記フ**

「第三者」とは、債権の二重譲受人、差押債権者、債権質を有する質権者などを言うよ。

その日に通知や承諾が存在していたことを証明するんだ。

ァイルに譲渡の登記をした場合、B当該債権の債務者以外の第三者について、民法467条の規定による確定日付のある証書による通知があったものとみなされます。この場合、当該登記の日付をもって確定日付とされます（動産債権譲渡特例法４条１項）。では、次の図でイメージをつかんでおきましょう。

第三者に対する対抗要件 A

ＡはＢに対する債権をＣに譲渡し、その後Ｄにも譲渡した（債権の二重譲渡）。このとき、ＣはＤに対してどのようにすれば自己が債権者であることを対抗できるのか？

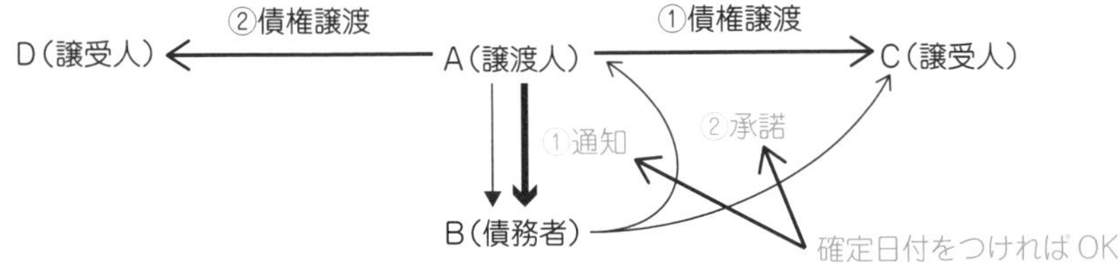

結論　譲渡人Ａが債務者Ｂに対して確定日付ある証書をもって通知するか、債務者Ｂが譲渡人Ａ又は譲受人Ｃに対して確定日付ある証書をもって承諾すれば、ＣはＤに対して自己が債権者であることを対抗できる。

さて、前提が長くなってしまいましたが、ここからいよいよ債権の二重譲渡の場合の処理を見ていきます。問題となるのは３つの場面だけなので、覚えるのは比較的容易だと思います。次にまとめるので、しっかり覚えておきましょう。

債権の二重譲渡の場合の処理 A

●その１：単なる通知・承諾しか有しない債権の第一譲受人と確定日付ある通知・承諾を有する債権の第二譲受人との間の優劣

ＡはＢに対する債権をＣに譲渡し、その後Ｄにも譲渡した。Ｃへの譲渡は単なる通知しかなされていないが、一方のＤへの譲渡は確定日付ある証書によって通知がなされている。このとき、ＣとＤの優劣関係はどのようになるのか？

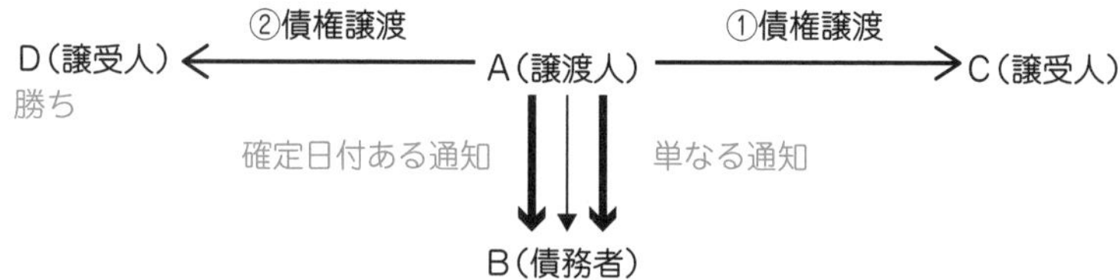

結論 **確定日付の付いているDの方を優先**する（大連判大8・3・28）。なお、A確定日付のない単なる通知後に**債務者が弁済**し、その後、債権が譲渡され確定日付のある通知がなされた場合には、既に債権は弁済により消滅しているので、**対抗問題にならない**（大判昭7・12・6）。この点はよくひっかけで出題されるので注意しよう。

●その2：第一譲受人・第二譲受人ともに確定日付ある通知・承諾を具備している場合

AはBに対する債権をCに譲渡し、その後Dにも譲渡した。そして、Cへの譲渡もDへの譲渡も確定日付ある証書によって通知がなされている（日付の日時は図のとおり）。ただ、実際に通知が到達したのはCへの譲渡の方が先であった。このとき、CとDの優劣関係はどのようになるのか？

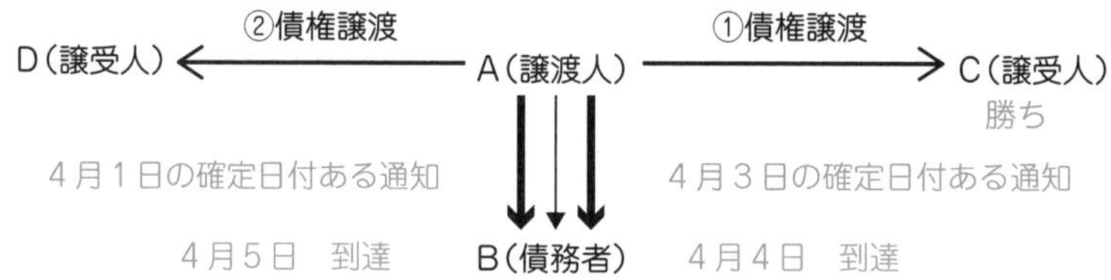

結論 **通知が債務者に到達した日時**、又は**承諾であれば債務者の承諾の日時**の先後によって決する（最判昭49・3・7）。よって、**Cの方が優先**する。確定日付は付いていればよいのであって、それ以上何らの基準にもならない。

●その３：債権譲渡について確定日付ある通知が複数同時に到達した場合（いずれが先に到達したか不明である場合も含む）

ＡはＢに対する債権をＣに譲渡し、その後Ｄにも譲渡した。Ｃへの譲渡もＤへの譲渡も確定日付ある証書によって通知がなされており（日付の日時は図のとおり）、かつこれら２つの通知はＢの下へ同時に到達した。このとき、ＣとＤの優劣関係はどのようになるのか？

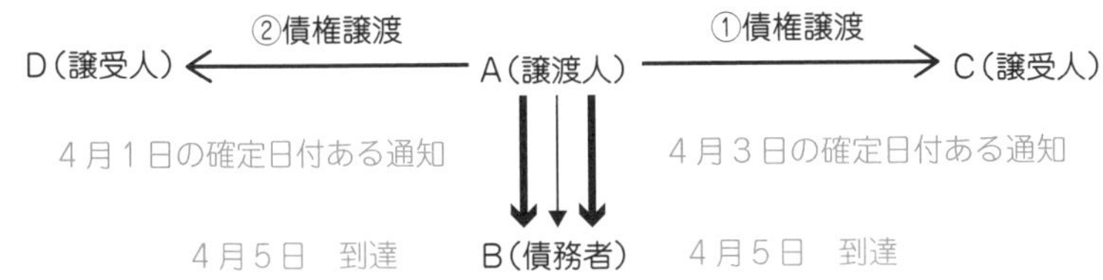

結論　**各譲受人間には優劣関係はない**。各譲受人は、いずれも債権者として債務者Ｂに対して**全額の弁済を請求することができる**。逆に、Ｂはほかに譲受人がいることを理由として**弁済を拒むことはできない**。この場合、Ｂは、１人の債権者に全額弁済すれば債務を免れる（最判昭55・１・11）。

債権の二重譲渡の場合の処理　解法手順 A

①確定日付があるか否かを見る。確定日付がある者とない者では**ある者が勝つ**。
②確定日付がある者どうしでは、**通知なら到達の日時**を、**承諾なら承諾の日時**を基準にして早い方が勝つ（確定日付の日時は見ない）。
③同時到達（先後不明の場合も含む）の場合は**同順位**と考える。よって、各譲受人は債務者に対して**全額弁済請求可**。ただし、**供託所**に対しては**按分額の請求のみ可**（供託所は役所なので各債権者の配分を客観的に決められるから）（最判平５・３・30）。

7 債務者の抗弁

A 債務者は、対抗要件具備時までに譲渡人に対して生じた事由をもって譲受人に対抗することができます（468条1項）。これを「抗弁事由の承継」と言います。ここでは1つ「弁済」の事由を例にとって説明していきます。次の図を見てください。

例えば、弁済などの債務消滅事由、無効、取消し、解除、同時履行の抗弁権などが挙げられるよ。

弁済の事由 A

AはCに対して債権を有していたが、債務者Cは債権者Aに弁済した。その後、AはCに対する債権をBに譲渡し、当該債権譲渡の通知がCの下に到達した。このとき、CはBに対して弁済の事由を対抗することができるのか？

結論　CはBに対して弁済の事由を対抗することができる。

理由　Cのした弁済は債権譲渡の通知を受ける（対抗要件具備時）までに生じた事由であるため。

8 債権の譲渡における相殺権

債権の譲渡における相殺権という論点を説明しておきます。ただ、これは正直応用論点なので、民法に自信がある人だけ目を通してみてください。自信がない場合はへこむだけなのでスルーして構いません（笑）。

B 民法469条１項は、「債務者は、**対抗要件具備時より前**に取得した譲渡人に対する債権による**相殺をもって譲受人に対抗することができる**」と規定しています。これは、例えば通知などの対抗要件具備時までは、債務者は債権譲渡があった事実を知らないので、債権譲渡の対象となっている債権と自己の譲渡人に対して有する債権を相殺したいと思っていたかもしれません。その期待を保護するために譲受人に対して相殺を対抗できるとしたのです。分かりづらいので次の図で確認してみてください。

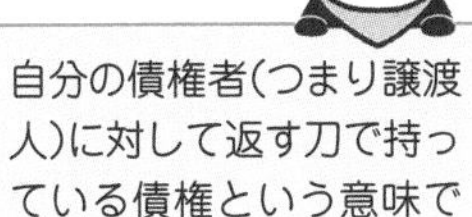

自分の債権者（つまり譲渡人）に対して返す刀で持っている債権という意味で「反対債権」と言うよ。

債権譲渡と相殺 B

AはCに対して債権を有していた。その後、CはAに対して債権を持つようになった（これを「反対債権」と言う）。AはCに対する債権をBに譲渡し、AからCにその旨の通知がなされた。このとき、CはAに対して有している反対債権をもって相殺することをBに対抗することができるのか？

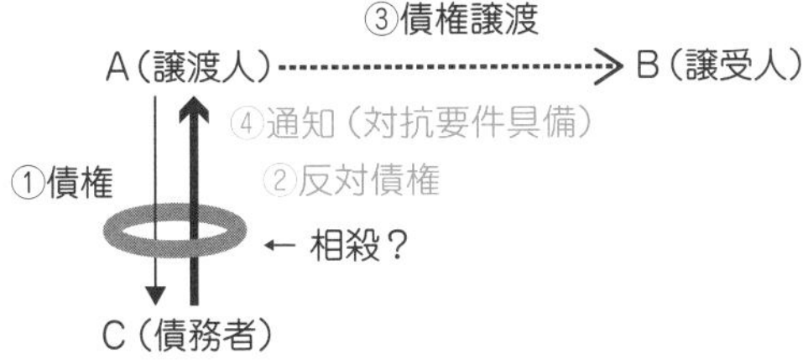

結論　CはAに対して有している反対債権をもって相殺することをBに**対抗することができる**。

理由　CがAに対して有している反対債権は通知よりも前に取得したものであるため。

9 将来債権譲渡

（1）将来債権譲渡とは？

将来発生することが予定されている債権を譲渡することを「**将来債権譲渡**」と言います。民法466条の６第１項は、「債権の譲渡は、その意思表示の時に債権が現に発生していることを要しない」と規定し、A**将来債権譲渡も可能**としています。そして、Aこのような将来債権譲渡がなされた場合においては、**譲受人が発生した債権を当然に取得**します（466条の６第２項）。これは解釈上、発生した債権が当然に譲受人に帰属することを意味しています（原始取得）。また、将来債権譲渡の場合であっても、**債権発生前の段階で対抗要件を具備することができます**（467条１項カッコ書）。

ただ、少なくとも債権の特定が必要だと解されているよ。

（2）譲渡制限特約との関係

B将来債権譲渡がなされた場合において、**対抗要件具備時**までに譲渡制限特約が付されたときは、譲受人は**悪意とみなされます**。したがって、債務者は、譲受人に対して、譲渡制限特約の存在を盾に債務の**履行を拒み**、弁済その他の**債務消滅事由を対抗することができます**（預貯金債権の場合は、譲渡制限特約の存在を盾に**無効を主張できる**）（466条の６第３項）。つまり、①将来債権譲渡→②譲渡制限特約→③対抗要件具備という順番になったときは、②の時点で譲受人を悪意とみなして、債務者を保護する解釈をとるのです。債務者は、対抗要件具備時までに譲渡人に対して生じた事由をもって譲受人に対抗することができる以上（468条１項）、②を譲受人に対抗できて当然だというわけです。なお、明文はありませんが、これを反対解釈すると、①将来債権譲渡→②対抗要件具備→③譲渡制限特約という順番になった場合には、債務者は譲渡制限特約を譲受人に対抗できないということになりますね。細かいので覚える必要はありませんが……。

PLAY! 理解度チェック

1. 譲渡制限特約が付された債権を譲渡すると、譲渡の効力はどうなるか？

2. 債務者は、譲渡制限特約につき悪意又は重過失の譲受人に対して、何をすることができるのか？

3. 債務者は、譲渡制限特約が付された債権が譲渡された場合、譲渡された金銭債権全額に相当する額を（　　　　）することができる。

4. 債務者は、差押債権者に対して譲渡制限特約を対抗することができるのか？

5. 債務者は、預貯金債権につき譲渡制限特約が付されている場合、悪意又は重過失の譲受人に対して当該特約を対抗することができるのか？

6. 通知は、譲渡人から債務者に対してなすことになっているが、譲受人は譲渡人に代位して通知することもできないのか？

7. 保証人がいる場合における債権譲渡の通知は、主たる債務者に対してすれば、別途保証人に対してする必要はないのか？

1.
有効となる（ただし、預貯金債権を悪意又は重過失で譲り受けた場合は除く）。

2.
履行を拒み、譲渡人に対する弁済その他の債務消滅事由を対抗することができる。

3.
供託

4.
できない。

5.
できる。

6.
できない。

7.
する必要はない。

8．単なる通知・承諾しか有しない債権の第一譲受人と確定日付ある通知・承諾を有する債権の第二譲受人との間の優劣はどのようになるのか？

8．
確定日付ある通知・承諾を有する債権の第二譲受人の方が優先する。

9．第一譲受人・第二譲受人ともに確定日付ある通知・承諾を具備している場合の優劣はどのように決するのか？

9．
通知が債務者に到達した日時、又は債務者の承諾の日時の先後によって決する。

10．債権譲渡について確定日付ある通知が複数同時に到達した場合（いずれが先に到達したか不明である場合も含む）の優劣はどのように決するのか？

10．
各譲受人間には優劣関係はない。よって、各譲受人は、いずれも債権者として債務者に対して全額の弁済を請求することができる。

11．債務者は、対抗要件具備時までに譲渡人に対して生じた事由をもって譲受人に対抗することができるのか？

11．
対抗することができる。

12．債務者は、対抗要件具備時より後に取得した譲渡人に対する債権による相殺をもって譲受人に対抗することができるのか？

12．
できない。なお、対抗要件具備時より「前」に取得した債権であれば相殺を対抗できる。

13．将来債権譲渡がされた場合において、譲受人は発生した債権を当然に取得することができるのか？

13．
できる。

TRY! 本試験問題に挑戦

債権譲渡に関するア～エの記述のうち、妥当なもののみを全て挙げているのはどれか。ただし、争いのあるものは判例の見解による。　【国税専門官 R2】

ア. 債務者は、譲渡制限の意思表示がされた金銭債権が譲渡されたときは、譲受人が当該意思表示につき善意であるか悪意であるかにかかわらず、その債権の全額に相当する金銭を供託することができる。

ア. ○
そのとおり。
譲受人の善意・悪意を問わず供託できる。

イ. 債権差押えの通知と確定日付のある債権譲渡の通知とが第三債務者に到達したが、その到達の先後関係が不明であるために、その相互間の優劣を決することができない場合には、当該各通知が同時に第三債務者に到達した場合と同様に取り扱われる。

イ. ○
そのとおり。
先後不明の場合は同時到達の場合と同様に考える。

ウ. 債権の譲渡は、譲渡人でなく譲受人が債務者に通知を行ったときであっても、債務者に対抗することができる。

ウ. ×
通知は譲渡人から行わないといけない。

エ. 譲渡人が債権譲渡の通知をしたときは、債務者は、当該通知を受けるまでに譲渡人に対して生じた事由をもって譲受人に対抗することができない。

エ. ×
通知を受けるまで（対抗要件具備時まで）に譲渡人に対して生じた事由をもって譲受人に対抗することができる。

1．ア、イ　2．ア、エ　3．イ、ウ　4．イ、エ　5．ウ、エ

正答　1

TRY! 本試験問題に挑戦

債権譲渡に関する次の記述のうち、妥当なのはどれか。ただし、争いのあるものは判例の見解による。 **【国家一般職 R2】**

1. Aは、自らの肖像を画家Bに描かせる債権を、Cに譲渡することができる。

> 1. ×
> 「性質による制限」に該当するため、譲渡できない。

2. 債権者Aと債務者Bが債権の譲渡を禁止し、又は制限する旨の意思表示をしていたにもかかわらず、AがCにその債権を譲渡した場合には、その譲渡の効力は生じない。

> 2. ×
> 譲渡自体は有効となる（ただし、預貯金債権の譲渡の場合で、譲受人が悪意又は重過失の場合は、譲渡は無効となる）。

3. 医師Aが、社会保険診療報酬支払基金から将来支払を受けるべき診療報酬債権をBに譲渡したとしても、その譲渡の効力が生じることはない。

> 3. ×
> 将来債権譲渡も有効である。

4. 債権者Aは、債務者Bに対して有する債権をCに譲渡し、その旨を2020年５月１日の確定日付のある証書によってBに通知したところ、この通知は、同月７日にBに到達した。また、Aは、同じ債権をDにも譲渡し、その旨を2020年５月２日の確定日付のある証書によってBに通知したところ、この通知は、同月５日にBに到達した。この場合、Bは、Cから債務の履行を求められたときは、これに応じなければならない。

> 4. ×
> 双方の債権譲渡につき確定日付のある証書による通知がなされている場合には、到達の日時の先後で優劣を決する。よって、Dが優先するため、Bは、Cから債務の履行を求められても、これを拒むことができる。

5. 債権者Aは、債務者Bに対して有する債権をCに譲渡し、その旨を確定日付のある証書によってBに通知したが、Bは、その通知がなされる前にAに対する債権を取得していた。この場合、Bは、Cから債務の履行を求められたときは、Aに対する債権による相殺をもってCに対抗することができる。

5．○
そのとおり。
対抗要件具備時よりも前に取得した反対債権による相殺は譲受人に対抗できる。

正答　5

8 債務引受

重要度
★★★
頻出度
★★★

第８章では、債権譲渡の逆、すなわち債務引受について見ていく。誰と誰の契約でできるのかを覚えることが大切だ。保証を勉強している人にとっては、理解は容易なはず。

1 債務引受とは？

「債務引受」とは、債務の同一性を保ったまま債務を引き受けることを言います。債権譲渡の逆と考えてください。ここで債務を引き受ける人のことを「引受人」と呼びます。以前は明文規定がなく、判例上の制度だったのですが、今は明文化されています。その種類は併存的債務引受と免責的債務引受の２つあります。まず「併存的債務引受」は、従来の債務者と一緒に引受人が債務を負うケースです。B引受人は、債務者と連帯して、債務者が債権者に対して負担する債務と同一の内容の債務を負担します（470条１項）。よって、債務者と引受人の債務は「連帯債務」となります。一方、「免責的債務引受」は、従来の債務者は債務を免れ、新しく引受人が従前の債務を負担するケースです。B引受人は債務者が債権者に対して負担する債務と同一の債務を負担し、債務者は自己の債務を免れます（472条１項）。ですから、この場合は債権者と引受人との間の二面的な関係だけが残る形になります。簡単に図解すると次のようになります。

併存的債務引受 B

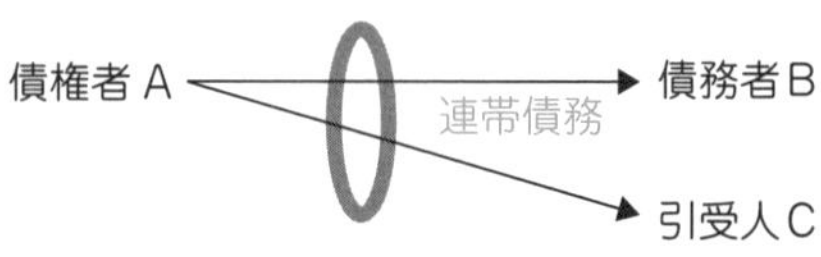

結論　引受人Cは債務者Bと一緒になって債務を負担する。２人の負う債務は連帯債務となる。

免責的債務引受 B

債権者A　債務者B（債務を免れる）
引受人C

結論　引受人Cだけが債務を負担する。Bは債務を免れる。

2 併存的債務引受

併存的債務引受は、B債権者と引受人との契約ですることができます（470条2項）。また、B債務者と引受人との契約でもすることができます。ただ、この場合は、債権者が引受人に対して承諾した時に、その効力を生じます（470条3項）。つまり、債権者の引受人に対する承諾が効力発生要件となっています。債権者にお伺いを立てなければならないというわけです。

この場合、債務者の意思に反していても構わない。引受人はいわば保証人と同じようなイメージになるからだよ（保証契約の締結と同じように考えていいということ）。

併存的債務引受 B

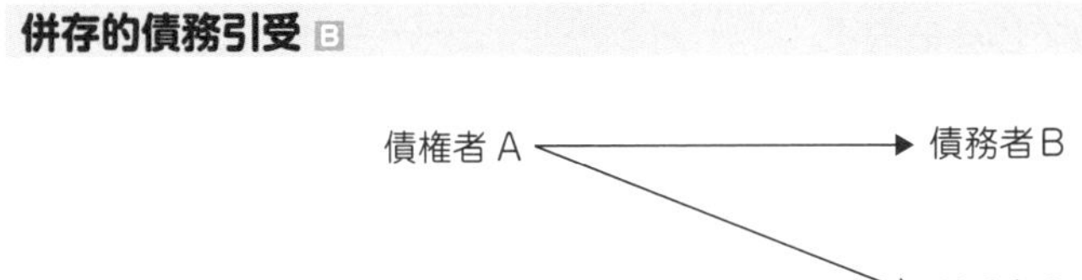

結論　①AC間の契約でできる（斜めの契約）。②BC間の契約でもできる（縦の契約）が、この場合は、AのCに対する承諾が効力発生要件である。

B引受人は、併存的債務引受の効力が生じた時に債務者が主張することができた抗弁をもって債権者に対抗することができます（471条1項）。引受人はあたかも保証人のような存在だからです。また、債

保証人は、主たる債務者が主張することができる抗弁をもって債権者に対抗することができたよね。覚えているかい？

務者が債権者に対して取消権又は解除権を有するときは、B引受人は、取消権又は解除権の行使によって債務者がその債務の履行を免れるべき限度において、履行を拒絶することができます（471条２項)。これを「履行拒絶の抗弁権」と言います。

3 免責的債務引受

B免責的債務引受は、債権者と引受人との契約ですることができます。ただ、この場合は、債権者が債務者に対してその契約をした旨を通知しなければなりません。そして、この通知をした時に、効力を生じます（472条２項)。通知が効力発生要件となっているわけですね。免責的債務引受は、債務者にとってはメリットになるのですが、それでもなお債務者のあずかり知らぬところで債務関係から離脱させられることを防止するためだと言われています。また、B債務者と引受人との契約ですることもできます。ただ、この場合は、債権者が引受人に対して承諾することが必要です（472条３項)。条文上は承諾が成立要件になっています（承諾がないとそもそも契約が成立しない)。免責的債務引受の場合は、債務者の変更を意味するので、債権者のあずかり知らぬところで勝手に債務者が変更され、資力不十分によるリスクを債権者が負う事態を防ぐ必要があります。そこで、債権者の承諾が必要とされているのです。

ちなみに、明文はないけど、債権者･債務者･引受人の三面契約ですることは当然可能だ。これは併存的債務引受も同じだよ。

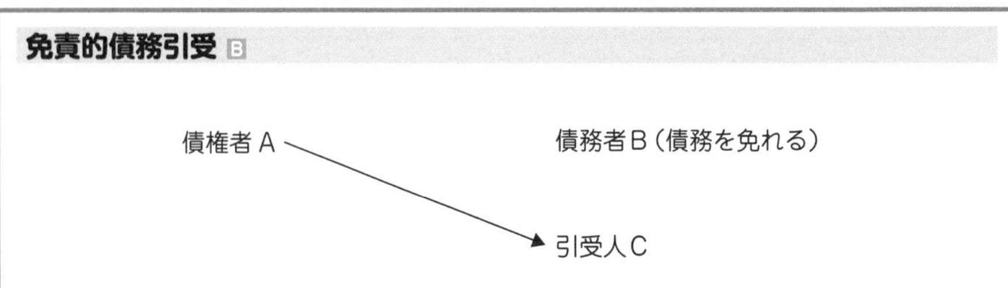

B引受人は、免責的債務引受により負担した自己の債務について、その効力が生

じた時に債務者が主張することができた抗弁をもって債権者に対抗することができます（472条の２第１項）。また、債務者が債権者に対して取消権又は解除権を有するときは、B引受人は、免責的債務引受がなければ取消権又は解除権の行使によって債務者がその債務を免れることができた限度において、債権者に対して債務の履行を拒むことができます（472条の２第２項）。この辺りは併存的債務引受と同じですね。

B免責的債務引受の場合は、引受人は、債務者に対して求償権を行使することはできません（472条の３）。これはある意味当然で、引受人は債務の履行について最終的な責任を負う趣旨で債務を引き受けたはずだからです。

なお、債権者は、意思表示により、B免責的債務引受がなされた債務に設定されていた担保権を、債務引受後に引受人が負担する債務に移転することができます。ただし、引受人以外の者が設定した担保権を移転する場合は、担保権設定者の承諾を得なければなりません（472条の４第１項）。また、同じことは保証債務にも妥当します。すなわち、B債権者は、意思表示（あらかじめ又は免責的債務引受と同時）により、免責的債務引受がなされた債務のために負担した保証債務を、債務引受後に引受人が負担する債務の担保として移転することができますが、この保証債務の移転の際には、保証人の承諾が必要となります（472条の４第３項）。この承諾は書面又は電磁的記録によって行わなければなりません（472条の４第４項、５項）。

あらかじめ又は免責的債務引受と同時にしなければならない（472条の４第２項）。

従前の債務者が設定した担保権や物上保証人が設定した担保権などのことだよ。

債務引受の当事者 B

	債権者・引受人間	債務者・引受人間
併存的債務引受	可	可（債権者の引受人に対する承諾が効力発生要件）
免責的債務引受	可（債権者の債務者に対する通知が効力発生要件）	可（債権者の引受人に対する承諾が成立要件）

※なお、明文はないものの、併存的、免責的を問わず債権者・債務者・引受人の三面契約は当然可。

4 契約上の地位の移転

最後に、契約上の地位の移転について見ていきます。これは、売主Aと買主Bとの間で売買契約が締結されたようなケースで、B B（譲渡人）と第三者（譲受人）Cとの間で契約上の地位（買主たる地位）を譲渡する旨の合意をした場合において、その契約の相手方であるAがその譲渡を承諾したときは、契約上の地位は、その第三者Cに移転するというものです（539条の2）。ただ、その例外として、賃貸人たる地位の移転があります。こちらは改めて述べますが、不動産の譲渡人が賃貸人であるときは、その賃貸人たる地位は、賃借人の承諾を要しないで、譲渡人と譲受人との合意により、譲受人に移転させることができます（605条の3）。簡単に言うと、オーナーチェンジの場合は、賃借人の承諾はいらないわけです。

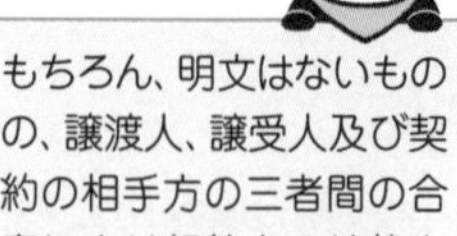

もちろん、明文はないものの、譲渡人、譲受人及び契約の相手方の三者間の合意により契約上の地位を移転することはできるよ。

PLAY! 理解度チェック

1. 併存的債務引受は、債権者と引受人との契約ですることができるのか？
2. 債務者と引受人との契約で併存的債務引受をしたときは、債権者が引受人に対して（　　　）した時に、その効力を生じる。
3. 引受人は、併存的債務引受の効力が生じた時に債務者が主張することができた抗弁をもって債権者に対抗することができるのか？

1. できる。
2. 承諾
3. できる。

4. 免責的債務引受は、債権者と引受人との契約ですることができるが、この場合は、債権者が債務者に対してその契約をした旨を（　　　　）しなければならない。

4.
通知

5. 免責的債務引受の場合は、引受人は、債務者に対して求償権を行使することができるのか？

5.
できない。

6. 債権者は、意思表示により、免責的債務引受がなされた債務に設定されていた担保権を、債務引受後に引受人が負担する債務に移転することができるが、引受人以外の者が設定した担保権を移転する場合は、何をしなければならないか？

6.
担保権設定者の承諾を得なければならない。

TRY! 本試験問題に挑戦

債務引受に関する次の記述のうち、妥当なのはどれか。　【オリジナル】

1. 併存的債務引受は、債権者と引受人となる者との契約によってすることができるが、この場合は、債権者が引受人となる者に対して承諾した時に、その効力を生じる。

1. ×
債権者が引受人となる者に対して承諾した時に効力を生じるのは、債務者と引受人となる者との契約によってする場合である。

2. 引受人は、併存的債務引受により負担した自己の債務について、その効力が生じた時に債務者が主張することができた抗弁をもって債権者に対抗することはできない。

2. ×
対抗することができる。

3. 免責的債務引受の引受人は債務者が債権者に対して負担する債務と同一の内容の債務を負担し、一方の債務者は自己の債務を独立して負担することになる。

4. 免責的債務引受は、債務者と引受人となる者が契約をし、債権者が引受人となる者に対して、契約をした旨を通知した時に、その効力を生じる。

5. 免責的債務引受の引受人は、債務者に対して求償権を取得しない。

3．×
債務者は自己の債務を免れる。

4．×
債権者が引受人となる者に対して承諾することによってする。

5．○
そのとおり。
引受人が最終的な責任を負う趣旨で債務を引き受けたはずだからである。

正答　5

9 弁済

重要度 ★★★

頻出度 ★★★

9章では弁済を見ていく。弁済は返済とイコールではない(笑)ということを理解するようにしよう。今まで当たり前のように使ってきた概念ゆえに、そこまで難しくはないはずだ。

1 弁済とは?

「弁済」とは、債務の内容である給付をその債務の本旨に従って実現する行為を言います。なんだか難しい言いまわしですが、意味的には「履行」と同じです。そして、金銭債務を弁済することを、とくに「支払い」や「返済」と言ったりします。ただ、自分が負っている債務を実現することを「弁済」と言うので、不動産の引渡しや登記の移転行為も弁済となり得ます。したがって、弁済＝自分のやるべきことをやること、くらいにイメージしておくと分かりやすいでしょう。そして、債務者が債権者に対して債務の弁済をしたときは、その債権は、消滅します（473条）。

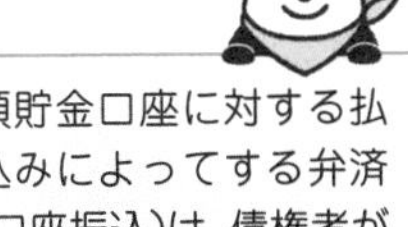

預貯金口座に対する払込みによってする弁済(口座振込)は、債権者がその預貯金債権の債務者(銀行や郵便局)に対して払込み金額の払戻しを請求する権利を取得した時に、弁済の効力が生じるよ(477条)。

弁済者には、弁済をする際、二重弁済の危険を防止するため、弁済と引換えに受取証書の交付請求権が認められています（486条）。受取証書とは要するにレシートのことです。そして、Aこの弁済と受取証書の交付とは、同時履行の関係に立ちます。また、弁済者が全部の弁済をしたとき、債権証書を返還してもらうことができます（487条）。

弁済以外の事由である相殺、更改又は免除によって債権全部が消滅したときにも、返還を請求することができるよ。

この債権証書というのは契約書や借用書などを指します。ただ、Aこの弁済と債権証書の返還とは、同時履行の関係に立ちません。というのも、債権証書を紛失した場合、債権者に不当な負担を強いることになるからです。

例えば、契約が大昔になされたような場合には、債権証書をなくしてしまった……などというケースも出てくる。そのときに、「債権証書を返すまでは弁済しないぞ」と債務者が言えてしまうのは、ちょっとおかしいよね。お金を借りている立場なのに。

なお、A弁済の費用について別段の意思表示がないときは、その費用は、債務者の負担とします。

例えば、皆さんがネット上で何か物を購入し、銀行で売買代金を振り込むときの振込手数料は皆さん持ちです。なぜなら、振込手数料は弁済の費用にあたるので、債務者である皆さんが負担しなければならないからです。ただし、A債権者が住所の移転その他の行為によって弁済の費用を増加させたときは、その増加額は、債権者の負担とします（485条）。例えば、債権者が指定口座を勝手に変えたので、誤振込みをしてしまい、弁済しなおすのに余分な手数料がかかったような場合は、その余分にかかった手数料は債権者が負担しなければなりません。自業自得ですね。

2 弁済の提供

「弁済の提供」とは、債務者の側において給付を実現するために必要な準備をし、債権者の協力を求めることを言います。弁済の一歩手前というイメージを持つといいでしょう。Aこの弁済の提供をすると、一応、契約上やるべきことをやったという評価を受けることができるので（つまり頑張ったという評価）、①履行遅滞責任の免除、②相手方の同時履行の抗弁権の喪失、という2つの効果を得ることができます。とくに①は重要ですから是非覚えておきましょう。条文上も「債務者は、弁済の提供の時から、債務を履行しないことによって生ずべき責任を免れる」としています（492条）。

例えば、金銭の支払いを完了すると弁済になってしまうが、そこまでいかずに、金銭の支払いを完了する寸前までいくことを弁済の提供と言うんだ。

3 弁済の提供の方法

A弁済の提供の方法は、原則として「現実の提供」を必要とし（493条本文）、例外的に「口頭の提供」でよいとされています（493条ただし書）。もう少し詳しく見ていきましょう。

（1）現実の提供

「現実の提供」とは、債務者が債権者の協力なしにできる部分の給付行為を現実に完了することを言います。例えば、持参債務のケースにおいて、債権者のと

債権者のところに物を持っていく債務だよ。相手のところに出向いて物を持参するから「持参債務」と言うんだね。

ころに目的物を持って行って弁済をしようとする場合がこれにあたります。「はい、どうぞ」と渡そうとするわけです。

なお、判例では、金銭に代わるもので現実の提供となるのかが争われたものがあります。具体的には、B郵便為替（大判大８・７・15）や銀行振出し小切手（最判昭37・９・21）は、現実の提供となるとする一方、個人振出しの小切手は、現実の提供とならないとしています（最判昭35・11・22）。これは個人振出しの小切手は不渡りになるリスクがあるからでしょう。また、B目的物を債権者の住所に持参したにもかかわらず、相手方が不在であった場合でも、現実の提供となります（大判明38・３・11）。なぜなら、債務者としてなすべきことをしている以上、履行遅滞の責任を免れさせるのが公平だからです。

（2）口頭の提供

「口頭の提供」とは、債権者の協力があれば直ちに履行できる程度の準備をし、債権者にその旨を通知して受領を催告することを言います。準備＋通知＝口頭の提供という公式になります。

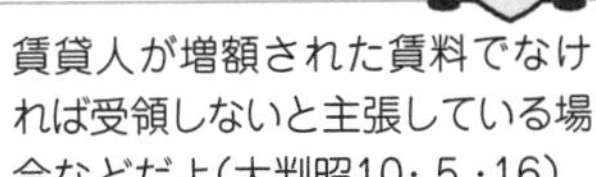

賃貸人が増額された賃料でなければ受領しないと主張している場合などだよ（大判昭10・５・16）。

債権者が契約そのものの存在を否定するなど弁済を受領しない意思が明確と認められる場合には、口頭の提供をすることすら無駄ということなんだ。

Aこの口頭の提供で足りるのは、債権者があらかじめ受領を拒んでいる場合と、債務の履行について債権者の行為を要する場合（取立債務や登記をする債務など）です。しかし、A債権者の受領拒絶の意思が明確な場合には、債務者は、口頭の提供をしなくても債務不履行責任を負いません（最大判昭32・６・５）。債権者が協力しない態度を明確にした場合には、準備をして、通知をすることすら無駄だということです。

もっとも、B債権者の受領拒絶の意思が明確な場合でも、弁済の準備もできない経済状態にある債務者は、口頭の提供を免れることはできません（最判昭44・５・１）。経済状態の不良な債務者は、そもそも弁済できる状況にないため、信義則上、弁済の提供の程度を軽減する必要がないのです。

4 第三者による弁済

債務の中には必ずしも債務者の行為によらなくても、第三者によって給付を実現できる場合があります。そこで、A民法は、第三者による弁済（第三者弁済）を原則として認めています（474条1項本文）。しかし、次の場合には、第三者弁済が許されません。

（1）債務の性質が第三者の弁済を許さないとき（474条4項）

債務者の個性が重視される一身専属的な給付の場合です。例えば、俳優の出演債務や学者の講演債務などがこれにあたります。ショボショボの代役が来て、「僕が代わりにやります」と言われても困りますよね。

（2）当事者が第三者の弁済を禁止し、若しくは制限する旨の意思表示をしたとき（474条4項）

「当事者」とは、債権者と債務者のことを指します。したがって、簡単に言うと「債権者と債務者が第三者弁済制限特約をしたときは、第三者による弁済ができなくなってしまう」ということです。Bちなみに、これには例外がないので、第三者による弁済ができるケースは一切ありません。

（3）正当な利益を有しない第三者による弁済が債務者の意思に反するとき（474条2項）

A正当な利益を有しない第三者は、債務者の意思に反して弁済をすることができません。つまりこの場合の弁済は無効になります。たとえ第三者弁済制限特約がなくても、債務者が「第三者には弁済して欲しくない」と思っている以上、勝手に正当な利益を有しない第三者が弁済してしまうことはよくないと考えているわけです。ここに「正当な利益を有しない第三者」とは、債務を消滅させることにつき法律上の利益を有していない第三者を言います。したがって、債務者の友人や親族などがこれにあたります。逆に言うと、A抵当不動産の第三取得者や物上保証人は、「正当な利益を

> ただし、債務者の意思に反することを債権者が知らなかった（善意）ときは、第三者による弁済が有効になる。この場合は善意の債権者を保護するわけだね。

有する第三者」にあたりますので、たとえ債務者の意思に反していても弁済することができてしまいます（最判昭39・4・21）。

正当な利益を有しない第三者は、債務者の意思に反して弁済することができない A

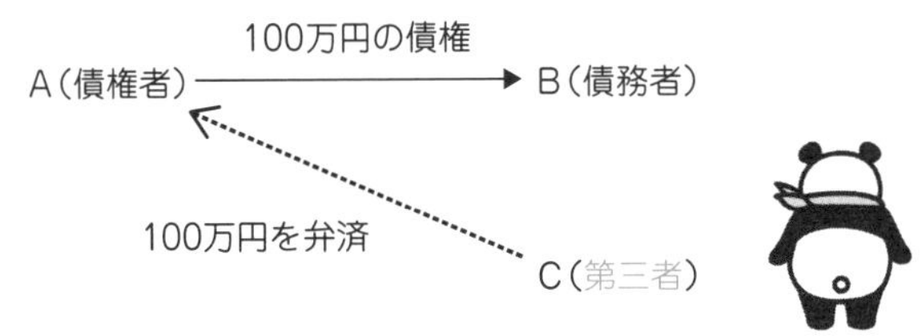

- 正当な利益を有する第三者（抵当不動産の第三取得者、物上保証人）
  ⇒債務者Bの意思に反しても弁済できる。
- 正当な利益を有しない第三者（親、兄弟姉妹、友人）
  ⇒債務者Bの意思に反して弁済できない。

※ただし、債権者が債務者の意思に反することを知らなかったとき（善意）は、正当な利益を有しない第三者による債務者の意思に反する弁済も有効となる。

さて、ここで1つだけ有名な判例を紹介しておきます。借地上の建物の賃借人が「正当な利益を有する第三者」にあたるのか？ が争われた事案です。この判例は超頻出なので絶対に暗記しておきましょう。

借地上の建物の賃借人 A

AはBに土地を賃貸している。そして、Bは借地上の建物をCに賃貸している。このとき、CはBの意思に反してAに対して地代を支払うことができるのか？

暗記!!

「借地上の建物の賃借人」はいろいろなところで登場するので意識して覚えよう

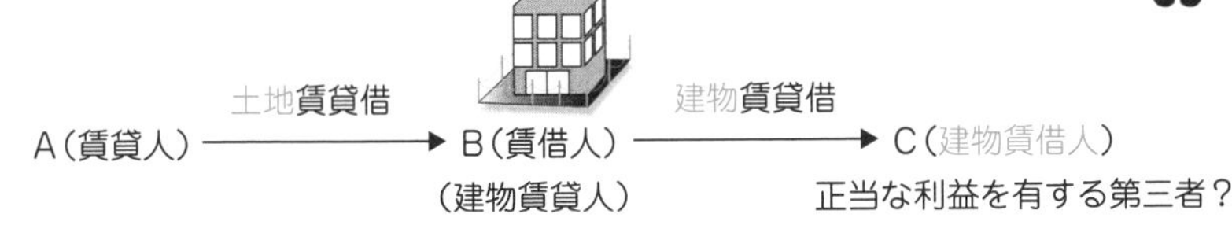

結論 借地上の建物の賃借人も「正当な利益を有する第三者」にあたる。よって、CはBの意思に反してもAに対して地代を支払うことができる（最判昭63・7・1）。

理由 Bが地代を支払わないと、ＡＢ間の契約が債務不履行によって解除され、Cの建物賃貸借も消滅してしまうおそれがあるので、Cは弁済することにつき法律上の利害関係があると言える。

（4）正当な利益を有しない第三者による弁済が債権者の意思に反するとき（474条3項）

A正当な利益を有しない第三者は、債権者の意思に反して弁済をすることができません。つまりこの場合の弁済は無効になります。これは、上で述べたように、正当な利益を有しない第三者が債務者の意思に反してした弁済は無効になるところ、このような「債務者の意思に反するか否か」という事情は通常債権者側にとって分かりません。ですから、債権者が「債務者の意思に反する弁済か否かよくわからないなぁ」と思ったときに、そもそも正当な利益を有しない第三者による弁済の受領を拒むことを認めたのです。ただし、Aその第三者が債務者の委託を受けて弁済する場合において、そのことについて債権者が知っていた（悪意）ときは、例外的に弁済が有効になります。債務者の委託があることを知っていた＝債務者の意思に反してないことが明らかなわけですから、債権者の受領を強制しても全く問題ないわけですね。

第三者による弁済まとめ A

（1）第三者による弁済→原則有効

（2）例外的に無効になる場合

①債務の性質がこれを許さないとき

②第三者弁済制限特約が付いているとき

③正当な利益を有しない第三者による弁済が、債務者の意思に反するとき
→ただし、債権者が善意であれば有効

④正当な利益を有しない第三者による弁済が、債権者の意思に反するとき
→ただし、債務者の委託があることにつき債権者が悪意であれば有効

5 差押えを受けた債権の第三債務者の弁済

B差押えを受けた債権の第三債務者が自己の債権者に弁済をしたときは、差押債権者は、その受けた損害の限度において更に弁済をすべき旨を第三債務者に請求することができます（481条１項）。事案で説明した方が分かりやすいので、次の図で確認してみてください。

債権を差し押さえられた場合 B

ＡはＢに対して100万円を貸し、ＢはＣに対して100万円を貸している。このときのＣを第三債務者（債務者の債務者という意味）と呼ぶが、ＢがＣに対して有する債権をＡが差し押さえたにもかかわらず、ＣがＢに弁済してしまった。

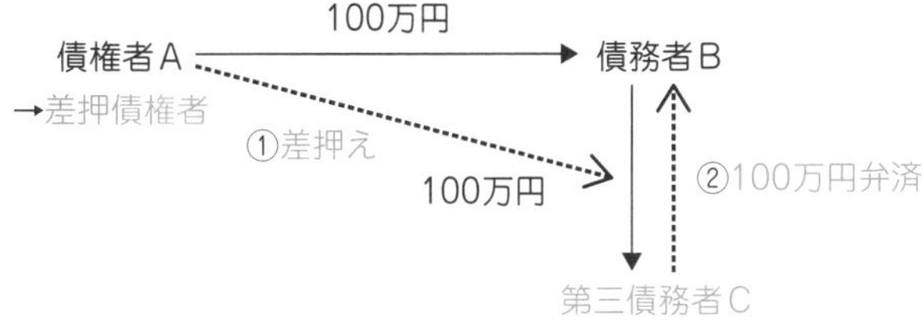

結論　第三債務者Ｃは、自己の債務を弁済しても、それを差押債権者Ａに対抗することができない。よって、差押債権者Ａは、その受けた損害の限度において更に第三債務者Ｃに対して弁済を請求することができる。そうすると、Ｃは二重弁済を強いられることになるので、ＣはＢに対して求償権を行使することができる。

6 弁済の充当

弁済者の提供した給付が総債務を消滅させるのに足りない場合、その給付を総債務のいずれの部分に充当すべきかを決めなければなりません。そこで、民法は、このような弁済の充当についての順序を規定しています。すなわち、債務者は、弁済者の給付がその債務の全部を消滅させるのに足りないとき、その給付を、①費用→②利息→③元本の順序で充当しなければなりません（489条１項）。そして、Bこの順序は、公平の観点から決められたものなので、当事者の一方の指定で変更することはできません。ただ、これはあくまでも当事者の一方のわがままで変更してはいけないと言っているに過ぎず、B当事者の合意（特約）で順序を変更することはできます。つまり、合意があるときは、その合意が優先します（490条）。

7 受領権者としての外観を有する者に対する弁済

「受領権者としての外観を有する者」とは、債権者っぽい人、すなわち、真の債権者ではないが、取引上の社会通念に照らして受領権者としての外観を有する者のことを言います。以前は「債権の準占有者」と呼ばれていました。例えば、他人の銀行の通帳と印鑑を所持している人や受取証書を持参している人、債権の二重譲渡で劣後した譲受人などが典型です。このような人は債権者ではないのですが、債務者が間違ってこれらの者に対して弁済をしてしまうことがあるわけです。その場合、「債権者ではない人に間違って弁済した以上はその弁済はすべて無効だ！」というのはちょっと違うような気がします。受領権者としての外観を有する者はあくまでも債権者っぽい外観を呈していたわけで、それらに対する弁済をすべて無効とするのは行き過ぎです。そこで、A民法は、債務者が善意かつ無過失で受領権者としての外観を有する者に対して弁済してしまったときは、当該弁済を有効と扱っていきます（478条）。

受領権者としての外観を有する者に対する弁済 A

AはB銀行に100万円を預金した。この場合、預金債権についてAは債権者、Bは債務者となる。ところが、ある日、CがAの通帳と印鑑を持って預金の払戻しを求めてきた。そこで、BはCを正当な債権者だと思い込み払戻しに応じてしまった（弁済）。さて、このBがした預金の払戻し（弁済）は有効なのだろうか？

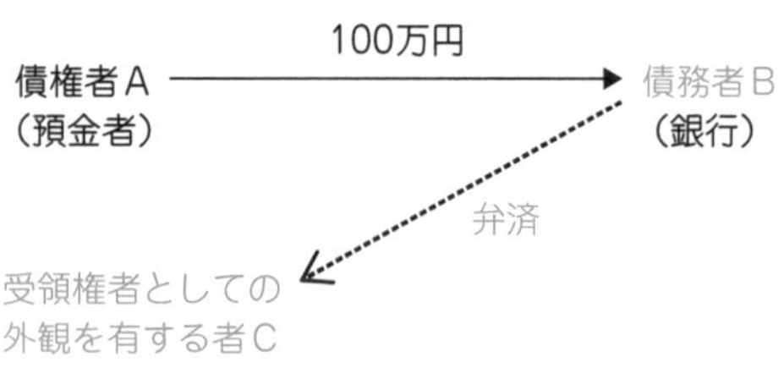

結論 債務者Bが善意・無過失で受領権者としての外観を有する者Cに対して弁済をしてしまったときは、弁済が有効になる。そして、この場合、損失を被った真の債権者Aは、受領権者としての外観を有する者Cに対して不当利得に基づく返還ないし不法行為に基づく損害賠償を請求していくことになる。

では、「私は債権者の代理人です」と言ってきた人に対して弁済した場合はどうなるのでしょうか？　このような自称債権者の代理人と称する者を「詐称代理人」と言います。この点、A判例はこのような詐称代理人に対する弁済も受領権者としての外観を有する者に対する弁済として有効としていきます。本人だと偽ろうが、本人の代理人だと偽ろうが、債権者っぽいことには変わりがないからです。

また、B判例は、銀行の設置した現金自動支払機（ATM）を利用して預金者以外の者が払戻しを受けた場合も、この478条を適用していきます。ここでの銀行側の善意・無過失の判断は、払戻しの際に機械が正しく作動したことだけでなく、銀行において、預金者による暗証番号等の管理に遺漏（いろう）がないようにさせるため、当該機械払いの方法により預金の払戻しが受けられる旨を預金者に明示するなど、機械払いシステムの設置管理全体の注意義務を尽くしていたか否かで判断するとしています。ATMの画面上で暗証番号の確認をさせたり、認証ページを設けたりしているのは、銀行側が「払戻しには応じるけど無過失なんだぞ」とアピールしているのです。

ただし、預金者保護法によって修正されており、現在は478条は適用されないよ。細かいので気にしなくてOKだ。

さらに、判例では預金担保貸付と478条の適用関係を示した事案があります。ちょっとわかりづらいので、次の図で解説します。

預金担保貸付と478条 B

AがB（銀行）に定期預金債権を有しているが、通帳と印鑑を盗んだCが定期預金を担保に金を借りたいというので、BはCをAだと過失なく信じて、定期預金債権を担保に貸付を行った（定期預金担保貸付）。その後、Cからの返済がなかったため、BはCに対する貸付債権とAの定期預金債権を相殺することはできるか？

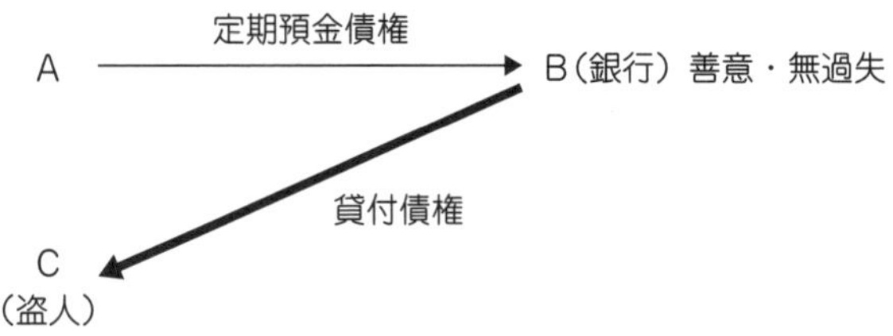

結論　Bが定期預金の預金者と誤認したCに対する貸付債権をもってした預金債権との相殺は、実質的には定期預金の期限前払戻しと同視できるから、478条が類推適用される。よって、Bは、貸付けの時点に善意・無過失であれば、その後の相殺をもってAに対抗できる（最判昭48・3・27）。

理由　定期預金の期限前払戻しは、満期における払戻しと同様、478条にいう「弁済」に該当する。

なお、B受領権者としての外観を有する者に対する弁済として、弁済が有効となる場合を除き、受領権者以外の者に対してした弁済は、債権者がこれによって利益を受けた限度においてのみ、その効力を有するとされています（479条）。つまり、何らかの理由で真の債権者が利益を受けているときは、その範囲内で弁済を有効としてしまえというわけです。

8 代物弁済

「代物弁済」とは、債務者が負担した本来の給付に代えて他の給付をすることにより本来の債務を消滅させる旨の契約を言います（482条）。金銭消費貸借契約で借りた金銭を、お金で弁済するのではなく、代わりの物（例えば自動車など）で弁済することを意味します。「これで勘弁してくれ」ということですね。ただ、この代物弁済は契約なので、一方的にすることはできず、Bあくまでも債務者は、債権者の承諾を得て、代わりの物を給付しなければなりません。では、代物弁済の要件を見ていくことにしましょう。

したがって、債務の額に対して、代物弁済の目的物の価額が不当に高いなど、暴利行為に当たるような場合は公序良俗に反して無効になるよ(最判昭32・2・15)。

（1）契約が存在すること

まず、弁済者が、債権者との間で、債務者の負担した給付に代えて他の給付をすることにより債務を消滅させる旨の契約をしなければなりません。この契約は当事者の意思表示で成立する諾成契約です。

（2）弁済者による給付があること

次に、弁済者は当該代物弁済契約に基づき、「他の給付」をしなければなりません。Ａこの「他の給付」をしたときに、その給付は弁済と同一の効力を有することになります。つまり、「他の給付」をしたときに債務が消滅するということです。判例は、この「他の給付」が不動産である場合は、対抗要件を具備することまで必要であるとしています（最判昭39・11・26）。よって、不動産を代物弁済の目的としたときは、所有権移転登記まで完了しなければ債務の消滅の効果は生じません。

代物弁済 Ａ

ＡはＢに対して1000万円を貸し付けた。その後、Ｂは不動産で代物弁済しようとしている。

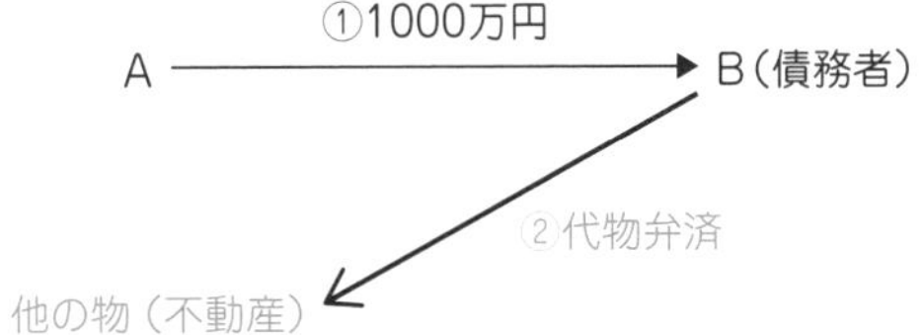

結論　不動産を代物弁済の目的物とした場合には、所有権移転登記まで完了しなければ債務消滅の効果は生じない。

ただ、ここで注意点があります。代物弁済は、上記のように債務消滅の効果をゲットするためには「他の給付」をしなければならないとされているのですが、諾成契約である以上、所有権移転の効果は意思表示をした時点（契約の時点）で生じます。あくまでも「他の給付」は債務消滅の効果をゲットするために必要となる要件なのです。

9 その他

ここでは、その他弁済に関するルールを解説していきます。まず、B債権の目的が特定物の引渡しである場合において、契約その他の債権発生原因及び取引上の社会通念に照らしてその引渡しをすべき時の品質を定めることができないときは、弁済をする者は、その引渡しをすべき時の現状でその物を引き渡さなければなりません（483条）。

次に、B弁済した者が弁済として他人の物を引き渡したときは、その弁済をした者は、更に有効な弁済をしなければ、その物を取り戻すことができません（475条）。確かに、他人の物を引き渡したわけですから、その弁済は無効となります。しかし、債権者は、「弁済者は当然、正当な処分権限を有するのだろうな」と信頼して弁済を受領したと考えられるため、弁済者が更に有効な弁済をしない限り、受領した物を留置することができるとしたのです。ただ、Bこれは弁済者が「更に有効な弁済」を行うことができることを前提にしているので、弁済した物は不特定物であることが必要だとされています。

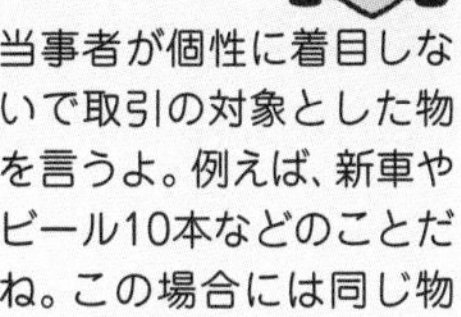

当事者が個性に着目しないで取引の対象とした物を言うよ。例えば、新車やビール10本などのことだね。この場合には同じ物はこの世の中に沢山あるから替えがきくのさ。

なお、上記のように弁済した者が弁済として他人の物を引き渡したときでも、債権者が弁済として受領した物を善意で消費し、又は他に譲り渡したときは、その弁済は有効となってしまいます。そして、この場合に、債権者が第三者（物の所有者）から消費又は他に譲り渡したことを理由に損害賠償の請求を受けたときは、弁済をした者に対して求償することができます（476条）。

他人の物であることを知らずに、という意味だよ。

最後に、弁済の場所・時間についての規律を説明しておきたいと思います。弁済の場所については、別段の意思表示がない限り、特定物の引渡しは債権発生当時にその物が存在した場所においてすることになります（通常は債務者の住所＝取立債務）。一方、その他の弁済は債権者の現在の住所においてすることになります（持参債務）（484条1項）。弁済の時間については常識的に考えて深夜や早朝はまずいですよね。そこで、法令又は慣習により取引時間の定めがあるときは、その取引時間内に限りすることができるとされています（484条2項）。

10 弁済による代位

「弁済による代位」とは、債務者のために弁済をした者が、債権者に代位するという制度です。より具体的には、B弁済をした者が債権の効力及び担保としてそれまで債権者が有していた一切の権利を代わりに行使することができるというものです。ちょっと分かりづらいと思いますので、図解します。

弁済による代位 B

AはBに対して1000万円を貸し、B所有の土地に抵当権の設定を受けていた。その後、正当な利益を有しない第三者CがBの意思に反せずに弁済した（第三者による弁済）。このとき、Cは何ができるのか？

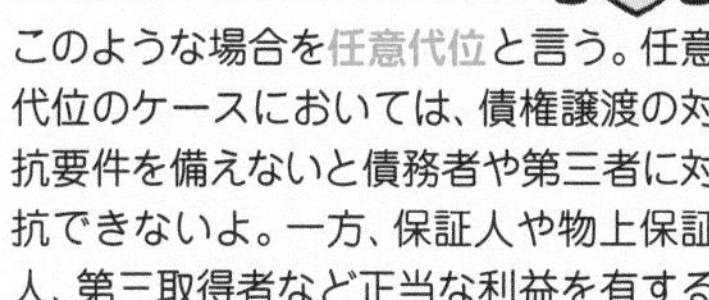

このような場合を任意代位と言う。任意代位のケースにおいては、債権譲渡の対抗要件を備えないと債務者や第三者に対抗できないよ。一方、保証人や物上保証人、第三取得者など正当な利益を有する者が弁済する場合を法定代位と言う。この場合は対抗要件はいらないよ。

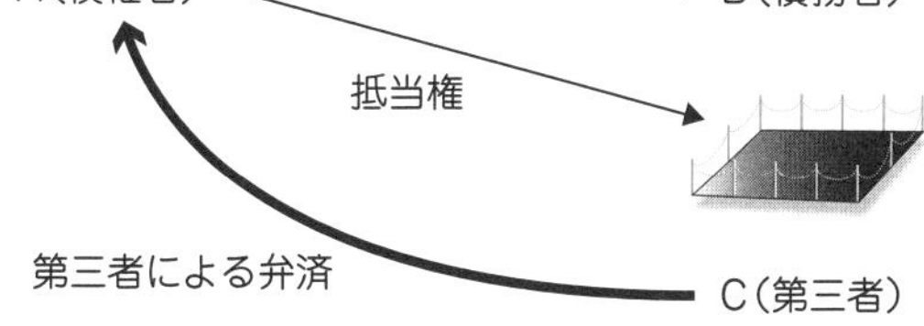

結論　Cは自己の権利に基づいて債務者Bに対して求償をすることができる範囲内で、AがBに対して有していた債権（1000万円）や抵当権を代わりに行使することができる。この制度はCがBに対して有する求償権を確保するためのものである。

なお、債権の一部について代位弁済があったときは、B代位者（弁済をした者）は、債権者の同意を得て、その弁済をした価額に応じて、債権者とともにその権利（1000万円や抵当権）を行使することができます（502条1項）。もちろんこの場合は、債権者は単独でその権利を行使することができます（502条2項）。

PLAY! 理解度チェック

1. 弁済と受取証書の交付は同時履行の関係に（　①　）が、弁済と債権証書の返還は同時履行の関係に（　②　）。

2. 弁済の費用について別段の意思表示がないときは、その費用は、（　①　）の負担となる。一方、債権者が住所の移転その他の行為によって弁済の費用を増加させたときは、その増加額は、（　②　）の負担とする。

3. 郵便為替や銀行振出し小切手は、現実の提供となるのか？

4. 債権者の受領拒絶の意思が明確な場合でも、債務者は口頭の提供をしなければ債務不履行責任を免れないのか？

5. 当事者が第三者の弁済を禁止し、若しくは制限する旨の意思表示をしたときは、第三者による弁済は一切認められないのか？

6. 正当な利益を有する第三者は、債務者の意思に反しても弁済することができるのか？

7. 借地上の建物の賃借人は「正当な利益を有する第三者」にあたるのか？

1.
①ある　②ない

2.
①債務者　②債権者

3.
なる。一方、個人振出しの小切手は、現実の提供とならない。

4.
口頭の提供をしなくても債務不履行責任を免れる。

5.
一切認められない。

6.
できる。

7.
あたる。

8. 弁済の充当の順序を当事者の一方の指定で変更することはできるのか？

8.
できない。

9. 受領権者としての外観を有する者に対する弁済が有効となるためには、債務者は（　　）でなければならない。

9.
善意・無過失

10. 不動産を代物弁済の目的物とした場合には、当事者がその意思表示をするだけで債務が消滅するのか？

10.
消滅しない。所有権移転登記まで完了しなければ消滅しない。

11. 弁済した者が弁済として他人の物を引き渡したときは、その弁済をした者は、更に有効な弁済をしなくても、その物を取り戻すことができるのか？

11.
更に有効な弁済をしなければ、その物を取り戻すことができない。

12. 弁済の場所について、別段の意思表示がないときは、特定物の引渡しはどこでするのか？

12.
債権発生当時にその物が存在した場所においてする。

TRY! 本試験問題に挑戦

弁済に関する次のア〜オの記述のうち、妥当なもののみを全て挙げているものはどれか（争いのあるときは、判例の見解による。）。　【裁判所職員 R2】

ア. 弁済の提供によって債権は消滅し、債務者は一切の債務不履行責任を免れる。

ア．×
債権は消滅しない。

イ. 債権者が弁済を受領しない意思が明確と認められる場合であっても、債務者は口頭の提供をしなければ債務不履行責任を免れない。

イ．×
受領しない意思が明確な場合は、口頭の提供すら不要である。

ウ. 物上保証人は、主債務者のために第三者弁済をすることができる。

ウ．○
そのとおり。
正当な利益を有する者として第三者弁済をすることができる。

エ. 債権者の代理人を詐称する者も、債権の準占有者に当たる。

エ．○
そのとおり。
「債権の準占有者」とは、「受領権者としての外観を有する者」のことである。

オ. 代物弁済により債権が消滅するためには、権利の移転があれば足り、第三者に対する対抗要件の具備は必要ではない。

オ．×
債権が消滅するためには、対抗要件の具備も必要である。

1．ア、イ　2．ア、オ　3．イ、エ　4．ウ、エ　5．ウ、オ

正答　4

TRY! 本試験問題に挑戦

弁済に関するア～オの記述のうち、妥当なもののみを全て挙げているのはどれか。 【国家総合職 R4】

ア. 債務者が債権者に対し弁済として他人の物を引き渡し、債権者がそのことを知らないままその物を消費してしまった場合、他人の物とは知らなかったことについて債権者に過失があるときは、その弁済は無効となる。

ア. ×
債権者が弁済として受領した物を善意で消費した場合は、その弁済は有効になる。したがって、「他人の物とは知らなかったことについて債権者に過失があるとき」とは、「善意・有過失」を意味するので、その弁済は有効になる。

イ. 債務の履行について不確定期限が付されている場合は、債務者は、その期限が到来したことを知っていたとしても、債権者から履行の請求を受けない限りは、遅滞の責任を負わない。

イ. ×
債務の履行について不確定期限があるときは、債務者は、その期限の到来した後に履行の請求を受けた時又はその期限の到来したことを知った時のいずれか早い時から遅滞の責任を負う。よって、誤り。

ウ. 債務者が債権者の預金口座への払込みによって弁済をする場合、その払い込まれた金額について債権者が預金口座から払い戻すことができるようになった時点で、弁済の効力が生じる。

ウ. ○
そのとおり。
債権者の預金又は貯金の口座に対する払込みによってする弁済は、債権者がその預金又は貯金に係る債権の債務者に対してその払込みに係る金額の払戻しを請求する権利を取得した時に、その効力を生ずる。

エ. 弁済をするについて正当な利益を有する者でない第三者であっても、債権者の意思に反して弁済をすることができる場合がある。

エ．○
そのとおり。
第三者が債務者の委託を受けて弁済する場合において、そのことについて債権者が知っていたときは、例外的に弁済が有効になる。

オ. 代物弁済をする場合、代物弁済に供する物の価値と債権額は、必ずしも一致する必要はないが、両者の間に著しい不均衡があり、暴利行為に当たる場合には、公序良俗に反し無効となることがある。

オ．○
そのとおり。
債務の額のおよそ5倍程度の価値のある不動産を代物弁済の目的にした場合に、暴利行為になるので公序良俗に反して無効である旨の判例がある（最判平27・11・20）。細かいので気にしなくてよい。

1．ア、ウ　2．イ、エ　3．ア、ウ、オ　4．イ、エ、オ
5．ウ、エ、オ

正答　5

10 供託

重要度
★★★
頻出度
★★★

この章では超マイナーテーマの「供託」を見ていく。ここは特別区を受験する人以外は読まなくても構わない。こだわるところではないのでさっさと先に進もう(笑)。

1 供託とは?

法令の規定により、金銭等の供託事務を取り扱う機関だよ。法務局・地方法務局、その支局又は法務大臣の指定する出張所などがこれにあたる。

「供託」とは、弁済者が弁済の目的物を債権者のために供託所に寄託することによって、債務を免れる制度を言います。法的性質は、第三者(債権者)のためにする寄託契約(物を預ける契約)であるとされています。

2 供託の要件

供託の要件は、①弁済の提供をした場合において、債権者が受領を拒んだとき、②債権者が弁済を受領することができないとき、③弁済者が過失なく債権者を確知することができないとき、のいずれかに該当することです(494条)。この場合に弁済者は、債権者のために弁済の目的物を供託してその債務を免れることができます。B①の債権者が受領を拒んだときに該当するためには、その前提として弁済の提供をする必要があります。よって、原則として、現実の提供をすることが必要です。もっとも、債権者が予め受領を拒んでいるときは、口頭の提供をすれば足ります(大判大10・4・30)。なお、B債権者が受領を拒むであろうことが明確なときは、弁済の提供自体をする必要がなくなります(大判大11・10・25)。よって、債務者は直ちに供託することができます。

3 供託の方法

供託は、債務の履行地の供託所(法務局等)にしなければなりません(495条1

項）。供託は全額をしないとダメなのですが、日債務の一部ずつの供託であっても、これを合計すれば債務全額に達するときは、有効な供託として扱われます（最判昭46・9・21）。ただし、①その物が供託に適しないとき、②その物について滅失、損傷その他の事由による価格の低落のおそれがあるとき、③その物の保存について過分の費用を要するとき、④ ①〜③のほか、その物を供託することが困難な事情があるときは、日弁済者は裁判所の許可を得て、弁済の目的物を競売に付し、その代金を供託することができます（497条）。なお、供託をした者は、遅滞なく、債権者に対して供託の通知をしなければなりません（495条３項）。

この供託の通知は、供託の有効要件ではないよ。つまり、債権者に供託の通知を怠ったときでも、供託は有効なんだ。

4 供託の効果

供託をすると債務が消滅します。そして、債権者は、供託所に対して、供託物の還付（引渡し）を請求することができます（498条１項）。これを供託物還付請求権と言います。もっとも、債務者が債権者の給付に対して弁済をすべき場合には、日債権者は、その給付をしなければ、供託物を受け取ることができません（498条２項）。なお、日債権者が供託物還付請求権を取得するために受益の意思表示をする必要はありません。

5 供託物の取戻し

債権者が供託を受諾せず、又は供託を有効と宣告した判決が確定しない間は、弁済者は、供託物を取り戻すことができます（供託物取戻請求権）。この場合は、供託をしなかったものとみなされます（496条１項）。判例では、供託物取戻請求権の消滅時効の起算点が問題となったことがあり、「供託者が免責の効果を受ける必要が消滅した時から」起算するとしています。「供託の時から」起算するのではないので注意しましょう。

ただ、供託によって担保である質権や抵当権が消滅してしまったときは、取り戻すことはできないよ（496条２項）。

PLAY! 理解度チェック

1. 供託の要件は何か。

1.
①弁済の提供をした場合において、債権者が受領を拒んだとき、②債権者が弁済を受領することができないとき、③弁済者が過失なく債権者を確知することができないとき、のいずれかに該当すること。

2. 債務の一部ずつの供託であっても、これを合計すれば債務全額に達するときは、有効な供託として扱われるのか？

2.
扱われる。

3. 供託をした者は、遅滞なく、債権者に供託の通知をしなければならないが、この通知を怠った場合、供託は無効になるのか。

3.
ならない。

4. 債権者が供託物還付請求権を取得するためには、受益の意思表示をする必要があるのか？

4.
必要ない。

5. 弁済者が供託物を取り戻すことができないのはどのようなときか？

5.
供託によって質権や抵当権が消滅してしまったとき。

TRY! 本試験問題に挑戦

民法に規定する弁済の目的物の供託に関する記述として、判例・通説に照らして、妥当なのはどれか。【特別区 H24】

1. 債務者は、弁済の目的物を供託した場合、遅滞なく、債権者に供託の通知をしなければならず、これを怠ったときは、当該供託は無効

1. ×
供託の通知を怠っても当該供託は有効であり、債務は消滅する。

であり、債務は消滅しない。

2. 債権者があらかじめ受領しないことが明確であるときであっても、受領遅滞は供託の要件であるので、債務者は弁済の準備をして口頭の提供をする必要があり、口頭の提供をしないでした供託は無効である。

2．×
債権者があらかじめ受領しないことが明確であるときは、口頭の提供をしないで直ちに供託することができる。

3. 債権者が供託を受諾せず、又は供託を有効と宣告した判決が確定しない間は、当該供託によって質権又は抵当権が消滅した場合であっても、弁済者は供託物を取り戻すことができる。

3．×
当該供託によって質権又は抵当権が消滅した場合は、供託物を取り戻すことができない。

4. 最高裁判所の判例では、本来、一部供託は無効であるが、債務の一部ずつの弁済供託がなされた場合であっても、各供託金の合計額が債務全額に達したときは、その全額について供託があったものとして、これを有効な供託と解するのが相当であるとした。

4．○
そのとおり。
結局債務全額に達した以上、供託の効果を否定する理由がないからである。

5. 最高裁判所の判例では、民法は、消滅時効は権利を行使することができる時から進行すると定めているので、弁済供託における供託物取戻請求権の消滅時効は、供託者が免責の効果を受ける必要が消滅した時から進行するのではなく、供託の時から進行するとした。

5．×
供託者が免責の効果を受ける必要が消滅した時から進行するのであって、供託の時から進行するのではない。

正答　4

11 相殺

重要度 ★★★
頻出度 ★★★

11章では「相殺」について見ていく。「相殺」は効果こそ簡単なのだが、要件が複雑で分かりにくい。ゆえに多くの受験生が「意味不明〜」と声をそろえて言うわけだが、避けて通ることのできないテーマであることは間違いない。ということは、や・る・し・か・な・い……。

1 相殺とは?

「相殺（そうさい）」とは、債務者が債権者に対して同種の債権を有する場合、その債権と債務を対当額で消滅させる一方的な意思表示を言います（505条1項）。イメージ的には向かい合っている2本の債権を計算上ちゃらにする感じです（笑）。「な〜んだ簡単だな」と思ったかもしれません。しかし、相殺は「効果」こそ簡単ですが「要件」が結構難しいのです。それゆえ多くの受験生がこのテーマで挫折するわけです。そこで、少しでも挫折を少なくするために（笑）、最初に相殺の前提知識を説明しておきます。次の図を見てください。

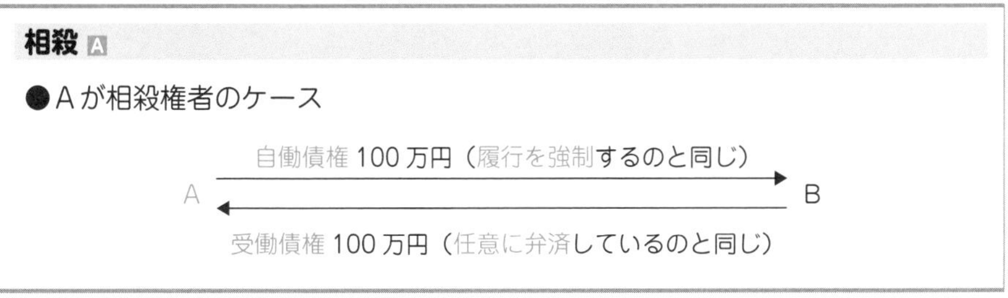

今回はAが相殺するケースで説明します。この図を見ると、AはBに対して債権（100万円）を持っています。一方、BもAに対して債権（100万円）を持っていますね。このとき、A相殺権者であるAからBに伸びている債権を「自働債権」と呼びます。この自働債権を相殺で使うということは、相手方であるBに対して履行を強制しているのと同じことになります。「早く支払えよ！」と言っているのに等しいのです。

一方、A相殺される側であるBからAに対して伸びている債権を「受働債権」と呼びます。これはあくまでも相殺権者Aの側から見たときの呼び名です（Bの側から見れば「自働債権」になる)。Aがこの受働債権を使って相殺するということは、要するにAが任意に弁済しているのと同じことになります。というのも、Aの側から見れば受働債権は単なる自己が負っている債務になりますよね? したがって、相殺という手段を使ってその債務を弁済したという評価になるのです。

相殺は一方的な意思表示(Aの側の)でこれら2つの相反する事象が一瞬にして起こります。つまり、履行を強制するという事象と任意に弁済するという事象が一瞬にして起こるわけです。そして、計算上差し引きゼロのような形になるのです。この辺がややこしいのですが、何となく理解できましたか?

2 相殺の要件

(1) 相殺適状にあること

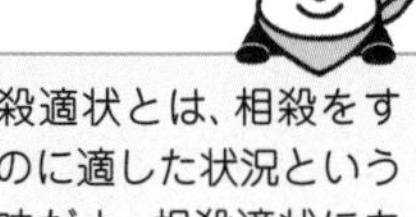

相殺適状とは、相殺をするのに適した状況という意味だよ。相殺適状にあると言うためには、様々な要件を備えなければならないんだ。詳細は本文で。

相殺をするためには、相殺適状にあることが必要です。相殺適状にあると言えるためには、①債権が対立していること、②双方の債権の目的が同種のものであること、③双方の債権が弁済期にあること、④双方の債権が有効に存在すること、⑤性質上相殺できること、の5つが必要です。とても数が多いのですが、これから一つひとつていねいに解説していきます。

①債権が対立していること

この要件自体が要求される理由は分かると思います。そもそも相殺というもの自体が、2人の互いに有している債権を対等額で打ち消し合うものだからですね(笑)。A判例では、抵当不動産の第三取得者が、抵当権者に対して有する債権を自働債権とし、抵当権者の債務者に対する債権を受働債権として相殺することができるかが問題となりましたが、結論として相殺を認めませんでした(大判昭8・12・5)。単純に相殺権者である抵当不動産の第三取得者に受働債権が向いていないからです。次の図でそのイメージをつかんでください。

抵当不動産の第三取得者による相殺 A

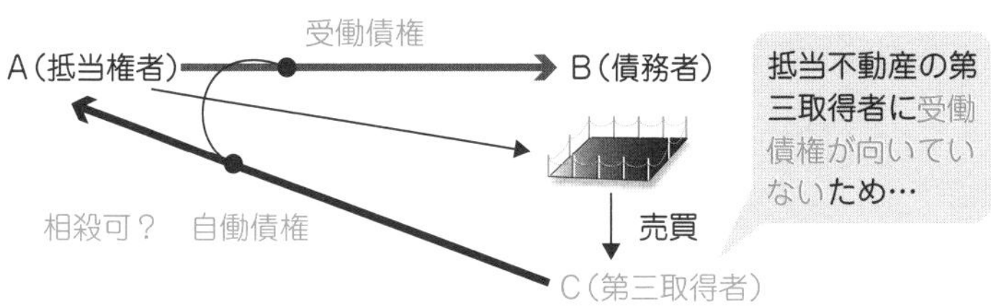

結論 抵当不動産の第三取得者は、抵当権者に対する債権を自働債権とし、抵当権者の債務者に対する債権を受働債権として相殺することができない。少なくとも、抵当不動産の第三取得者に対して受働債権が向いていないと相殺できない。

②双方の債権の目的が同種のものであること

相殺は、双方の債権の目的が同種のものであるときに限りすることができます。実際は、金銭債権同士の相殺に限られることになるのでこの点はあまり意識する必要はありません。ただ、このように債権の目的が同種のものであれば足りるので、原因や債権額の同一性を要求されることもなく、履行地が同一である必要もありません。つまり、A履行地が異なる場合でも相殺することはできます。ただし、履行地が異なることで相手方に損害を与えてしまったときは、その生じた損害を賠償しなければなりません（507条）。

③双方の債権が弁済期にあること（505条1項本文）

弁済期に関する要件は、条文上は「双方の債務」となっているのですが、実は「嘘」です（笑）。確かに、自働債権は弁済期にあることが必要です。なぜなら、自働債権が弁済期にないと、そもそも相手方に履行を強制できないからです。しかし、受働債権は、任意に弁済することを意味しているので、理論的に考えれば弁済期前でも自己の期限の利益を放棄すれば、相殺できるはずです。そのため、A判例は、たとえ受働債権が弁済期になくても、自働債権さえ弁済期にあれば相殺することができるとしています（大判昭8・5・30）。ただ、この場合、受働債権につき、期限の利益を放棄することができるという状態にあるだけでは足りず、**期限の利益を放棄し、その弁済期を現実に到来させなければなりません**（最判平25・2・28）。

双方の債権が弁済期にあること A

A、Bは互いに債権を有しており、自働債権の弁済期は４月１日、受働債権の弁済期は５月１日である。現在４月15日だとすると、Aは相殺することができるのか？

●現在４月15日

自働債権（４月１日）
A → B
受働債権（５月１日）

できた

結論 この場合、**Aは自働債権が弁済期にある以上、相殺することができる。** つまり、自働債権が弁済期にあれば、受働債権が弁済期になくても相殺できる（受働債権につき、期限の利益を放棄し、弁済期を現実に到来させる必要はある）。

理由 **自働債権は、履行を強制することを意味**するので、**弁済期にない場合には、履行を強制できない。** よって、自働債権は少なくとも弁済期にあることが必要である。一方、**受働債権は、任意に弁済することを意味**するので、弁済期にないにもかかわらず期限の利益を放棄して相殺するという道を選ぶのであれば、それを認めない理由はない。

④双方の債権が有効に存在すること

　例えば、いずれか一方の債権が不存在又は無効であるときは、相殺は無効となります。これは当然と言えるかもしれません。この要件との関係で問題となるのは、一方の債権が消滅時効にかかったケースにおける相殺の可否です。自働債権が消滅時効にかかった場合と受働債権が消滅時効にかかった場合の２パターンあるのですが、**両方とも試験では頻出**です。

　まず、A**受働債権が消滅時効**にかかった場合は、時効利益を放棄すれば**相殺できます**。受働債権が消滅時効にかかったわけですから、本来は弁済する必要がないはずです。それにもかかわらずあえて弁済したいと考えて相殺するわけなので、これを認めない理由はないのです。次に、A相殺適状後に自働債権が消滅時効にかかった場合は、条文上の明文規定があり、相殺できるということになっています（508条）。ただ、これは理屈が通りません。なぜなら、自働債権が消滅時効にかかった以上、履行を強制することができないので相殺だってできないはずだからです。しかし、条文はこれを認めている……一体どういうことでしょうか。一応、教科書的に理由を説明すると、「自働債権が消滅する以前に相殺できる状況（相殺適状）にあった以上、その後自働債権が消滅時効にかかったとしても、両当事者は相殺されたと考えるのが通常だから」ということになります。意味不明ですが、要は過去相殺適状にあったのだから、その時に相殺されたと普通は考える、ということなのです。

判例は、注文者が除斥期間の経過した損害賠償債権を自働債権とし、請負人の報酬請求権を受働債権として相殺した場合であっても、508条を類推適用して許されるとしている（最判昭51・3・4）。除斥期間なので、「適用」はできないんだ。あくまでも「類推適用」だよ。

逆に言うと、最低限、消滅時効にかかった自働債権は、その消滅時効期間が経過する以前に受働債権と相殺適状にあったことを要するんだ（最判平25・2・28）。

もっとも、A消滅時効にかかった債権を譲り受けた場合、これを自働債権とし、債務者の自己（債権の譲受人）に対する債権と相殺することはできません（最判昭36・4・14）。この場合はさすがに、当該自働債権は、譲り受けた時点で既に時効消滅しており、同一当事者間に対立する債権が存在しないため、相殺適状の要件を充たさないからです。

その１：受働債権が時効によって消滅した場合 A

A、B相互に同時に債権を持ち合っている状況で、一方の債権が消滅時効にかかった場合、Aはこの消滅時効にかかった債権を、受働債権として相殺できるのか？

● 現在６年目

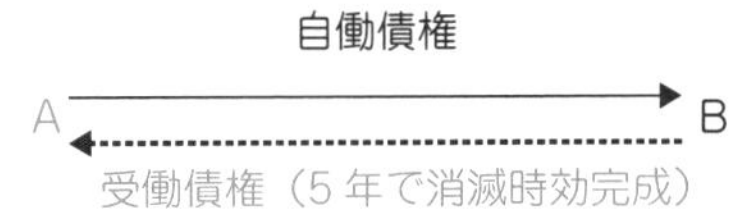

結論　この場合、**Aは消滅時効にかかった債権を受働債権として相殺できる。**

理由　受働債権として相殺するということは、任意に弁済するのと同じである。したがって、Aが消滅時効にかかった既に支払わなくてもよい債権を支払うというのであれば、これを認めないとする理由がない。

その2：自働債権が時効によって消滅した場合 A

A、B相互に同時に債権を持ち合っている状況で、一方の債権が消滅時効にかかった場合、Aはこの消滅時効にかかった債権を、自働債権として相殺できるのか？

●現在6年目

自働債権（5年で消滅時効完成）

A ⇄ B

受働債権

結論　この場合、**Aは消滅時効にかかった債権を自働債権として相殺できる（民法508条）**。

理由　**自働債権が消滅する以前に相殺適状にあった**ので、AもBも「相殺されたのだろう」と考えるのが普通だから。

その3：既に消滅時効にかかった債権を譲り受けた場合 A

A、B相互に同時に債権を持ち合っている状況で、一方の債権が消滅時効にかかった後、Cが当該消滅時効にかかった債権を譲り受けた場合、Cはこれを自働債権として相殺できるのか？

●6年目

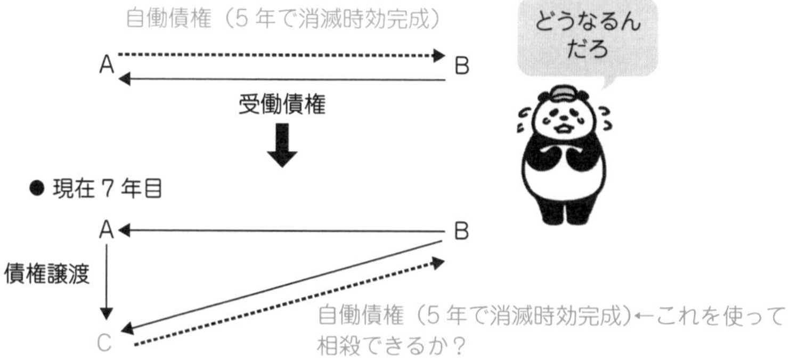

結論　Cは自己が譲り受けた消滅時効にかかった債権を自働債権として、相殺することはできない。

理由　消滅時効にかかる以前からCは相殺できる状況（相殺適状）にあったわけではないため。時効消滅した後に、Cは当該債権を譲り受けたのであって、その2とは状況が異なる。

⑤性質上相殺できること

A自働債権に同時履行の抗弁権が付着している場合には、相殺することができません（最判昭13・3・1）。なぜなら、この場合に相殺を認めてしまうと、相手方の同時履行の抗弁権を一方的に奪うことになるからです。この点は少し分かりづらいので、次の図で確認しましょう。

後で詳しいことは勉強するので、とりあえずは売買のケースで、買主が「代金支払いと物の引渡しは同時だ」と言って、代金の支払いを拒むことができる権利だと思っておこう。

同時履行の抗弁権が自働債権に付着している場合 A

AはBに対して100万円で自動車を売却した（Aは代金債権を取得）。一方、Bはそれ以前にAに対して100万円を貸し付けていた（Bは既に貸金債権を保有）。そして、BはAに対して「物の引渡しと代金の支払いは同時のはずだ」と主張し（同時履行の抗弁権）、代金の支払いを拒絶している。このとき、Aはこのような同時履行の抗弁権が付着している代金債権を自働債権として、貸金債権と相殺することができるのか？

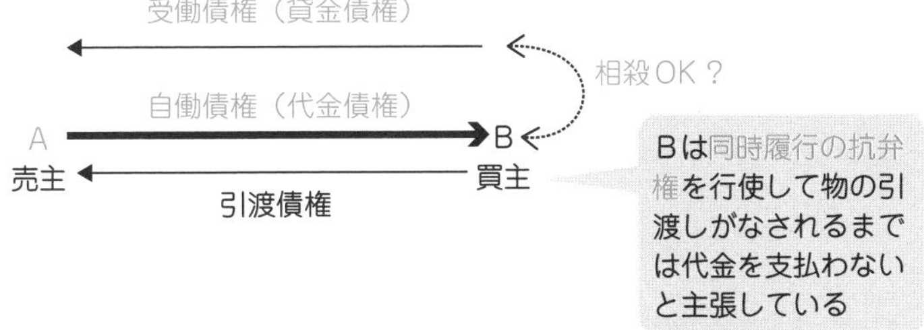

結論　Aは同時履行の抗弁権が付着している代金債権を自働債権として、相殺することはできない。

理由　Bは同時履行の抗弁権を主張して、目的物を何とか引き渡してもらおうと頑張っているのに、Aが無理やり相殺できてしまうとすれば、引渡債権だけが裸で残ることになってBにとって酷。Bの同時履行の抗弁権をAだけの意思で奪うことになってしまう。これはまずい……。

この図の事例とは逆に、A Bの側が、同時履行の抗弁権が付着している代金債権を受働債権として相殺するというのであれば、Bは自己の同時履行の抗弁権が消えることを覚悟しているはずなので、同時履行の抗弁権を放棄して相殺することができます。

（2）相殺が禁止されている場合でないこと

相殺適状にあっても①当事者の特約で相殺が禁止されている場合や、②法律上相殺が禁止されている場合には、相殺することができません。

①当事者の特約で相殺が禁止されている場合

当事者が相殺を禁止した場合、つまり相殺制限特約をした場合は、相殺するとができません。したがって、無理やり相殺しても、その相殺は無効となるのが原則です。ただし、この相殺制限特約は、B その意思表示を知り、又は重大な過失により知らなかった第三者、すなわち悪意又は重過失の第三者には対抗することができます（505条２項）。

②法律上相殺が禁止されている場合

（ア）受働債権が悪意による不法行為に基づく損害賠償債権である場合

A 悪意による不法行為に基づく損害賠償債権を受働債権とする相殺はできません（509条１号）。これは被害者に現実の給付をして救済する必要性が大きいからです。次の図を見て確認してみましょう。

ここに言う「悪意」とは、積極的な害意（害する意欲）を意味するよ。通常の知っているという意味の悪意とは異なるので注意しよう。

受働債権が悪意による不法行為に基づく損害賠償債権である場合 A

金融業者のAはBに対して名誉毀損的な発言を繰り返した。これにより社会的信用を失ったBはAに対して100万円の損害賠償債権を取得した（悪意による不法行為に基づく損害賠償債権）。しかし、AはBに対して有している100万円の貸金債権と相殺しようとしている。

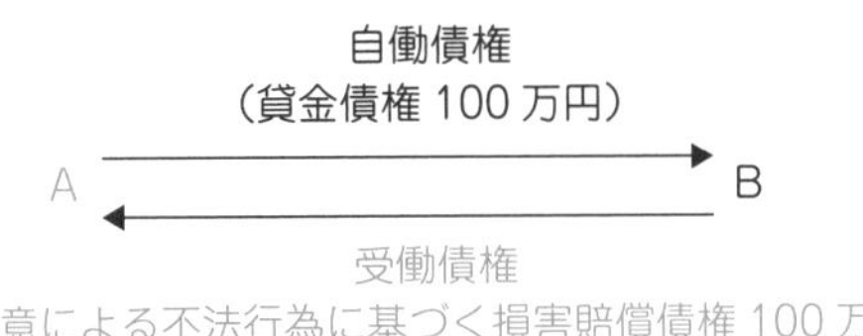

結論　Aは、悪意による不法行為に基づく損害賠償債権を受働債権として相殺できない。

理由　被害者であるBに現実の給付をする必要があるため。

なお、A Bの側から、悪意による不法行為に基づく損害賠償債権を自働債権として相殺することは、許されます。この場合は、そもそも被害者であるB自身が現実の給付を放棄しているに等しいからです。そのようなBの意思はむしろ尊重されてしかるべきだと言えるわけですね。

（イ）受働債権が人の生命又は身体の侵害による損害賠償債権の場合

人の生命又は身体の侵害による損害賠償債権を受働債権とする相殺も許されません（509条2号）。A この損害賠償債権は、不法行為に基づくものだけでなく、債務不履行に基づくものも含まれます。この点は要注意です。この場合も被害者に対して現実の給付をしなければ被害者救済になりませんので、相殺を禁止しているのです。

例えば、診療契約の債務不履行（医療過誤）により生命や身体に危害が及んだ場合などを想定してみて。

受働債権が人の生命又は身体の侵害による損害賠償債権の場合 A

金融業者のAは過失によりBを自動車でひいてしまいBは重傷を負った。これによりBはAに対して100万円の損害賠償債権を取得した（身体の侵害による損害賠償債権）。しかし、AがひいたBは、たまたま以前Aが100万円を貸していた顧客であった。そこで、Aはこの貸金債権と相殺をしようとしている。

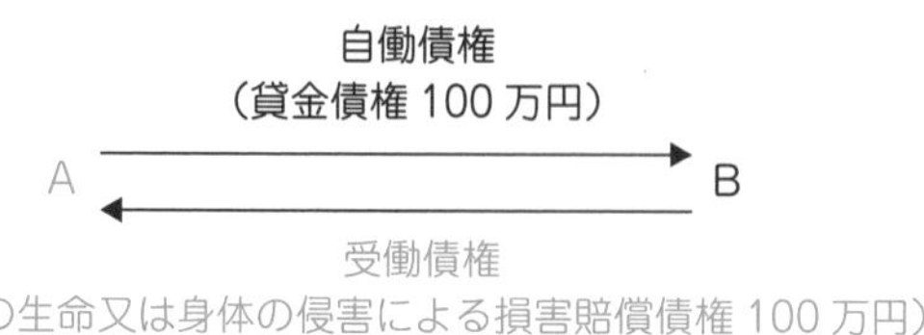

結論　Aは、人の生命又は身体の侵害による損害賠償債権を受働債権として相殺できない。

理由　被害者であるBに現実の給付をする必要があるため。

なお、A Bの側から、人の生命又は身体の侵害による損害賠償債権を自働債権として相殺することは、許されます。この場合も、そもそも被害者であるB自身が現実の給付を放棄しているに等しいからですね。先ほどの事例と同じです。

（ウ）他人から取得した債権である場合

A 前述（ア）悪意による不法行為に基づく損害賠償債権や、（イ）人の生命又は身体の侵害による損害賠償債権が他人から取得したものである場合は、相殺禁止の対象となりません（509条ただし書）。債権譲渡の譲受人との関係では、現実の給付をする必要がないからです。ちょっと分かりづらいので、（ア）悪意による不法行為に基づく損害賠償債権の事例で図解しましょう。

他人から取得した債権である場合 A

BはAに対して悪意による不法行為に基づく100万円の損害賠償債権を有していた。その後、Bは当該債権をCに債権譲渡した。このとき、Aは自己がCに対して有している100万円の貸金債権（自働債権）をもって、悪意による不法行為に基づく損害賠償債権100万円（受働債権）と相殺することはできるのか？

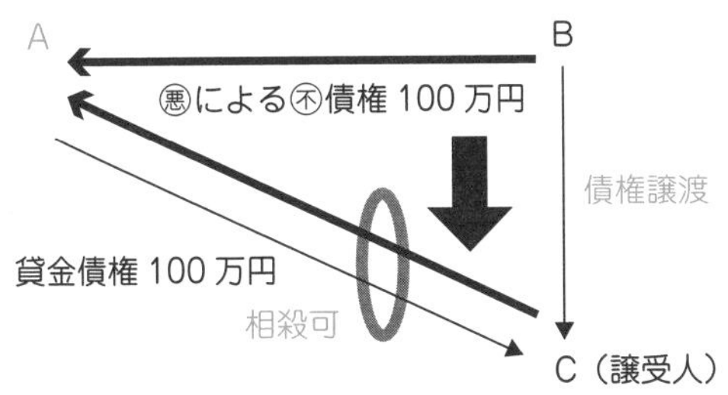

結論　Aは、悪意による不法行為に基づく損害賠償債権を受働債権として、自己がCに対して有している貸金債権と相殺できる。

理由　譲受人Cは損害を被った張本人ではないので、Cとの関係では現実の給付の必要がない。

（エ）受働債権が差押禁止債権である場合

A差押禁止債権（賃金債権など）を受働債権として相殺することはできません（510条）。これは債権者に現実に支払いがなされる必要性があるからです。賃金債権などは生活の基盤になる重要な債権であるため、法律上、差押えが禁止されています。それにもかかわらず、相殺であればできてしまうというのでは、差押えを禁止した意味がありませんよね。

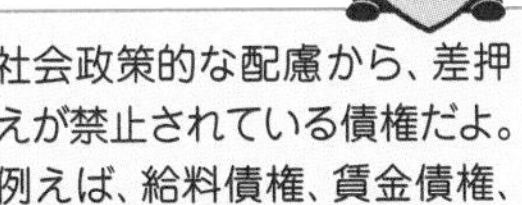

社会政策的な配慮から、差押えが禁止されている債権だよ。例えば、給料債権、賃金債権、俸給（ほうきゅう）債権、年金などがあるね。

受働債権が差押禁止債権である場合 A

BはAが社長を務める会社で従業員として働いている。BはAに対する賃金債権30万円（差押禁止債権）を有しているわけであるが、Aは以前Bに貸した30万円（貸金債権）を使って相殺しようと考えている。果たしてAは賃金債権のような差押禁止債権を受働債権として相殺することができるのだろうか？

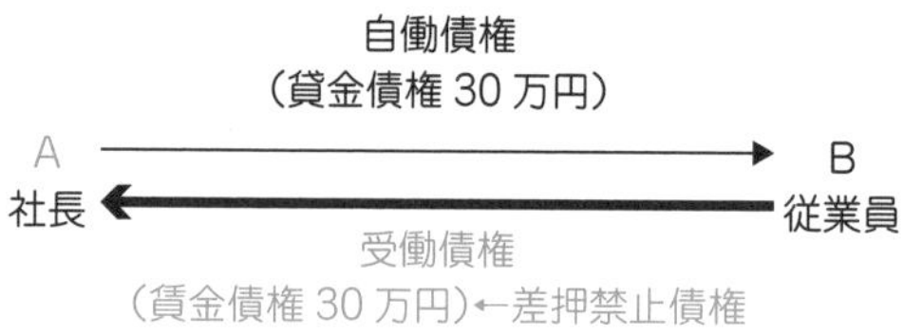

結論 Aは、差押禁止債権を受働債権として相殺できない。

理由 賃金は、現実に支払わないとBが困るため。

これに対し、A差押禁止債権を自働債権とする相殺は、許されます。こちらは差押禁止債権を有する債権者の側がその利益を放棄するというわけですから、これを認めない理由はないという理屈です。したがって、上の図で言うと、Bの側が、差押禁止債権を自働債権として相殺することはできます。賃金を受け取れなくてもよいとBが考えたのであれば、その意思を尊重すべきですよね。

③差押えを受けた債権を受働債権とする相殺の禁止

A差押えを受けた債権の第三債務者は、差押え後に取得した債権による相殺をもって差押債権者に対抗することはできませんが、差押え前に取得した債権による相殺をもって対抗することはできます（511条1項）。第三債務者が差押えの前に自働債権を取得したのか差押えの後に取得したのかで、相殺の可否が変わってきます。次の図で確認しましょう。

差押え後に取得したケース A

差押債権者Bが、AのCに対する債権を差し押さえた後に、CはAに対して債権（金銭債権）を取得した。

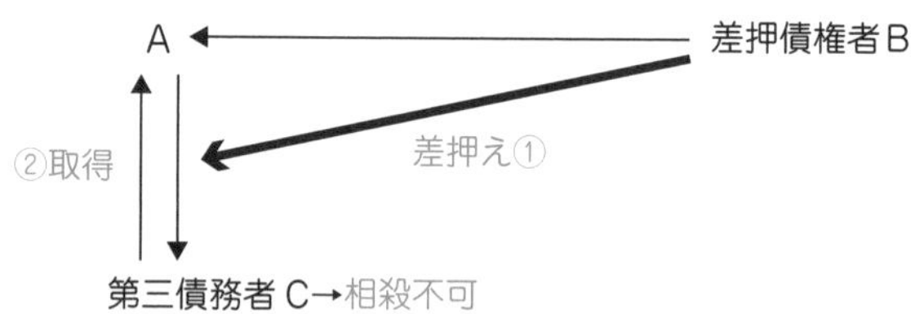

結論 CはAに対する債権を自働債権として相殺することを対抗できない。

理由　Cは、Bの差押えが先行する以上、Aの資産状況が悪いことを予想できたはず。にもかかわらず、債権を持った（金を貸した）のはCの自己責任と言える。よって、Cの相殺に対する期待を保護する必要がない。

差押え前に取得したケース A

差押債権者Bが、AのCに対する債権を差し押さえる前に、CはAに対して債権（金銭債権）を取得した。

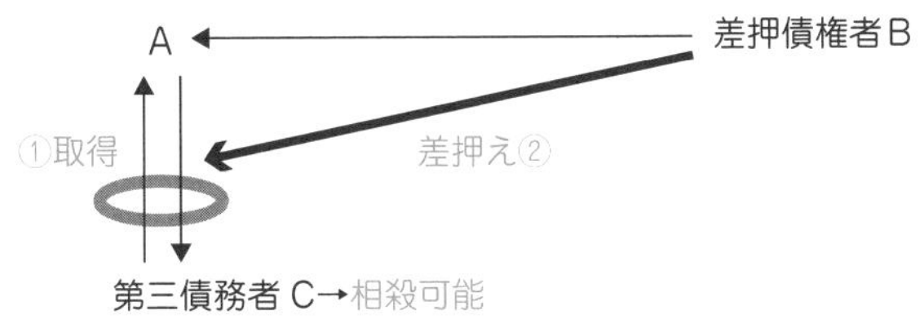

結論　CはAに対する債権を自働債権として相殺することを対抗できる。

理由　Cは、Bの差押え前に既に債権を取得していた以上、Cの相殺に対する期待を保護する必要がある。

一方、A差押え後に取得した債権が差押え前の原因に基づいて生じたものであるときは、その第三債務者は、その債権による相殺をもって差押債権者に対抗することができます（511条2項本文）。要するに、受働債権の差押え後に取得した債権であっても、「差押え前の原因」に基づいて発生したものであれば、これを自働債権として相殺して構わない、というわけです。具体的には、自動車事故などのような不法行為が起こり（原因）、それに基づいて後遺症損害が発生したような場合（債権を取得）を考えてみてください。以下で図解します。

差押え前の原因に基づいて生じた債権による相殺 A

①AがCを自動車でひき（不法行為＝原因）、次に、②差押債権者Bが、AのCに対する債権を差し押さえた。そして、しばらくたってから③Cの後遺症損害が発生した（債権を取得）。

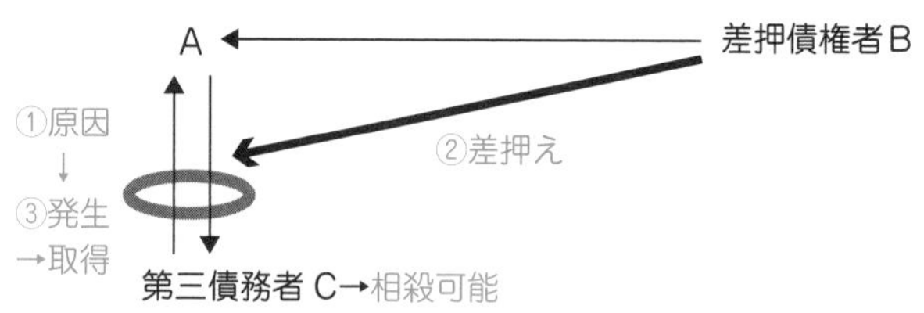

結論　CはAに対する債権を自働債権として**相殺することを対抗できる**。

理由　差押え時には発生していない債権でも、債権を発生させる原因がもともと存在していた以上、Cの相殺に対する期待を保護する必要がある。

ただし、B**差押え後**に取得した債権が**差押え前の原因に基づいて生じたものであるときでも、当該債権が差押え後に他人から取得したものであるときには**、相殺をもって差押債権者に**対抗することができません**（511条2項ただし書）。簡単に示すと次のようになります。

差押え後に他人から取得した債権による相殺 B

①AがDを自動車でひき（不法行為＝原因）、次に、②差押債権者Bが、AのCに対する債権を差し押さえた。そして、しばらくたってから③Dの後遺症損害が発生した。④その後後遺症損害に基づいて発生した債権をCが債権譲渡で取得した。

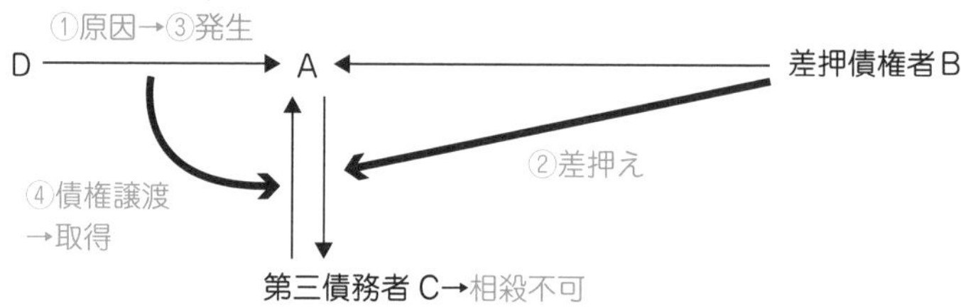

結論　CはAに対する差押え後に債権譲渡により取得した債権を自働債権として**相殺することを対抗できない**。

理由　このケースは、**債権譲渡の場合であり、原因がCの下で起きたものでない以上、Cの相殺に対する期待を保護する必要がない**。

④債権譲渡と相殺

ここまでは差押えと相殺との関係を見てきましたが、実は債権譲渡と相殺との関係でも同じようなことが言えます。以前ちょっとだけ触れたのですが、ここで全てを整理しておきます。ただし、この論点は正直応用なので、分からなければ読み飛ばしてしまっても構いません。公務員試験との関係ではそこまで重要ではないと思われるからです。

ここに言う対抗要件は、債務者対抗要件だよ。以下同じね。

まず、B債務者は、対抗要件具備時より前に取得した譲渡人に対する債権による相殺をもって譲受人に対抗することができます（469条1項）（下記その1）。つまり、対抗要件具備時よりも前に債務者が取得した債権を自働債権とする相殺は、譲受人に対抗することができます。もっとも、B債務者は、対抗要件具備時より後に取得した債権であっても、対抗要件具備時より前の原因に基づいて生じた債権であれば、相殺をもって譲受人に対抗することができます（469条2項1号）（次ページその2）。ただし、この場合は、債務者が対抗要件具備時より後に他人の債権を取得したときは、相殺をもって譲受人に対抗することができません（469条2項ただし書）（次ページその3）。

債権譲渡と相殺 B

●その1

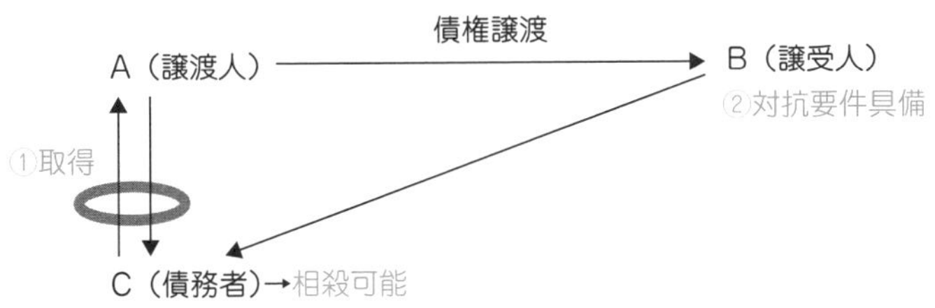

結論　Cは、相殺をもってBに対抗できる。

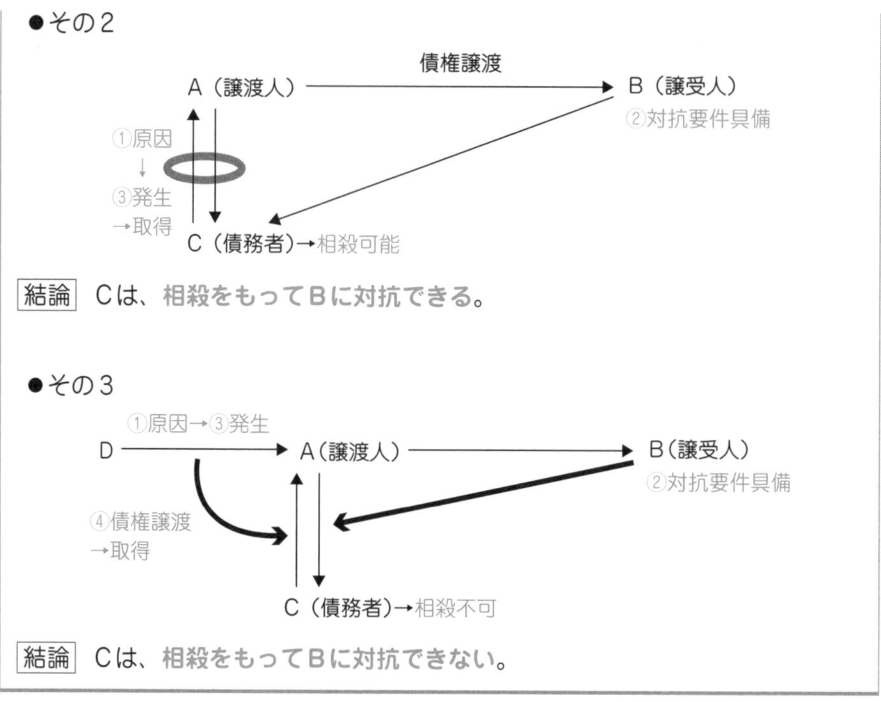

3 方法

相殺は、相手方に対する**一方的な意思表示**によって行われます（506条１項前段）。このとき、B相殺の意思表示に**条件**や**期限**を**付けることはできません**（同条項後段）。まず、相殺は一方的な意思表示によって行われるため、条件を付けてしまうと相手方の地位が不安定になってしまいます。また、相殺には遡及効がある（後述）ため、期限を付けることはそもそも意味がありません。このような理由からこれら２つは認められていないのです。

一方的な意思表示である相殺ではなく、当事者の合意による「**相殺契約**」であれば、条件や期限を付けることが**可能**だよ。これは当事者の「契約」で付けるわけだからとくに問題がないんだね。

4 効果

相対立する債権は、相殺の意思表示により、対当額の範囲で、相殺に適するようになった時、Aすなわち相殺適状時に遡って消滅します（506条２項）。相殺の効果は「遡及効あり」です。決して相殺の意思表示をした時に対当額が消滅するのではないので注意しましょう。

なお、複数の元本債権相互間の相殺は注意が必要。具体的には、当事者が別段の合意をしなかったときは、相殺適状になった時期の順序に従って、その対等額について相殺によって消滅するよ(512条１項)。

なお、相殺と解除がバッティングした場合において、それをどう調整するのかについて発展的な判例があります。判例は、賃貸借契約が、賃料不払いのため適法に解除された以上、たとえその後、賃借人の相殺の意思表示により右賃料債務が遡って消滅しても、解除の効力に影響はないとしています（最判昭32・３・８）。つまり、両者がぶつかり合った場合は、解除が優先するということになりますね。

PLAY! 理解度チェック

1. 抵当不動産の第三取得者が、抵当権者に対して有する債権を自働債権とし、抵当権者の債務者に対する債権を受働債権として相殺することはできるのか？

2. 履行地が異なるときでも相殺することはできるのか？

3. 受働債権が弁済期になくても、自働債権さえ弁済期にあれば相殺することはできるのか？

4. 相殺適状後に自働債権が消滅時効にかかった場合、その消滅時効にかかった債権を自働債権として相殺することはできるのか？

1. できない。

2. できる。

3. できる。

4. できる。

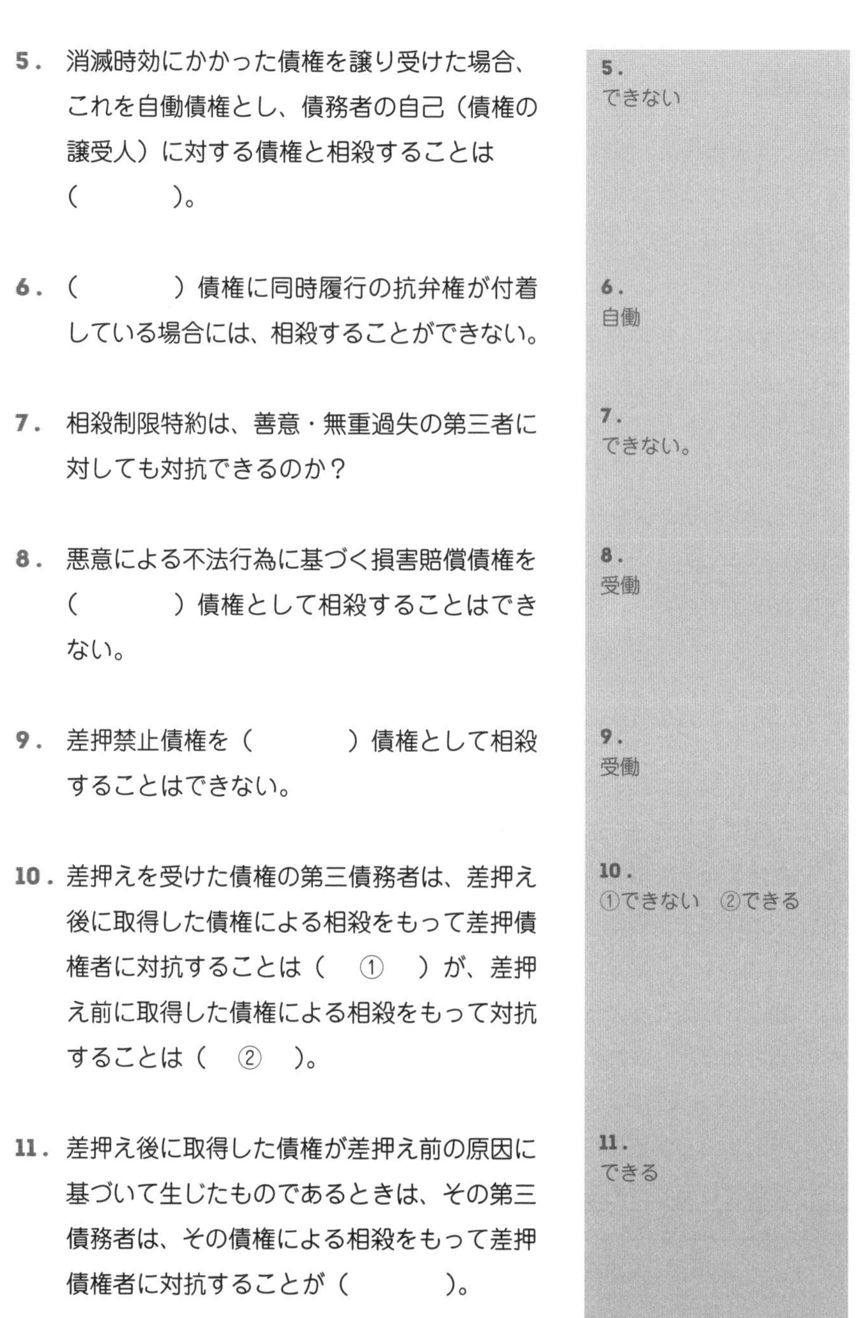

5. 消滅時効にかかった債権を譲り受けた場合、これを自働債権とし、債務者の自己（債権の譲受人）に対する債権と相殺することは（　　　　）。

5.
できない

6.（　　　　）債権に同時履行の抗弁権が付着している場合には、相殺することができない。

6.
自働

7. 相殺制限特約は、善意・無重過失の第三者に対しても対抗できるのか？

7.
できない。

8. 悪意による不法行為に基づく損害賠償債権を（　　　　）債権として相殺することはできない。

8.
受働

9. 差押禁止債権を（　　　　）債権として相殺することはできない。

9.
受働

10. 差押えを受けた債権の第三債務者は、差押え後に取得した債権による相殺をもって差押債権者に対抗することは（　①　）が、差押え前に取得した債権による相殺をもって対抗することは（　②　）。

10.
①できない　②できる

11. 差押え後に取得した債権が差押え前の原因に基づいて生じたものであるときは、その第三債務者は、その債権による相殺をもって差押債権者に対抗することが（　　　　）。

11.
できる

12．相殺の意思表示に条件や期限を付けることはできるのか？

12．
できない。ただし、相殺契約であれば可。

13．相殺の効果は？

13．
対当額の範囲で、相殺適状時に遡って消滅する。

TRY! 本試験問題に挑戦

相殺に関するア～オの記述のうち、妥当なもののみをすべて挙げているのはどれか。ただし、争いのあるものは判例の見解による。【国税専門官 H28改題】

ア．債務が悪意による不法行為によって生じたときは、その債務者は相殺によって債権者に対抗することは認められない。

ア．○
そのとおり。
言い回しが独特だが、結局、債務者が相殺するということは、悪意による不法行為債権を受働債権として行使することになるため認められない。

イ．相殺は、相殺適状にある債権の債権者にとって担保的な機能を有し、当該担保的機能への期待は尊重されるべきであることから、民法上、差押禁止債権を受働債権として相殺を行うことも認められる。

イ．×
差押禁止債権を受働債権として相殺することはできない。

ウ．相殺を行うには当事者双方の債務が弁済期にあることが要件とされているから、自働債権が弁済期にある場合であっても、受働債権が弁済期にないときには、受働債権の期限の利益を放棄して相殺を行うことも認められない。

ウ．×
自働債権が弁済期にある場合であれば、受働債権が弁済期になくても、受働債権の期限の利益を放棄して相殺することができる。

エ． 相殺が認められるためには、当事者相互が同種の目的を有する債務を負担することが必要であり、当事者双方の債務の履行地が同じであることが必要である。

エ．×
当事者双方の債務の履行地が同じであることは必要でない。

オ． 時効によって消滅した債権を自働債権とする相殺をするためには、消滅時効が援用された自働債権は、その消滅時効期間が経過する以前に受働債権と相殺適状にあったことが必要である。

オ．○
そのとおり。
自働債権は消滅時効にかかっていても相殺に供することができるが、消滅時効期間が経過する以前に受働債権と相殺適状にあったことが必要である。

1．ア、イ　　2．ア、オ　　3．イ、ウ　　4．ウ、エ　　5．エ、オ

正答　2

TRY! 本試験問題に挑戦

民法に規定する相殺に関する記述として、通説に照らして、妥当なのはどれか。

【特別区 H28改題】

1． 時効によって消滅した債権がその消滅以前に相殺適状にあった場合には、その債権者は、これを自働債権として相殺することができるが、消滅時効完成後の債権の譲受人が、これを自働債権として相殺することは許されない。

1．○
そのとおり。
消滅時効完成後の債権の譲受人が、これを自働債権として相殺することは許されない。

2. 悪意による不法行為に基づく損害賠償債権を受働債権として、不法行為によるものではない債権と相殺することができるが、悪意による不法行為に基づく損害賠償請求権を自働債権として、不法行為によるものではない債権と相殺することはできない。

2．×
記述が逆である。すなわち、悪意による不法行為に基づく損害賠償債権を自働債権として、不法行為によるものではない債権と相殺することはできるが、悪意による不法行為に基づく損害賠償請求権を受働債権として、不法行為によるものではない債権と相殺することはできない。

3. 相殺は、２人が相互に同種の内容の債務をもつ場合に、双方の債務を対当額において消滅させることができるので、双方の債務の履行地が同一でなく異なるときは相殺の要件をなさない。

3．×
双方の債務の履行地が同一でなくても相殺することができる。

4. 相殺が有効になされるためには、相対立する債権の弁済期において、受働債権は常に弁済期に達していなければならないが、自働債権については必ずしも弁済期にあることを必要としない。

4．×
記述が逆である。すなわち、自働債権は常に弁済期に達していなければならないが、受働債権については必ずしも弁済期にあることを必要としない。

5. 意思表示による相殺の効力発生時期は、当事者の一方から相手方に対して、実際に相殺の意思表示をした時期であり、双方の債務が互いに相殺に適するようになった時に遡って相殺の効力を生じることはない。

5．×
相殺の効力発生時期は、相殺適状時に遡る。

正答　1

12 契約の成立

重要度 ★★★
頻出度 ★★★

本章では「契約の成立」に関する民法の条文を解説していく。あまり試験で出題されてこなかったが、突然出題があったことから今回扱うことにした。時間がない人はとりあえず後回しでもよい。

1 申込みと承諾

契約には、当時者の申込みと承諾という意思の合致があれば成立する「諾成契約」と、申込みと承諾の意思の合致に加えて、物の引渡しその他の給付をしなければ成立しない「要物契約」の2つがあります。民法に載っている13種類の典型契約のほとんどは諾成契約です。例外的に一つだけ、**口頭でする消費貸借契約だけは要物契約**になります（この点は後述します）。

> 質権設定契約も要物契約だけど、あれは物権契約。民法の規定する典型契約ではないよ。

何人も、法令に特別の定めがある場合を除き、契約をするかどうかを自由に決定することができます（521条１項）。そして、契約の当事者は、法令の制限内において、契約の内容を自由に決定することができます（521条２項）。契約の締結と内容の自由が保障されているわけです。

2 契約の成立

> 相手方が正当な理由なく意思表示の通知が到達することを妨げたときは、その通知は、通常到達すべきであった時に到達したものとみなされるよ（97条２項）。

契約は、申込みに対して相手方が**承諾をしたときに成立**します（522条１項）。承諾の意思表示は、申込者に**到達した時**からその効力を生じます（97条１項、**到達主義**）。なお、契約の成立には、法令に特別の定めがある場合を除き、書面の作成その他の方式を具備することを要しません（522条２項）。

申込みには、承諾期間の定めのある申込みと定めのない申込みがあります。以下では、この２つを分けて見ていきましょう。

（1）承諾の期間の定めのある申込み

B承諾の期間を定めてした申込みは、撤回することができません。ただし、申込者が撤回をする権利を留保したときは、撤回することができます（523条1項）。そして、申込者が期間内に承諾の通知を受けなかったときは、Bその申込みは、その効力を失います（523条2項）。もし、承諾の期間経過後に承諾の通知が届いた場合は、申込者は、遅延した承諾を新たな申込みとみなすことができます（524条）。

場所が離れている場合における「隔地者間」でも目の前に相手方がいる「対話者間」でも結論は同じだよ。

（2）承諾の期間の定めのない申込み

これは「隔地者間」の場合だけ妥当するよ。

B承諾の期間を定めないでした申込みは、申込者が承諾の通知を受けるのに相当な期間を経過するまでは、撤回することができません。承諾の期間を定めなかったとしても自由に撤回できない点がポイントです。いきなり撤回されたら相手にとっても不意打ちになってしまい困っちゃいますからね……。ただし、申込者が撤回をする権利を留保したときは、この限りでないので、撤回することができます（525条1項）。

一方、B対話者に対してした承諾の期間を定めないでした申込みは、その対話が継続している間は、いつでも撤回することができます（525条2項）。これは対話者間の特例です。対話者間の場合は、目の前に相手がいるわけですから、対話継続中に撤回されても特に相手方にとって不意打ちにはなりませんね。また、対話者に対してした承諾の期間を定めない申込みに対して対話が継続している間に申込者が承諾の通知を受けなかったときは、その申込みは、その効力を失います。対話者間の取引を迅速に行う趣旨でこのようにされているものと考えられます。ただし、申込者が対話の終了後もその申込みが効力を失わない旨を表示したときは、この限りではありません（525条3項）。

3 申込者の死亡等

申込者が申込みの通知を発した後に死亡し、意思能力を有しない常況にある者となり、又は行為能力の制限を受けた場合において、B①申込者がその事実が生じたとすればその申込みは効力を有しない旨の意思を表示していたとき、又は②その相手方が承諾の通知を発するまでにその事実が生じたことを知ったときは、その申込みは、その効力を有しません（526条）。例えば、AがBに対して申込みの通知を発した後に死亡してしまった場合において、Aが生前に「私が死んだらなかったものとしてほしい」という旨をBに表示していた場合や、Bが承諾の通知を発するまでにAの死亡の事実を知ったときは、その申込みの効力は生じないということです。

4 承諾の通知を必要としない場合における契約の成立時期

申込者の意思表示又は取引上の慣習により承諾の通知を必要としない場合には、日契約は、承諾の意思表示と認めるべき事実があった時に成立します（527条）。例えば、AB間で継続的に印刷紙の売買契約をしていた場合に、Aの申込みに対して、Bが印刷紙を送ってきたときは、これよって売買契約が成立したと扱われます。

5 申込みに変更を加えた承諾

承諾者が、申込みに条件を付し、その他変更を加えてこれを承諾したときは、その申込みの拒絶とともに新たな申込みをしたものとみなします（528条）。

「みなす」というのが大切だよ。「みなすことができる」わけではないので注意しよう。

PLAY! 理解度チェック

1. 承諾の期間を定めてした申込みは、原則として、撤回することができるのか？

1. できない。

2. 承諾の期間を定めた申込みについて、申込者が期間内に承諾の通知を受けなかったときは、その申込みはどうなる？

2. 効力を失う。

3. 承諾の期間経過後に承諾の通知が届いた場合は、申込者は、遅延した承諾を（　　　　）。

3. 新たな申込みとみなすことができる

4. 承諾の期間を定めないでした申込みは、撤回することができるのか？

4. 申込者が承諾の通知を受けるのに相当な期間を経過するまでは、撤回することができない。

5. 承諾者が、申込みに条件を付し、その他変更を加えてこれを承諾したときはどうなるのか？

5. その申込みの拒絶とともに新たな申込みをしたものとみなす。

TRY! 本試験問題に挑戦

契約の成立に関するア〜オの記述のうち、妥当なもののみを全て挙げているのはどれか。　【国家一般職 R4】

ア. AがBに承諾の期間を定めて売買契約の締結の申込みをした場合において、その期間内にAがBから承諾の通知を受けなかったときは、Aの申込みは承諾されたものとみなされる。

ア. ×
Aの申込みは、その効力を失う。

イ. AがBに承諾の期間を定めずに売買契約の締結の申込みをした場合において、Aがこれを撤回する権利を留保したときであっても、Aは、Bからの承諾の通知を受けるのに相当な期間を経過するまでは、その申込みを撤回することはできない。

イ. ×
Aがこれを撤回する権利を留保したときは、その申込みを撤回することができる。

ウ. AとBが対話している間に、AがBに承諾の期間を定めずに売買契約の締結の申込みをした場合には、Aの申込みは、AとBの対話が継続している間は、いつでも撤回することができる。

ウ. ○
そのとおり。
その対話が継続している間は、いつでも撤回することができる。

エ. AがBに売買契約の締結の申込みの通知を発した後に死亡した場合において、Bが承諾の通知を発するまでにAの死亡の事実を知ったときは、Aの申込みは効力を有しない。

エ. ○
そのとおり。
BがAの死亡の事実を知ったときは、Aの申込みは効力を有しない。

オ. AがBに売買契約の締結の申込みをしたところ、BがAの申込みに条件を付してこれを承諾した場合には、Bが承諾した時点で、その条件に従って変更された内容の契約が成立する。

オ. ×
Bがその申込みの拒絶とともに新たな申込みをしたものとみなす。

1. ア、イ　2. イ、エ　3. ウ、エ　4. ウ、オ　5. エ、オ

正答　3

13 同時履行の抗弁権

重要度 ★★★
頻出度 ★★★

この章では「同時履行の抗弁権」を見ていく。今まで何度も登場したが、実はよく理解できていないはずだ(笑)。「留置権」との違いを意識することが大切。難しい議論は登場しないので確実に1点ゲットしよう。

1 意義

契約当事者の双方が互いに対価性のある債務を負担する契約だよ。当事者双方で矢印が2本以上向かい合っている感じかな。売買、賃貸借などの契約がこれに該当するよ。

「同時履行の抗弁権」とは、相手方が履行を提供（弁済を提供）するまで、自己の債務を履行しなくてよいという履行拒絶権です。趣旨は、双務契約における当事者間の公平を図る点にあります。例えば、売買契約で代金を支払おうとしない買主が、売主に対して商品の引渡しを請求した場合、売主は、「代金支払いと引換えでなければ商品を引き渡さないぞ」と主張することができます。逆の場合も同じです。すなわち、商品を引き渡そうとしない売主が、買主に対して代金の支払いを請求した場合、買主は、「商品の引渡しと引換えでなければ代金を支払わないぞ」と主張することができます。

A 同時履行の抗弁権は、債務者に自己の債務の履行拒絶を認める点で、留置権と似ていますが、同時履行の抗弁権が双務契約の効力、つまり「債権」であるのに対し、留置権は「担保物権」なので、その性質が大きく異なります。具体的には次のような違いがあります。

同時履行の抗弁権と留置権の違い① B

同時履行の抗弁権は、契約の相手方に対してしか主張できないが（債権だから）、留置権は、第三者に対しても主張できる（物権だから）。
同時履行の抗弁権では、給付の内容を問わず自己が負っている債務の履行を拒絶することができるが、留置権では、他人の物を留置することができるにとどまる。
同時履行の抗弁権は、相手方の不履行の割合に応じてしか履行を拒絶することができないが（債権なのでもともと割合的）、留置権は、被担保債権の全額の弁済を受けるまで留置物全体を留置することができる（担保物権なので不可分性がある、296条）。
同時履行の抗弁権は、債務者が代担保（その物に代わる担保）を提供することによって消滅させることはできないが（もともと割合的なので代担保は必要ない）、留置権は、債務者が代担保を提供することによって消滅させることができる（不可分性があるので、被担保債権と留置物の価格のバランスが崩れてきたときには認める必要がある、301条）。
同時履行の抗弁権には、競売申立権はないが（単なる債権だから）、留置権にはある（担保物権だから）。

同時履行の抗弁権と留置権の違い② B

	同時履行の抗弁権	留置権
性質	双務契約の効果（単なる債権に過ぎない）	担保物権（物権である）
効力	契約の相手方に対してのみ主張可	誰に対しても（第三者に対しても）主張可
内容	自己が負っている債務の履行を拒絶できる	他人の物を留置できる
不可分性	なし →もともと割合的なので、代担保供与による消滅請求なし	あり →よって、代担保供与による留置権消滅請求あり
競売申立権	なし	あり

2 成立要件

同時履行の抗弁権が成立する要件は３つあります。まず、同一の双務契約から発生した相対立する債務が存在すること、次に、両債務が弁済期にあること（533条ただし書）、そして、相手方が自己の債務につき弁済の提供をしないで履行の請求をしたこと（単純請求）が必要です。とくに重要なのは最後の「単純請求」です。これは簡単に言うと、自分はやるべきことを何もしていないのに、相手方に対して履行だけを求めるという非常に自分勝手な請求ですね。Ａこのような単純請求があったときのみ同時履行の抗弁権を行使することができるのです。ということは、自己が負っている債務につき弁済の提供をすれば、相手方の同時履行の抗弁権を消すことができるわけですね。では、次に効果を見ていきましょう。

例えば、贈与契約は片務契約であるため同時履行の抗弁権は認められないよ。でも、負担付贈与は、その性質に反しない限り、双務契約に関する規定が準用されるので、同時履行の抗弁権の規定の適用があるんだ。

当事者の一方が自己の債務の履行をしない意思を明確にした場合には、相手方が自己の債務の弁済の提供をしなくても、当該当事者の一方は、自己の債務の不履行について履行遅滞の責を免れることを得ないよ（最判昭41・３・22）。

3 効果

同時履行の抗弁権を行使したときの効果としては、相手方が履行を提供（弁済を提供）するまで、自己の債務の履行を拒絶することができます。したがって、Ａ自己の債務の弁済期を徒過しても、履行遅滞にはならないため、相手方は、債務不履行を理由に契約の解除（541条）や損害賠償を請求（415条）することができません（債務不履行責任の免除）。この債務不履行責任の免除はかなり重要です。

また、同時履行の抗弁権の付着する債権は、自働債権として相殺することはできません。これは「相殺」のところで勉強しましたが、このような場合に相殺を認めると、相手方の同時履行の抗弁権を一方的に奪う結果になってしまうのです。さらに、裁判所は、同時履行の抗弁権の主張を正当と認めた場合、引換給付判決を下すことになります。この点は、留置権と同じですね。

4 同時履行の関係にあるもの（同時履行の抗弁権肯定例）

同時履行の抗弁権肯定例では、留置権も肯定される傾向にあります。ゆえに、試験的にはこれら２つの場面をリンクさせて覚えましょう。

①債務の履行に代わる損害賠償義務（填補賠償債務）と対価の履行義務（売買代金支払債務等）（533条カッコ書）
②解除による相互の原状回復義務（546条）、契約の無効による相互の原状回復義務（121条の２第１項、最判昭28・６・16、最判昭47・９・７）
③債務の弁済と受取証書の交付義務（486条）
④借地人が建物買取請求権（借地借家法13条、14条）を行使した場合の建物代金支払債務と建物及び土地の明渡債務（大判昭７・１・26）
⑤譲渡担保権者の清算金支払債務と設定者の目的物引渡債務（最判昭46・３・25）
⑥不動産の売買における買主の代金支払債務と売主の所有権移転登記義務（大判大７・８・14）
⑦請負人の目的物引渡債務と注文者の報酬支払債務（物の引渡しが必要な場合）

5 同時履行の関係にないもの（同時履行の抗弁権否定例）

同時履行の抗弁権否定例では、留置権も否定される傾向にあります。したがって、こちらも先ほどと同様に２つの場面をリンクさせて覚えましょう。

①債務の弁済と債権証書（487条）の交付義務 → 弁済が先履行（せんりこう）
②造作買取請求権（借地借家法33条）を行使した場合の造作代金支払債務と家屋明渡債務（最判昭29・７・22）→ 造作の引渡しを拒めるだけ
③賃借人の家屋明渡債務と賃貸人の敷金返還債務（最判昭49・９・２）→ 家屋明渡しが先履行
④債務の弁済とその債務を担保するための抵当権設定登記の抹消手続（最判昭57・１・19）→ 弁済が先履行

⑤債務の弁済とその債務を担保するために設定した譲渡担保の目的物返還債務（最判平6・9・8）→ 弁済が先履行

6 弁済の提供との関係

最後に弁済の提供との関係を見ていきます。先ほども少し触れましたが、自己が負っている債務につき弁済の提供をすれば、相手方の同時履行の抗弁権を消すことができます。例えば、B相手方の債務不履行（履行遅滞）を理由として契約を解除しようとする場合には、履行遅滞に陥れる段階で一度だけ弁済の提供をすればよく、解除の手続上要求される催告に際して改めて弁済の提供をする必要はありません（大判昭3・10・30）。契約を解消させる以上は、一度だけ弁済の提供をして、相手方の同時履行の抗弁権を消しておけばよいのです。

これに対し、B相手方に粘り強く契約上の債務の履行を求める場合には、弁済の提供を継続しない限り、相手方の同時履行の抗弁権は消えません（大判明44・12・11）。ですから、例えば、Aが自己の負っている債務につき弁済の提供をして相手方Bに履行を請求したにもかかわらず、Bが履行してくれなかったという場合（履行遅滞）、AがBに再度履行を請求していく際に改めて弁済の提供をしなければいけません。そうしない場合、つまり単純請求をするだけでは、Bは同時履行の抗弁権を行使して、履行を拒絶できてしまいます。そうなると、一度履行遅滞に陥れたのであれば、即座に解除してしまった方がいいということになります。粘り強く契約上の債務の履行を求めようとすると、請求するたびに自己の負っている債務につき弁済の提供をしなければならなくなるわけですから……。とても面倒な話になってしまいます。

イメージ的には、一度消えた相手方の同時履行の抗弁権がゾンビのように復活するという感じだよ。

PLAY! 理解度チェック

1. 同時履行の抗弁権は、契約の相手方に対してしか主張できないのか？

2. 負担付贈与は、双務契約に関する規定が準用（　①　）ので、同時履行の抗弁権の規定の適用が（　②　）。

3. 裁判所は、同時履行の抗弁を正当と認めた場合、（　　　　）を下すことになる。

4. 解除による相互の原状回復義務、契約の無効による相互の原状回復義務は同時履行の関係に立つのか？

5. 借地人が建物買取請求権を行使した場合の建物代金支払債務と建物及び土地の明渡債務は同時履行の関係に立つのか？

6. 造作買取請求権を行使した場合の造作代金支払債務と家屋明渡債務は同時履行の関係に立つのか？

7. 賃借人の家屋明渡債務と賃貸人の敷金返還債務は同時履行の関係に立つのか？

1. 主張できない、債権であるため。

2. ①される　②ある

3. 引換給付判決

4. 立つ。

5. 立つ。

6. 立たない。

7. 立たない。

8. 契約を解除しようとする場合には、履行遅滞に陥れる段階で一度だけ弁済の提供をすればよく、解除の手続上要求される催告に際して改めて弁済の提供をする必要はないのか？

> **8.**
> 必要ない。

TRY! 本試験問題に挑戦

同時履行の抗弁に関する次のア～オの記述のうち、妥当なもののみを全て挙げているものはどれか（争いがあるときは、判例の見解による。）。

【裁判所職員 R3】

ア. 不動産の売買契約において、売主の移転登記の協力義務と買主の代金支払義務は同時履行の関係に立つ。

> ア. ○
> そのとおり。
> 所有権移転登記義務と代金支払義務は同時履行関係である。

イ. 動産の売買契約において、代金の支払につき割賦払いとされている場合、売主の目的物引渡義務と買主の代金支払義務は同時履行の関係に立つ。

> イ. ×
> 売主の目的物引渡義務が先履行となる。

ウ. 建物の賃貸借契約における賃借人から造作買取請求権が行使された場合において、造作買取代金の支払と建物の明渡しは同時履行の関係に立つ。

> ウ. ×
> 同時履行の関係ではない。

エ. 建物の賃貸借契約が終了した場合において、賃借人の建物の明渡義務と賃貸人の敷金返還義務は同時履行の関係に立つ。

> エ. ×
> 賃借人の建物の明渡義務が先履行となる。

オ. 請負契約が締結されている場合において、物の引渡しを要しないときを除き、請負人の目的物引渡債務と注文者の報酬支払債務は同時履行の関係に立つ。

オ．○
そのとおり。
なお、物の引渡しを要しないときは、報酬は後払いである。

1．ア、イ　　2．ア、オ　　3．イ、エ　　4．ウ、エ　　5．ウ、オ

正答　2

14 危険負担

重要度
★★★

頻出度
★★★

14章では「危険負担」を見ていく。この部分を理解するためには、債務不履行との違いを強烈に意識する必要がある。以前は試験でも度々出題されていたが、ここ最近はほとんど出題されていない。ただ、今後は出題される可能性があるので要注意。

1 危険負担とは？

当事者双方が互いに対価的な意義を有する債務を負担する契約だよ。売買契約とか賃貸借とかね。

双務契約において、一方の債務が債務者の責めに帰することができない事由によって履行不能となり消滅した場合、他方の債務はどうなるのでしょうか。例えば、売買契約締結後に売買の目的物である家屋が不可抗力（地震や第三者による放火）で滅失して売主の家屋引渡債務が消滅した場合、買主は代金を支払わなければならないのでしょうか？　これが「危険負担」の問題です。要は、B一方の債務が消えたときに他方の債務はどうなるのか、それを解決するルールが危険負担なのです。では、まず債務者の帰責事由に基づく債務不履行との違いを意識してほしいので、債務者の帰責事由に基づく債務不履行のケースを復習してみましょう。次の図を見てください。

債務者の帰責事由に基づく債務不履行の場合 A

AはBに家屋を売却した。しかし、契約締結後、当該家屋の引渡し前にAの失火で（Aの帰責事由によって）当該家屋が焼失してしまった。さて、この場合Bは何ができるのか？

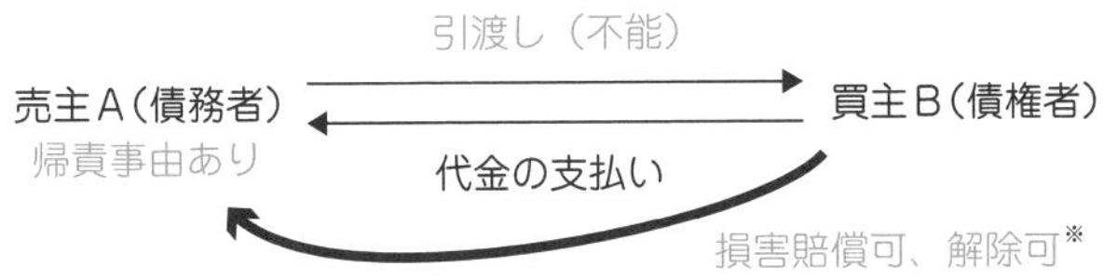

※解除には債務者の帰責事由は不要。

結論　債権者Bは債務者Aに対して**損害賠償請求**や**解除**をすることができる。なぜなら、単なる債務者の帰責事由に基づく**債務不履行の場面**であるため。

このように、債務者の帰責事由に基づく債務不履行の場合には、債務者に帰責事由がある（免責事由がない）ので、債権者は債務者に対して損害賠償請求や解除をすることができるわけです。したがって、他方の債務がどうなるのか？ という点についての検討はとくにする必要がありません。しかし、危険負担が問題になる場面は、**債務者に帰責事由がないのに履行が不能になった**という特殊なケースです。この場合には言うまでもありませんが、解除はできても（解除には債務者の帰責事由は不要なので）少なくとも損害賠償を請求することはできません。

解除は債務者の帰責事由がなくても可能だよ（後述）。

危険負担 B

AはBに家屋を売却した。しかし、契約後、当該家屋の引渡し前に地震で家屋が滅失してしまった。さて、この場合Aの引渡債務は不能になってしまうが、Bの代金支払債務はどうなってしまうのか？　Bは代金を支払う必要があるのか？

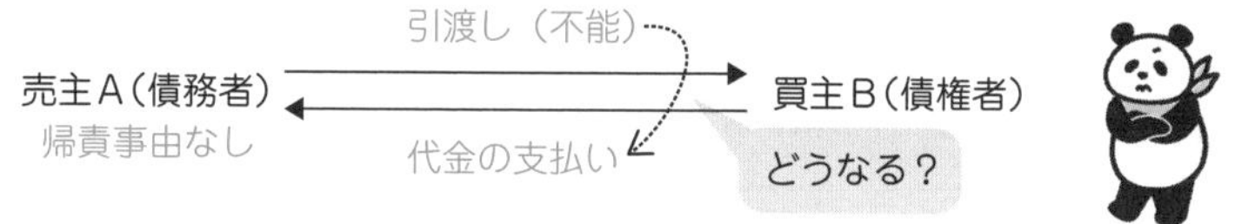

さて、具体論に入る前に、危険負担となる場面をもう一度確認しておきます。危険負担となるのは、地震や第三者による放火など、**債務者に帰責事由がない場合（免責事由がある場合）**に限られます。

2 危険負担の処理

（1）債務者・債権者双方に帰責事由がない場合

A**当事者双方の責めに帰することができない事由**によって債務の履行をすること

ができなくなったとき（履行不能になったとき）は、債権者は、反対給付の履行を拒むことができます（536条１項）。つまり、家屋の売買契約であれば、債務者（売主）が負っている引渡債務が不能になった以上、債権者（買主）は代金の支払いを拒めるということになります。公平の観点からはこのような処理が一番素直ですね。そして、債権者（買主）が反対給付である代金の支払いを消滅させたいと考えたときは、契約の解除をすることになります。

債務者・債権者双方に帰責事由がない場合 A

ＡはＢに家屋を売却した。しかし、契約後、当該家屋の引渡し前に地震で家屋が滅失してしまった。

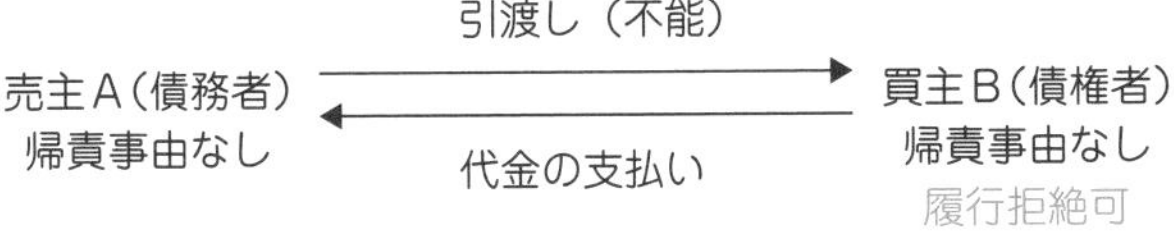

結論　Ｂは、反対給付である代金の支払いを拒絶することができる。この場合、ＢはＡに帰責事由がない以上、損害賠償を請求することはできないが、契約を解除することはできる（解除にＡの帰責事由は不要であるため）。

（２）債権者に帰責事由がある場合

債務者に帰責事由はないものの（危険負担であるため）、A債権者の責めに帰すべき事由によって債務の履行をすることができなくなったときは、債権者は、反対給付の履行を拒むことはできません（536条２項前段）。例えば、家屋の売買契約で、債権者（買主）が受領遅滞を続けていたところ、地震により家屋が滅失して履行不能になったようなケースを考えると分かりやすいと思います。この場合、不能になったのは債権者（買主）の受領遅滞が原因なので（債権者の帰責事由とみなされる。413条の２第２項より）、反対給付である代金は支払わなければならないのです。ただ、この場合、A債務者（売主）は、自己の債務（引渡債務）を免れたことによって利益を得たときは、これを債権者（買主）に償還しなければなりません（536条２項後段）。例えば、引渡しに要する諸経費が客観的にかからなくて済んだわけですから、その諸経費分は債権者（買主）に返還する必要があるわけですね。

債権者に帰責事由がある場合 A

AはBに家屋を売却した。しかし、Bが受領遅滞をしている間に当該家屋が地震により滅失してしまった。

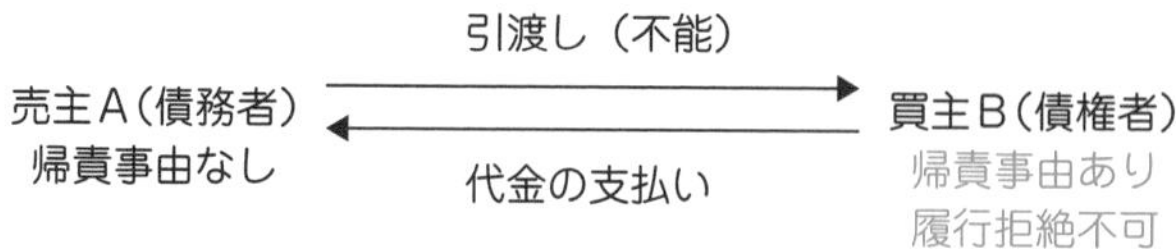

結論　Bは、反対給付である**代金の支払いを拒絶することができない**。よって、Bは代金を支払わなければならない。この場合、BはAに帰責事由がない以上、損害賠償を請求することはできない。また、自己に帰責事由がある以上、契約を解除することもできない（543条）。

（3）目的物の滅失についての危険の移転

最後にちょっと難しい話をしておきます。契約後引渡し前に債務者の帰責事由なしに目的物が滅失したとき（履行不能になったとき）は、これまで述べてきたような処理をするのですが、売主が買主にB目的物（**特定物や種類物が特定した物**）を引き渡し、その**引渡しがあった時以後**にその目的物が**当事者の責めに帰することができない事由**で滅失し、又は損傷したときは、**債権者である買主は、代金の支払いを拒むことができないこととされています**（567条1項）。これは、引渡しによって目的物の滅失・損傷の危険が買主に移転するからです。要するに、引渡しを受けた後のトラブルは買主が負担するということです。

特定物とは個性に着目した物で、中古車などが典型だよ。一方、種類物とは個性に着目しない物で、新車などが典型だ。この種類物が特定したときも特定物と同様の扱いを受けるんだ。

PLAY! 理解度チェック

1. 債務者の帰責事由により履行不能となった場合、危険負担の問題となるのか？

1. ならない。単なる債務不履行の問題となる。

2. 危険負担の適用場面は？

2. 債務者に帰責事由がない場合である。

3. 当事者双方の責めに帰することができない事由によって債務の履行をすることができなくなったときは、債権者は、反対給付の履行を拒むことができるのか？

3. できる。

4. 債権者の責めに帰すべき事由によって債務の履行をすることができなくなったときは、債権者は、反対給付の履行を拒むことができるのか？

4. できない。

TRY! 本試験問題に挑戦

債務不履行に基づく損害賠償及び危険負担に関する次の記述のうち、妥当なのはどれか。 【オリジナル】

1. 債務者の責めに帰することができない事由により債務の履行が不能となったときであっても、債権者は、これによって生じた損害の賠償を請求することができる。

1. ×
履行不能による損害賠償は、債務者の帰責事由がなければできない。

2. 契約に基づく債務の履行がその契約の成立の時に不能であったときは、契約が無効となるため、その履行の不能によって生じた損害の賠償を請求することはできない。

> 2．×
> 原始的不能であっても契約は有効である。よって、債務者の帰責事由があれば損害賠償もできる。

3. 当事者双方の責めに帰することができない事由によって債務の履行をすることができなくなったときでも、債権者は、反対給付の履行を拒むことができない。

> 3．×
> 債権者は、反対給付の履行を拒むことができる。

4. 債務者に帰責事由はないものの、債権者の責めに帰すべき事由によって債務の履行をすることができなくなったときは、債権者は、反対給付の履行を拒むことができない。

> 4．○
> そのとおり。
> 債権者に帰責事由がある以上当然である。

5. 目的物を引き渡し、その引渡しがあった時以後にその目的物が当事者の責めに帰することができない事由で滅失し、又は損傷したときは、買主は、代金の支払いを拒むことができる。

> 5．×
> 買主は、代金の支払いを拒むことができない。

正答　4

15 第三者のためにする契約

重要度
★★★
頻出度
★★★

この章では「第三者のためにする契約」という類型を見ていく。試験ではほとんど出題されていないが、民法に条文があるので、一応確認だけはしておく。え？ 飛ばしていいかって？ もちろん飛ばしても構わない。

1 第三者のためにする契約とは?

「第三者のためにする契約」とは、契約当事者の一方が第三者に直接に義務を負担することを相手方に約束する契約です（537条1項）。例えば、あなたが晴れて結婚することになったとき、生命保険会社と生命保険契約を締結したとしましょう。自分が不慮の事故などで死亡した場合に妻（夫）に迷惑をかけるわけにはいかないと思ったわけですね。この場合、通常、保険金の受取人は妻（夫）とするでしょう。実はこのような類の契約を「第三者のためにする契約」と便宜上呼びます。第三者、つまり妻（夫）のためにする契約です。次の図で確認してみましょう。

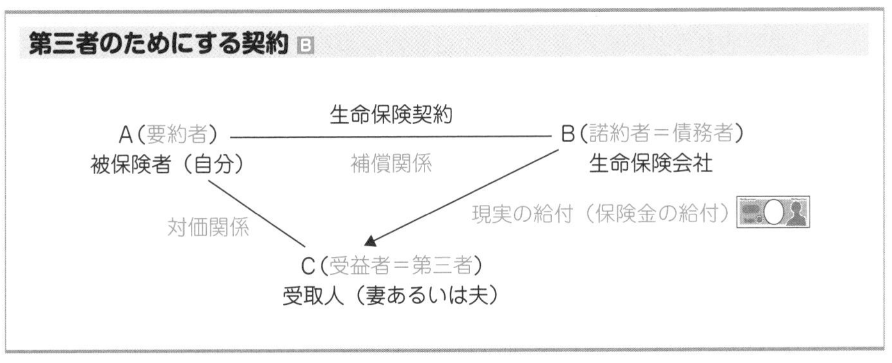

この図から、Aが不慮の事故で死亡した場合には、保険会社であるBが妻（夫）Cに対して保険金を給付するという仕組みを見て取れます。Bこの場合、契約の当事者を「要約者」、「諾約者」（債務者）と言い、利益を受ける者を「受益者」（第三者）と言います。また、今回の場合は少し違いますが、通常、第三者のための契約をするときには、要約者と受益者の間に何らかの**対価関係**があります。例えば、この図を使って説明すると、AはCからもともと借金をしていて、弁済期に当該借金

を返せないので、Aはさらに Bから借金をし、Cに対してお金を渡してもらうというケースを考えると分かりやすいでしょう。この場合、AとCの間には債務者、債権者という関係があることが分かります。これを対価関係と呼びます。このように、通常、要約者と受益者との間には何らかの対価関係があり、その対価関係を解決するために第三者のための契約を結ぶことが多いのです。

2 要件と効果

第三者のためにする契約は、要約者と諾約者の間で契約が有効に成立しなければなりません。この契約は、その成立時に第三者が現存しない場合又は第三者が特定していない場合でも効力を有します（537条２項）。そして、B第三者の権利は、受益の意思表示をした時に発生します（537条３項）。Bこの第三者の権利が発生した後は、要約者・諾約者は、その権利を変更したり、消滅させたりすることはできません（538条１項）。例えば、B勝手に合意解除をして契約を消滅させるようなことはできません。また、第三者の権利が発生した後に諾約者が債務を履行しない場合は、要約者は第三者の承諾を得なければ契約を解除できません（538条２項）。

一方、第三者が受益の意思表示をしたにもかかわらず、諾約者がその債務を履行してくれない場合には、第三者は諾約者に対し履行の請求や損害賠償を請求することができます（537条１項）。Bただ、第三者は契約当事者ではないので、さすがに解除権までは行使することができません。解除権は契約上の地位を有する者でなければ行使できないのです。

また、B諾約者は、要約者に対して有する契約上の抗弁を、第三者に対して主張することができます（539条）。例えば諾約者が要約者に対して同時履行の抗弁権を有している場合には、第三者に対してもそれを主張することができます。

PLAY! 理解度チェック

1. 第三者の権利はいつ発生するのか？

2. 第三者の権利が発生した後は、要約者・諾約者は、その権利を変更したり、消滅させたりすることができるのか？

3. 第三者が受益の意思表示をし、第三者の権利が発生したにもかかわらず諾約者が債務を履行しない場合、要約者は第三者の承諾を得なくても契約を解除できるのか？

4. 第三者が受益の意思表示をしたにもかかわらず、諾約者がその義務を履行しない場合、第三者は解除権を行使することができるのか？

5. 諾約者は、要約者に対して有する契約上の抗弁を、第三者に対して主張することが（　　　　）。

1.
第三者が受益の意思表示をした時。

2.
できない。

3.
できない。

4.
できない。

5.
できる

16 解除

重要度 ★★★
頻出度 ★★★

契約を最初からなかったことにする「解除」。今まで当然のように使ってきた用語だが、今回やっとその全貌が明らかになる。「債務不履行」とセットで勉強すると吉。

1 意義

「**解除**」とは、契約を締結した後、**一方当事者の意思表示**により、契約が**はじめからなかったのと同様の状態に戻す**ことを言います。権利者の一方的な意思表示によって一定の法律関係を発生させることのできる権利を「**形成権**」と言うのですが、まさにこの解除権は形成権の代表選手です。

ほかにも取消権、無権代理行為の追認、認知などがこれにあたるよ。

解除権には２種類あり、債務不履行に基づく解除のように法律の規定によって解除権が与えられる場合を「**法定解除権**」、契約によって解除権を留保する場合を「**約定解除権**」と言います。約定解除権の具体例としては、「**手付**」と「**買戻し**」があります。詳しくは後述しますが、B約定解除の運用はかなり柔軟で、解除権の行使方法や効果について、**法定解除の限定された要件や効果を修正することができます**。今回は法定解除権のうちでも一番大切な債務不履行に基づく解除を見ていきます。

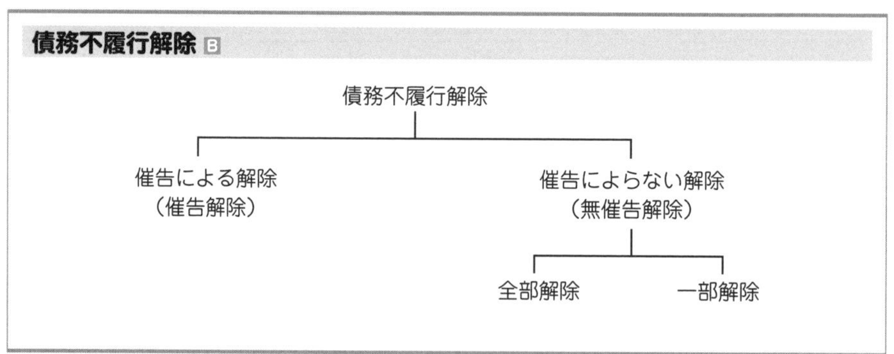

ちなみに、解除と似て非なる制度が２つあります。①合意解除と②告知解除です。解除との違いを簡単にまとめておきますので、学習が進んだ後にでもチラッと見て

おいてください。

> **①合意解除**
> いわゆる「解除契約」のこと。契約である以上、両者の合意でなされる点で一方的な意思表示の解除とは異なる。
>
> **②告知解除**
> 一方的な意思表示である点は解除と同じ。しかし、遡及効がない点で解除とは異なる。賃貸借契約や委任契約などの継続的契約における解除は告知解除である。

2 催告による解除（催告解除）

（1）要件

A当事者の一方がその債務を履行しない場合（履行遅滞の場合）において、相手方が相当の期間を定めてその履行の催告をし、その期間内に履行がないときは、相手方は、契約の解除をすることができます（541条本文）。

Aただし、相当の期間を経過した時における債務の不履行が契約及び取引上の通念に照らして軽微であるときは、解除権を行使することはできません（541条ただし書）。なお、A解除の場合は、債務不履行に基づく損害賠償とは異なり、債務者の帰責事由は不要です。これは超重要です。解除は損害賠償のように債務者に対して積極的な責任を問うための制度ではなく、あくまでも債権者を契約の拘束力から解放するためだけの制度だからです。一方、A債務の不履行が債権者の責めに帰すべき事由（債権者の帰責事由）によるものであるときは、契約を解除することができません（543条）。この場合は、債権者に契約の拘束力からの解放という果実を与えてやる必要がないからです。

不履行の態様が軽微である場合だよ。

（2）催告とは？

通常の債務不履行（履行遅滞など）のケースでは、まずは「早く履行してよ～」という催告をしなければなりません。いきなり解除権が発生するわけではなく、催告をしたのに相当期間を経過しても履行がなされないときに初めて解除権が発生するのです。この「相当の期間」とは、履行を完了するのに必要な猶予期間を意味します。基本的に、債務者は契約締結後、既に履行の準備を終えているはずですね。それゆえ、この期間は催告を受けた債務者がその後慌てて準備をして履行するために設けられたものではありません。ですから、「相当の期間」と言うものの結構短い期間だと思っておきましょう。また、Aたとえ不相当な期間を定めた催告（不相当期間催告）や、期間の定めのない催告であっても、一般的に有効であると解されています。催告はすることが重要なのであって、期間自体にはあまり意味がないのです。A判例も、不相当な期間を定めた催告（期間の定めのない催告も同じ）であっても、その後、客観的にみて相当な期間を経過すれば、解除権が発生するとしています（最判昭31・12・6）。

なお、「催告」は債権者が債務者に債務の履行を促す行為です。同じく「履行の請求」（412条３項）も、債務の履行を促す行為ですよね。そこで例えば、B期限の定めのない債務の場合、「履行遅滞」に陥れるために履行の請求をした後で、さらに「解除」のための催告をする必要はありません。「履行してくれ」「履行してくれ」と二度いう意味はないし、むしろ二度手間だからです。また、B本来給付すべき数量よりも過大な数量を示した催告（過大催告）や、過小な数量を示した催告（過小催告）でも、本来の債務との同一性が認められれば有効となります（過大催告につき最判昭37・３・９）。

3 催告によらない解除（無催告解除）

ここでは催告によらない解除、すなわち無催告解除について見ていきます。先ほどの「②催告による解除」で見たように、通常の債務不履行のケースでは、まずは「早く履行してよ～」という催告をしなければなりませんでした。しかし、催告をしても意味がないときには催告をしないで直ちに解除することができます。これが無催告解除です。無催告解除には、契約全部を解除できる場合（全部解除）と、契約の一部を解除できるにとどまる場合（一部解除）の２つがあります。なお、この無催告解除の場合も、A債務者の帰責事由は不要です。そして、A債務の不履行が債権者の責めに帰すべき事由（債権者の帰責事由）によるものであるときは、契約を解除することができません（543条）。これは催告による解除の場合と同じですね。

（1）全部解除

A次に掲げる場合には、債権者は催告をすることなく、直ちに契約の全部を解除することができます（542条1項）。

全部解除事由 A

①債務の全部の履行が不能であるとき（全部不能）。

②債務者がその債務の全部の履行を拒絶する意思を明確に表示したとき（全部履行拒絶）。

③債務の「一部」の履行が不能である場合又は債務者が債務の「一部」の履行を拒絶する意思を明確に表示した場合において、残存する部分のみでは契約をした目的を達することができないとき（一部不能又は一部拒絶）。

> 判例では、A契約とB契約が締結された場合に、それらの目的が密接に関連付けられていて、社会通念上、いずれかが履行されるだけでは契約を締結した目的が全体としては達成されないと認められる場合は、A契約の債務不履行を理由に、B契約をも一緒に解除することができるとしたものがあるよ（最判平8・11・12）。「複数契約の解除」って言われる論点だよ。

④契約の性質又は当事者の意思表示により、特定の日時又は一定の期間内に履行をしなければ契約をした目的を達することができない場合において、債務者が履行をしないでその時期を経過したとき（定期行為の履行遅滞）。なお、定期行為の履行遅滞の場合は、解除をしないで本来の給付を請求することもできる。

> クリスマスケーキの納入のように、特定の日時や一定期間内に履行しないと意味がないケース。これを「定期行為」などと呼ぶ。「契約の性質」によるものを絶対的定期行為、「当事者の意思表示」によるものを相対的定期行為と言うよ。

⑤ ①～④のほか、債務者がその債務の履行をせず、債権者が催告をしても契約をした目的を達するのに足りる履行がされる見込みがないことが明らかであるとき（受け皿規定）。

> その他一般を網羅するための規定だよ。

（2）一部解除

A次に掲げる場合には、債権者は催告をすることなく、直ちに契約の一部を解除することができます（542条２項）。

一部解除事由 A

①債務の「一部」の履行が不能であるとき（なお、残存する部分のみでは契約をした目的を達することができないときは全部解除事由の③に該当）。

②債務者がその債務の「一部」の履行を拒絶する意思を明確に表示したとき（なお、残存する部分のみでは契約をした目的を達することができないときは全部解除事由の③に該当）。

4 解除権不可分の原則

A当事者の一方が数人ある場合には、契約の解除は、その全員から又はその全員に対してのみすることができます（544条１項）。これを「解除権不可分の原則」と言います。また、この原則は解除権の消滅の場合においても同じく妥当します。すなわち、A解除権が当事者のうちの１人について消滅したときは、他の者についても消滅することになります（544条２項）。なぜこのような扱いにするのかというと、契約の一方又は双方が何人もいる場合に、契約関係を複雑にしないようにするためだと言われています。ここまでを図でまとめてみます。

例えば、解除権を放棄してしまったような場合だよ。

解除権不可分の原則 A

一方が数人ある場合（B、C、D）で、①Aが解除権を有する場合、②B、C、Dが解除権を有する場合の２つを考えてみよう。

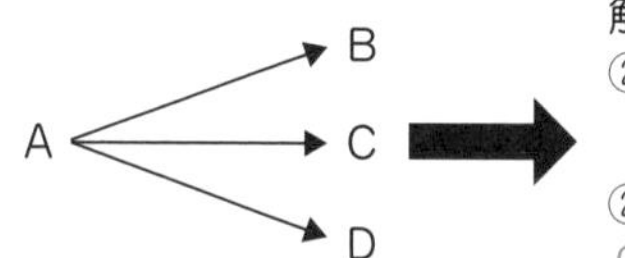

解除するためには、①A→B、C、Dへ
②B、C、D→Aへ

②の場合でBの解除権が消滅したら、
C、Dの解除権も消滅する

結論 契約の一方又は双方の当事者が数人あるときは、その全員から又は全員に対して、解除の意思表示をしなければならない。もっとも、共有の場合における賃貸借契約の解除については、この規定は適用されないので、原則どおり、持分価格の過半数で決する（最判昭39・2・25）。また、解除権が当事者のうち１人について消滅したときは、他の者についても消滅する。

理由 法律関係の複雑化を避けるため。

5 解除の効果

解除権を行使すると、その効果として契約に基づく債権・債務は契約当時に遡って消滅し、当事者は契約を締結しなかった状態に戻ります（最判昭34・9・22）。このように考える立場を「直接効果説」と言い、判例・通説が採用しています。

解除は相手方に対する意思表示ですよ。また、解除の意思表示は撤回できないんだ（540条１項、２項）。これは相手方の法的安定を考えてのことだよ。もっとも、相手方の同意があれば撤回することができる（最判昭51・6・15）。

そして、契約により既に受け取った物がある場合には、互いに受け取った物を返還して原状に回復する義務を負います（545条１項本文）。いわゆる「原状回復義務」ですね。ちなみに、A両当事者の負う原状回復義務は、同時履行の関係に立つ、という点は以前勉強しましたね（546条）。

この原状回復義務の消滅時効は、解除によって生ずる義務なので、本来の契約が成立した時からではなく、解除の時から進行するんだよ（大判大7・4・13）。

この原状回復義務を負う場合において、A売主が受け取った金銭を返還するときは、その受領の時からの利息を付さなければなりません（545条２項）。そして、均衡をとるため、買主は目的物を受領した時以後に生じた果実（目的物を他人に賃貸した場合における賃料など）を売主に返還しなければなりません（545条３項）。同じく、A目的物の引渡しを受けていた買主は、解除までの間目的物を使用収益して得た利益（使用利益＝賃料相当額）を売主に返還しなければなりません（最判昭34・9・22）。これは図で示した方が分かりやすいので、次の図を見て確認してみてください。

原状回復義務 A

ＡＢ間の建物売買契約が買主Ｂの債務不履行により解除された。

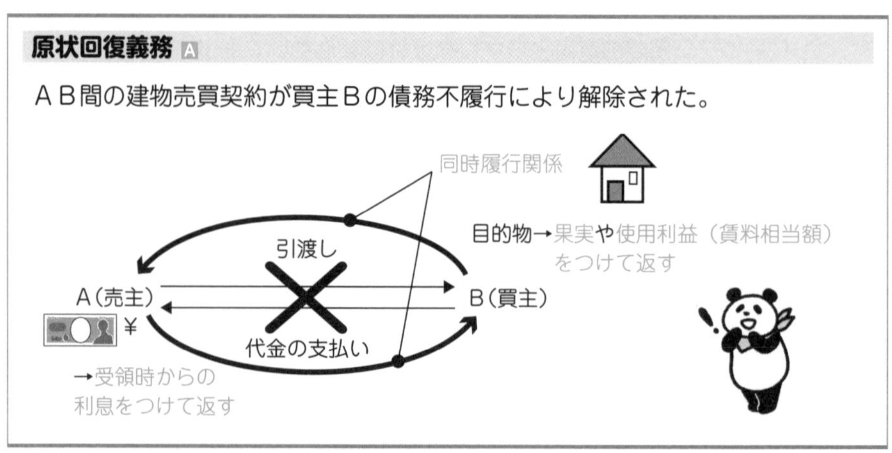

また、A解除権の行使は、損害賠償を妨げないので、解除してもなお損害が残る場合、その部分については損害賠償を請求することができます（545条４項）。この点は、超頻出であるにもかかわらず意外と忘れがちなので要注意です。

ここで問題となるのは、保証債務が主たる債務の契約解除による原状回復義務にまで及ぶかという点なのですが、判例は、及ぶとしていましたね（最大判昭40・6・30）。一応、リマインドしておきます。

6 第三者との関係

解除の場面においては、しばしば第三者が登場することがあるため、当該第三者との調整を図らなければなりません。この点、民法は、解除前に利害関係を持つに至った第三者を保護するために条文を置いています。解除には契約を最初からなかったことにする遡及効が生じます。そこで、この遡及効により、それまでの既得的地位が逆転してしまう解除前の第三者を保護するために特別の条文を用意したのです。したがって、A解除前の第三者は、登記を具備していれば保護されることになります（545条１項ただし書、最判昭33・6・14）。

一方、解除後の第三者については保護の条文がありません。そのため、すべて解釈によることになりますが、A判例は、解除権者と解除後の第三者との関係を対抗問題として処理していきます。つまり、解除後の第三者は177条の「第三者」に該当するので、解除権者は、登記なくして解除後の第三者に所有権を対抗することができないとしていくのです（最判昭35・11・29）。これは、解除によって所有権が復帰的に変動し（つまり所有権が解除権者に戻る）、中間者を起点とした二重譲渡と同視できるからです。以前勉強した内容ですが、大切なのでもう一度図を見て確認してください。

解除前の第三者 A

AはBに土地を売却した。そして、BはCに当該土地を転売した。ところが、Bが売買代金を支払わないので（債務不履行）、AはＡＢ間の売買契約を解除した。このとき、Aは解除前に利害関係を持つに至ったCに対して自己の所有権を対抗できるのか？

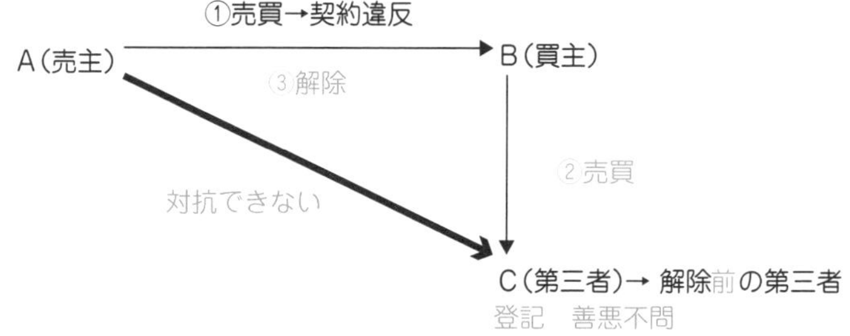

結論　545条１項ただし書の「第三者」とは、解除前の第三者を指す。そして、解除前の第三者であれば、登記をすれば保護される。善意・悪意という主観は問題とならない。よって、Cが既に登記を具備している場合には、AはCに所有権を対抗できない。

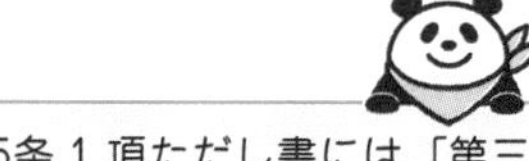

545条１項ただし書には、「第三者の権利を害することはできない」と書いてある。これはいわゆる解除前の第三者を保護するために置かれた「第三者保護規定」なんだ。

解除後の第三者 A

AはBに土地を売却した。ところが、Bが売買代金を支払わないので（債務不履行）、AはＡＢ間の売買契約を解除した。その後、BはCに当該土地を転売した。このとき、Aは解除後に利害関係を持つに至ったCに対して自己の所有権を対抗できるのか？

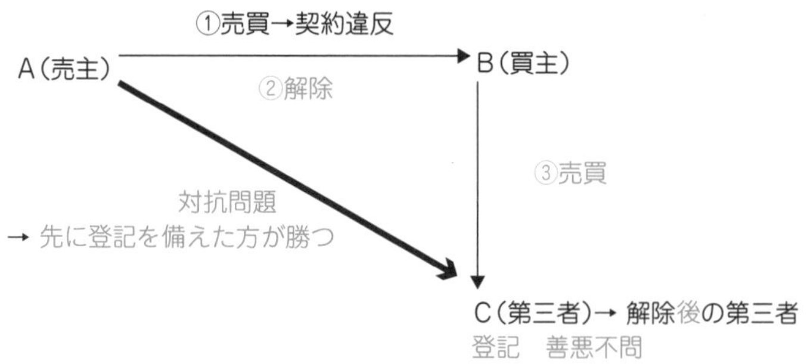

結論　解除権者と解除後の第三者との関係は、**二重譲渡類似の関係**となり、**対抗問題**として処理する。よって、解除後の第三者は177条の「第三者」に該当するので、**Aは、登記なくして解除後の第三者Cに所有権を対抗することができない。**

7 解除権の消滅

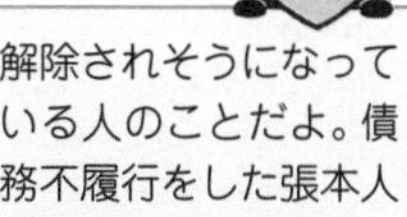

解除されそうになっている人のことだよ。債務不履行をした張本人だと思っておこう。

解除権の行使について期間の定めがないときは、相手方は、解除権を有する者に対し、相当の期間を定めて、その期間内に解除するかどうかを確答すべき旨の**催告**をすることができます。この場合において、Bその期間内に**解除の通知を受けないとき**は、**解除権は消滅**します（547条、催告による消滅）。確かに、相手方は債務不履行をしたよからぬ人なわけですが、いつ解除されるか分からないという不安定な地位に立たされることになります。そこで、このような相手方を保護するために置かれた規定、それが547条です。

さらに、B解除権を有する者（解除権者）が**故意**若しくは**過失**によって契約の目的物を**著しく損傷**し、若しくは**返還することができなくなった**とき、又は**加工**若しくは**改造**によってこれを**他の種類の物に変えた**ときは、**解除権は消滅します**（548条本文、原状回復不能による消滅）。解除により返還しなければならない目的物を自ら返還不能にしておきながら、なおも解除権の行使を主張するというのは、さすがに信義則に反するからです。もっとも、B解除権を有する者（解除権者）が、その**解除権を有することを知らなかったとき**は、上記のようなときであっても**解除することができます**（548条ただし書）。

エクスタディが選ばれる3つの理由

理由 01 スマホでも超快適な学習環境！

講義画面とレジュメを自由に切り替えながら受講できる！

スマホ1台あれば、数百時間の講義とレジュメがいつも一緒！教材を持ち歩いていなくても、どこでもすぐに受講を始められます。スマホ画面でもレジュメが見やすいように、講義画面とレジュメ画面を自由に切り替え可能。移動時間やスキマ時間もムダなく使って効率的に勉強しましょう！

理由 02 数的処理がスゴイ！

「ザ・ベスト」シリーズでお馴染みの畑中敦子講師が講義を担当！

ウエートが高い！数的処理の得点が教養試験攻略のカギ！

他の予備校などの標準的な講座の1.5倍の講義数！「算数・数学の基礎」から始め、合格レベルまでしっかり身につく、本当に「スゴイ」講義！

理由 03 論文・面接指導がスゴイ！

ベストセラー『小論文バイブル』の著者の寺本康之講師が厳選した予想テーマで答案練習。書き方のノウハウをきちんと学んで答案練習をすることで、ムダなく合格答案に到達する！

『小論文バイブル』の寺本康之講師が論文指導を担当！

松村塾代表の吉田和敏講師が面接指導を担当！

入塾困難で話題の松村塾代表吉田和敏講師による面接指導がEX-STUDYで特別に実現！1対1のカウンセリングでPRポイントを引き出し、模擬面接で合格を実感する！

多彩なコンテンツで効率的学習を後押し！

▼学びやすさにこだわった動画講義

▲学習効率を高める充実の教材

▼手軽にチェックできるテスト問題

▲自分のタイミングで提出できる添削課題

EX STUDY 公務員 合格講座

なお、履行遅滞に基づく解除権は、解除権を行使する前に、債務者が本来の債務を弁済するとともに**遅延賠償を添えて給付すれば消滅**します（大判大6・7・10、遅延賠償による消滅）。これは当然で、解除権者は債務者の行為により十分本来の目的を達成できたわけですから、もはや解除を認める必要がありませんね（笑）。

PLAY! 理解度チェック

1. 解除権の種類には何があるか。２つ挙げよ。

2. 不相当な期間を定めた催告や、期間の定めのない催告は無効なのか？

3. 不相当な期間を定めた催告をした場合、解除権はいつ発生するのか？

4. 債務者が債務の全部の履行を拒絶する意思を明確に表示したときは、債権者は催告をすることなく、直ちに契約の全部を解除することができるのか？

5. 債務の不履行が債権者の責めに帰すべき事由によるものであるときでも、債権者は契約を解除することができるのか？

6. 当事者の一方が数人ある場合には、契約の解除は、その（　①　）から又はその（　①　）に対してのみすることができる。また、解除権が当事者の１人について消滅したときは、他の者についても消滅する。これを（　②　）の原則と言う。

解答

1. 法定解除権と約定解除権。

2. 有効である。

3. 催告の後、客観的にみて相当な期間を経過したとき。

4. できる。

5. できない。

6. ①全員　②解除権不可分

7. 解除をした場合における原状回復義務相互間は（　　　　）の関係に立つ。

7.
同時履行

8. 原状回復義務を負う場合において、売主が受け取った金銭を返還するときは、その受領の時からの（　　　　）を付さなければならない。

8.
利息

9. 解除前の第三者が保護されるための要件は？

9.
登記を具備すること。

10. 解除権を有する者が解除権を有することを知りつつ故意若しくは過失によって契約の目的物を著しく損傷し、若しくは返還することができなくなったとき、又は加工若しくは改造によってこれを他の種類の物に変えたときであっても、解除権は消滅しないのか？

10.
消滅する。

TRY! 本試験問題に挑戦

民法に規定する契約の解除に関する記述として、通説に照らして、妥当なのはどれか。　【特別区 H28改題】

1. 当事者相互の契約によって解除権が留保されている場合の解除を約定解除というが、解除権の行使方法や効果について、法定解除の限定された要件や効果を修正するためにすることは一切できない。

1. ×
法定解除の限定された要件や効果を修正することもできる。

2. 定期行為の履行遅滞による解除の場合、催告をすることなく、直ちに契約を解除したものとみなされるため、定期行為について解除しないで本来の給付を請求することはできない。

2．×
催告をしないで契約を解除できるだけであり、直ちに契約を解除したものとみなされるわけではない。つまり、解除の意思表示は必要である。また、定期行為について解除しないで本来の給付を請求することもできる。

3. 契約の当事者の一方が数人ある場合には、契約の解除は、その全員から又はその全員に対してのみ、することができ、解除権が当事者のうちの１人について消滅したときは、他の者についても消滅する。

3．○
そのとおり。
解除権不可分の原則の説明として妥当である。

4. 解除権が行使されると、解除によって遡及的に契約の効力が失われ、各当事者は相手方を原状に復させる義務を負い、相手方の債務不履行を理由に契約を解除する場合であっても、損害賠償を請求することはできない。

4．×
損害があれば損害賠償も請求することができる。

5. 解除権を有する者が解除権を有することを知りつつ故意によって契約の目的物を著しく損傷したときは、解除権は消滅するが、加工又は改造によってこれを他の種類の物に変えたときは、解除権は消滅しない。

5．×
加工又は改造によってこれを他の種類の物に変えたときも、解除権は消滅する。

正答　3

TRY! 本試験問題に挑戦

契約上の地位の移転及び契約の解除に関するア〜オの記述のうち、妥当なもののみを全て挙げているのはどれか。　【国家総合職 R４】

ア. 契約の当事者の一方が第三者との間で契約上の地位を譲渡する旨の合意をした場合において、その契約の相手方がその譲渡を承諾したときは、契約上の地位は、その第三者に移転する。不動産の賃貸借において、賃貸人が賃貸借の目的となっている自己の不動産を譲渡する場合にも、賃貸人（譲渡人）と譲受人との合意により、賃貸人たる地位を譲受人に移転させるためには、原則として賃借人の承諾が必要である。

ア．×
前段は正しいが、その賃貸人たる地位は、賃借人の承諾を要しないで、譲渡人と譲受人との合意により、譲受人に移転させることができる。

イ. 契約の当事者の一方がその債務を履行しない場合において、相手方が相当の期間を定めてその履行の催告をし、その期間内に履行がないときは、相手方は、その期間を経過した時における債務の不履行がその契約及び取引上の社会通念に照らして軽微であり、かつ、債務の不履行があったとしても契約をした目的を達することができるときを除き、契約の解除をすることができる。

イ．×
催告による解除の場合において、「債務の不履行があったとしても契約をした目的を達することができる」か否かは、関係ない。

ウ. 契約の性質又は当事者の意思表示により、特定の日時又は一定の期間内に履行をしなければ契約をした目的を達することができない場合において、債務者が履行をしないでその時期を経過したときは、債権者は、履行の催告をすることなく、直ちに契約の解除をすることができる。

ウ. ○
そのとおり。
定期行為の履行遅滞についての説明として正しい。

エ. 契約の当事者の一方が解除権を行使したことにより、各当事者がその相手方に原状に復させる義務を負う場合において、金銭以外の物を返還するときは、その受領の時以後に生じた果実をも返還しなければならない。

エ. ○
そのとおり。
果実の返還義務を負う。

オ. 解除権を有する者が、故意若しくは過失によって契約の目的物を著しく損傷し、若しくは返還することができなくなったとき、又は加工若しくは改造によってこれを他の種類の物に変えたときは、解除権を有する者がその解除権を有することを知らなかったときであっても、解除権は消滅する。

オ. ×
解除権を有する者がその解除権を有することを知らなかったときは、解除権は消滅しない。

1．ア、イ　2．ア、オ　3．イ、ウ　4．ウ、エ　5．エ、オ

正答　4

17 定型約款

重要度
★★★
頻出度
★★★

従来から行われてきた取引上の慣行が民法に盛り込まれたので、今後注目の制度となっていくと思われる。制度の概要をしっかりと押さえておこう。

1 定型取引と定型約款

企業が不特定多数の消費者と画一的な契約を結ぶ際に、実務上よく使うのが定型約款です。皆さんも紙にびっしりと小さな文字が書かれているひな形（テンプレ）を見せられた経験があるのではないでしょうか。「これを一読してもらっていいですか？　そして読み終わったらサインしてください」などと言われるアレですね（笑）。預金規定や生命保険約款、PCソフトの利用規約などが典型ですが、これらを「**定型約款**」と呼びます。そして、民法は、Ａ**定型取引**を行うことの合意をした者は、一定の場合、定型約款の**個別の条項についても合意をしたものとみなす**としています（548条2第1項）。では、そもそも定型取引とは何でしょうか？「定型取引」とは、①特定の者が不特定多数の者を相手として行う取引で、②その内容の全部又は一部が画一的であることがその双方にとって合理的なもの、を言います。難しいことは抜きにして、大量の消費者と同じような契約をする企業側の便宜を図って、定型取引では、定型約款を用いて契約していいよ、という規定だと思っておきましょう。

> 一定の場合とは、①定型約款を契約内容とする旨の合意をしたとき（契約時の合意）、又は②定型約款を準備した者があらかじめその定型約款を契約の内容とする旨を相手方に表示していたとき（契約前の合意）、を言うよ（548条の２第１項各号）。

> 相手方の個性に着目しない取引を意味するよ。だから預金契約（口座を開設する契約）はこれに当たるけど、雇用契約はこれには当たらない。

ただ、Ａ定型約款の個別の条項の中に、①相手方の**権利を制限**し、又は②相手方の**義務を加重**する条項であって、その定型取引の態様及びその実情並びに取引上の社会通念に照らして信義則に反して**相手方の利益を一方的に害すると認められるもの**が入っている場合（つまり不当条項がある場合）は、このような個別条項には**合意しなかったものとみなされます**（548条の２第２項）。これは消費者保護の観点からの歯止めです。

2 定型約款の内容の表示

（1）表示義務の内容

A定型取引を行い、又は行おうとする定型約款準備者は、定型取引合意の前又は定型取引の後相当の期間内に相手方から請求があった場合には、遅滞なく、相当な方法でその定型約款の内容を示さなければなりません。事前又は事後に内容を知りたい（確認したい）という消費者のニーズに応じなければならないということです。ただし、定型約款準備者が既に一度相手方に対して定型約款を記載した書面又は電磁的記録を交付・提供していたときは、示す必要がありません（548条の３第１項）。これは二度手間だからです。「前、１回見せたよね……」ということになりますからね。

（2）表示義務に違反した場合の効果

まず、B定型約款準備者が定型取引合意の前において相手方からの内容に関する表示請求を拒んだときは、一時的な通信障害が発生した場合その他正当な事由がある場合を除き、定型約款は契約内容になりません（548条の３第２項）。これは全てがおじゃんになるということです。一方、定型約款準備者が定型取引合意の後に相手方からの内容に関する表示請求を拒んだときは、定型約款は契約内容になるものの、表示義務違反があるわけですから相手方は債務不履行責任を問うことができると考えられます。

3 定型約款の変更

一度定めた定型約款は変更することができるのですが、一定の場合には、個別に相手方と合意することなく内容を変更することができます（548条の４第１項）。これは企業側の利便性を考慮してのことだと説明されます。しかし、これが濫用されては困るので、以下①②のいずれかの場合でなければ

変更後の定型約款の条項について合意があったとみなされるということだよ。

勝手に変更することはできません。

個別同意なく定型約款を変更できる場合 B

①定型約款の変更が、**相手方の一般の利益に適合する**とき（利益変更のケース）

②定型約款の変更が、契約をした**目的に反せず**、かつ、変更の必要性、変更後の内容の相当性、548条の４の規定により定型約款の変更をすることがある旨の定めの有無及びその内容その他の変更に係る事情に照らして**合理的**なものであるとき（不利益変更などのケース）

なお、B定型約款準備者は、定型約款を変更するときは、その**効力発生時期を定め**、かつ、定型約款を変更する旨及び変更後の定型約款の内容並びにその効力発生時期を**インターネットの利用その他の適切な方法によって周知しなければなりません**（548条の４第２項）。特に、**上記②のとき**は、効力発生時期が到来するまでに周知をしなければ**変更の効力が生じない**ので注意が必要です（548条の４第３項）。これは②の場合は不利益変更などをしようとするケースが念頭に置かれているので、周知の重要性がグッと高まるからです。

PLAY! 理解度チェック

1. 定型取引を行うことの合意をした者は、どんな場合に、定型約款の個別の条項についても合意をしたものとみなされるのか？

1.
定型約款を契約内容とする旨の合意をしたとき（契約時の合意）、②定型約款を準備した者があらかじめその定型約款を契約の内容とする旨を相手方に表示していたとき（契約前の合意）。

2. 定型約款の個別の条項の中に、相手方の権利を制限し、又は相手方の義務を加重する条項であって、その定型取引の態様及びその実情並びに取引上の社会通念に照らして信義則に反して相手方の利益を一方的に害すると認められるものが入っている場合は、どうなってしまうのか？

2.
個別条項に合意しなかったものとみなされる。

3. 定型取引を行い、又は行おうとする定型約款準備者は、定型取引合意の前又は定型取引の後相当の期間内に相手方から請求があった場合には何をしなければならないのか？

3.
遅滞なく、相当な方法でその定型約款の内容を示さなければならない。

4. 定型約款準備者が定型取引合意の前において相手方からの内容に関する表示請求を拒んだときはどうなる？

4.
一時的な通信障害が発生した場合その他正当な事由がある場合を除き、定型約款は契約内容にならない。

5. 定型約款の変更が、相手方の一般の利益に適合するときは、個別に相手方と合意することなく定型約款の内容を変更することができるのか？

5.
できる。

TRY! 本試験問題に挑戦

定型約款に関する次の記述のうち、妥当なのはどれか。　【オリジナル】

1. 定型取引を行うことを合意した者は、定型約款を内容とする旨の合意をしたときのみ、定型約款の個別の条項についても合意したものとみなされる。

1. ×
定型約款を準備した者があらかじめその定型約款を契約の内容とする旨を相手方に表示していたときにも、定型約款の個別の条項について合意したものとみなされる。

2. 定型約款の個別の条項のうち、相手方の権利を制限するものについても、合意したものとみなされる。

> 2. ×
> 相手方の権利を制限するものについては、合意しなかったものとみなされる。

3. 定型取引を行い、又は行おうとする定型約款準備者は、定型取引合意の前又は定型取引合意の後相当の期間内に相手方から請求があった場合であっても、その定型約款の内容を示す必要はない。

> 3. ×
> 遅滞なく、相当な方法でその定型約款の内容を示さなければならない。

4. 定型約款準備者が定型取引合意の前において相手方からの内容に関する表示請求を拒んでも、定型約款は契約内容となる。

> 4. ×
> 請求を拒んだ場合は、一時的な通信障害が発生した場合その他正当な事由がある場合を除き、定型約款は契約内容とならない。

5. 定型約款の変更が、相手方の一般の利益に適合するときは、定型約款準備者は、定型約款を変更することにより、変更後の定型約款の条項について合意があったものとみなし、個別に相手方と合意をすることなく契約の内容とすることができる。

> 5. ○
> そのとおり。
> 利益変更のケースである。

正答　5

18 売買

重要度 ★★★
頻出度 ★★★

この章から個別の契約類型を見ていく。まずは一番よく出題される「売買」から。とくに担保責任は超頻出である。覚えることは多いが、確実に点数につながるテーマなので必ずマスターしてほしい。

1 手付

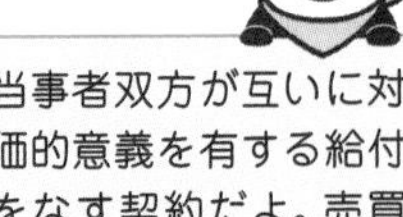

当事者双方が互いに対価的意義を有する給付をなす契約だよ。売買や賃貸借、請負などが典型だね。ちなみに逆の概念は無償契約と言うよ。

「手付（てつけ）」とは、売買や賃貸借などの有償契約が締結される際、当事者の一方から他方に対して支払われる金銭その他の有価物を言います。

手付は契約により交付するのですが、この手付契約は金銭等を交付することで成立する要物契約（ようぶつけいやく）で、本体たる契約とは別個独立（べっこどくりつ）の契約として扱われます。そして、どのような目的で交付され、どのような効力を持つのかは、交付された手付の種類によって決まります。一般的に手付の種類は3種類あるとされているので、次の表でまとめてみます。

手付の種類 B

証約手付	契約が成立したことの証拠として交付される手付	これは手付が解約手付や違約手付の性質を有する場合にも、共通して備わっている性質である（すべての手付に共通の性質）。
解約手付	両当事者が解除権を留保して交付される手付（約定解除権の留保） →違約手付とは異なり、債務不履行がなくても解除可	買主が解約手付を交付したケースにおいては、 売主：手付の倍額を現実に提供すれば、解除可 買主：手付を放棄すれば、解除可 →これを「手付損倍返し」と言う 解約手付による解除のケースにおいては損害賠償を請求することができない（557条2項）。
違約手付	債務不履行の場合に違約金として没収される手付	違約罰：一種の制裁金として没収するので、損害が生じたのであれば、別途、債務不履行に基づく損害賠償も請求することができる。 損害賠償額の予定：損害賠償額の予定として交付される手付。よって、別途、損害賠償を請求することはできない。

さて、何となく分かりましたか？　この中で試験的にとくに重要なのは**解約手付**です。次に図を示しておきますので、より具体的なイメージをつかんでおきましょう。

解約手付による解除 B

AはBに自動車を売却した。その際、BはAに対して解約手付を交付した。

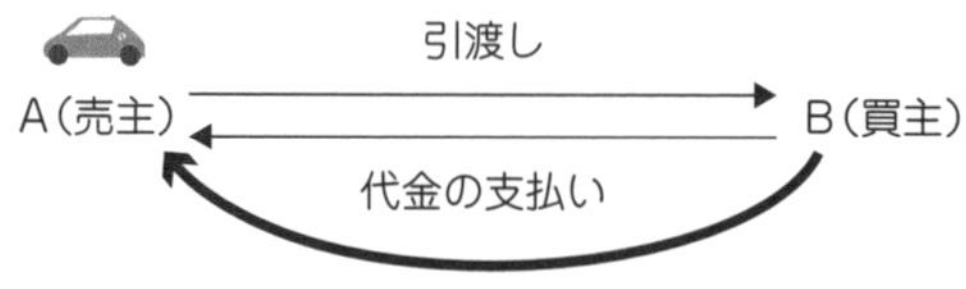

結論　Bは手付を**放棄**すれば解除できる。
Aは手付の**倍額**を**現実に提供**しないと解除できない（557条1項）。

理由　Aは手付を受け取っている側なので、現実の提供をさせないと倍返しをすると言って実際にはしなかった場合、Bが害されてしまう。

※なお、売買契約が債務不履行を理由に解除された場合は、手付契約も消滅するので、**売主は解約手付を不当利得として返還する義務を負う**。また、解約手付による解除のケースにおいては損害賠償を請求することができない（557条2項）。

2 解約手付の論点

民法上は、当事者がとくに手付の目的を決めなかったときには、**解約手付と推定**されます（最判昭29・1・21）。つまり、何も言わないで「はい、手付です～」と渡すと解約手付になってしまうのです。では、違約手付である旨を明示して手付を交付した場合、それが同時に解約手付でもあると推定されることはあるのでしょうか。この点、B判例は、違約手付は解約手付も兼ねられるとして、**推定を肯定**します（最判昭24・10・4）。要するに、解約手付と違約手付を兼ねることは可能ということです。

また、解約手付といえども、「その相手方」が契約の「履行に着手」した後は解除することができなくなります（557条1項ただし書）。いわゆる時期の制限です。では、この「履行に着手」とはどのような場合を言うのでしょうか？　この点、判例は、「履行に着手」とは、履行の準備では足りず、客観的に外部から認識し得るような形で履行行為の一部をなし、又は履行の提供をするために欠くことのできない前提行為をしたことを言うとしています（最大判昭40・11・24）。したがって、履行期以前の行為についても履行の着手を認めることは可能ですが、諸般の事情を総合勘案して判断していく必要があります。例えば、買主が代金支払いのために資金を銀行から借り入れる準備をしただけでは履行の着手があったとは言えません。しかし、買主が代金をすぐに支払えるように準備し、売主に履行の催促をするに至ったときには、履行の着手があったと言えます。

次に、自ら履行に着手した者であっても、解除できるのでしょうか？ A条文上、「その相手方」が契約に着手した後は解除することができないとされているだけなので、自ら履行に着手しても、相手方が履行に着手するまでは解除することができます。

相手方が契約の履行に着手した後 A

AはBに自動車を売却した。その際、BはAに対して解約手付を交付した。Bは履行に着手したが、Aは依然として履行に着手していない。

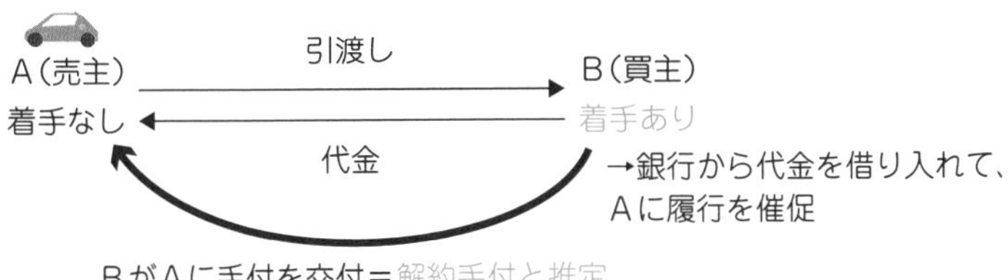

結論　買主Bは、たとえ自らが履行に着手した後でも、相手方Aが履行に着手するまでは、手付を放棄して解除することができる。

理由　解除権の制限は、相手方の信頼を保護するためのものである。

3 売買の効力

売買契約を締結すると、原則として当該目的物の所有権が売主から買主に移転します。したがって、売主は、目的物引渡義務を負うことになります（555条）。また、売主は、買主に対して、登記、登録その他の売買の目的である権利の移転についての対抗要件を備えさせる義務を負います（560条）。この点、A他人の権利を売買の目的とした場合（これを「他人物売買」と言う）でも、他人から権利を取得して買主に移転することは可能なので、売買契約は有効です。この場合、売主は、その権利を取得して買主に移転する義務を負います（561条）。また、たとえ目的物の所有者が売買の成立当時から当該目的物を他に譲渡する意思がないため、売主がこれを後から取得し買主に移転することができない場合であっても、売買契約は有効となります（最判昭25・10・26）。

ちなみに、売買契約に関する費用は、当事者双方が等しい割合で負担することになるよ(558条)。折半ということだね。

権利の一部が他人に属する場合におけるその権利の一部を含むよ。これを「一部他人物売買」と言うよ。

ここで果実の帰属及び代金の利息の支払いに関するルールを説明しましょう。試験ではめったに出題されないので、もし分からなければスルーしても構いません。B民法575条１項では、「まだ引き渡されていない売買の目的物が果実を生じたときは、その果実は、売主に帰属する」とされています。これは「果実と利息の二重取りはできない」という大原則を確認した規定です。つまり、目的物からは果実が生じ、代金からは利息が生じるという前提で考えてみてください。そうすると、果実を取って利息も取るのはなんだか公平でないな（図々しい）という発想が出てくるはずです。したがって、売買の目的物をまだ引き渡していない段階では、そこから生じる果実は売主が取ってよいのです。

一方、B575条２項では「買主は、引渡しの日から、代金の利息を支払う義務を負う。ただし、代金の支払について期限があるときは、その期限が到来するまでは、利息を支払うことを要しない」とされています。買主は目的物の引渡しを受けた日から、果実を取ることができるようになります。そして果実と利息の二重取りはできないので、代金の利息は売主に支払わなければなりません。果実も取って利息も自分で取って……となってしまうとまさに二重取りになってしまうからです。ただ、その場合でも、代金の支払期限が決まっているときは、その期限が到来するまでは、利息を支払う必要がありません。

果実の帰属 B

公式：果実と利息の二重取りはできない

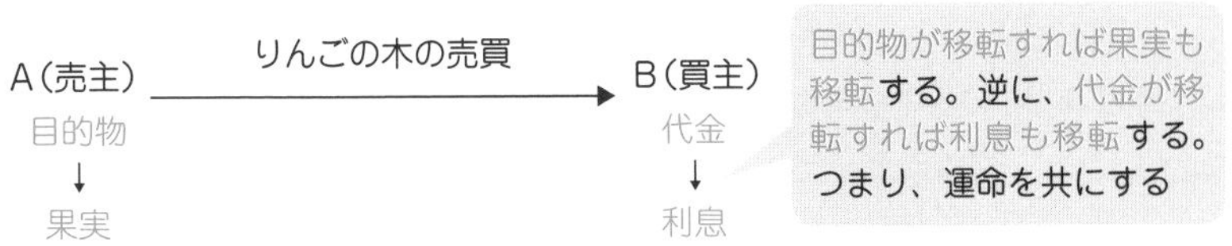

A（売主） ―りんごの木の売買→ B（買主）
目的物 → 果実　　代金 → 利息

目的物が移転すれば果実も移転する。逆に、代金が移転すれば利息も移転する。つまり、運命を共にする

結論 ①目的物の引渡しがあるまでは、売主は果実を収取でき、買主は代金の利息を支払う必要がない。

②代金が支払われると、売主は目的物を占有していても、その時点から果実を収取する権利を失う。

③目的物が引き渡されると、買主はその日から代金の利息を支払う義務を負う。ただし、代金の支払いについて期限があるときは、その期限が到来するまでは、利息を支払うことを要しない。

4 担保責任（契約不適合責任）

（1）担保責任とは？

民法は、売買契約において、買主保護の観点から売主が負う責任として「担保責任」というものを規定しています。現在は契約不適合責任と呼ばれることが多いですが、本書では担保責任と表記することにします。これは債務不履行責任の一種で、売買の目的物が特定物であろうが、不特定物であろうが適用されます。買主が行使できる担保責任の種類としては、追完請求権、代金減額請求権、損害賠償請求権、解除権があります。

（2）目的物の契約内容不適合

①買主の追完請求権

品質に関する不適合には、都市計画法上の制限などをはじめとする法律上の瑕疵も含まれると解される（最判昭41・4・14）。

A引き渡された目的物が種類、品質又は数量に関して契約の内容に適合しないものであるときは（以下、「契約内容不適合」と言う）、買主は、売主に対し、目的物の修補、代替物の引渡し又は不足分の引渡しによる履行の追完を請求することができます（562条1項本文）。これを「追完請求」と呼びます。追完請求をするためには債務者たる売主の帰責事由は不要です。追完の方法には、目的物の修補、代替物の引渡し、不足分の引渡しの3つがあるということです。このうちどれを選択するのかは買主の自由ですが、A買主に不相当な負担を課するものでないときは、売主は買主が請求した方法と異なる方法による履行の追完をすることができます（562条1項ただし書）。よって、買主の選択が必ずしも通るとは限らないわけです。また、Aそもそも契約内容不適合が買主の帰責事由による場合は、追完請求をすることができません（562条2項）。これは自業自得なので当たり前と言えば当たり前です。

買主の追完請求権 A

目的物が
①種類
②品質
③数量
→ 契約内容不適合→追完請求可
①目的物の修補
②代替物の引渡し
③不足分の引渡し
→選択可

②買主の代金減額請求権

A引き渡された目的物が種類、品質又は数量に関して契約の内容に適合しないものである場合（契約内容不適合）で、買主が相当の期間を定めて履行の追完の催告をし、その期間内に履行の追完がないときは、買主は、その不適合の程度に応じて代金の減額を請求することができます（563条1項）。これを「代金減額請求」と呼びます。要するに「代金をまけてくれ」という請求ですね。目的物が契約内容に適合しないわけですから、代金をまけてくれという請求もできて然るべきという観点から規定されています。いきなり代金減額請求をするのではなく、まずは履行の追完を催告する点がポイントです。ちなみに、代金減額請求をするためには債務者たる売主の帰責事由は不要です。

買主の代金減額請求権 A

目的物が
①種類
②品質　〉契約内容不適合→催告→履行の追完なし→代金減額請求可
③数量

もっとも、①履行の追完が不能であるとき、②売主が履行の追完を拒絶する意思を明確に表示したとき、③契約の性質又は当事者の意思表示により、特定の日時又は一定の期間内に履行をしなければ契約をした目的を達することができない場合（定期行為）において、売主が履行の追完をしないでその時期を経過したとき、④①～③のほか、買主が催告しても履行の追完を受ける見込みがないことが明らかであるときは、買主は履行の追完の催告をすることなく、直ちに代金減額請求をすることができます（563条２項）。

代金減額請求は実質的に契約内容不適合部分を解除しているのと同じなんだ。だから、解除権を行使する場合と同じような構造になっているわけだよ。

ちなみに、A契約内容不適合が買主の帰責事由によるものであるときは、買主は代金減額請求をすることができません（563条３項）。

③買主の損害賠償請求権及び解除権の行使

契約内容不適合があった場合には、買主は売主に対して債務不履行の一般原則にしたがって、A損害賠償請求や解除をすることも可能です（564条）。契約内容不適合は債務不履行なのでこれらが可能となる、というわけです。つまり、契約内容不適合が債務者（売主）の帰責事由に基づくものであれば、買主は、損害賠償を請求することができます（415条１項）。また、催告をして（541条）、あるいは催告をしないで（542条）、解除することができます。

この564条は、注意規定だよ。つまり、この規定がなくても損害賠償や解除はできるよ。

なお、解除の場合は債務者（売主）の帰責事由は不要だよ（541条、542条）。ただ、債権者（買主）の帰責事由による場合は解除することができない（543条）。この点はもう一度確認しておこう。

（3）移転した権利の契約内容不適合

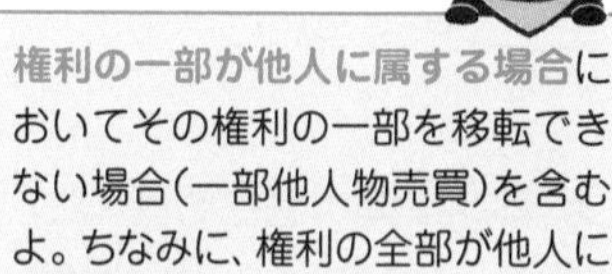

権利の一部が他人に属する場合においてその権利の一部を移転できない場合(一部他人物売買)を含むよ。ちなみに、権利の全部が他人に属する場合は、通常の債務不履行の問題として処理することになる。

売主が買主に移転した権利が契約の内容に適合しないものである場合（契約内容不適合）は、上記で述べた目的物の契約内容不適合の規定（追完請求権、代金減額請求権、損害賠償請求権及び解除権）が準用され、売主に担保責任を問うことができます（565条)。「権利が契約の内容に適合しないものである場合」とは、例えば、土地の売買契約で、土地上に他人の地上権や賃借権（対抗力あり)、地役権などが設定されているような場合のように、完全な所有権を全うできない（つまり、権利の制限を受けているため自由に使えない）ようなケースを念頭に置いておくとよいと思います。

（4）目的物の種類又は品質に関する担保責任の期間の制限

A売主が種類又は品質に関して契約の内容に適合しない目的物を買主に引き渡した場合において、買主がその不適合を知った時から1年以内にその旨を通知しないときは、買主は、その不適合を理由として、追完請求、代金減額請求、損害賠償請求及び解除をすることができなくなります（566条本文)。要するに、「種類」と「品質」に関する契約内容不適合は買主がその不適合を知った時から1年以内に通知しないと担保責任を問えなくなっちゃうよ、ということです。Bただ、売主が引渡しの時にその不適合を知り、又は重大な過失によって知らなかったときは、1年以内という期間制限は適用されません（566条ただし書)。ここで注意すべきは、A「数量」に関する契約内容不適合や、「権利」の契約内容不適合の場合は期間制限がないという点です。これは数量不足や権利の内容不適合の場合は、売主のミスが外形上明らかなので、わざわざ期間制限を設けて売主を保護する必要がないからです。

なお、上記の期間制限に加えて、別途消滅時効にはかかると解されています。すなわち、買主の権利は、目的物の引渡しの時から10年が経過したときは、時効によって消滅するというのが判例です（最判平13・11・27)。

（5）目的物の滅失等についての危険の移転

売主が買主に目的物（売買の目的として特定したものに限る）を引き渡した場合

において、Bその引渡しがあった時以後にその目的物が当事者双方の責めに帰することができない事由によって滅失し、又は損傷したときは、買主は、その滅失又は損傷を理由として、履行の追完の請求、代金の減額の請求、損害賠償の請求及び契約の解除をすることができません。そして、この場合において、買主は、代金の支払いを拒むことができません（567条１項）。

また、売主が契約の内容に適合する目的物をもって、その引渡しの債務の履行を提供したにもかかわらず、買主がその履行を受けることを拒み、又は受けることができない場合において（受領遅滞のケース）、その履行の提供があった時以後に当事者双方の責めに帰することができない事由によってその目的物が滅失し、又は損傷したときも、同様です（567条２項）。

（6）競売における担保責任

B競売における買受人（かいうけにん）（競落した人）は、債務者（競売をされてしまった債務者）に対し、契約を解除し、又は代金減額請求をすることができます（568条１項）。この場合において、債務者が無資力であるときは、買受人は、代金の配当を受けた債権者（競売にかけた人）に対し、その代金の全部又は一部の返還を請求することができます（568条２項）。そして、債務者が物若しくは権利の不存在を知りながら申し出なかったとき、又は債権者がこれを知りながら競売を請求したときは、買受人は、これらの者に対し、損害賠償請求をすることができます（568条３項）。ただ、B競売の場合は、その安定性を重視し、「種類」又は「品質」に関する不適合の場合には担保責任を問うことができません（568条４項）。競売による取得の場合は、もともと種類や品質の欠陥は覚悟するべきだからです。このようなことから、よく「競売物件には手を出さない方がいいよ」と言われます。

（7）債権の売主の担保責任

債権はもともと不良債権になるリスクを含んでいます（これを「潜在的不良債権性」と私は呼んでいる）。よって、債権譲渡により債権を購入する時点でそのようなリスクをある程度覚悟しなければなりません。そこで、債権の売主は原則として担保責任を負わないことになっています。ただ、B債権の売主（譲渡人）が債務者の資力を（特約などで）担保したときは、契約の時における資力を担保したものと推定されます（569条１項）。また、弁済期に至らない債権の売主が債務者の将来の資力を担保したときは、弁済期における資力を担保したものと推定されます（569条２項）。

これに関連して、判例を一つ紹介しておきます。すなわち、建物とその敷地の賃借権が売買の目的とされた場合において、敷地についてその賃貸人において修繕義務を負担すべき不適合があったことが判明したとしても、売買の目的物に不適合があるということはできません（最判平３・４・２）。ですから、譲受人は売主に対して担保責任を問うことはできません。なぜなら、敷地は賃借権の譲渡（つまり債権の売買）の形になっている以上、債権の売主は原則として担保責任を負わないからです。

（８）抵当権等がある場合の買主による費用の償還請求

買い受けた不動産について契約内容に適合しない先取特権、質権又は抵当権が存していた場合において、買主が費用を支出してその不動産の所有権を保存したときは、買主は、売主に対し、その費用の償還を請求することができます（570条）。

（９）担保責任を負わない旨の特約

担保責任の規定は任意規定なので、目的物の契約内容不適合及び移転した権利の契約内容不適合の場合における担保責任を負わない旨の特約は有効です。Aただ、知りながら告げなかった事実及び自ら第三者のために設定し又は第三者に譲り渡した権利については、担保責任を免れることはできません（572条）。知りながら告げない、あるいは自ら第三者を巻き込むのはさすがに信義則違反ですよね。そこで、このような場合はたとえ特約で排除しても責任を負ってもらうぞ、ということにしたのです。

（10）代金支払拒絶権（576条・577条）

例えば、ある日突然、他人が目的物は売主の物ではなく自分の物だと主張してきた場合のように、B売買の目的について権利を主張する者があることその他の事由により、買主がその買い受けた権利の全部又は一部を取得することができず、又は失うおそれがあるときは、買主は、その危険の程度に応じて、代金の全部又は一部の支払いを拒むことができます（576条本文）。権利を失うおそれがあるのに売主に代金を支払わなければならないというのでは買主が気の毒です。それゆえこのような規定が置かれたのです。もっとも、売主が相当の担保を供したときは、支払いを拒むことができません（576条ただし書）。

また、B買い受けた不動産について契約の内容に適合しない抵当権の登記があるときは、買主は、抵当権消滅請求の手続が終わるまで、その代金の支払いを拒むことができます。この場合において、売主は、買主に対して、遅滞なく抵当権消滅請求をするべき旨を請求し、又は代金の供託を請求することができます（577条1項、578条）。

買い受けた不動産について契約の内容に適合しない先取特権又は質権の登記がある場合も同じだよ(577条２項)。

代金支払拒絶権 B

BはAから土地を買ったが、Cが所有権を主張してきた。

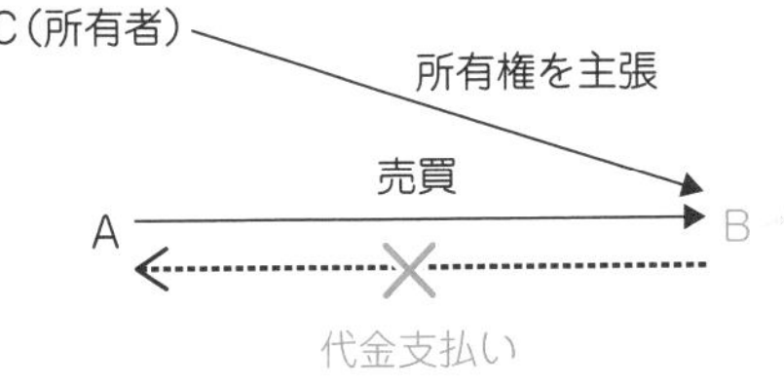

Bは目的物の所有権を失うおそれがあるので、その危険の限度に応じてAに対して代金を「支払わないぞ」と言えるんだ。自己防衛的な支払拒絶だね！

結論　売買の目的物について権利を主張する者（C）があるために買主Bがその買い受けた権利の全部又は一部を失うおそれがあるときは、買主Bは、その危険の限度に応じて、代金の全部又は一部の支払いを拒むことができる。ただし、売主（A）が相当の担保を提供したときは、支払いを拒むことができない。

5 売買の一方の予約

一般用語で「予約」と言うと、将来的に売買等の本契約を締結する旨の合意を意味しますが、ここで言う売買の一方の予約は少し意味が違います。ここに「売買の一方の予約」とは、売主又は買主の一方が、本契約である売買契約を成立させる権利、すなわち「予約完結権」を有し、この予約完結権を行使して「本契約を成立させます」と相手方に意思表示をすれば、相手方の承諾を待つまでもなく直ちに本契約が成立するということを意味します。したがって、売買の一方の予約は、予約完結権を有する者が売買を完結する意思を表示した時から、売買の効力を生じます（556条１項）。そして、予約完結の意思表示について期間の定めがなかった場合には、予約義務者（予約完結権を持たない当事者）は、予約完結権を有する者に対して、相当の期間を定めて、その期間内に予約完結権を行使するかどうかを確答すべき旨を催告することができます。もし、この期間内に確答しないときには、売買の一方の予約は、その効力を失います（556条２項）。

予約の時に遡って効力を生じるわけではないよ。つまり、遡及効はないんだ。

6 買戻し

例えば、ＡがＢに解除権を留保して（買戻しの特約）、土地を売却するケースを考えてみてください。このとき、後になって売主Ａは、その特約に基づいて解除権を行使することができます。このような制度を「買戻し」と言います（579条）。約定解除権の１つですが、ちょっと難しいですか？ 具体的な因果経過は次の通りです。①土地を売却し代金という形で融資を受ける→②資金が調い返済のめどが立ったら買戻しの特約に基づいて解除権を行使する→③代金を返還すると同時に土地を返してもらう。つまり、買戻しは実質的に担保目的で利用されることが多いのです。

ただ、この買戻しはとても要件が厳格です。すなわち、買戻しの特約ができるのは、不動産の売買契約に限られ、動産の場合は無理です。また、特約は売買契約と同時にしなければなりません。さらに、買戻しの際に売主が買主に支払うのは買主が支払った代金及び契約費用のみです（579条）。

売買契約と同時に買戻しの特約を登記をしないと、第三者に対抗できないんだ（581条１項）。

ただし、別段の合意をした場合は、その合意によって定めた金額となるよ。柔軟な取扱いが可能となっているんだ。

なお、買戻し期間は10年を超えることができず、仮に特約で10年を超える期間を定めてもその期間は10年となります（580条１項）。そして、いったん期間を定めたらその後の伸長はできません（580条２項）。一方、期間を定めなかったときは、５年以内に買戻しをしなければなりません（580

条３項)。

どうですか？　とても使い勝手が悪そうですよね（笑)。このように、買戻しは要件が厳格すぎて、というか制約が多すぎて素人が一般的に使えるような制度ではありません。

PLAY! 理解度チェック

1．解約手付が交付された場合における解除の方法としては、手付を交付した者は、手付を（　①　）して、手付を受け取った者は、手付の（　②　）を現実に提供して解除することができる。

1．
①放棄　②倍額

2．自ら履行に着手した後でも、相手方が履行に着手するまでは、解約手付による解除ができるのか？

2．
できる。

3．目的物の所有者が売買の成立当時から当該目的物を他に譲渡する意思がないため、売主がこれを後から取得し買主に移転することができないときは、当該他人物売買は無効となるのか？

3．
無効とはならず有効である。

4．まだ引き渡されていない売買の目的物が果実を生じたときは、その果実は、（　　　　）に帰属する。

4．
売主

5. 売主の担保責任は強行規定か、任意規定か？

5.
任意規定である。

6. 引き渡された目的物が種類、品質又は数量に関して契約の内容に適合しないものであるときは、買主は、売主に対し、（　①　）、（　②　）、又は（　③　）による履行の追完を請求することができる。

6.
①目的物の修補
②代替物の引渡し
③不足分の引渡し

7. 契約内容不適合が買主の帰責事由による場合でも、追完請求をすることができるのか？

7.
できない。

8. 履行の追完が不可能であるときは、買主は催告をすることなく、直ちに代金減額請求をすることができるのか？

8.
できる。

9. 契約内容不適合があった場合には、買主は売主に対して債務不履行の一般原則にしたがって、（　①　）や（　②　）をすることもできる。

9.
①損害賠償請求
②解除

10. 売主が種類又は品質に関して契約の内容に適合しない目的物を買主に引き渡した場合において、買主がその不適合を知った時から1年以内にその旨を通知しないとどうなってしまうのか？

10.
買主は、その不適合を理由として、追完請求、代金減額請求、損害賠償及び解除をすることができなくなる。

11. 「数量」に関する契約内容不適合や、「権利」の契約内容不適合の場合にも担保責任を問うための期間制限があるのか？

11.
ない。

12. 競売の場合は、「種類」又は「品質」に関する不適合の場合に担保責任を問うことができるのか？

12. できない。

13. 売買の目的について権利を主張する者があることにより、買主がその買い受けた権利の全部又は一部を取得することができず、又は失うおそれがあるときは、買主は何ができるのか？

13. その危険の限度に応じて、代金の全部又は一部の支払いを拒むことができる。

14. 売買の一方の予約は、予約完結権を有する者が売買を完結する（　　　　　）をした時から、売買の効力を生じる。

14. 意思表示

15. 買戻しの特約は売買契約の後にすることができるのか？

15. できない。売買契約と同時にしなければならない。

TRY! 本試験問題に挑戦

手付に関する記述として最も妥当なものはどれか（争いのあるときは、判例の見解による。）。　【裁判所職員 R2】

1. 買主が売主に手付を交付したときは、売主がその倍額を口頭で提供して、契約の解除をすることができる。

1. ×
口頭の提供ではなく、「現実の提供」である。

2. 売買契約における手付は、反対の意思表示がない限り、解約手付の性質を有するものと解釈される。

2. ○
そのとおり。
解約手付と推定される。

3. １つの手付が解約手付と違約手付の両者を兼ねることはできない。

3. ×
両者を兼ねることはできる。

4. 不動産売買契約において、買主が売主に手付を交付したとき、買主は、第三者所有の不動産の売主が第三者から当該不動産の所有権を取得し、その所有権移転登記を受けた場合であっても、手付を放棄して契約を解除することができる。

4. ×
売主が履行に着手したと認められるため、買主は手付を放棄して契約を解除することはできない。

5. 不動産売買契約において、買主が売主に手付を交付したとき、買主が売主に対して明渡しを求め、それが実行されればいつでも代金を支払われる状態にあった場合、買主は、売主が履行に着手していないときでも、手付を放棄して契約を解除することができない。

5. ×
手付を交付した買主が履行に着手した場合であっても、相手方である売主が履行に着手していなければ、手付を放棄して契約を解除することができる。

正答　2

TRY! 本試験問題に挑戦

民法に規定する売買に関する記述として、妥当なのはどれか。【特別区 R3】

1. 売買の一方の予約は、相手方が売買を完結する意思を表示した時から、売買の効力を生ずるが、その意思表示について期間を定めなかったときは、予約者は、相手方に対し、相当の期間を定めて、その期間内に売買を完結するかどうかを確答すべき旨の催告をすることができる。

1. ○
そのとおり。
相手方がその期間内に確答しないときは、売買の一方の予約は効力を失う。

2． 買主が売主に手付を交付したときは、相手方が契約の履行に着手した後であっても、買主はその手付を放棄し、売主はその倍額を現実に提供することで、契約の解除をすることができる。

2．×
相手方が契約の履行に着手した後においては、手付損倍返しによって契約を解除することができない。

3． 他人の権利を売買の目的としたときは、売主は、その権利を取得して買主に移転する義務を負うが、他人の権利には、権利の一部が他人に属する場合におけるその権利の一部は含まれない。

3．×
他人の権利には、権利の一部が他人に属する場合におけるその権利の一部も含まれる。

4． 引き渡された目的物が種類、品質又は数量に関して、買主の責めに帰すべき事由により、契約の内容に適合しないものであるときには、買主は売主に対し、目的物の修補による履行の追完を請求することはできるが、代替物の引渡し又は不足分の引渡しによる履行の追完を請求することはできない。

4．×
買主の責めに帰すべき事由により、契約の内容に適合しないものであるときには、買主は売主に対して、追完請求をすることができない。よって、「目的物の修補による履行の追完を請求することはできる」という点が誤り。

5． 売主が買主に売買の目的として特定した目的物を引き渡した場合において、その引渡しがあった時以後にその目的物が当事者双方の責めに帰することができない事由によって損傷したときは、買主は、その損傷を理由として、代金の減額の請求をすることができる。

5．×
引渡しがあった時以後にその目的物が当事者双方の責めに帰することができない事由によって損傷したときは、買主は、その損傷を理由として、代金の減額の請求をすることができない。

正答　1

19 贈与

重要度
★★★
頻出度
★★★

今回は「贈与」。売買との違いを意識して覚えるようにしよう。論点がとても少ないので攻略するのはそこまで難しくないはず。

1 贈与とは?

「ある財産」となっていることから、他人物贈与も有効だよ。

「贈与」は、ただで物をあげる契約です。当事者の一方がある財産を無償で相手方に与える意思を表示し、相手方が受諾することによって、その効力を生じます（549条）。したがって、無償・諾成契約となります。また、贈与する者のみが債務を負担するので、片務(へんむ)契約となります。さらに形式もとくに書面でしなければならないものではありませんので不要式という特徴を持っています。

2 贈与の解除

契約の成立後に書面を作成した場合でもいいんだ（大判大 5・9・22）。

B書面によらない贈与（口約束の贈与）は、各当事者（あげる方ももらう方も）は、原則解除することができます。ただし、「書面による贈与」の場合や「履行の終わった」部分はもはや解除することができなくなります（550条）。

この点、「書面による贈与」については、最高裁判所の判例で、Aから不動産を取得したBがこれをCに贈与した場合において、Bが、登記簿上の所有名義人であるAに対し、直接Cに所有権移転登記をするよう求める旨の内容証明郵便を差し出した場合でも、贈与の書面にあたるとしたものがあります（最判昭60・11・29）。

また、「履行の終わった」とは、動産の場合は引渡しが終了したときを意味します。Bこの引渡しには、現実の引渡しに限らず、簡易の引渡しや指図による占有移転、占有改定も含まれます。一方、B不動産の場合は登記の移転又は引渡しがあったときを指します（最判昭40・3・26）。「又は」なので、どちらか一方があれば足ります。つまり、動産の場合も不動産の場合も贈与意思が外部に表示されればそれでよいので、履行は終わりやすい方向で考えると分かりやすいでしょう。

3 贈与者の引渡義務等

A贈与者は、贈与の目的である物又は権利を、贈与の目的として特定した時の状態で引き渡し、又は移転することを約したものと推定されます（551条１項）。贈与は無償契約なので、特定した時の状態で引き渡せば（あるいは移転すれば）足りるよ、としたわけです。このような責任軽減があってこそ安心して贈与できるわけです。ただ、負担付贈与については、負担（見返り）の部分が有償性を帯びるため、贈与者は、負担の限度において、売主と同じく担保責任を負います（551条２項）。そして、この負担付贈与は、贈与契約の際に受贈者に負担を課すもので、その性質に反しない限り、双務契約に関する規定が準用されます（553条）。したがって、B例えば、目的物の引渡しと負担の履行は同時履行の関係になりますし、受贈者が負担を履行しないときには贈与者は契約を解除することができます。

4 定期贈与

定期の給付を目的とする贈与（仕送りのように定期に金銭を贈与するような場合）は、贈与者又は受贈者の死亡によって、その効力を失います（552条）。これは、定期贈与が通常特別な一身上の関係に基づくものだからです。

5 死因贈与

贈与者の死亡によって効力を生じる贈与を死因贈与と言います。この死因贈与は、その効力の点で遺言による遺贈とよく似ています。したがって、遺言の撤回及び取消しに関する規定は、その方式に関する部分を除き、死因贈与に準用されることになります（最判昭47・５・25）。つまり、その性質に反しない限り、遺贈の規定が準用されるのです（554条）。似ているから使ってしまえという話ですね。

PLAY! 理解度チェック

1. 書面によらない贈与は、各当事者は、原則解除することができるが、解除できなくなってしまう場合とはどのような場合か？

2. 「履行の終わった」とは、動産の場合は引渡しが終了したときを意味するが、この引渡しには占有改定も含まれるのか？

3. 「履行の終わった」とは、不動産の場合はどのようなときを言うのか？

4. 贈与者は、贈与の目的である物又は権利を、贈与の目的として特定した時の状態で引き渡し、又は移転することを約したものと推定されるのか？

5. 贈与者は、贈与の目的である物を、いつの状態で引き渡すことを約束したものと推定されるのか？

6. 負担付贈与は、贈与契約の際に受贈者に負担を課すもので、双務契約に関する規定が準用される。したがって、例えば、目的物の引渡しと負担の履行は（　　　　）になる。

7. 定期の給付を目的とする贈与は、どのような場合にその効力を失うのか？

1.
書面による贈与の場合や履行の終わった部分の場合。

2.
含まれる。

3.
登記の移転又は引渡しがあったときを言う。

4.
推定される。

5.
特定した時の状態。

6.
同時履行の関係

7.
贈与者又は受贈者が死亡した場合。

TRY! 本試験問題に挑戦

民法の規定する贈与に関する記述として、判例、通説に照らして、妥当なのはどれか。 【特別区 H21改題】

1. 贈与は、当事者の一方がある財産を無償で相手方に与える意思を表示することによって成立し、当該相手方が受諾することは要しない。

1．×
相手方が受諾することによって、その効力を生じる。

2. 贈与者は、贈与の目的である物又は権利を、贈与の目的として特定した時の状態で引渡し、又は移転することを約したものと推定されることはない。

2．×
推定される。

3. 負担付贈与とは、贈与契約の際に受贈者に負担を課すもので、双務契約に関する規定が準用されるが、同時履行の抗弁権の規定の適用はない。

3．×
同時履行の抗弁権の規定の適用もある。

4. 書面によらない贈与でも、履行の終わった部分は解除できないが、最高裁判所の判例では、不動産については、登記の移転があれば引渡しがなくても履行が終わったものとされている。

4．○
そのとおり。
不動産については、登記の移転又は引渡しがあったときに履行が終わったものとされる。

5. 最高裁判所の判例では、贈与不動産の登記名義が贈与者の前主に残っていた事案で、贈与者が前主に対して、受贈者に移転登記をするよう求める書面は、受贈者に対するものではないため、書面による贈与の書面にあたらないとした。

5．×
判例は、受贈者に移転登記をするよう求める書面であっても、書面による贈与の書面にあたるとした。

正答　4

20 消費貸借・使用貸借

重要度
★★★
頻出度
★★★

20章では貸借系の契約のうち「消費貸借」と「使用貸借」を見ていく。次章で「賃貸借」を勉強するが、その前提としてちょっとだけ頭に入れておくとよい。とくに「使用貸借」は「賃貸借」との比較で問われることがある。

1 消費貸借

(1) 消費貸借とは?

昔は、味噌や醤油を切らしたときにお隣さんからこれらを分けてもらうといった消費貸借もあったんだ。古き良き時代の話だね。

「消費貸借」とは、当事者の一方が種類、品質及び数量の同じ物をもって返還することを約して相手方から金銭その他の物を受け取ることによって、その効力を生ずる契約です(587条)。現代においてはとりあえず金銭を銀行などで借りる契約であると考えてもらえばよいと思います。今まで何度か「金銭消費貸借契約」という言葉を使ってきましたが、これが消費貸借の具体例です。金銭を借りた場合、借りた金銭は消費し、別の金銭で返済するという形をとります。

金銭その他の物を受け取ることによって、効力を生じるので、要物契約ということになります。すなわち、お金を引き渡して初めて契約が成立するということです。よって、貸主は目的物を引き渡す義務を負いません(引き渡さないとそもそも契約が成立しない)。借主が返還債務を負うだけなので片務契約となり、利息付きでない限り無償契約となります。

(2) 書面でする消費貸借等(諾成的消費貸借)

電磁的記録によってされたときも、書面によってされたものとみなして、同じ扱いをしていくよ(587条の2第4項)。

以上に対し、A書面でする消費貸借は、当事者の一方が金銭その他の物を引き渡すことを約し、相手方がその受け取った物と種類、品質及び数量の同じ物をもって返還することを約することによって、その効力を生じます(587条の2第1項)。約束するのは2点です。すなわち、①引渡しと②返還です。いわゆる「諾成的消費貸借」と呼ばれるもので、これが成立することにより、貸主の目的物引渡義務が発生します。これが通常の消費貸借との違いです。ただし、Aこの書面でする消費貸借の借主は、貸主から金銭その他の物を受け取るまで、契約の解除をすることができます。目的物の引渡し前に借主の資金需要がなくなることは当然あるわけで、その場合に借主を契約から解放してあげる必要があるからです。もちろん、この場合において、A貸主が契約の解除によって損害を受けたときは、借主に対して損害賠償を請求することができます（587条の２第２項）。解除によって貸主にご迷惑をおかけすることになる以上これは当然ですね。また、書面でする消費貸借は、借主が貸主から金銭その他の物を受け取る前に当事者の一方が破産手続開始の決定を受けたときは、その効力を失います（587条の２第３項）。

借主が決定を受けても貸主が決定を受けても共に失効する点がポイントだよ。

（3）利息及び貸主の引渡義務等

B貸主は、特約がなければ、借主に対して利息を請求することができません（無利息の消費貸借、589条１項）。つまり、消費貸借は原則として無償契約となります。ただ、裏を返せば、特約をすれば利息付きの消費貸借にできるということでもあります。その場合、B貸主は、借主が金銭その他の物を受け取った日以後の利息を請求することができます（589条２項）。これは利息がいつから発生するのかについて示したもので、書面でする消費貸借（諾成的消費貸借）の場合に意味がある規定だと言われています。つまり、合意によって契約が成立した後に、目的物を「受け取った日以後」から利息が発生することが明らかになったわけです。

利息付きの消費貸借においては、目的物に契約内容の不適合があった場合に売買の規定が準用される（有償契約なので）ため、借主は、貸主に対して担保責任を問うことができます（559条、562条～564条）。一方、無利息の消費貸借において、目的物に契約内容の不適合があったときは、贈与の規定が準用されます（590条１項、551条）。したがって、貸主は、消費貸借の目的物を、消費貸借の目的として特定した時の状態で引き渡すことを約したものと推定されますので、それ以上の責任を負わなくて済みます。利息もとらずに利益度外視で貸してあげているわけですから、そこで問われる責任は最小限にとどめるべきだ、という価値判断から、このような取扱いになっているものと思われます。

また、B利息付きの特約の有無にかかわらず、貸主から引き渡された物が種類又は品質に関して契約の内容に適合しないものであるときは、借主は、その物の価額を返還することができます（590条２項）。これは、借主が消費した後に、同種同等のポンコツ品を市場から探し出して、それを返還しなければならないとするのは現実的ではないからです。貸主としても同じようなポンコツ品を返還されるより、ポンコツ品相当の価額の返還を受けた方がありがたいですよね。

このことは、利息付きだろうが無利息だろうが、変わらないものね。

（４）返還の時期

B当事者が返還の時期を定めなかったときは、貸主は、相当の期間を定めて返還の催告をすることができます（591条１項）。なお、B相当の期間を定めずに催告しても、客観的に相当な期間の経過をすれば返還期が到来するというのが判例です（大判昭５・１・29）。つまり、相当の期間を定めないでした催告も有効となることがあるのです。一方、返還の時期を定めたときは、貸主は、その期限が到来するまで返還を請求することができません。これは当然です。

B借主は、返還の時期が定まっていようが、定まっていまいが、いつでも返還をすることができます（591条２項）。これは、消費貸借という契約自体が借主の利益のためのものだからです。ただ、当事者が返還の時期を定めた場合において、借主がその時期の前に返還したことによって貸主が損害を受けたときは、貸主は借主に対して、その賠償を請求することができます（591条３項）。これは特に利息付きの金銭消費貸借の場合などでは、貸主は返還の時期までの利息を期待していたはずであり、この期待を借主の一方的な繰上げ返済で奪うべきではないからです。よって、返還の時期までの利息を損害賠償という形でお支払いすることになります。

ちなみに、借主が貸主から受け取った物と種類、品質及び数量の同じ物をもって返還をすることができなくなったときは、その時における物の価額を償還しなければなりません（592条）。

「契約時における」ではないよ。

返還時期のまとめ B

	返還の時期を定めた	返還の時期の定めがない
貸主	返還の時期に返還を請求する	いつでも返還の請求ができる（ただし、相当の期間を定めて催告をする必要あり※）
借主	いつでも返還できる（ただし、借主がその時期の前に返還したことによって貸主に損害が生じたときは、その賠償をしなければならない）	いつでも返還できる

※判例は、催告に一定の時期や期間を定めなくても、その催告の時から返還の準備をするのに相当の期間が経過した後には、借主は遅滞の責任を負うとしている（大判昭５・１・29）。

（５）準消費貸借

「準消費貸借」とは、金銭その他の物を給付する義務を負う者がある場合において、当事者がその物を消費貸借の目的とする約束をすることを指します。例えば、売買代金債務を負っている者が、売主との契約により、売買代金を借りたことにするようなケースがこれに該当します。この場合、新たに目的物を交付する必要がないので、要物性が緩和されることになります。また、既存の消費貸借上の債務を準消費貸借の目的とすることもできます（大判大２・１・24）。

準消費貸借においては、旧債務と新債務とは同一性を有するので、目的とされた旧債務が存在しない場合（無効や取消しなど）には、準消費貸借も無効となり新債務は発生しません。B判例は、準消費貸借に基づく債務は、既存の債務と同一性を有するので、債務者による詐害行為当時に債権者であった者は、その後その債権を目的とする準消費貸借契約を締結した場合においても、当該詐害行為を取り消すことができるとしています（最判昭50・７・17）。

準消費貸借と詐害行為取消権 B

ＡはＢに商品を売却し1000万円の代金債権を取得した。しかし、無資力のＢは所有する唯一の土地をＣに処分した（詐害行為）。その後、ＡＢ間で代金債権を消費貸借上の貸金債権に変更した（準消費貸借契約の締結）。このとき、ＡはＢがなした土地の処分を取り消すことができるのか？

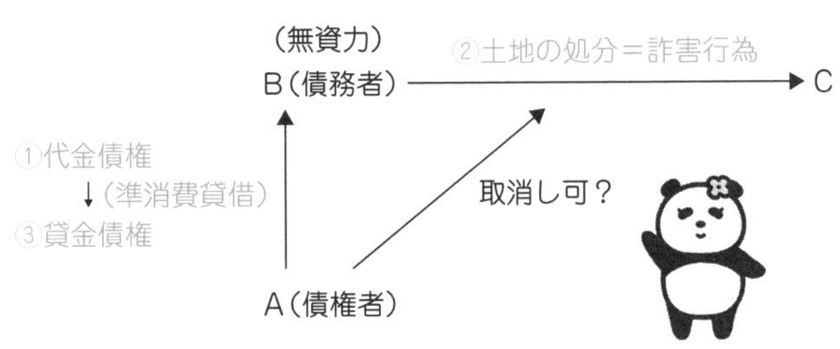

結論　Aは詐害行為取消権を行使することができる。

理由　①と③の債権は同一性を有するため、①の段階で詐害行為取消権を行使できた以上、③の段階でも行使できると解するべきである。

2 使用貸借

（1）使用貸借とは？

「使用貸借」は、当事者の一方がある物を引き渡すことを約し、相手方がその受け取った物について無償で使用及び収益をして契約が終了したときに返還することを約することによって、その効力を生じる契約です（593条）。賃貸借とは異なり、ただで物を貸す契約なので、友達からDVDなどを借りるケースを思い浮かべるとよいと思います。使用貸借は諾成契約で、受け取った物を契約終了時に返還することが借主の義務となります。

ただで物を貸すわけだから、当事者間に高度な個人的信頼関係があることがほとんどなんだ。

（2）借用物受取り前の貸主による使用貸借の解除

口頭による使用貸借については、A貸主は、借主が借用物を受け取るまで、契約を解除することができます。これは、口頭によるある意味いい加減な使用貸借から貸主を保護するために認められた解除権です。ですから、書面による使用貸借については、たとえ借主が借用物を受け取るまでの間であっても解除することができません（593条の２）。

（3）借主による使用及び収益

前提として、借主は目的物を返還する債務を負担するので、善管注意義務を負っているよ。

借主は、契約又はその目的物の性質によって定まった用法に従い、その物の使用及び収益をしなければなりません（594条１項）。いわゆる用法遵守義務です。そして、借主は、貸主の承諾を得なければ、第三者に借用物の使用又は収益をさせることができません（594条２項）。Bもし、借主がこれらに違反して使用又は収益をしたときは、貸主は、契約の解除をすることができます（594条３項）。解除することができるだけなので、即座に契約が終了してしまうわけではありません。この点には注意を要します。ちなみに、この解除権は無催告解除となるので、催告をせずに直ちに解除することができます。

（4）借用物の費用の負担

A借主は、目的物の保存や管理に通常必要な費用、すなわち通常の必要費（ちょっとした修繕費、建物を借りた場合の土地の賃貸料、固定資産税など）を負担します（595条１項）。「え？ 自己負担？」と思うかもしれませんが、ただで物を借りている以上これくらいは我慢しなければなりません。一方、A特別（非常）の必要費（災害等による大修繕にかかった費用など）や有益費を支出したときは、貸主に対して償還請求をすることができます（595条２項）。

（5）貸主の引渡義務等

使用貸借において、目的物に契約内容の不適合があったときは、贈与の規定が準用されます（596条、551条）。したがって、貸主は、使用貸借の目的物を、使用貸借の目的として特定した時の状態で引き渡すことを約したものと推定されますので、それ以上の責任を負わなくて済みます。ただで貸してあげているわけですから、やはりそこで問われる責任は最小限にとどめるべきだ、という価値判断が働くからです。

（6）期間満了等による使用貸借の終了

使用貸借は、借主が死亡することによっても終了する(597条3項)。高度の個人的信頼関係で成り立っている使用貸借において、借主が死亡するというのは致命傷というわけだね。

当事者が使用貸借の期間を定めたときは、使用貸借は、その期間が満了することによって終了します（597条１項）。もし、A当事者が使用貸借の期間を定めなかった場合でも、使用及び収益の目的を定めたときは、使用貸借は、借主がその目的に従い使用及び収益を終えることによって終了します（597条２項）。例えば、期間を定めないで友達にDVDを貸したようなケースでは、DVDは見る目的で貸すわけですから、その友達がDVDを見終えることで使用貸借が終了することになります。

（7）使用貸借の解除

上述のように、使用貸借は、当事者が使用貸借の期間を定めなかった場合でも、使用及び収益の目的を定めたときは、借主がその目的に従い使用及び収益を終えることで終了します。しかし、Aたとえ使用及び収益を終えていなくても、目的に従い借主が使用及び収益をするのに足りる期間を経過したときは、貸主は、契約を解除することができます（598条１項）。上述の例でいうと、友達が「まだDVDを見終えていない」と言っていたとしても、DVDを見終えるのに十分な期間である１か月を経過すれば、貸主は契約を解除することができるわけです。この場合は１か月も見る期間を与えられたのに見終えない友達の方が悪いですよね。ちなみに、当事者が使用貸借の期間並びに使用及び収益の目的を定めなかったときは、貸主は、いつでも契約を解除することができます（598条２項）。

一方、借主は、いつでも契約を解除することができます（598条３項）。これは使用貸借が借主に便益を与える契約であり、その便益を受けている借主が「もういい」と判断し解除するのは勝手だからです。

使用貸借の解除まとめ A

	貸主	借主
期間の定めなし →使用・収益の目的の定めあり	目的に従い借主が使用・収益するのに足りる期間を経過したときは解除可（598条1項）	いつでも解除可 （598条3項）
期間の定めなし →使用・収益の目的の定めなし	いつでも解除可（598条2項）	

（8）借主の収去等

借主は、借用物を受け取った後にこれに附属させた物がある場合において、使用貸借が終了したときは、その附属させた物を収去する義務を負います（599条1項本文）。これを「借主の収去義務」と呼びます。ただ、借用物から分離することができない物又は分離するのに過分の費用を要する物については収去義務が発生しません（599条1項ただし書）。また、A借主は、借用物を受け取った後にこれに生じた損傷がある場合において、使用貸借が終了したときは、その損傷を原状に復する義務を負います（599条3項本文）。いわゆる「原状回復義務」です。ただで借りていた以上、その物を原状回復するのは当たり前といえば当たり前です。ただ、Bその損傷が借主の責めに帰することができない事由によるものであるとき、例えば自然災害で壊れてしまったようなときは、原状回復義務を負わなくて済みます（599条3項ただし書）。

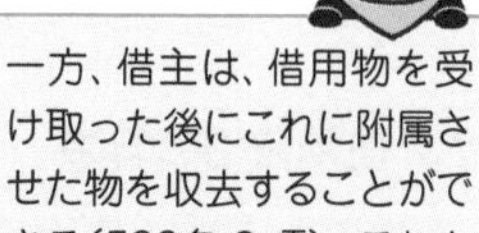

一方、借主は、借用物を受け取った後にこれに附属させた物を収去することができる（599条2項）。これを「借主の収去権」と呼ぶよ。

（9）損害賠償及び費用償還の請求権の期間制限

契約の本旨に反する使用又は収益によって生じた損害の賠償及び借主が支出した費用の償還は、貸主が返還を受けた時から1年以内に請求しなければなりません（600条1項）。

損害賠償の請求権については、貸主が返還を受けた時から1年を経過するまでの間は、時効は、完成しない（600条2項）。これは、例えば、用法遵守義務違反に基づく損害賠償請求権の客観的起算点から10年を経過しても使用貸借が継続している場合も考えられるため、貸主が目的物の返還を受けた時点で既に損害賠償請求権の消滅時効が完成していて、損害賠償を請求できなくなるというケースを防ぐ趣旨だよ。これは一種の時効の完成猶予だと思っていい。

(10) その他

Ⓑ使用貸借は、借主が死亡したら終了します(597条3項)。つまり、契約はその時点で終了するので、使用借権は相続されません。これは使用貸借が無償契約であり、個人的な信頼関係によって成り立っていることが多いからです。また、使用貸借の借主は、対抗要件を備えることができません。これはあとで勉強する賃貸借と異なるので覚えておくとよいでしょう。

賃貸借と使用貸借との違い Ⓑ

	賃貸借	使用貸借
法的性質	有償・双務・諾成	無償・片務・諾成
修繕義務	あり	なし
譲渡・転貸	貸主の承諾が必要	貸主の承諾が必要
担保責任	売買の規定を準用(負う)	負わない
第三者に対して対抗できるか	不動産賃借権はできる(対抗要件がある)	できない(対抗要件がない)
相続の対象になるか	賃借権は相続される →賃借人が死亡しても契約は終了せず	使用借権は相続されない →使用借人が死亡したら契約は終了

PLAY! 理解度チェック

1. 諾成的消費貸借は認められるのか?

2. 書面でする消費貸借の借主は、いつまで契約を解除することができるのか?

1.
認められる。書面でする消費貸借は諾成契約である。

2.
貸主から金銭その他の物を受け取るまで。

3. 消費貸借において、返還の時期の定めがなかったときは、貸主は、相当の期間を定めて返還の催告をすることになるが、相当の期間を定めない催告は無効となるのか？

3.
相当の期間を定めない催告でも、客観的に相当な期間を経過すれば返還期が到来するため、無効とならない。

4. 消費貸借の借主は、返還の時期が定まっているときは、当該返還の時期が到来しない限り返還することができないのか？

4.
いつでも返還できる。

5. 消費貸借の予約は、その後（　　　　）が破産手続開始の決定を受けたときは、その効力を失う。

5.
当事者の一方

6. 準消費貸借において、旧債務と新債務は同一性を有するのか？

6.
同一性を有する。

7. 書面による使用貸借において、貸主は、借主が借用物を受け取るまでの間であれば解除することができるのか？

7.
できない。

8. 使用貸借において、借主が貸主の承諾を得ずに第三者に借用物の使用又は収益をさせてしまった場合、貸主は、契約の（　　　　）をすることができる。

8.
解除

9. 使用貸借において、借主は（　　　　）を負担する。

9.
通常の必要費

10. 当事者が使用貸借の期間を定めなかった場合で、使用及び収益の目的を定めたときは、使用貸借は、どのようなことによって終了するのか？

10.
借主がその目的に従い使用及び収益を終えることによって終了する。

11. 借主は、使用貸借が終了したときは、原状回復義務を負うが、この原状回復義務を負わないのはどのようなときか？

11.
その損傷が借主の責めに帰することができない事由によるものであるとき。

TRY! 本試験問題に挑戦

消費貸借に関する記述として最も妥当なものはどれか（争いのあるときは、判例の見解による。）。　【裁判所職員 R2】

1. 私人間の消費貸借は、特約がなくても、貸主が借主に利息を請求することができる。

1. ×
特約をしないと無利息となる。

2. 返還時期の定めがある無利息の消費貸借では、借主は、返還時期に限り、目的物を返還することができる。

2. ×
借主はいつでも目的物を返還することができる。

3. 返還時期の定めのない消費貸借では、借主は、貸主から返還を求められれば、直ちに返還しなければならない。

3. ×
借主は、直ちに返還する必要はなく、相当の期間返還が猶予される。

4. 返還時期の定めのない消費貸借では、借主は、相当な期間を定めて催告しただけでは返還をすることができない。

4. ×
借主はいつでも返還をすることができる。

5. 利息付きの消費貸借では、貸主は、借主が目的物を受け取った日以後の利息を請求することができる。

5．○
そのとおり。
「受け取った日以後」から利息が発生するということである。

正答　5

TRY! 本試験問題に挑戦

使用貸借に関するア～オの記述のうち、妥当なもののみをすべて挙げているのはどれか。　【国家一般職 H27改題】

ア. 貸主は、借主が借用物を受け取るまで、契約を解除することができるが、書面による使用貸借についても、借主が借用物を受け取るまでは解除することができる。

ア．×
書面による使用貸借の場合は、借主が借用物を受け取るまでであっても解除することはできない。

イ. 使用貸借において、目的物に契約内容の不適合があったときは、売買の規定が準用される。

イ．×
贈与の規定が準用される。

ウ. 使用貸借の借主は、無償で借用物の使用及び収益をすることができることとの均衡を図るため、特約のない限り、借用物の通常の必要費、災害により破損した借用物の修繕費等の特別の必要費及び借用物の有益費のいずれも負担しなければならない。

ウ．×
借主が負担しなければならないのは、通常の必要費だけである。

エ. 借主は、借用物を受け取った後にこれに附属させた物を収去することができるが、その附属させた物を収去する義務は負わない。

エ．×
収去する義務を負う。

オ. 使用貸借は、返還時期の定めがある場合、期限到来により終了する。また、使用貸借は、借主が死亡した場合も、特約のない限り、終了する。	オ．○ そのとおり。 使用借権は相続されない。

1．イ　2．オ　3．ア、ウ　4．イ、エ　5．エ、オ

正答　2

21 賃貸借

重要度
★★★
頻出度
★★★

この章ではいよいよ「賃貸借」を見ていく。売買と同様超頻出テーマで、毎年どこかの試験種で必ず出題されている。覚えることはたくさんあるが、確実に理解しておきたい。気合を入れて挑もう！

1 賃貸借とは？

「賃貸借」とは、当事者の一方がある物の使用及び収益を相手方にさせることを約し、相手方がこれに対してその賃料を支払うこと及び引渡しを受けた物を契約が終了したときに返還することを約することによって、その効力を生ずる契約です（601条）。例えば、AがBに家を貸し、BがAに家賃を支払うという場合です。この辺りはイメージどおりだと思います。

賃貸借は、有償・双務・諾成・不要式の契約です。B使用貸借と同様、「諾成契約」である点が大切です。また、賃貸借は、物の使用及び収益に対する賃料支払いを要素とする有償契約であるため、売買契約の規定が準用されます（559条）。例えば、担保責任（契約不適合責任）の規定などです。ただ、この点については１つ判例があるので、最初に解説しておきましょう。

賃貸借契約の担保責任 B

AはBに土地を賃貸した。そして賃借人のBは借地上の建物とその敷地の賃借権をCに売買した。売買契約締結当時、「敷地に」賃貸人が修繕義務を負担するべき欠陥があった場合、買主Cは売主Bに対して担保責任を問えるのだろうか？

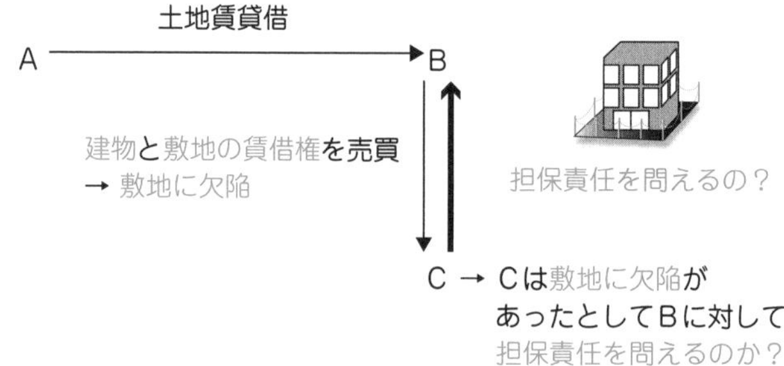

結論　CはBに対して担保責任を問うことはできない（最判平3・4・2）。つまり、建物とその敷地の賃借権とが売買の目的とされた場合において、賃貸人が修繕義務を負担すべき敷地の欠陥は、売買の目的物の欠陥ではない。

理由　Cが敷地について売買で譲り受けたのはあくまでも敷地の「賃借権」であり、賃借権は債権である。そして、債権の譲渡人Bは原則として担保責任を負わない。よって、担保責任を問えない。この場合、Cは賃貸人Aに対して修繕請求をすればよい。

2 不動産賃借権の物権化

本来、賃借権は債権であるため、賃貸目的物の所有権を取得した新所有者は、賃借人に対して優先するのが原則です。これは以前勉強した「売買は賃貸借を破る」ということですね。しかし、A不動産の賃貸借に限っては、対抗要件を備えることができ、その場合には、賃借人は新所有者に不動産賃借権を対抗することができます。具体的には、賃借権の登記（605条）を備えれば新所有者に対抗することができます。また、賃借権の登記をしないまでも、A借地（借りた土地）の場合には借地上に建てた建物を登記することで（借地借家法10条）、借家（借りた建物）の場合には借家の引渡しを受けることで（借地借家法31条）、新所有者に対して対抗することができるようになります。これを「不動産賃借権の物権化」と言います。次の図で確認してみてください。

不動産賃借権の物権化（対抗要件）A

それぞれ①又は②を備えれば不動産賃借権は物権化する！

●土地賃貸借契約

A（賃貸人）―土地賃貸借契約→ B（賃借人）

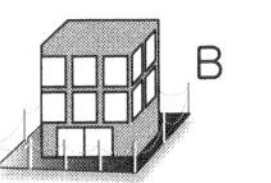

①建物登記※
②賃借権の登記

※なお、他人名義の建物登記では、土地賃貸借における有効な対抗要件とはならない。

● 建物賃貸借契約

A（賃貸人）——建物賃貸借契約——→ B（賃借人） 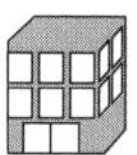

①引渡し
②賃借権の登記

なお、不動産賃借権を有する者は、第三者がその賃借権を侵害してきた場合、損害賠償を請求することができます（709条）。また、A対抗要件を備えた不動産賃借人は、不動産の占有を第三者が妨害しているときには、その第三者に対して妨害停止（妨害排除請求に相応）を、不動産を第三者が占有しているときには、その第三者に対して返還（返還請求）を、それぞれ請求することができます（605条の４）。そして、賃貸借契約は、当事者間の信頼関係（この人だから貸す、という信頼）がとくに重視される継続的契約であるため、信頼関係の破壊の有無が、これから見ていく様々な解釈に影響を及ぼすことになります。この点は追って見ていくことにします。

3 存続期間

B賃貸借の存続期間は、50年を超えることができません。もし契約でこれより長い期間を定めたときであっても、その期間は、50年に短縮されてしまいます（604条１項）。また、更新をすることもできますが、その期間は、更新の時から50年を超えることができません（604条２項）。このように民法上は最長期間の制限があるのです。一方、最短期間については制限がありませんので、当事者の間で自由に設定することができます。例えば、レンタサイクルのように時間貸しなどもOKです。

なお、借地や借家の場合には借主を保護するために「借地借家法」によって存続期間が修正されます（借地は最短30年以上、借家は最短１年以上など。１年未満は期間の定めのないものとされる）。しかし、試験では出題されないので気にすることはありません。

賃貸借の存続期間 B

	最短期間	最長期間
民　法	規定なし → 自由に設定可能	50年（604条１項）

4 不動産の賃貸人たる地位の移転

（1） 2つのケース

ここでは、賃貸人の地位が移転したときにそれまでの賃貸借関係はどのようになってしまうのかを見ていきます。例えば、賃貸人が賃貸目的物となっている不動産を勝手に誰かに譲渡してしまったとしましょう。この場合、従来の賃貸借関係はどうなってしまうのでしょうか？　まず、賃借人が対抗要件を備えていなければ、「売買は賃貸借を破る」の原理に従い、原則として、不動産を譲り受けた者は賃借人に対して「出て行け！」と言えます。**問題は賃借人が対抗要件を備えている場合**です。２つのケースがあるので、一気に解説してしまいます。次の図を見て確認しましょう。

不動産の賃貸人たる地位の移転（その１） A

賃貸人Ａが賃貸目的物（土地）の所有権をＣに譲渡した。

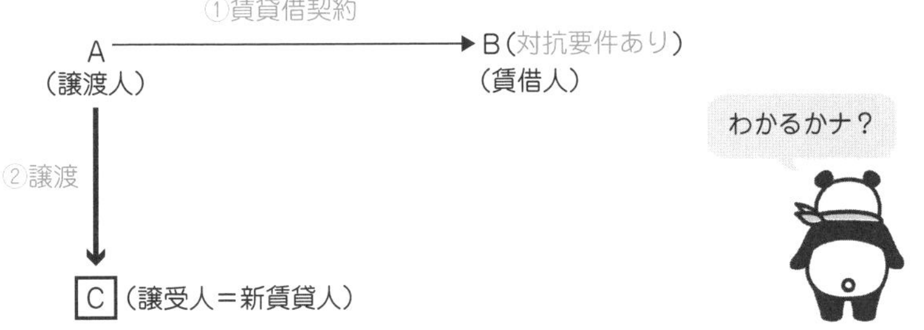

結論　Ｂが賃借権につき対抗要件を備えているのであれば、**賃貸人の地位は当然に譲受人（C）に移転**する（605条の２第１項）。よって、譲受人Ｃが新賃貸人となる。

不動産の賃貸人たる地位の移転（その２）A

賃貸人Ａが賃貸目的物（土地）の所有権をＣに譲渡した。

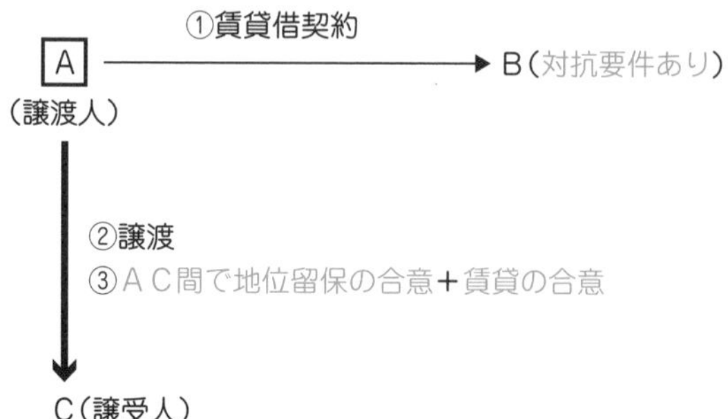

結論　賃貸人たる地位が当然に移転する場面であっても、①賃貸人たる地位を譲渡人（A）に留保する旨の合意をし、かつ②その不動産を譲受人（C）が譲渡人（A）に賃貸する旨の合意をしたときは、賃貸人たる地位の移転が生じない。よって、依然としてＡはＢとの関係で賃貸人のままとなる。これにより、あたかも転貸借と同じような関係が作り出される（Ｃが賃貸人、Ａが賃借人、Ｂが転借人の地位となるということ。転貸借については後述）。

ただ、この場合において、譲渡人（A）と譲受人（C）又はその承継人との間の賃貸借が終了したときは、譲渡人に留保されていた賃貸人たる地位は当然に譲受人（C）又はその承継人に移転する（605条の２第２項）。よって、ＡＣ間の賃貸借が終了したら、賃貸人たる地位は当然にＣに移転する。

A上記その１、その２のいずれの場合（賃貸人の地位が当然に移転する場合）においても、賃貸人たる地位の移転は、賃貸目的物である不動産について所有権の移転登記をしなければ、賃借人に対抗することができませんので注意しましょう（605条の２第３項）。また、A上記その１、その２の場合（賃貸人の地位が当然に移転する場合）において、賃貸人の地位が譲受人又はその承継人に移転したときは、費用償還債務や敷金返還債務は、譲受人又はその承継人が承継します（605条の２第4

項)。要するに、譲受人が賃貸人たる地位を引き継いだわけですから、費用償還や敷金の返還についても譲受人がやって当然だ、というわけですね。

(2) 合意による不動産の賃貸人たる地位の移転

(1)のように賃貸人の地位が当然に移転する場面でなくても、不動産の譲渡人が賃貸人であるときは、その賃貸人たる地位は、B賃借人の承諾を要しないで、譲渡人と譲受人との合意により、譲受人に移転させることができます。この場合もやはり、譲受人が賃借人に賃貸人たる地位を対抗するためには、所有権移転登記を要します。そして、費用償還債務や敷金返還債務も移転することになります(605条の3)。ただし、賃貸借契約終了後明渡し前に賃貸目的物(建物等)が譲受人に譲渡された場合は、そもそも契約が終了している以上(つまり譲渡人はもはや賃貸人ではない)、賃貸人たる地位は譲受人に移りません。それゆえ敷金も承継されません(最判昭48・2・2)。この点には一応注意してください。

> 例えば、不動産賃借権に対抗要件が備わっておらず、本来ならば売買(譲渡)に敗れてしまうような場合(賃借権の登記をしていない賃貸用駐車場の譲渡など)を考えてみるといいね。

5 敷金

「敷金」とは、いかなる名目によるかを問わず、賃料債務その他の賃貸借に基づいて生ずる賃借人の賃貸人に対する金銭の給付を目的とする債務を担保する目的で、賃借人が賃貸人に交付する金銭を言います(622条の2第1項カッコ書)。賃貸借契約を締結する際に賃料の「1か月分」ないし「2か月分」を賃貸人に払うと思うのですが、あれが敷金です。敷金を交付する趣旨は、賃借人が賃貸借契約において負担する一切の債務の履行を担保する点にあります。つまり「賃貸人のための担保」ということです。

(1) 敷金返還債務の発生

A賃貸人は、次に掲げるときは、受け取った敷金の額から賃貸借に基づいて生じた賃借人の賃貸人に対する金銭の給付を目的とする債務(例えば未払い賃料など)の額を控除した残額を返還しなければなりません(622条の2第1項各号)。言い換えると、次に掲げる場合が、敷金返還債務が発生する時期ということになります。

敷金返還債務が発生する時期 A

①賃貸借が終了し、かつ、賃貸目的物の返還を受けたとき（明渡し時）。
②賃借人が適法に賃借権を譲り渡したとき。

①に関しては、賃貸目的物の明渡しと敷金の返還は、同時履行の関係にあるのではなく、明渡しが先履行であることが分かります。また、②は、敷金が賃借権の譲受人に承継されないことを意味しています。

また、明渡し時に初めて敷金返還債務が発生する以上、敷金返還請求権を被担保債権として賃貸目的物につき留置権を主張することもできないことになるね。

（2）敷金の充当

A賃貸人は、賃借人が賃借権に基づいて生じた金銭の給付を目的とする債務を履行しないとき（賃料を支払わないとき）は、敷金をその債務の弁済に充てることができます。これは、いわゆる「敷金の充当」と呼ばれるものですが、賃貸人の意思表示によって行うことになります。よって、A賃借人の側からは、賃貸人に対して、敷金の充当を請求することはできません（622条の2第2項）。敷金の充当はいわば担保権の実行と同じようなものですから、あくまでも賃貸人の側に主導権があるわけです。

6 賃貸人の義務

（1）使用収益させる義務

賃貸人は目的物を相手方に使用収益させる義務を負います（601条）。これは賃貸人の中心的な義務ですが、賃貸人であれば誰でもできる没個性的な義務であると言われています。

（2）修繕義務

次に、賃貸借は、賃借人が賃料を支払う有償契約であるため、賃貸人は、目的物を賃借人に積極的に使用収益させる義務を負います。「積極的な……」と言われてもよく分からないと思いますが、要するに、賃貸人は賃貸目的物につき修繕義務を負うことになっています（606条1項本文）。もし、賃貸人が修繕義務を怠ると、債務不履行となってしまいます。ゆえに、賃借人は、それが賃貸人の帰責事由に基づくときには損害賠償を請求したり、契約を解除したりすることができるのです。Aもっとも、賃借人の責めに帰すべき事由によってその修繕が必要となったときは修繕義務を負いません（606条1項ただし書）。賃借人が自分でぶっこわしたわけですから自己責任でなんとかしろ、ということですね。なお、B賃借人は、目的物が修繕を要する状態にあり、賃貸人がこれを知らないときは、遅滞なくその旨を賃貸人に通知しなければなりません（615条）。

なお、①賃借人が賃貸人に修繕が必要である旨を通知し、又は賃貸人がその旨を知ったにもかかわらず、相当の期間内に必要な修繕をしないとき、②急迫の事情があるとき、は賃借人自身が修繕をすることができるよ（607条の２）。また、この修繕義務は「任意規定」なので、特約で修繕義務を排除しても構わないよ（最判昭29・6・25）。

さらに、賃貸人が賃貸目的物の保存に必要な行為をしようとするときは、賃借人は、これを拒むことができません（606条2項）。もし、賃貸人が賃借人の意思に反して保存行為をしようとする場合において、そのために賃借人が賃借した目的を達することができなくなるときは、賃借人は、契約の解除をすることができます（607条）。

（3）費用償還請求

A賃借人は、賃借物について賃貸人の負担に属する必要費を支出したときは、賃貸人に対し、直ちにその償還を請求することができます（608条1項）。いわゆる「必要費償還請求権」です。時期的な問題として「直ちに」となっているのが特徴的ですね。一方、A賃借人が賃借物について有益費を支出したときは、賃貸人に対し、賃貸借の終了の時に、目的物の価額の増加が現存していれば、その償還を請求することができます（608条2項）。こちらは「有益費償還請求権」ですね。先ほどの必要費償還請求権とは異なり、「直ちに」償還を請求することはできず、「賃貸借の終了の時に」初めて償還を請求することができます。そして、B裁判所は、賃貸人の請求により、その償還について相当の期限を許与することができます。

なお、A賃借人が必要費や有益費を支出した後に、賃貸人たる地位の移転が生じた場合も、特段の事情がない限り、新賃貸人が償還義務者になるので、賃借人は、新賃貸人に対して、費用償還請求権を行使することになります（605条の２第４項）。これは先ほど説明しましたがリマインドです。

7 賃借人の義務

（１）賃料支払義務

賃借人は、賃借物の使用収益の対価として、賃料を支払う義務を負います（601条）。この賃料の支払いは後払いが原則です（614条）。実際の賃貸借では特約で前払いとなっていることが多いと思いますが、民法上は後払いが原則とされています。

（２）目的物の用法遵守義務・保管義務

賃貸借は、賃貸人と賃借人との間の個人的信頼関係を基礎とする契約です。そこで、賃借人は、賃貸人に不利益を及ぼすことのないよう、契約や目的物の性質によって定まった用法に従い、使用収益する義務を負います（616条、594条１項）。「用法を守って正しくお使いください」というわけです（笑）。また、目的物を返還するまでは、善良な管理者の注意をもってその物を保存する義務を負います（400条、善管注意義務）。

例えば、部屋を「居住用」で借りたのに「事業用」として使ってしまうと用法遵守義務違反となり、損害賠償を請求されてしまうよ。

（３）収去義務・原状回復義務

Ａ賃借人は、賃貸目的物を受け取った後にこれに附属させた物がある場合において、賃貸借が終了したときは、その附属させた物を収去する義務を負います。ただし、賃貸目的物から分離することができない物又は分離するのに過分の費用を要する物については、収去義務を負いません（622条、599条１項）。また、借主は、借用物を受け取った後にこれに附属させた物を収去することができます（622条、599条２項）。さらに、賃借人は、賃借物を受け取った後にこれによって生じた損傷がある場合において、賃貸借が終了したときは、その損傷を原状に復する義務を負います。いわゆる「原状回復義務」です。もっとも、Ａその損傷が賃借人の責めに帰するこ

通常の使用及び収益によって生じた賃借目的物の損耗並びに賃借目的物の経年劣化を除くよ。これらは賃貸人が負担して然るべきリスクだからね。

とができない事由（地震により損傷など）によるものであるときは、原状回復義務を負いません（621条）。

（4）賃借権の無断譲渡や賃借物の無断転貸をしない義務

Ａ賃借人は、賃貸人の承諾を得なければ、その賃借権を譲り渡し、又は賃借物を転貸することができません（612条１項）。要するに、賃借権を無断で譲渡したり、あるいは賃借物を無断で転貸したりする行為は禁止されているのです。当事者の信頼関係が基礎となっているのが賃貸借である以上、当然ですね。賃貸人の立場になって考えてみましょう。自分が承諾もしていないのに、勝手に譲渡や転貸をされたら誰でも、「僕は君だからこの物を貸したんだ！ なのに何だ！」と怒りたくなりますよね（笑）。そこで、Ａもし賃借人が賃貸人の承諾なくこれらの行為を行い、第三者に賃借物の使用又は収益をさせてしまったときは、賃貸人は、契約の解除をすることができます（612条２項）。次の図で確認してみてください。

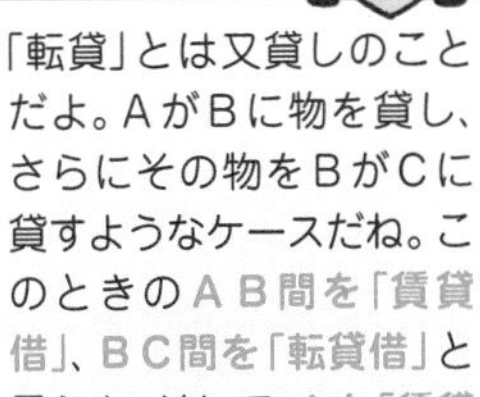

「転貸」とは又貸しのことだよ。ＡがＢに物を貸し、さらにその物をＢがＣに貸すようなケースだね。このときのＡＢ間を「賃貸借」、ＢＣ間を「転貸借」と言うよ。そして、Ａを「賃貸人」、Ｂを「賃借人」かつ「転貸人」、Ｃを「転借人」と呼ぶんだ。Ｂは二重の身分を持っているので注意だね。

無断譲渡・無断転貸の場合の解除 Ａ

ＡはＢに対して建物を賃貸した。ところが、ＢはＡの承諾なく勝手にＣに対して賃借権を譲渡したり、賃借物を転貸したりしてしまった。このとき、Ａは何ができるのか？

①賃貸借契約
Ａ（賃貸人）→Ｂ（賃借人）
承諾なし
③解除○
→ 催告不要
②無断譲渡・無断転貸 → 有効
Ｃ（譲受人又は転借人）→ 使用・収益した

ＢＣ間の無断譲渡契約や無断転貸借契約自体は有効だよ。

結論 賃貸人Aは、無断譲渡・無断転貸を理由に、AB間の賃貸借契約を解除することができる。しかも、この場合の解除に催告は不要である（無催告解除）。もっとも、解除できるのは、あくまでも譲受人又は転借人であるCに現実に「使用・収益させた」場合のみである。また、賃貸人Aは、AB間の賃貸借契約を解除しなくても、Cに対して明渡しを請求することもできる（CはAとの関係では単なる不法占拠者だから）。

このように、無断譲渡や無断転貸は賃貸人の信頼を不当に裏切ることになるため、賃貸人に解除権を認めました。ですが、裏を返せば、無断譲渡や無断転貸でも賃貸人の信頼を害しないのであれば、賃貸人に解除権を認める必要はありませんね。したがって、A形式的には無断譲渡や無断転貸になっていても当事者の信頼関係が破壊されないような「特段の事情」があれば、解除権は発生しないと考えていきます。「え？ そんなことってあるの？」と思うでしょう。次の図を見てそのレアケースを確認してみてください。

信頼関係破壊の法理 A

AはBに対して建物を賃貸した。そしてBは息子のCと当該建物に同居していた（BとCは親子関係）。ところが、その後、Bは病気になり、先が長くないということになったので、BはAの承諾なく勝手にCに借主名義を移して従前通り同居を続けることにした（これは賃借権の無断譲渡にあたる）。このとき、AはBとの間の賃貸借契約を解除することができるのか？

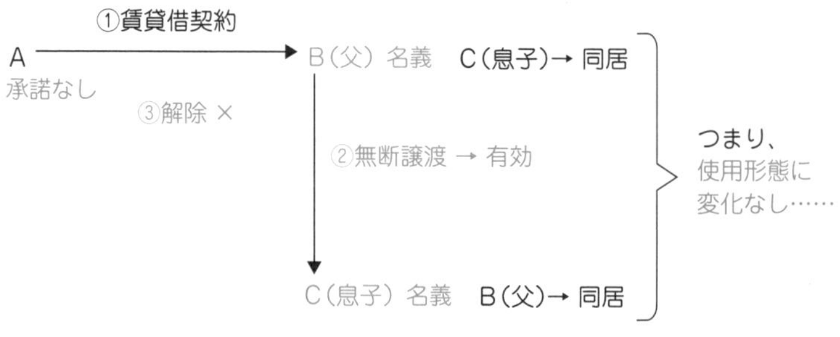

結論　無断譲渡・無断転貸に賃借人の背信的行為と認めるに足りない特段の事情がある場合には、解除権は発生しないので、賃貸人は賃貸借契約を解除できない（最判昭28・9・25）。なお、この特段の事情の立証責任は賃借人側が負う。

理由　形式的には無断譲渡にあたるが、結局使用形態に変化がない以上、賃貸人の信頼が不当に害されることにはならないため。

B判例では他にも、小規模で閉鎖的な有限会社において、持分の譲渡及び役員の交代により実質的な経営者が交代した場合につき、賃借権の譲渡にあたらないとしたものがあります（最判平８・10・14）。法人の構成員や機関の変動が生じても、法人格の同一性が失われるものではないからです。

また、これに関連して、２つの判例をあわせて覚えておいてください。まず、A土地の賃借人が借地上に建てた建物を第三者に賃貸しても土地の転貸にはあたらないという判例です（大判昭８・12・11）。次の図で確認してみてください。

土地の賃借人が借地上の建物を賃貸した場合 A

AはBに土地を賃貸した。その後、土地の賃借人ＢはＡの承諾を得ないで、借地上に建てた建物をＣに賃貸した。このとき、Ａは土地の賃貸借契約を解除することができるのか？

結論　Ｂのなした建物の賃貸は、土地の転貸にはあたらないので、Ａは土地の無断転貸を理由に賃貸借契約を解除することはできない。

これに対し、A借地上に建てた建物の譲渡（売却）は、土地賃借権の譲渡にあたるため、無断譲渡を理由として賃貸借契約を解除することができます（最判昭47・3・9）。これも一応図解しておきます。

土地の賃借人が借地上の建物を譲渡した場合 A

AはBに土地を賃貸した。その後、土地の賃借人BはAの承諾を得ないで、借地上に建てた建物をCに譲渡した。このとき、Aは土地の賃貸借契約を解除することができるのか？

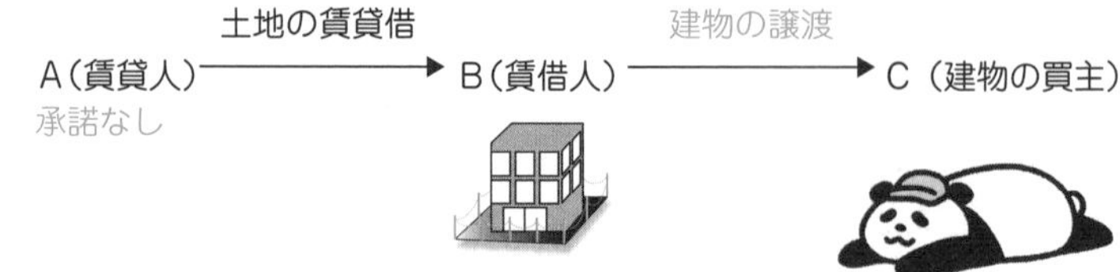

結論　Bのなした建物の譲渡は、土地賃借権の譲渡にあたるため、Aは賃借権の無断譲渡を理由に賃貸借契約を解除することができる。

8 承諾転貸の場合における転借人の地位

A賃借人が適法に賃借物を転貸したとき（つまり承諾転貸の場合）は、転借人は、賃貸人と賃借人との間の賃貸借（原賃貸借）に基づく賃借人の債務の範囲を限度として、賃貸人に対して転貸借に基づく債務を直接履行する義務を負います。賃貸人と転借人との間には本来契約関係がないのですが、賃貸人の利益をとくに保護するため、転借人が一方的な義務を負うような制度となっています。例えば、転借人は、賃貸人に対して直接賃料を支払う義務を負います。B具体的に請求される額としては、賃貸料と転貸料のうち重なり合っている少ない方となります。賃貸料が７万円で転貸料が10万円だとすると、重なり合っている７万円を請求されることになります。逆もまた然りで、賃貸料が10万円で転貸料が７万円のときも、重なり合っている７万円を請求されることになります。なお、Bこの場合においては、転貸料の前払いをもって賃貸人に対抗することはできません（613条１項）。

「前払い」とは、転貸料の支払い期日前の支払いのことを言うよ（大判昭７・10・８）。

なお、転借人が賃貸人に対して直接履行する義務を負う場合であっても、A賃貸人が賃借人に対して権利を行使することができなくなるわけではありません。もちろん賃貸人も賃借人に対して権利を行使することができるので注意しましょう（613条２項）。

転借人の賃料支払義務 B

賃貸人は、賃借人に対する賃貸料の範囲内で転借人に賃料を請求できる。

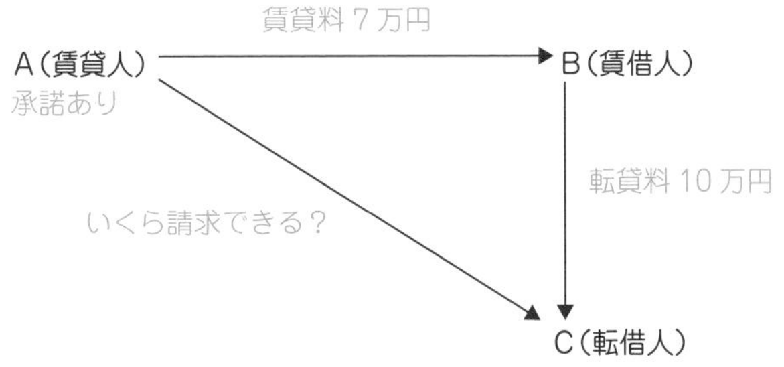

結論　Aは、10万円と７万円の重なり合う少ない方の７万円だけ請求できる。

なお、A転借人は賃貸人に対して一方的な義務を負うだけであり、権利は有しません。この点には注意しましょう。ですから、例えば修繕請求をしたり、費用償還請求をしたりすることはできないのです。転借人の地位はかなり不利ですよね。

承諾転貸の効果 A

転借人は賃貸人に対して権利を有しない。賃貸人に対して一方的な義務を負うだけである。

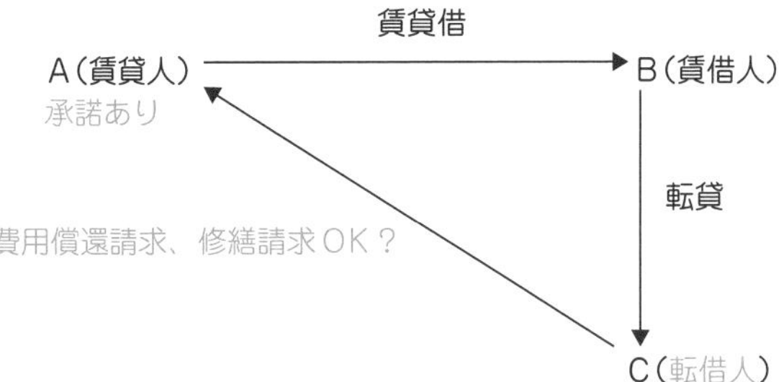

結論　CはAに対して修繕請求や費用償還請求をすることはできない。一方的な義務を負うだけである。

9 承諾転貸の問題点

最後に、承諾転貸で問題となる論点を見ていきましょう。試験で出題されるのは、次の３つの事例のみです。したがって、点数は取りやすいので、しっかりと理解、記憶しておきましょう。

債務不履行解除の場合の催告 A

承諾転貸のケースで、賃貸人Ａが賃借人Ｂの賃料不払いを理由に解除しようとするとき（債務不履行解除）に、Ａは、転借人Ｃに催告し延滞賃料の支払いの機会を与えることなくＡＢ間の賃貸借契約を解除できるのか？

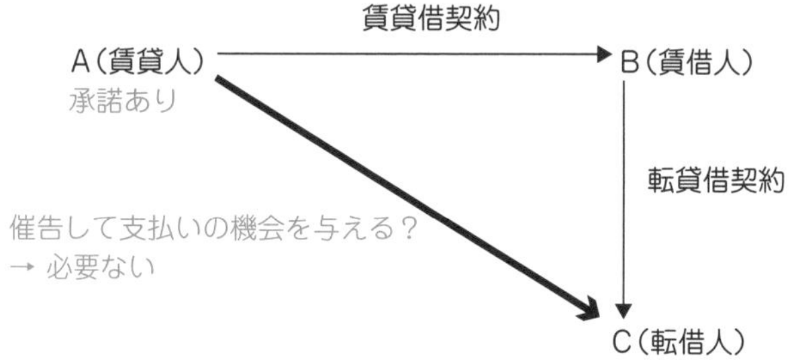

結論　Ａは、**転借人Ｃに延滞賃料を代わりに支払うよう催告せずに**、ＡＢ間の賃貸借契約を解除できる。つまり、ＡはＢに対して催告をすれば足りる（最判昭37・３・29）。

理由　**催告は、契約の相手方にするもの**である。今回はＡが解除しようとしているのはＡＢ間の賃貸借契約であり、ＡとＣとの間には契約関係がないため。

債務不履行解除の場合の転貸借契約の終了時期 A

上記の事例では賃借人Ｂが賃料を支払わなかったという債務不履行があったので、ＡはＢとの賃貸借契約を解除できる。では、ＡがＢとの賃貸借契約を解除したときに、ＢＣ間の転貸借契約も同時に終了するのだろうか？　親亀がこけたら子亀もこけると考えると同時に終了ということになりそうであるが……。

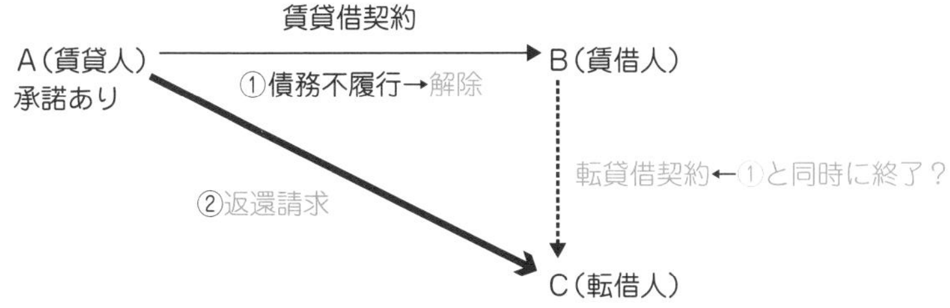

結論　Aが賃貸借契約を解除した場合、ＢＣ間の転貸借契約が終了する時期は、**AがCに目的物の返還を請求した時**である（最判平９・２・25)。つまり、親亀がこけても即座に子亀がこけるわけではない……。

合意解除・賃借権の放棄 A

上記の事例では賃借人Bが賃料を支払わなかったという債務不履行があったので、AはBとの賃貸借契約を解除でき、Cを追い出すことができた。では、Bに債務不履行がないのに、ＡＢ間で合意解除（契約による解除）をし、無理やりCを追い出すことは許されるのだろうか？　または、Bが一方的に賃借権を放棄してCを追い出すことは許されるのだろうか？

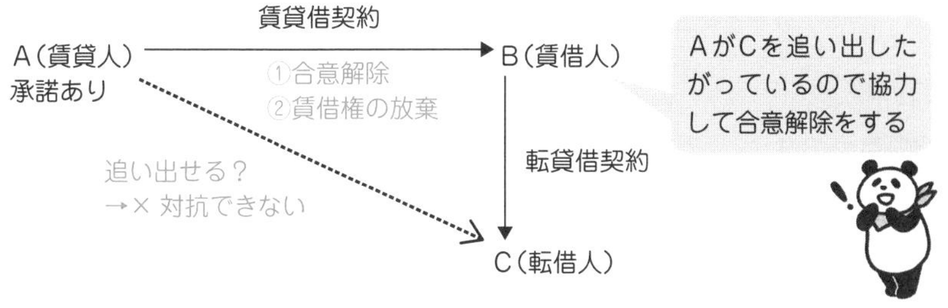

結論　ＡＢ間の**合意解除**（契約による解除）やBの**賃借権の放棄**の場合には、**それをAはCに対抗できない**（合意解除につき613条３項本文)。もっとも、**合意解除の当時、賃貸人が賃借人の債務不履行による解除権を有していたとき**（つまり、債務不履行による解除権を行使できる状態にあるとき）は、当該**合意解除をCに対して対抗することができる**（613条３項ただし書)。

理由　債務不履行解除の場合のように、解除されたことがB自身の帰責事由に基づくのであれば、Cは解除を対抗されても仕方がない。しかし、合意解除や賃借権の放棄のようにＡＢが結託して、ないしＢの一都合に乗じてCを追い出すようなことは認めるべきでない。

10 賃貸借契約の終了

（1）期間満了

期間の定めのある賃貸借は、その期間の満了によって終了します（622条・597条1項）。

もっとも、黙示の更新が認められることがあります（619条1項）。具体的には、B期間の満了後も賃借人が引き続き賃借物の使用収益を継続し、それを賃貸人が知りながら異議を述べないときは、従前の賃貸借と同一条件で更に賃貸借を更新したものと推定されるのです。従前の賃貸借について当事者が担保を供していたときは、その担保は、期間の満了によって消滅することになるのですが、敷金だけは、この限りではありません（619条2項）。

つまり、敷金は消滅せずに引き継がれるってことだね。

（2）解約申入れ

B期間の定めのない賃貸借は、各当事者がいつでも解約の申入れをすることができ、その日から、下記に定める期間を経過することによって終了します（617条）。

賃貸借契約終了するまでの期間 B

①土地の賃貸借　1年

②建物の賃貸借　3か月

③動産及び貸席の賃貸借　1日

（3）解除

賃借人の債務不履行に基づく解除には賃貸借特有の問題が存在します。すなわち、賃貸借は継続的契約なので、当事者間の信頼関係がとくに重視されます。そこで、

A信頼関係が著しく破壊された場合には、催告しても信頼関係を回復することができない以上、賃貸人は催告せずに解除することができます。いわゆる「無催告解除」ですね。例えば、無断譲渡や無断転貸、１年分以上賃料を滞納したときなどはこれにあたるでしょう。そして、Aその解除は、将来に向かってのみその効力を生じます（620条、将来効）。通常の解除の効果とは異なり、遡及効がないのです。したがって、このような解除をとくに「告知」ないし「告知解除」と呼ぶこともあります。なお、解除した場合において、当事者の一方に帰責事由があったときは、その者に対する損害賠償の請求をすることもできます。

これは継続的契約の解除の特徴だよ。

賃貸借契約の解除のイメージ B

①賃借人に軽微な債務不履行（１か月分の賃料の不払い等）があった場合
　→ 信頼関係が破壊されたとは言えないので、賃貸人は解除することができない。

②賃借人に通常の債務不履行（３～６か月分の賃料の不払い等）があった場合
　→ 信頼関係が破壊されたと言えるので、催告をしてから解除することができる。

③賃借人に信頼関係を破壊するような著しい債務不履行（無断譲渡、無断転貸、１年分以上の賃料の不払い等）があった場合
　→ 信頼関係の破壊が著しいので、無催告で直ちに解除することができる。

（４）賃借物の一部滅失等による賃料の減額等

まず、B賃借物の全部が滅失その他の事由により使用及び収益をすることができなくなった場合には、賃貸借は、これによって終了します（616条の２）。これは目的物の全部が滅失、あるいは使用・収益できなくなってしまった以上、契約を残す意味がないからです。

また、A賃借物の一部が滅失その他の事由により使用及び収益をすることができなくなった場合においても、それが賃借人の責めに帰することができない事由によるものであるときは、賃料は、その使用及び収益をすることができなくなった割合に応じて、減額されます（611条１項）。賃借人の帰責事由によらないで賃借物が一

部使えなくなったわけですから、賃料が減額されるというのはいわば当然と言えますね。当然に減額されるという点がポイントです。また、A賃借物の一部が滅失その他の事由により使用及び収益をすることができなくなった場合において、残存する部分のみでは賃借人が賃借をした目的を達することができないときは、賃借人は、契約を解除することができます（611条２項）。例えば、地震によって地盤沈下が起こり、借りている家の一部が傾いてしまったとしましょう。この場合は残存する部分のみでは耐震上の問題で住むという目的を達することができない以上、賃借人は契約を解除できるわけですね。

> 賃借人に帰責事由があろうとなかろうと解除することができるよ。つまり、賃借人の帰責事由によって賃借物の一部が使用できず目的を達することができなくなった場合でも解除することができるんだ。目的を達することができない以上、契約を存続させる実益に欠けるからだ。この点は通常の543条の解除とは違うから注意しよう。

PLAY! 理解度チェック

1. 賃貸借は、有償・双務・（　　　　）の契約である。

2. 賃貸借には、売買契約の規定が準用されるのか？

3. 不動産賃借権が対抗力を備えた場合には、妨害停止や返還の請求をすることができるようになるのか？

4. 賃貸目的物が譲渡され、賃貸人たる地位が移転したとき、新賃貸人は賃貸目的物である不動産の移転登記を具備しなくても賃借人に対して賃貸人たる地位を対抗することができるのか？

1. 諾成

2. 準用される。

3. なる。

4. 移転登記を具備しなければ対抗することができない。

5. 賃貸目的物の明渡しと敷金の返還は、同時履行の関係にあるのか？

5.
同時履行の関係にはなく、明渡しが先履行である。

6. 賃貸人の地位が当然に移転する場合において、賃貸人の地位が譲受人に移転したときは、費用償還債務や敷金返還債務は、譲受人が承継するのか？

6.
承継する。

7. 賃借人の責めに帰すべき事由によって修繕が必要となったときも、賃貸人は修繕義務を負うのか？

7.
負わない。

8. 賃借人の必要費償還請求権は（　①　）に行使することができ、有益費償還請求権は（　②　）に行使することができる。

8.
①直ち
②賃貸借の終了の時

9. 無断譲渡・無断転貸にあたるのに解除権が発生しない場合とは？

9.
賃借人の背信的行為と認めるに足りない特段の事情がある場合。

10. 無断譲渡契約や無断転貸借契約自体は有効？無効？

10.
有効。

11. 土地の賃借人が借地上の建物を賃貸した場合は、土地の転貸に（　①　）が、土地の賃借人が借地上の建物を譲渡した場合は、土地賃借権の譲渡に（　②　）。

11.
①あたらない
②あたる

12. 適法な転貸借の場合、転借人は、賃貸人に対して転貸借に基づく債務を直接履行する義務を負うのか？

12.
負う。

13. 適法な転貸借の場合、賃貸人が賃借人の債務不履行を理由に契約を解除するときには、転借人に対して延滞賃料を支払うよう催告する必要があるのか？

13.
ない。

14. 賃貸人と賃借人との間における合意解除は、転借人にも対抗できるのか？

14.
対抗できない。

15. 賃借物の一部が滅失その他の事由により使用及び収益をすることができなくなった場合において、それが賃借人の責めに帰することができない事由によるものであるときは、賃料は、どうなってしまうのか？

15.
使用及び収益をすることができなくなった割合に応じて、減額される。

TRY! 本試験問題に挑戦

民法に規定する賃貸借に関する記述として、判例、通説に照らして、妥当なのはどれか。

【特別区 H28改題】

1. 賃貸人は、賃貸物の使用及び収益に必要な修繕をする義務を負い、特約によって修繕義務を免れることは一切できず、賃借人は、賃借物が修繕を要するときは、遅滞なくその旨を賃貸人に通知しなければならないが、賃貸人が既にこれを知っているときは、この限りでない。

1. ×
特約によって修繕義務を免れることは可能である。修繕義務の規定は、任意規定だからである。

2．賃貸人が賃貸物の保存に必要な行為をしようとするときは、賃借人はこれを拒むことができず、賃貸人が賃借人の意思に反して保存行為をしようとする場合において、そのために賃借人が賃借をした目的を達することができなくなるときであっても、賃借人は契約の解除をすることができない。

2．×
賃貸人の保存行為のせいで賃借人が賃借をした目的を達することができなくなるときは、賃借人は契約の解除をすることができる。

3．最高裁判所の判例では、民法は、賃貸人の承諾なく賃借人から第三者への賃借権の譲渡をしたときは、賃貸人は賃貸借契約を解除することができる旨を定めているが、小規模で閉鎖的な有限会社において、持分の譲渡及び役員の交代により実質的な経営者が交代した場合、当該賃借権の譲渡にあたるとした。

3．×
判例は、小規模で閉鎖的な有限会社において、持分の譲渡及び役員の交代により実質的な経営者が交代した場合は、当該賃借権の譲渡にあたらないとした（最判平８・10・14）。

4．賃貸人たる地位が当然に移転する場面では、賃貸人たる地位を譲渡人に留保する旨の合意をし、かつその不動産を譲受人が譲渡人に賃貸する旨の合意をしたときであっても、賃貸人たる地位の移転が生じる。

4．×
この場合は、賃貸人の地位の移転は生じない。

5．最高裁判所の判例では、土地の賃貸借契約において、適法な転貸借関係が存在する場合に、賃貸人が賃料の不払を理由に契約を解除するには、特段の事情のない限り、転借人に通知等をして賃料の代払の機会を与えなければならないものではないとした。

5．○
そのとおり。
転借人に対する催告は不要である。

正答　5

TRY! 本試験問題に挑戦

賃貸借に関するア～オの記述のうち、妥当なもののみをすべて挙げているのはどれか。 【国税専門官 H26改題】

ア. 賃貸借は、使用貸借と異なり要物契約である。

イ. 賃借人は、賃貸人の承諾がなければ、目的物を転貸することができず、賃貸人の承諾を得ずに締結された転貸借契約は無効である。

ウ. 家屋の賃貸借の終了に伴う賃借人の家屋明渡債務と賃貸人の敷金返還債務は、一個の双務契約によって生じた対価的債務の関係にあるため、両債務の間に同時履行の関係を認めることができるとするのが判例である。

エ. 賃貸人は、賃借人に目的物を使用及び収益させる義務を負うとともに、それに必要な修繕をする義務を負う。また、賃借人は、目的物が修繕を要する状態にあり、賃貸人がこれを知らないときは、遅滞なくその旨を賃貸人に通知しなければならない。

オ. 賃借人が賃貸人の承諾を得て目的物を転貸した場合、転借人は賃借人との間で契約関係を結ぶのであるから、賃貸人は転借人に直接賃料を請求することはできない。

ア. ×
賃貸借は諾成契約である。

イ. ×
賃貸人の承諾を得ずに締結された転貸借契約は有効である。

ウ. ×
賃借人の家屋明渡債務と賃貸人の敷金返還債務は同時履行の関係ではなく、家屋の明渡しが先履行である。

エ. ○
そのとおり。
通知義務についても押さえておこう。

オ. ×
賃貸人は転借人に直接賃料を請求することができる。

1．エ　2．オ　3．ア、ウ　4．イ、エ　5．ウ、オ

正答　1

TRY! 本試験問題に挑戦

賃貸借に関するア～オの記述のうち、妥当なもののみを全て挙げているのはどれか。　【国家一般職 R2】

ア. 賃貸人が賃借人の意思に反して保存行為をしようとする場合において、そのために賃借人が賃借をした目的を達することができなくなるときは、賃借人は、当該行為を拒むことができる。

ア. ×
拒むことはできない。契約を解除できるだけである。

イ. 賃借人は、賃借物について有益費を支出したときは、賃貸人に対し、直ちにその償還を請求することができる。

イ. ×
有益費は、賃貸借の終了の時に償還を請求することができる。

ウ. 賃借物の全部が滅失その他の事由により使用及び収益をすることができなくなった場合には、賃貸借は、これによって終了する。

ウ. ○
そのとおり。
契約を残す意味がないからである。

エ. 当事者が賃貸借の期間を定めなかったときは、各当事者は、いつでも解約の申入れをすることができるところ、動産の賃貸借については、解約の申入れの日から３か月を経過することによって終了する。

エ. ×
１日の誤りである。

オ. 賃借人が賃貸借に基づいて生じた金銭の給付を目的とする債務を履行しないときは、賃貸人は敷金をその債務の弁済に充てることができるが、賃借人が、賃貸人に対し、敷金をその債務の弁済に充てることを請求することはできない。

オ．○
そのとおり。
敷金の充当は賃貸人が自らの判断で行うものである。

1．ア、ウ　　2．ア、オ　　3．イ、ウ　　4．イ、エ　　5．ウ、オ

正答　5

賃貸借がやっと終わったわ！
正直もううんざり…
エヘヘッ

22 請負

重要度
★★★
頻出度
★★★

「請負」は、次章で勉強する「委任」と一緒に勉強するとよい。なぜなら本試験では多くの場合、請負と委任をセットにして出題してくるからである。いわば異体同心というわけだ。

1 請負とは?

「請負」とは、当事者の一方がある仕事を完成させ、相手方がその仕事の結果に対して報酬を支払うことを約束する契約です(632条)。結果を出しさえすればいいので、人の個性は問題となりません。とにかく結果にこだわる契約、それが請負と覚えておきましょう。家屋の建築や車の修理、物の運搬や講演・演奏などを依頼し、その結果に対して報酬を支払う場合がその典型です。

請負は、有償・双務・諾成・不要式の契約だよ。

(1) 報酬支払義務と仕事完成義務・目的物引渡義務との関係

請負は、仕事の完成をその本質としているため、請負人の仕事完成義務と注文者の報酬支払義務は対価関係に立ちます。しかし、A仕事完成義務は、先履行義務であるため、仕事の目的物の引渡しが必要な請負契約では、目的物の引渡しと報酬の支払いが同時履行の関係に立ちます。この点は多くの受験生がひっかかるところなので、意識的に覚えておくとよいと思います。次の図でイメージをつかんでみてください。

ただし、物の引渡しを要しないときは、報酬は後払いになる(633条、624条)。

目的物引渡義務と報酬支払義務が同時履行関係 A

BはAとの間で建物の建築請負契約を締結した。本契約では、Aが建物を完成させ、Bに引き渡すことになっていた。

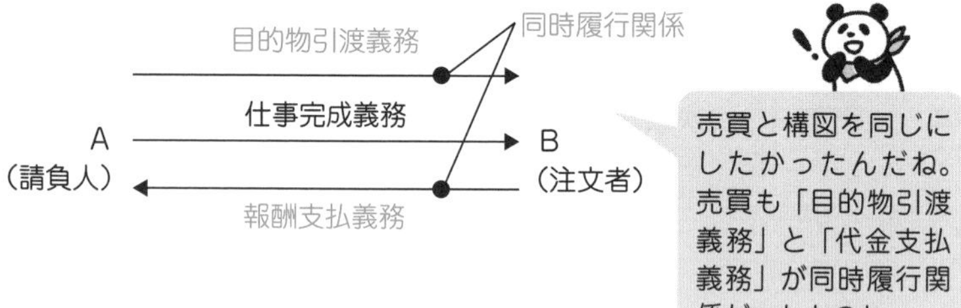

結論　請負の場合、**目的物引渡義務と報酬支払義務が同時履行の関係に立つ**。**仕事完成義務は先履行**である。

なお、請負契約を結んだときに請負人の報酬債権が発生します。B一応、仕事完成前にも報酬債権は抽象的に発生しているので、その**報酬債権を他人に譲渡することができます**。ただ、仕事が完成しないと現実には支払ってもらえません（笑）。あくまでも仕事の完成に対する報酬だからです。

（2）注文者が受ける利益の割合に応じた報酬

上述のように、請負人は仕事が完成しないと報酬をもらえないわけですが、①**注文者の責めに帰することができない事由によって仕事が完成できなくなった**ときや、②**請負が仕事の完成前に解除された**ときにおいて、A請負人が既にした仕事の結果のうち**可分な部分の給付**によって**注文者が利益を受けるとき**は、その部分を**仕事の完成とみなす**ことになっています。この場合、請負人は、注文者が受ける利益の割合に応じて報酬を請求することができます（634条）。ちょっと条文の表現なのでわかりづらいですが、要するに、たとえ仕事が未完成でも、途中まで仕事をしたのであるからその給付した部分の報酬はもらえる、ということです（割合的報酬になるということ）。

注文者の責めに帰すべき事由によって仕事が完成できなくなったときは、全額の報酬を請求することができるよ（536条２項）。これは危険負担の観点からね。

（3）下請け自由の原則

B請負は、仕事の完成を本質とするので、**請負人が下請負人を使用して仕事を完成させる**ことは、**当然可能**です。これ

を「下請け自由の原則」と言います。そして、Bたとえ下請けが特約で禁じられている場合（下請禁止特約がある場合）でも、下請け契約自体が当然に無効になることはなく、請負人が注文者に対して特約違反の債務不履行責任を負うにとどまります。

（4）所有権の帰属

建物などの製作を目的とする請負の場合、完成した製作物の所有権の帰属は、特約があればそれに従って決めることとなります（大判大５・12・13）。では、当事者間に特約がないときは注文者と請負人のいずれに原始的に帰属するのでしょうか？この点、判例は、材料の供給形態を基準として所有権の帰属を決めています。試験的には次の３パターンを覚えてください。

所有権の帰属 A

注文者が材料の全部又は主要部分を供給した場合	所有権は原始的に注文者に帰属する（大判昭７・５・９）。
請負人が材料の全部又は主要部分を供給した場合	所有権は請負人に帰属し、引渡しによって注文者に移転する（大判明37・６・22）。請負人の報酬債権を確保するためである。
請負人が材料の全部又は主要部分を供給した場合でも、仕事完成までの間に注文者が報酬の大部分を支払っていたとき	所有権は原始的に注文者に帰属する（最判昭44・９・12）。請負人の報酬債権を確保する必要がないから。

なお、B注文者と元請負人との間で、請負契約が中途解約された場合における出来形部分の所有権は注文者に帰属するという特約になっているときは、たとえ下請負人が自ら材料を供給していても、その出来形部分は注文者の所有物になります（最判平５・10・19）。これは、下請負人は元請負人の単なる履行補助者であるためです。つまり、下請負人は注文者と元請負人との間で結ばれた特約に拘束されるということです。

注文者のためにする当該工事に関して元請負人と異なる権利関係を主張し得る立場にはないというわけだ。独立した利害を持たないということだね。

2 請負人の担保責任（契約不適合責任）

請負人の担保責任（契約不適合責任）については、請負は有償契約ですから、売買の規定が準用されることになります（559条、562条～564条）。したがって、A引き渡された目的物が種類、品質又は数量に関して契約の内容に適合しないものであるとき（契約内容不適合）は、注文者は、履行の追完や報酬減額請求、損害賠償、解除をすることができるわけですね。

目的物の修補、代替物の引渡し、不足分の引渡しの３つの手段があったよね。

担保責任の基本は分かりましたか？　では、ここからは報酬債権と損害賠償債権との相殺の可否という論点を説明していきます。少し難しいかもしれませんが、試験では超頻出の知識になるので、頑張って理解しましょう。では、次の図を見てください。

報酬債権と損害賠償債権との相殺の可否 A

ＢはＡとの間で建物の建築請負契約を締結した。その後、Ａは建物を完成させＢに引き渡したが、当該建物には瑕疵があった。そこで、ＢはＡに対して担保責任の規定に基づき、300万円の損害賠償を請求した。このとき、Ｂの損害賠償債権とＡが有する報酬債権はどのような関係になるのか？　また、ＢはＡに対する損害賠償債権を自働債権として、報酬債権と相殺することができるのか？

結論　Ｂは、損害賠償金を受け取るまでは、信義則に反しない限り、報酬全体の支払いを拒むことができる。つまり、損害賠償債権と報酬債権全体は同時履行関係にある（最判平９・２・14）。また、Ｂは、自己のＡに対して有する損害賠償債権を自働債権として、報酬債権と相殺することができる（最判昭51・３・４）。その場合、Ｂは、相殺後の残報酬債権（このケースでは700万円）について、相殺の意思表示をした日の翌日から履行遅滞による責任を負うことになる（最判平９・７・15）。

理由　確かに、相手方の同時履行の抗弁権が付着している債権を自働債権として相殺することにはなるが、今回は、両者ともに金銭債権であり、実質的に報酬減額的な効果となるにとどまるため、相殺を認めても構わない（要するに相手方Aが害されないからOK）。

3 担保責任の制限

請負人が種類又は品質に関して契約の内容に適合しない仕事の目的物を注文者に引き渡したとき（契約内容不適合）であっても、A注文者の供した材料の性質又は注文者の与えた指図によってその不適合が生じたときは、注文者は、履行の追完、報酬減額請求、損害賠償請求及び解除をすることができません（636条本文）。この契約内容不適合は注文者のせいだと言えるからです。「お前のせいじゃん……」と言われてしまうようなケースですから、担保責任を認めるわけにはいきませんよね。しかし、請負人はプロです。したがって、A請負人がその材料又は指図が不適当であることを知りながら告げなかったときは、担保責任を免れることはできません（636条ただし書）。知っていたのに注文者に教えないで目的物を引き渡すというのはプロとして失格です。

「数量」に関する契約内容不適合は外されているね。注意しよう。

また、この目的物の種類又は品質に関する担保責任には期間制限があります。すなわち、A注文者が契約内容不適合の事実を知った時から1年以内にその旨を請負人に通知しないと、注文者はその契約内容不適合を理由とする担保責任を追及できなくなってしまいます。すなわち、不適合を理由として、履行の追完の請求、報酬の減額の請求、損害賠償の請求及び契約の解除をすることができません（637条1項）。ただ、請負人が仕事の目的物を注文者に引き渡した時において、契約内容不適合の事実を知り、又は重大な過失によって知らなかったときは、この期間制限は適用されません（637条2項）。つまり、通知は不要です（1年以内に通知をしなくても担保責任を追及できる）。これらをまとめると次のようになります。

その引渡しを要しない場合にあっては、仕事が終了した時だよ。

請負人の担保責任 A

原則：売買の規定を準用→契約内容不適合の場合可

例外：種類又は品質の契約内容不適合→注文者の供した材料の性質又は注文者の与えた指図によるときは不可

※ただし、請負人が知りながら告げなかったときは可

期間制限：種類又は品質の契約内容不適合→不適合の事実を知った時から１年以内に通知しないと追及不可

※ただし、請負人が悪意又は重過失のときは通知不要

4 注文者の解除権

B請負人が仕事を完成しない間は、注文者は、いつでも損害を賠償して契約の解除をすることができます（641条）。注文者が仕事の完成を望まなくなった場合にまで仕事を完成させることはそれこそ無意味だからです。また、B報酬を支払うべき注文者が破産手続開始の決定を受けたときは、請負人又は破産管財人は、契約の解除をすることができます（642条１項）。この場合において、請負人は、既に行われた仕事の報酬及びその中に含まれていない費用について、破産財団の配当に加入することができます（642条２項）。

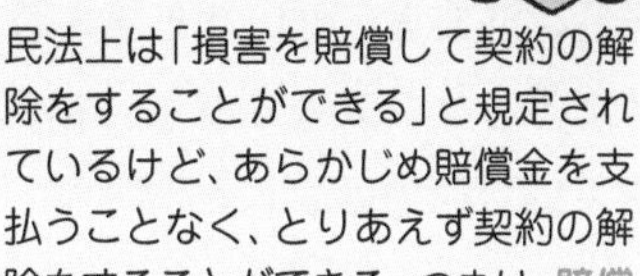

ただし、請負人は、仕事を完成した後には解除することはできないよ（642条１項ただし書）。

PLAY! 理解度チェック

1. 請負人の仕事完成義務と注文者の報酬支払義務とは同時履行の関係に立つのか？

1.
立たない。仕事完成義務は先履行であり、目的物引渡義務と報酬支払義務が同時履行の関係に立つ。

2. 仕事完成前には報酬債権を他人に譲渡することができないのか？

2.
譲渡することができる。

3. 下請けが特約で禁じられている場合には、下請け契約自体が無効となるのか？

3.
下請け契約自体は有効である。

4. 請負人が材料の全部又は主要部分を供給した場合は、所有権は（　①　）に帰属し、引渡しによって（　②　）に移転する。

4.
①請負人
②注文者

5. 注文者の責めに帰することができない事由によって仕事が完成できなくなったときや、請負が仕事の完成前に解除されたときにおいて、請負人が既にした仕事の結果のうち可分な部分の給付によって注文者が利益を受けるときは、その部分につき仕事の完成とみなされる。その効果は？

5.
請負人は、注文者が受ける利益の割合に応じて報酬を請求することができる。

6. 引き渡された目的物が契約内容に適合しないときは、注文者は、（　①　）や報酬減額請求、（　②　）、解除をすることができる。

6.
①履行の追完
②損害賠償

7. 注文者は、請負人に対する損害賠償債権を自働債権として、報酬債権と相殺することができるのか？

7.
できる。

8. 注文者の供した材料の性質又は注文者の与えた指図によって契約内容不適合が生じたときでも、担保責任を追及できるときとは？

8.
請負人がその材料又は指図が不適当であることを知りながら告げなかったとき。

9. 注文者が契約内容不適合の事実を知った時から１年以内にその旨を請負人に通知しなくても、担保責任を追及できるときとは？

9.
請負人が契約内容不適合を知り、又は重大な過失により知らなかったとき。

10. 請負人が仕事を完成しない間は、注文者は、いつでも損害を賠償して契約の解除をすることができるのか？

10.
できる。

TRY! 本試験問題に挑戦

請負に関するア～オの記述のうち、妥当なもののみを全て挙げているのはどれか。
【国家一般職 R３】

ア. 注文者Ａと請負人Ｂが完成後に建物を引き渡す旨の約定で建物建築工事の請負契約を締結した場合には、ＡＢ間で特約がない限り、Ａは、その建物の引渡しと同時にＢに報酬を支払わなければならない。

ア. ○
そのとおり。
引渡しが必要な請負契約においては、引渡しと報酬の支払いが同時履行関係になる。

イ. 建物建築工事の請負契約の注文者Aの責めに帰することができない事由によって請負人Bが仕事を完成することができなくなった場合には、Bが既にした仕事の結果のうち可分な部分の給付によってAが利益を受けるときであっても、BはAに対して報酬を請求することができない。

イ. ×
Bは、注文者Aが受ける利益の割合に応じて報酬を請求することができる。

ウ. 建物建築工事の請負契約の目的物として請負人Bから引渡しを受けた建物に欠陥があった場合において、注文者Aがその欠陥があることを知った時から1年以内にその旨をBに通知しなかったときは、建物をAに引き渡した時に、Bがその欠陥を知り、又は重大な過失によって知らなかったときを除き、Aは、その欠陥の存在を理由としてBに建物の修補を求めることができない。

ウ. ○
そのとおり。
通知をしないと担保責任を問うことができない。よって、Aは、その欠陥の存在を理由としてBに建物の修補を求めることができない。

エ. 建物建築工事の請負契約において、注文者Aは、請負人Bがその工事を完成しない間は、損害を賠償することなく、いつでもその契約を解除することができる。

エ. ×
工事を完成しない間は、Aはいつでも損害賠償をして契約を解除することができる。

オ. 注文者Aと請負人Bが、契約が中途で解除された際の出来形部分の所有権はAに帰属する旨の約定で建物建築工事の請負契約を締結した後に、Bがその工事を下請負人Cに一括して請け負わせた場合において、その契約が中途で解除されたときであっても、Cが自ら材料を提供して出来形部分を築造したのであれば、AC間に格別の合意があるなど特段の事情のない限り、その出来形部分の所有権はCに帰属するとするのが判例である。

オ．×
たとえCが自ら材料を提供して出来形部分の築造をしたとしても、その出来形部分の所有権はAに帰属する。

1．ア、イ　2．ア、ウ　3．イ、エ　4．ウ、オ　5．エ、オ

正答　2

TRY! 本試験問題に挑戦

請負に関するア～オの記述のうち、妥当なもののみを全て挙げているのはどれか。
【国税専門官 R2】

ア. 請負代金の支払時期は、仕事の目的物の引渡しを要しない場合には、請負人を保護する観点から、先払いとされている。

ア．×
先払いとはされておらず、後払いとなる。

イ. 注文者の責めに帰することができない事由によって仕事を完成することができなくなった場合において、請負人が既にした仕事の結果のうち可分な部分の給付によって注文者が利益を受けるときは、その部分は仕事の完成とみなされ、請負人は、注文者が受ける利益の割合に応じて報酬を請求することができる。

イ．○
そのとおり。
すなわち、割合的報酬になるということである。

ウ. 建物建築工事を元請負人から一括下請負の形で請け負った下請負人は、注文者との関係では、元請負人の履行補助者的立場に立つものにすぎず、注文者のためにする当該工事に関して元請負人と異なる権利関係を主張し得る立場にはないとするのが判例である。

> **ウ. ○**
> **そのとおり。**
> **ゆえに下請負人は注文者と元請負人との間で結ばれた特約に拘束される。**

エ. 注文者が破産手続開始の決定を受けたときは、請負人は、仕事の完成後であっても、請負契約を解除することができる。

> **エ. ×**
> **仕事の完成後は、請負契約を解除することができない。**

オ. 請負人が仕事を完成しない間は、注文者は、正当な理由があるときに限り、損害を賠償して請負契約を解除することができる。

> **オ. ×**
> **正当な理由は不要で、いつでも解除することができる。**

1．ア、イ　2．ア、オ　3．イ、ウ　4．ウ、エ　5．エ、オ

正答　3

23 委任

重要度 ★★★
頻出度 ★★★

23章では「委任」を見ていく。前回勉強した「請負」とセットで勉強することが大切である。結果が求められる請負とは異なり、こちらは信頼関係がとにかく重視される契約だ。

1 委任とは?

「委任」は、当事者の一方が法律行為を行うことを相手方に委託し、相手方がこれを承諾することによって、その効力を生じる契約です(643条)。法律行為を委託する類のものを言うので、例えば、他人に適当な不動産があれば買ってきてくれと頼むような場合が典型です。身近な例で言うと、他人に「コンビニでおにぎり買ってきて」と頼んだり、「銀行からお金おろしてきて」と頼んだりするケースなども委任と言えば委任です(笑)。

なお、事実行為など法律行為以外の事務を委託する場合を「準委任」と言うよ。ただ、準委任の場合も結局は委任の規定が準用されることになっているよ。医師との診療契約なんかが典型だね。

委任は、無償・片務・諾成の契約なのですが、報酬支払いの特約をすれば、例外的に有償・双務契約となります。そして、B不要式の契約なので、委任状などの書面の交付は必ずしも必要ありません。委任の特徴は、とにもかくにも委任者と受任者の信頼関係のもと成り立っている契約である点にあります。前の章で勉強した請負は信頼関係よりも結果が重視されましたが、委任は結果よりも信頼関係の方が重視されるのです。

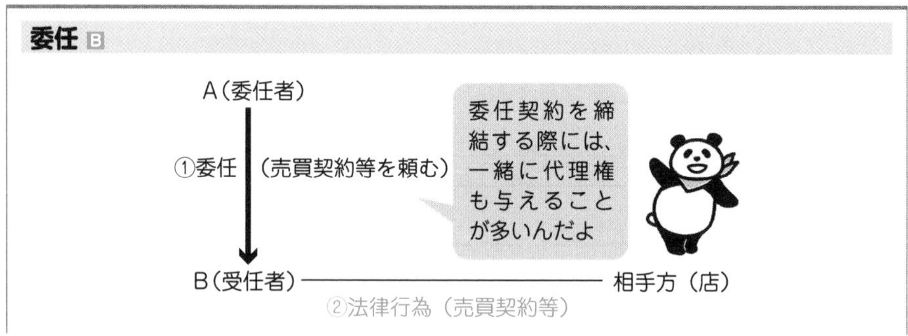

結論　委任は、AがBに法律行為（売買契約等）をすることを委託し、Bがこれを承諾することによって、効力を生じる。

2 受任者の義務

（1）事務処理義務

委任においては、受任者個人に対する高度な信頼関係が基礎になっていることから、B受任者は、自ら事務処理をしなければならないのが原則です。この点は「下請け自由の原則」が妥当する請負とは大きな違いです。ただ、復受任者を選任できる場合もあります。それはA①委任者の許諾を得たとき、又は②やむを得ない事由があるとき、です。この２つの場面においてのみ、受任者は復受任者を選任することができます（644条の２第１項）。また、代理権を付与する委任において、受任者が代理権を有する復受任者を選任したときは、A復受任者は、委任者に対して、その権限の範囲内において、受任者と同一の権利を有し、義務を負います（644条の２第２項）。

委任するときに代理権も付与するケースだね。単に誰かに買い物を頼むときなどは代理権を付与しない委任と言えるよ。

（2）善管注意義務

A受任者は、有償・無償を問わず、善管注意義務を負います（644条）。委任は、受任者個人に対する高度な信頼関係が基礎になっているので、たとえ無償委任の場合であっても善管注意義務を負うのです。この点はよくひっかけで出題されているので注意しましょう。

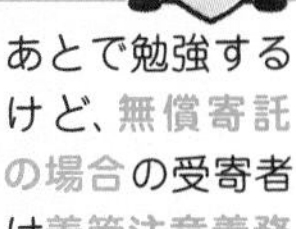

あとで勉強するけど、無償寄託の場合の受寄者は善管注意義務を負わないんだ。

（3）報告義務

B受任者は、委任者の請求があるときは、いつでも委任事務の処理の状況を報告し、委任が終了した後は、遅滞なくその経過及び結果を報告しなければなりません（645条）。これを「２つの報告義務」と呼びます。

（4）受取物の引渡義務等

🅱受任者は、委任事務を処理するにあたって受け取った金銭その他の物及び収取した果実を委任者に引き渡さなければなりません（646条１項）。さらに、🅱受任者が委任者のために自己の名で取得した権利は、委任者に移転しなければなりません（646条２項）。🅱もし、委任者に引き渡すべき金銭又はその利益のために用いるべき金銭を自己のために消費したときは、その消費した日以後の利息を支払い、損害があれば、それを賠償する責任を負います（647条）。

3 受任者の権利

（1）報酬請求権

受任者は、特約がなければ、委任者に対して報酬を請求することができません（648条１項）。先ほども述べましたが、委任は原則として無償契約という建前なのでタダ働きが基本となります。また、🅱受任者は、報酬支払いの特約がある場合であっても、委任事務を履行した後でなければ、これを請求することができません（648条２項）。つまり、報酬は後払いになります。もっとも、期間によって報酬を定めたときは、その期間を経過した後に、請求することができます（648条２項ただし書、624条２項）。なお、🅰事務処理の労務に対して報酬が支払われる委任（労務報酬型）の受任者は、①委任者の責めに帰することができない事由によって委任事務の履行をすることができなくなったときや、②委任が履行の中途で終了したときは、既に履行した割合に応じて報酬を請求することができます（648条３項）。

たとえ受任者の責めに帰すべき事由によって履行できなくなったときでも、委任者は履行の割合に応じて報酬を払うんだ。これが公平だからね。また、委任者の責めに帰すべき事由によって委任事務を履行できなくなったときは、受任者は委任者に対して報酬全額を請求できるよ（536条２項）。

一方、🅰委任事務の履行により得られる成果に対して報酬が支払われる委任（成果報酬型）の受任者は、請負の規定が準用されるため、①委任者の責めに帰することができない事由によって仕事が完成できなくなったときや、②委任が仕事の完成前に解除されたときは、委任者が受ける利益の割合に応

成果報酬型は、弁護士との法律事務の委任などが典型だよ。成功報酬的なイメージを持つといいよ。

じて報酬を請求することができます（648条の２第２項）。Aなお、成果報酬型は、成果の引渡しを要する場合には、成果の引渡しと同時に報酬の支払いを請求することができるとされています（648条の２第１項）。成果に対して報酬が支払われる委任は、その性質が請負に近づくため、請負と同じように考える、ということですね。

（２）立替費用償還請求権、代弁済請求権、損害賠償請求権

受任者は、委任事務を処理するのに必要と認められる費用を支出したときは、委任者に対し、その費用及び支出の日以後におけるその利息の償還を請求することができます（650条１項）。これは、立て替えた費用を委任者に償還請求できるというものです。また、受任者は、委任事務を処理するのに必要と認められる債務を負担したときは、委任者に対し、自己に代わってその弁済をすることを請求することができます（650条２項）。Bこの場合において、その債務が弁済期にないときは、委任者に対し、相当の担保を供させることができます。さらに、A受任者は、委任事務を処理するため自己に過失なく損害を受けたときは、委任者に対し、その賠償を請求することができます（650条３項）。これは委任者にとっては「無過失責任」となるので、非常に重い負担となります。

これを「代弁済請求権」と言うよ。

つまり、委任者は自分に過失がなくても賠償責任を問われてしまうんだ。事務の委託には責任を伴うということだね。

4 委任者の義務

B委任事務を処理するために費用を要するときは、委任者は、受任者の請求により、その前払いをしなければなりません（649条）。いわゆる「費用前払義務」です。これは受任者の側から見れば「費用前払請求権」ということになりますね。

5 委任の終了

A委任は、各当事者がいつでも解除することができます（651条１項）。これを「無理由解除」などと呼びます。つまり、委任は、当事者間の信頼関係を基礎とする

契約であるため、その信頼関係を喪失した場合には契約を継続させること自体が害となるのです。もっとも、A委任の解除をした者は、①相手方に不利な時期に委任を解除したとき、又は②委任者が受任者の利益（専ら報酬を得ることによるものを除く）をも目的とする委任を解除したときは、相手方の損害を賠償しなければなりません（651条2項本文）。①②の場合でも解除自体はできるのですが、相手に迷惑をかけることになるわけですから、損害賠償をしなければならない、ということです。ただ、Aやむを得ない事由があったために解除したときには、損害を賠償する必要はありません（651条2項ただし書）。このオチを忘れないように注意しましょうね。ちょっと次にまとめてみます。

委任の解除 A

原則：各当事者はいつでも解除可

例外：①相手方に不利な時期に委任を解除したとき

②委任者が受任者の利益（専ら報酬を得ることによるものを除く。）をも目的とする委任を解除したとき

→相手方に損害賠償をする必要

例外の例外：①②の場合であっても、やむを得ない事由により解除したときは損害賠償不要

なお、B委任契約の解除には遡及効がありません（652条、620条）。これは委任が継続的契約であるがゆえです。したがって、賃貸借契約の解除と同じように「告知」あるいは「告知解除」となります。

解除以外にも、委任者又は受任者の死亡・破産手続開始の決定、受任者が後見開始の審判を受けたことにより、委任は終了します（653条）。これも当事者間の信頼関係が消滅したと言えるからです。委任の終了原因は次の表でまとめておきます。一読しておきましょう。

委任者の死亡は委任の終了原因なんだけど、これは任意規定だから、委任者の死亡によっても終了しないという趣旨の特約があれば、たとえ委任者が死亡したとしても委任契約は終了しないんだ（最判平4・9・22）。

委任の終了原因 B

	解除（651条）	死亡（653条）	破産（653条）	後見開始の審判（653条）
委任者	○	○	○	×
受任者	○	○	○	○

○：終了　×：終了せず

6 委任の終了後の処分

委任が終了した場合において、急迫の事情があるときは、受任者は、委任者が委任事務を処理することができるに至るまで、必要な処分をしなければなりません（654条）。受任者が委任の終了後直ちに委任事務を中止すると、委任者に不測の損害を与えるおそれのあることから、急迫の事情がある場合には受任者に応急措置をとるように義務付けたのです。

7 委任の終了の対抗要件

委任の終了の事由は、これを相手方に通知したとき、又は相手方がこれを知っていたときでなければ、これをもってその相手方に対抗することができません（655条）。これは、委任の終了を知らないために相手方が損失を被らないようにする趣旨です。要は委任の終了を知らない相手方の保護規定ですね。

PLAY! 理解度チェック

1. 受任者は、有償・無償を問わず善管注意義務を負うのか？

2. 受任者が委任者に引き渡すべき金銭又はその利益のために用いるべき金銭を自己のために消費してしまったらどうなるのか？

3. 事務処理の労務に対して報酬が支払われる委任の受任者が、既に履行した割合に応じて報酬を請求することができるのはどのようなときか。

4. 受任者は、委任事務を処理するため自己に過失なく損害を受けたときは、委任者に対し、その賠償を請求することができるが、これは委任者の側から見ると過失責任なのか？

5. 当事者の一方が相手方に不利な時期に委任を解除したときは、原則として（　　　　）をしなければならない。

6. 委任の解除には遡及効があるのか？

7. 委任者の死亡は委任の終了原因であるが、これは任意規定なのか？

1.
負う。

2.
消費した日以後の利息を支払い、損害があれば、それを賠償する責任を負う。

3.
①委任者の責めに帰することができない事由によって委任事務の履行をすることができなくなったとき、②委任が履行の中途で終了したとき。

4.
無過失責任である。

5.
損害賠償

6.
ない。

7.
任意規定である。

8. 委任の終了の事由は、これを相手方に（　①　）とき、又は相手方がこれを（　②　）ときでなければ、これをもってその相手方に対抗することができない。

8.
①通知した
②知っていた

TRY! 本試験問題に挑戦

委任に関する記述として最も妥当なものはどれか（争いのあるときは、判例の見解による。）。【裁判所職員 R2】

1. 受任者は、委任事務の処理をするにあたって、自己の財産に対するのと同一の注意をもって行うことで足りる。

1. ×
受任者には善管注意義務が課されている。

2. 受任者は、委任事務を処理するについて費用を要するときでも、その前払を請求することはできない。

2. ×
受任者は、費用前払請求権を有する。

3. 受任者は、委任事務を処理するのに必要な費用を支出したときは、委任者に対し、その費用及びその支出の日以後における利息の償還を請求できる。

3. ○
そのとおり。
立替費用償還請求権である。

4. 受任者が報酬を受ける場合、期間によって報酬を定めたときであっても、委任事務を履行した後でなければ、報酬を請求することができない。

4. ×
期間によって報酬を定めたときは、その期間を経過した後に、請求することができる。

5. 委任は、原則として、委任者の死亡によっては終了しない。

5．×
委任者が死亡すれば終了する。

正答　3

24 寄託・組合・和解

重要度
★★★
頻出度
★★★

この章では雑多な契約3つを一気に見ていく。よっぽどのことがない限り出題されないので、やらないというのも1つの賢い選択と言える。どうしても気になるという人だけ軽く読んでおこう(笑)。

1 寄託

(1) 寄託とは?

預ける方を「寄託者」と言い、預かる(保管する)方を「受寄者」と言うよ。

「寄託」は、当事者の一方がある物を保管することを相手方に委託し、相手方がこれを承諾することによって、効力を生じる契約です(657条)。簡単に言うと、何らかの物を預ける契約で、結婚式場のクロークに荷物を預かってもらったり(無償寄託)、倉庫業者に荷物を保管してもらったり(有償寄託)するケースがこれにあたります。相手方の承諾によって効力を生じるので、諾成契約です。また、原則として、無償・片務の契約なのですが、報酬を支払う旨の特約をした場合は、有償・双務契約となります。

(2) 寄託物の受取り前の寄託者による寄託の解除等

B寄託者は、受寄者が寄託物を受け取るまで、契約を解除することができます。この場合において、B受寄者は、その契約の解除によって損害を受けたときは、寄託者に対して、損害賠償を請求することができます(657条の2第1項)。まずなぜ受取り前に解除ができるのかというと、そもそも寄託契約は寄託者のための契約であるため、契約締結後に実際に寄託する意思がなくなった時点で契約を存続させる意味がないからです。ただ、その場合に受寄者にご迷惑をおかけすることになってはいけません。そこで、その部分は損害賠償をすることにしたわけです。

また、B①「書面によらない寄託の受寄者」で、かつ②「無報酬の受寄者」(無償寄託の受寄者)は、寄託物を受け取るまで、契約を解除することができます(657条の2第2項)。無償寄託はいわば受寄者のボランティアに近いので(笑)、書面によらない場合は拘束力を弱めて解除権を認めたわけです。一方、B「書面による無報酬の寄託の受寄者」（無償寄託で書面による場合の受寄者）や「有報酬の受寄者」（有償寄託の受寄者）も、寄託物を受け取るべき時期を経過したにもかかわらず、寄託者が寄託物を引き渡さない場合において、相当の期間を定めてその引渡しの催告をし、その期間内に引渡しがないときは、契約を解除することができます（657条の2第3項）。これは、寄託者が寄託物を引き渡さないというナメた態度のときに、受寄者が契約に拘束され続けるという事態を防止するために認められた解除権です。ちょっとごちゃごちゃになってしまったので、次にまとめてみます。

寄託物受取り前の寄託の解除等 B

	有償寄託	無償寄託で書面による場合	無償寄託で書面によらない場合
受寄者	寄託物を受け取るまでであっても、解除不可 ただし、受け取るべき時期を経過したのに寄託者が寄託物を引き渡さない場合は、相当期間を定めた催告をしてその期間内に引き渡しがないときに解除可（657条の2第3項）		寄託物を受け取るまで、解除可（657条の2第2項）
寄託者	受寄者が寄託物を受け取るまで、解除可（657条の2第1項）		

（3）受寄者の義務

①寄託物の使用及び第三者による保管

B受寄者は、寄託者の承諾を得なければ、寄託物を使用することができません（658条1項）。他人の物を預かっている以上、これは当然です。また、受寄者は、寄託物を自分で保管しなければならず、第三者に保管させることはできないのが原則です。いわゆる「再寄託の原則禁止」です。しかし、B①寄託者の承諾を得たとき、又は②やむを得ない事由があるときは、例外的に第三者に寄託物を保管させることができます（658条2項）。この場合、再受寄者は、寄託者に対して、その権限の範囲内において、受寄者と同一の権利を有し、義務を負います（658条3項）。

無償委任の場合は受任者が善管注意義務を負ったよね。この点はよく試験で出題されているので意識的に覚えよう。

②無報酬の受寄者の注意義務

無報酬の受寄者は、A自己の財産に対するのと同一の注意をもって、寄託物を保管する義務を負います（659条）。無償寄託の受寄者は善管注意義務を負わない。これは重要です。

③受寄者の通知義務等

B寄託物について権利を主張する第三者が受寄者に対して訴えを提起し、又は差押え、仮差押え若しくは仮処分をしたときは、受寄者は、遅滞なくその事実を寄託者に通知しなければなりません。これを「危険通知義務」と呼びます。ただし、寄託者が既にこれを知っているときは、この通知をしなくても構いません（660条１項）。また、第三者が寄託物について権利を主張する場合であっても、受寄者は、寄託者の指図がない限り、寄託者に対しその寄託物を返還しなければなりません（660条２項本文）。この場合、受寄者は、寄託者にその寄託物を引き渡したことによって、たとえ第三者に損害が生じたときであっても、損害賠償責任を負うことはありません（660条３項）。

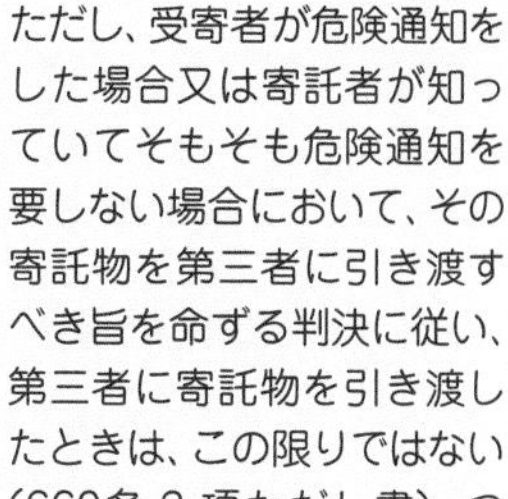

ただし、受寄者が危険通知をした場合又は寄託者が知っていてそもそも危険通知を要しない場合において、その寄託物を第三者に引き渡すべき旨を命ずる判決に従い、第三者に寄託物を引き渡したときは、この限りではない（660条２項ただし書）。つまり、寄託者に対し寄託物を返還する必要はないよ。

④その他の義務

受寄者は、これら以外にも、受任者と同様に、受取物の引渡義務や、金銭の費消についての責任などを負います（665条、646条、647条）。委任の規定が準用されるからです。

（４）寄託者の義務

①報酬支払義務

先に述べたとおり、寄託は原則無償契約です。しかし、特約で報酬を支払う旨を定めたときは、寄託者は報酬を支払わなければなりません。この場合における報酬の支払いは、原則として後払いとなります（665条、648条２項）。

②損害賠償義務

寄託者は、寄託物の性質又は瑕疵によって生じた損害を受寄者に賠償しなければなりません。ただし、B寄託者が過失なくその性質若しくは瑕疵を知らなかったとき、又は受寄者がこれを知っていたときは賠償をする必要がありません（661条）。これは委任（650条３項）とは異なり「過失責任」です。

③その他の義務

寄託者は、これら以外にも、委任者と同様に、費用前払義務、費用等の償還義務、代弁済義務を負います（665条、649条、650条１項、２項）。

（５）寄託物の返還の時期

B当事者が寄託物の返還の時期を定めたときであっても、寄託者は、いつでも返還を請求することができます（662条１項）。これは寄託が寄託者のための契約だからです。寄託者の都合に合わせて返還を認めるのが妥当ですね。ただし、この場合、受寄者は、寄託者がその時期の前に返還を請求したことによって損害を受けたときは、寄託者に対して、その賠償を請求することができます（662条２項）。

当事者が寄託物の返還の時期を定めなかったときは、受寄者は、いつでもその返還をすることができます（663条１項）。一方、返還の時期の定めがあるときは、受寄者は、やむを得ない事由がなければ、その期限前に返還をすることができません（663条２項）。混乱するかもしれないので、次の図で確認してみてください。

返還の時期のまとめ B

	返還の時期を定めた	返還の時期の定めがない
寄託者	いつでも（ただし、受寄者が損害を受けたときは損害賠償の必要あり）	いつでも
受寄者	原則として返還の時期に返還。ただし、やむを得ない事由があるときは、期限前に返還可	いつでも

（６）寄託物の返還の場所

寄託物の返還は、その保管すべき場所でしなければなりません。ただし、受寄者が正当な事由によってその物を保管する場所を変更したときは、その現在の場所で返還することができます（664条）。

（７）損害賠償及び費用の償還の請求権についての期間の制限

寄託物の一部滅失又は損傷によって生じた損害の賠償及び受寄者が支出した費用

の償還は、寄託者が返還を受けた時から１年以内に請求しなければなりません（664条の２第１項）。そして、損害賠償の請求権については、寄託者が返還を受けた時から１年を経過するまでの間は、時効が完成しません（664条の２第２項）。寄託者は寄託物の保管中に一部滅失や損傷について気づかないことが多く、その間に消滅時効が完成するという最悪の事態を防止するためにこのような規定が置かれたわけですね。

（８）混合寄託及び消費寄託

「混合寄託」とは、受寄者が複数の者（つまり複数の寄託者）から預かった種類又は品質が同一の物を区分することなく（ちゃんぽんにして）保管する特殊類型です。寄託物の保管場所や労力負担の軽減、費用の節約のために、主として倉庫寄託を中心に利用されています。寄託物としては、石油や穀物、金属などが挙げられます。Ｂこの混合寄託をするためには、各寄託者の承諾を得る必要があります（665条の２第１項）。そして、寄託者は、寄託した物と同じ数量の物の返還を請求することができます（665条の２第２項）。一方、「消費寄託」は、受寄者が契約により寄託物を消費することができるとされる類型で、預貯金契約が典型です（これだけではないので注意）。金融機関は預かった金銭をほかに運用しますよね。つまり、消費することが予定されているわけです。この「預金又は貯金に係る契約による」金銭の寄託（預貯金寄託）の場合、受寄者（つまり金融機関）は、返還時期の定めがあるときであっても、いつでも返還することができるとされています（666条３項）。

通常の寄託であれば、返還時期の定めがあるときは、受寄者は、やむを得ない事由がなければ期限前に返還することができないよ（663条２項）。

消費寄託のうち預貯金寄託の返還の時期 Ｂ

	返還時期を定めた	返還時期の定めがない
寄託者	いつでも	いつでも
受寄者	いつでも	いつでも

※なお、預貯金寄託以外の消費寄託の返還時期は、通常の寄託と同じである。

2 組合

（1）組合契約とは？

「組合契約」は、数人が出資をして共同の事業を営むことを約する契約で（667条1項）、有償・双務・諾成の契約です。Bここに言う「共同の事業」とは一時的なものでもよく、営利・非営利を問いません。したがって、マンションの管理組合などが組合のイメージだと思いますが、「みんなでフェラーリを乗り回そう」という目的で組合をつくっても構いません。

B「出資」はお金である必要はなく、動産や不動産、労務、信用などでもOKです（667条2項）。ただ、金銭を出資の目的とした場合において、組合員がその出資をすることを怠ったときは、その利息を支払うほか、損害の賠償をしなければなりません（669条）。

なお、他の組合員が組合契約に基づく債務の履行をしないことを理由として、組合契約を解除することはできないよ（667条の2第2項）。また、組合員の一人について意思表示の無効又は取消しの原因があっても、他の組合員の間においては、その組合契約は効力を妨げられない。つまり、一部の組合員の意思表示の瑕疵は、組合契約の効力に影響を与えないんだ（667条の3）。

各組合員の出資その他の組合財産は、総組合員の共有となります（668条）。ただ、B組合財産には団体的な制限がかかるため、各組合員は持分の処分を組合及び組合と取引をした第三者に対抗することができず（676条1項）、清算前に組合財産の分割請求をすることもできません（676条3項）。このようなことから、一般的な共有と区別して「合有（ごうゆう）」と呼ぶことがあります。しかし、そうは言っても組合財産についても、特別の定めがない限り、民法249条以下の共有の規定が適用されることにはなります（最判昭33・7・22）。

ほかにも、組合員は、組合財産である債権について、その持分についての権利を単独で行使することができないよ（676条2項）。

（2）業務の決定及び執行の方法

B組合の業務は、組合員の過半数をもって決定し、各組合員がこれを執行します（670条1項）。もっとも、組合の業務の決定及び執行は、組合契約の定めるところにより、1人又は数人の組合員又は第三者に委任することができ、この委任を受けた者を「業務執行者」と呼びます。このB業務執行者は、組合の業務を決定し、執行していくわけですが、業務執行者が数人いるときは、組合の業務は、業務執行者の過半数をもって決定し、各業務執行者がこれを執行することになります（670条２項、３項）。

ただ、業務執行者がいる場合であっても、組合の業務について、総組合員の同意によって決定し、又は総組合員が執行することが許されるよ(670条４項)。

なお、組合の常務（通常の業務）は、異議が述べられない限り、各組合員又は各業務執行者が単独で行うことができます（670条５項）。

（３）組合の代理

（２）で説明した業務執行は組合内部の問題です。要するに、組合内部で誰が業務を決定し、執行することができるのか？ という点について説明したわけです。しかし、組合は取引をはじめとする対外的な活動をすることもありますよね。そこで対外的権限である代理権についても規定しておく必要があります（これを「組合代理」と言います）。具体的には、🅱各組合員は、組合の業務を執行する場合において、組合員の過半数の同意を得たときは、他の組合員を代理することができるとされています（670条の２第１項）。代理するには組合員の過半数の「同意」が必要、となっている点がポイントです。また、🅱業務執行者がいるときは、業務執行者のみが組合員を代理することができるのですが、もし、業務執行者が数人いれば、各業務執行者は、業務執行者の過半数の同意を得たときに限り、組合員を代理することができます（670条の２第２項）。なお、組合の常務（通常の業務）を行うときは、各組合員又は業務執行者は、単独で組合員を代理することができます（670条の２第３項）。

（４）組合の債権者の権利行使

組合の債権者は、組合財産についてその権利を行使することができます（675条１項）。組合財産が債権者の引当てになるということですね。また、🅱組合の債権者は、その選択に従って、各組合員に対して損失分担の割合又は等しい割合でその権利を行使することができます（675条２項本文）。これは要するに組合員の個人財産も引当てになることを意味しています。換言すると、組合の

ただし、組合の債権者が債権の発生時に各組合員の損失分担の割合を知っていたときは、損失分担の割合によることになるよ(675条２項ただし書)。

債権者は、組合の財産に執行できるだけでなく、各組合員の個人財産に対しても執行することができるわけです。

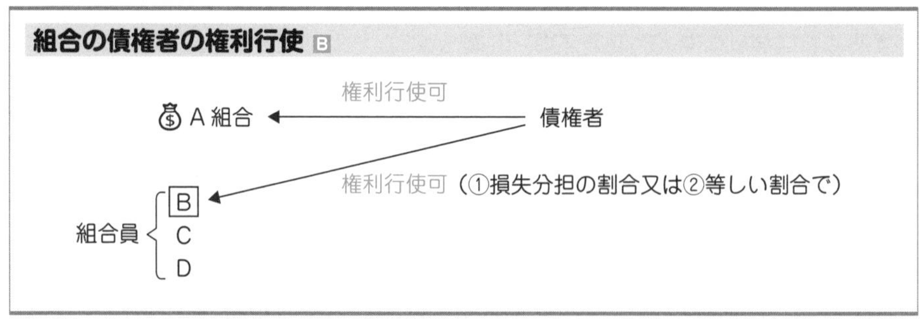

（5）組合員の債権者の権利行使

一方、B組合員の債権者は、組合財産についてその権利を行使することができません（677条）。組合員の債権者は、あくまでも当該組合員個人の債権者である以上、その組合員の個人財産に対してのみ権利行使が可能ということです。もしこの場合に組合財産に対する権利行使を認めてしまうと、組合員個人の債務を組合が保証するのに等しくなってしまい、組合財産の不当な逸出を招くからです。

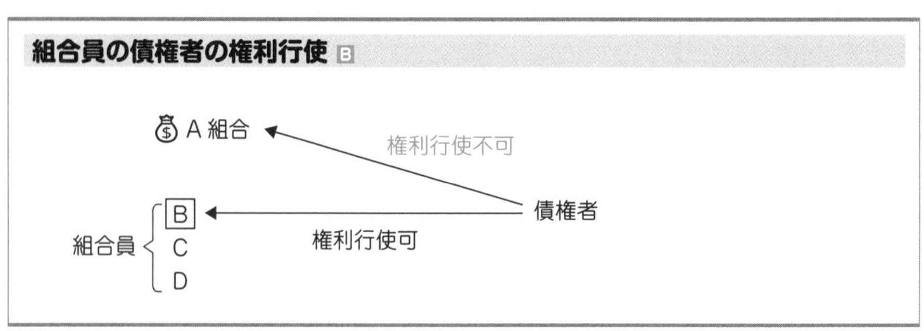

（6）組合員の加入・脱退

組合員は、その全員の同意によって、又は組合契約の定めるところにより、新たに組合員を加入させることができます（677条の２第１項）。そして、Bこうして組合の成立後に加入した組合員は、その加入前に生じた組合の債務については、弁済責任を負いません（677条の２第２項）。加入前の組合債務は新しく加入した組合員にとっては知ったこっちゃないからです。一方、B脱退した組合員は、その脱退前に生じた組合の債務について、従来の責任の範囲内で弁済責任を負います（680条の２第１項）。脱退前の組合債務については脱退後も責任を負いますよ、ということです。そして、もし脱退した組合員が組合の債務を弁済したときは、組合に対して求償権を行使することができます（680条の２第２項）。なお、脱退した組合員の持分は、その🅱出資の種類を問わず、金銭で払い戻すことを請求することができます（681条２項）。例えば、出資を労務で行った組合員も金銭による払戻しを受けることができるわけです。

3 和解

（1）和解とは？

「和解」とは、当事者が互いに譲歩をして紛争をやめることを約束する契約です（695条）。互いに譲歩をしてなされたものでなければならないので、一方的な譲歩でなされることの多い示談は、結構、和解になっていないことも多いのが実情です。性質から見ると、有償･双務･諾成･不要式の契約です。

（2）和解の確定効

和解は、争いをやめる契約であるため、和解が成立した以上、争いを蒸し返すことは許されません。これに関連して錯誤取消し（95条）を主張できるかがしばしば問題となります。

この点、「合意された事項自体」に錯誤があった場合には、当事者は、錯誤取消しを主張することができません。これを「和解の確定効」と言います。これに対し、当事者が「和解の当然の前提としていた事項」や「全く争いの対象となっていなかった重要な事項」に錯誤があれば、当事者は、その部分の錯誤取消しを主張できます。例えば、🅱判例は、転付命令を取得した債権者と第三債務者との間で、債権の弁済方法について和解が行われたが、前提である転付命令がそもそも無効であったという事案で錯誤取消しの主張を認めています（大判大６・９・18）。また、🅱和解により代物弁済としてイチゴジャムを譲渡する合意が成立したものの、そのジャムが実はリンゴやアンズを主原料とした粗悪品のジャムであった場合に錯誤取消しの主張を認めたものもあります（最判昭33･６･１）。

（3）和解と後遺症

交通事故などで示談をしても、示談当時に予想できなかった後遺症などが後に発生した場合、判例は、このような損害は、和解契約の内容になっていなかったとして、**損害賠償を認めています**（最判昭43・3・15）。

PLAY! 理解度チェック

問題	解答
1. 寄託は要物契約か？	1. 諾成契約である。
2. 寄託者は、受寄者が寄託物を受け取るまで、契約を解除することができるが、この場合において、受寄者がその契約の解除によって損害を受けたときは、寄託者に対して何を請求できるのか？	2. 損害賠償を請求できる。
3. 書面によらない寄託の受寄者で、かつ無報酬の受寄者は、寄託物を受け取るまで、何をすることができるのか？	3. 契約を解除することができる。
4. 第三者に寄託物を保管させることができるときとは？	4. 寄託者の承諾を得たとき、又はやむを得ない事由があるとき。
5. 無償で寄託を受けた場合には、善管注意義務を負わない。では、どのような義務を負うのか？	5. 自己の財産に対するのと同一の注意をもって、寄託物を保管する義務。

6. 当事者が寄託物の返還の時期を定めたときであっても、寄託者は、いつでも返還を請求することができるのか？

6.
できる。ただし、受寄者が損害を受けたときは、損害賠償をする必要がある。

7. 組合契約における「出資」は、労務、信用などでも構わないのか？

7.
構わない。

8. 組合の債権者は、その選択に従って、各組合員に対して（　①　）又は（　②　）でその権利を行使することができる。

8.
①損失分担の割合
②等しい割合

9. 組合員の債権者は、組合財産についてその権利を行使することができるのか？

9.
できない。

10. 脱退した組合員の持分は、その出資の種類を問わず、金銭で払い戻すことができるのか？

10.
できる。

11. 転付命令を取得した債権者と第三債務者との間で、債権の弁済方法について和解が行われたが、前提である転付命令がそもそも無効であったという事案で、判例は錯誤取消しの主張を認めたか、それとも認めなかったか？

11.
認めた。

TRY! 本試験問題に挑戦

民法に規定する寄託、組合に関する次の記述として、妥当なのはどれか。

【オリジナル】

1. 書面による寄託の受寄者や有報酬の受寄者は、寄託物を受け取るべき時期を経過したにもかかわらず、寄託者が寄託物を引き渡さない場合においても、契約を解除することができない。

1．×
相当の期間を定めてその引渡しの催告をし、その期間内に引渡しがないときは、契約を解除することができる。

2. 受寄者は、寄託者の承諾を得たとき、又はやむを得ない事由があるときでも、第三者に寄託物を保管させることができない。

2．×
再寄託は原則できないが、本肢のようなときであれば、第三者に寄託物を保管させることができる。

3. 組合の業務は、組合員の過半数をもって決定し、各組合員がこれを執行するが、業務執行者が数人いるときは、各自が決定し、執行する。

3．×
業務執行者が数人いるときは、組合の業務は、業務執行者の過半数をもって決定し、各業務執行者がこれを執行する。

4. 組合員の債権者は、組合財産についてその権利を行使することができない。

4．○
そのとおり。
組合員の債権者という点がポイント。

5. 組合の成立後に加入した組合員は、その加入前に生じた組合の債務についても、弁済責任を負う。

5．×
加入前に生じた組合の債務については、弁済責任を負わない。

正答　4

25 事務管理

重要度
★★★
頻出度
★★★

この章では契約以外の債権発生原因である「事務管理」を見ていく。試験では時々問われるため、気を抜けないテーマである。覚えることは極めて少ないので攻略は容易である。条文知識をベースに暗記するようにしよう。

1 事務管理とは

「事務管理」とは、義務なく他人のために事務を管理することを言います(697条1項)。例えば、あなたの家の隣にはAさんが住んでいて、今、Aさんは長期の留守中だとします。その間に大型台風が直撃し、Aさんの家の屋根が壊れてしまいました。それを見つけたあなたは、Aさんから頼まれていなくても、その屋根を修理することができます。これが「事務管理」のイメージです。契約関係も何もないのに、他人のために何らかの事務を管理してあげるということです。ただ、Aさんからすれば「屋根を修理するなんて余計なおせっかいだ」ということにもなりかねません。そこで、民法は事務管理が成立するための要件に絞りをかけています。まずは次の図でイメージしてみてください。

事務管理 A

Aの留守中に台風が直撃し、A所有の建物の屋根が壊れた。それを発見したあなたは何かできないのだろうか？　具体的にはAのために屋根を修理することはできないのだろうか？

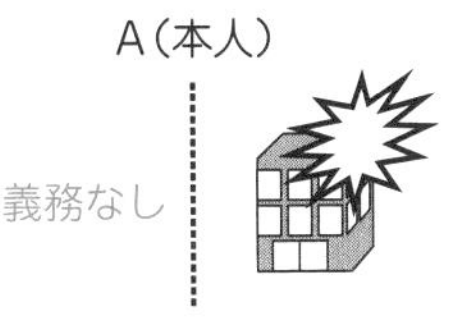

要件
①法律上の義務がないこと
②他人のためにする意思があること ➡ おせっかいでもあるため要件が厳しい
③事務を管理すること
④本人の意思および利益に反することが明らかでないこと

結論　あなたは、義務なく他人であるAのために、事務の性質に従い、最も本人の利益に適合する方法によって、事務を管理できる。よって、あなたは、一定の要件を満たせばAのために屋根を修理することができる。なお、事務管理が本人の意思に反することが明らかである場合であっても、その本人の意思が強行法規や公序良俗に反するときは、事務管理の成立は妨げられない。

2 事務管理の特徴

Ⓑ事務管理に言う「管理」とは、非常に広い概念であるため、保存、利用、改良行為だけでなく、処分行為も含まれます（大判大7・7・10）。また、Ⓐ「他人のためにする意思」は、自己のためにする意思と併存していてもよく、他人（本人）が誰であるかを認識している必要もありません。ただ、個人主義・自由主義の観点から、委任の規定である報酬請求権（648条）や費用前払請求権（649条）、損害賠償請求権（650条３項）は、事務管理には準用されていません。よって、管理者には、①費用前払請求権、②報酬請求権、③損害賠償請求権がありません。これらの点に着目して、俗に「日本の事務管理は管理者に冷たい」と言われることがあります。

例えば、建物をA所有であると思って事務管理（修繕）したが、実はB所有の建物であった場合でも、Bのために事務管理が成立するんだ。客観にあわせて成立させるということだよ。

3 管理者の義務

まず、管理者は、その事務の性質に従い、最も本人の利益に適合する方法によって、その事務の管理をしなければなりません（697条１項）。また、Ⓑ管理者は、本人の意思を知っているとき、又はこれを推知することができるときは、その意思に従って事務管理をしなければなりません（同条２項）。

次に、Ⓑ管理者は、本人が既に知っているときを除き、事務管理を始めたことを遅滞なく本人に通知しなければなりません（699条）。そして、管理者は、本人又はその相続人若しくは法定代理人が管理をすることができるに至るまで、事務管理を継続しなければなりません（700条）。ただし、①事務管理の継続が本人の意思に反し、又は②本人に不利であることが明らかであるときは、この限りではありません。要は、B原則として、事務管理を始めた以上、途中で勝手に辞めてはいけないということです。これを「管理継続義務」と言います。

さらに、管理者は善管注意義務を負います。もっとも、A管理者が本人の身体、名誉又は財産に対する急迫の危害を免れさせるために事務管理をしたときは、悪意又は重大な過失がない限り、これによって生じた損害を賠償する責任を負わないこととされています（698条）。これを「緊急事務管理」と言います。

例えば、あなたが帰宅途中に行倒れの人を発見したとします。その際、心肺停止の状態にあるということで、あなたはとっさの判断で人工呼吸と心臓マッサージをしました。ところが、心臓マッサージを少し強く行ってしまったため、肋骨を折ってしまいました。しかし、このような場合は救命活動のために頑張った以上、注意義務が軽減されることになるのです。緊急状態下では多少の影響が出てしまっても非難に値しないということですね。したがって、この場合の管理者は、悪意または重過失がない限り、債務不履行責任を負わずにすみます。

4 本人の義務

B管理者は、本人のために有益な費用を支出したときは、本人に対し、その償還を請求することができます（702条1項）。いわゆる「有益費償還請求権」です。これは、裏を返せば、管理者が有益な費用を支出した場合には、本人はその支出した費用の全額を償還する義務があるということです。また、B管理者が本人のために有益な債務を負担した場合には、管理者は、本人に対して自己に代わって弁済することを請求することができます（代弁済請求権）。よって、これも裏を返せば、本人には代弁済義務があるということになります（702条2項）。もっとも、A本人の意思に反する事務管理の場合には、本人が現

有益か否かの判断は、「支出の時点」を基準に決するよ。償還請求の時点で現存利益があるかどうかは関係ないんだ。

必要費は解釈上当然に含まれると解されているよ。

もし、その債務が弁済期にないときは、委任者に対し、相当の担保を供させることができるよ（702条2項、650条2項）。

に利益を受けている範囲（現存利益）でのみ有益費償還義務を負い、また代弁済義務を負います（702条３項）。

5 第三者との関係

最後に、事務管理として管理者が「本人の名で」あるいは「本人の代理人」として法律行為をした場合、その効果は本人に帰属するのでしょうか？　この点、A判例は当然には帰属しないとしています（最判昭36・11・30）。なぜなら、事務管理からは当然に代理権が発生することはないので、あくまでも無権代理行為となってしまうからです。つまり、本人の追認や表見代理が成立して初めて本人に効果が帰属することになります。

事務管理としてなされた法律行為の効果 A

Bは、義務なくAの建物の屋根を修理する契約を業者Cとの間で締結した。その際、Bは「A」ないし「A代理人B」として契約を結んだ。この場合、Bがした契約の効果はAに帰属するのだろうか？

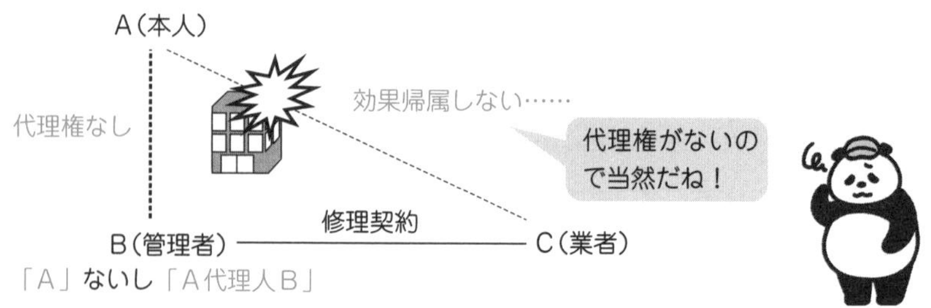

結論　当然には本人に効果帰属しない。つまり、単なる無権代理となってしまう。

理由　事務管理は、本人・管理者間の対内関係を規律するものに過ぎず、対外関係を規律する代理の問題とは場面が異なるため。したがって、そもそも代理権がないのだから本人に効果帰属するわけがない。

PLAY! 理解度チェック

1. 事務管理に言う「管理」とは、保存、利用、改良行為だけでなく、処分行為も含まれるのか？

1. 含まれる。

2. 管理者には、費用前払請求権、報酬請求権、損害賠償請求権が認められているのか？

2. 認められていない。

3. 管理者は、事務管理を始めたことを遅滞なく本人に通知しなければならないが、これをしなくてもよいときとは？

3. 本人が既に知っているとき。

4. 管理者には、管理継続義務があるが、この義務が解除されるときとは？

4. ①事務管理の継続が本人の意思に反し、又は②本人に不利であることが明らかであるとき。

5. 管理者が本人の身体、名誉又は財産に対する急迫の危害を免れさせるために事務管理をしたときは、（　　　　）があるのでなければ、これによって生じた損害を賠償する責任を負わない。

5. 悪意又は重大な過失

6. 本人の意思に反する事務管理の場合には、本人はどの範囲で有益費償還義務を負うのか？

6. 現に利益を受けている範囲（現存利益）でのみ償還義務を負う。

7. 事務管理として管理者が「本人の名で」あるいは「本人の代理人」として法律行為をした場合、その効果は本人に帰属するのか？

7. 帰属しない。

TRY! 本試験問題に挑戦

民法に規定する事務管理に関する記述として、判例、通説に照らして、妥当なのはどれか。　【特別区 H26】

1. 管理者は、本人又はその相続人若しくは法定代理人が管理をすることができるに至るまで、いかなる場合であっても、事務管理を継続しなければならない。

1．×
事務管理の継続が本人の意思に反し、又は本人に不利であることが明らかであるときは、管理継続義務が解除される。

2. 事務管理が成立するためには、他人の利益のみを図る意思をもって他人の事務を管理することが必要であるので、他人の利益を図る意思と自分の利益を図る意思が併存している場合には、事務管理は成立しない。

2．×
他人の利益を図る意思と自分の利益を図る意思が併存している場合にも、事務管理は成立する。

3. 事務管理とは、最も本人の利益に適合する方法によって、その事務の管理をすることを言い、保存行為、利用行為及び改良行為は事務管理に含まれるが、処分行為は含まれない。

3．×
処分行為も含まれる。

4. 管理者は、本人の身体、名誉又は財産に対する急迫の危害を免れさせるために事務管理をしたときは、悪意又は重大な過失があるのでなければ、これによって生じた損害を賠償する責任を負わない。

4．○
そのとおり。
緊急事務管理の説明として正しい。

5. 管理者は、本人のために有益な費用を支出したときは、本人に対し、報酬を請求することができるが、その費用の償還を請求することはできない。

5. ×
報酬を請求することができないが、有益な費用の償還を請求することはできる。

正答　4

26 不当利得

重要度
★★★
頻出度
★★★

この章では契約以外の債権発生原因第２弾として「不当利得」を扱う。時間がない受験生も特殊の不当利得だけはしっかりと押さえておこう。

1 不当利得とは

「不当利得（ふとうりとく）」とは、法律上の原因なく他人の財産や労務によって利益を受け、そのために他人に損失を及ぼした場合における、その得られた利益のことを言います（703条・704条）。この場合、損失者は、受益者に対し、その利益を返還するよう請求することができます。これを「不当利得返還請求権」と言います。趣旨は、当事者間の公平です。つまり、受けた利益を保持しておく正当な理由がないのなら、返すのが当然だろうというわけです。例えば、無効な売買が行われた場合、その代金を支払ってしまった買主は、「その利益は不当利得だから返してくれ」と言えます。当然ですね。支払われた代金は売主にストックさせておく理由がありません。

ここからは不当利得の成立要件を見ていきます。大きく４つの要件があります。具体的には、①利得があること、②損失があること、③利得と損失との間に因果関係があること、④法律上の原因がないこと、の４つです。とくに④は重要です。

Bこれは、公平の理念から見て、財産的な価値の移動をその当事者において正当なものとするだけの実質的・相対的理由がないことを意味します。簡単に言うと、利得を正当化するだけの理由がないことを言うと思っておきましょう。

不当利得 A

ＡはＢとの間で売買契約を締結したが、その後、当該契約は錯誤取消しにより無効となった。Ｂが既に代金をＡに支払っていたとき、ＢはＡに対して支払った代金を返還するよう請求することができるのだろうか？

契約→無効（法律上の原因なし）

A（売主） ―――― B（買主）

因果関係あり

＋（利得） ・・・・・ －（損失）

（受益者） （損失者）

結論 Bは、Aに対して既に支払った代金につき不当利得を理由に返還を請求することができる（不当利得返還請求権）。

● Aが善意

→「利益の存する限度」（現存利益）だけ返還すればよい。

● Aが悪意

→全額の返還のみならず、利息の返還、損害がある場合には損害賠償までしなければならない。

善意の受益者Aは、利益が現存しないことについて自ら主張立証しなければ、利益を返還する義務を免れないよ（最判平3・11・19）。

なお、B受益者が当初善意であった場合でも、後になって利得に法律上の原因がないことを認識したときは、その受けた利益（認識した時の利益）に利息や損害賠償を付して返還する必要があります（最判平3・11・19）。また、不当利得返還請求権は、不当利得時に成立する債権であるため、債権成立時から10年で消滅時効にかかります（大判昭12・9・17）。さらに、B受益者は、法律上の原因なく利得した代替性のある物を第三者に売却処分した場合には、損失者に対し、原則として、売却代金相当額の金員の不当利得返還義務を負います（最判平19・3・8）。これらはいずれも応用知識ですが、試験では過去に出題されているので頭の片隅に入れておくとよいでしょう。

売却後に目的物について生じた価格変動を考慮するべきではなく、あくまでも売却代金を不当利得の対象とするんだね。

2 転用物訴権

次に不当利得の大きな論点である「転用物訴権（てんようぶつそけん）」について見ていきましょう。ここはなかなか理解するのが難しいテーマですが、事例形式で押さえれば、少しは理解しやすいかもしれません。理解できなかったら、判例の言いまわしだけ形式的に覚えて次に進みましょう。正直、試験ではそれで十分です。では次の図を見てください。

転用物訴権 A

Aが、建物賃借人であるBとの請負契約に基づき建物の修繕工事をした後にBが無資力となり、AのBに対する請負報酬債権（修理代金）の全部又は一部が無価値になった場合において、Aは、当該建物の所有者である賃貸人Cに対して、修繕に要した費用につき不当利得として返還を請求することはできるのか？なお、現在、CB間の建物賃貸借契約は終了し、建物はCに返還されているものとする。

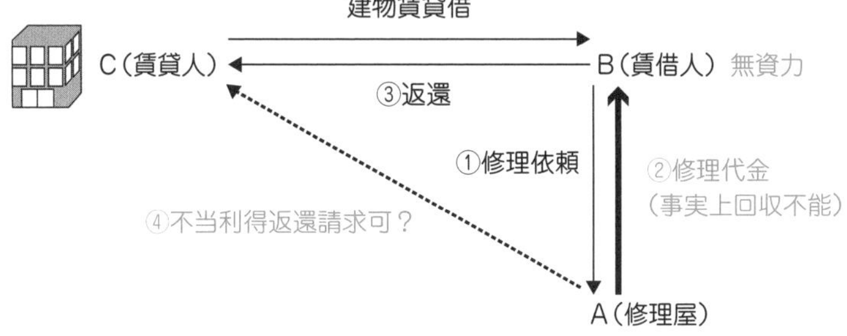

結論　賃貸人Cと賃借人Bとの間で締結された**賃貸借契約を全体として見て、Cが対価関係なく利益を得ていると言える場合に限って**、AはCに対して不当利得に基づき修繕に要した費用を支払ってもらえる（最判平7・9・19)。例えば、Cが「賃料を通常よりも安くするから、修理代金はBさんが負担してね」という約束をしていたのであれば、Cはすでに賃料を安くした点で、負担を負っている。にもかかわらず、さらに不当利得で修繕に要した費用を請求されるのでは、Cが二重の負担を強いられることになってしまう。つまり、**Cが「通常の家賃のままで、修理代金もBさんが負担してね」という条件の下、修理された目的物がCに戻ってきたという場合に初めて、法律上の原因がないと言え、不当利得返還請求が認められる**のである。

理由　法律上の原因の有無は、**当事者の公平の観点**から、**実質的・相対的に考えるべき**であるため。

3 騙取金による弁済

「騙取金(へんしゅきん)」とは、だまし取った金銭のことを言います。例えば、BがAをだまして金銭を受け取り、その金銭をBが自己の債権者であるCに弁済として交付したという場合を考えてみましょう。このとき、Aは被害を被ったわけですから、Cに対して不当利得返還請求をしようと思いました。では、一体このような不当利得返還請求は認められるのでしょうか？　この点、日判例は、騙取金であることにつきCが悪意又は重過失であれば、Cの受益はAに対する関係で法律上の原因がないという評価を受けるため、不当利得返還請求をすることができるとしています（最判昭49・9・26）。

ちなみに、この場合、社会通念上Aの金銭でCの利益をはかったと認められるだけの連結があるので、AからCに対する不当利得返還請求権の成立に必要な因果関係は認められるよ。問題は法律上の原因があるかないかなんだ。

4 特殊の不当利得

では、ここからは「特殊の不当利得」を見ていきます。特殊の不当利得とは、条文がとくに類型化した特殊な場面における不当利得を言います（笑）。そのままですね。4つありますが、「え？ こんな場面って本当にあるの？」と言いたくなるようなものも含まれています。ただ、あくまでも「特殊」な場面を想定しているトリッキーな不当利得なので、通常はあまりみられません。ですから、深追いをしない方がいいかもしれません（笑）。

（1）非債弁済

日債務の弁済として給付をした者は、その時において債務の存在しないことを知っていたときは、その給付したものの返還を請求することができません（705条）。これを「非債弁済」と言います。債務を負っていないことを認識しながら、あえて弁済するような、コントのような事案です。このような場合は、贈与をしたのと同じだと考えられるので、不当利得返還請求ができなくなります。

非債弁済 B

Bは、Aから借金をしていないことを知りながら任意に弁済した。

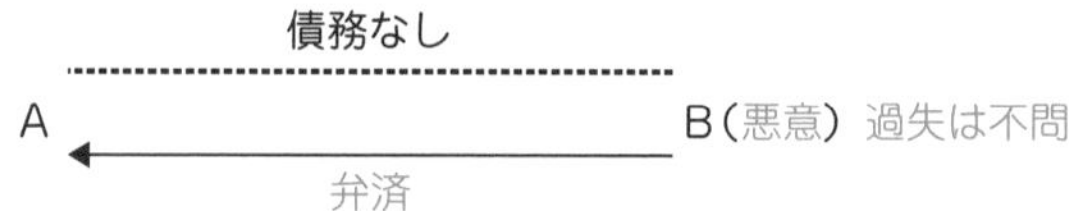

結論 BはAに対して不当利得返還請求ができない。

理由 債務がないことを知って任意に弁済したということは、贈与したのと同じ。そのようなBは保護に値しない。

Aただし、Bが強迫されたり、強制執行を免れたりするためにやむを得ずに弁済した場合は、通常通り返還請求することができます（大判大6・12・11）。Bの弁済が非債弁済になるためには少なくとも「任意の弁済」である必要があります。この点は超頻出です。

（2）期限前の弁済

B債務者は、弁済期にない債務の弁済として給付をしたときは、その給付したものの返還を請求することができません（706条）。期限前に弁済をしているわけですが、債務があったことには変わりがなく、弁済によってその債務は消滅するからです。Bもっとも、債務者が錯誤によってその給付をしたときは、債権者は、これによって得た利益を返還しなければなりません。つまり、期限前〜期限までの中間利息分（運用利益）の返還のみ請求することができるわけです。あくまでも給付したもの自体は返ってこないので注意してください。

期限前の弁済 B

弁済期である５月１日が到来していないのに、Bは錯誤で期限前の３月１日に弁済してしまった。

結論 Bは、Aに対して給付したものの不当利得返還請求をすることはできない。ただ、錯誤で実際の弁済期より前に弁済しているのであるから、中間利息分（2か月分の運用利益）だけは返還してもらえる。

（3）他人の債務の弁済

B債務者でない者が、錯誤によって他人の債務を自己の債務と勘違いして弁済をした場合において、債権者が善意で証書を滅失させ若しくは損傷し、担保を放棄し、又は時効によってその債権を失ったときは、その弁済をした者は、返還の請求をすることができなくなります（707条1項）。客観的には弁済者は債務を負っていなかったわけなので、不当利得返還請求を認めてもよさそうです。しかし、この場合の債権者は、弁済してもらったと思っているので、債権証書を滅失・損傷してしまう可能性があり、担保も意味がなくなるので放棄してしまうかもしれません。また、債権が消えたと思っているわけですから、時効の完成猶予・更新措置（裁判上の請求等）を講じることもしないでしょう。そうなると、債権が消滅時効にかかって消えてしまいますね。そこで、このような債権者を保護するため、弁済者の不当利得返還請求を否定したのです。ただ、Bこの場合、弁済者は、債務者である他人に求償権を行使することができます（707条2項）。これは当然と言えば当然です。

他人の債務の弁済 B

Cは、他人の債務を自己の債務だと思い込んでAに弁済してしまった。

債権
A → B（債務者）（他人）

善意で
- 証書を滅失・損傷
- 担保放棄
- 債権が時効消滅

弁済

C（自己）→錯誤

結論　Cは、Aに対して不当利得返還請求ができない。もっとも、Bに対して求償権を行使することはできる。

（４）不法原因給付

①708条の規定

A不法な原因のために給付をした者は、その給付したものの返還を請求することができません（708条）。これを「不法原因給付」と呼びます。例えば、公序良俗（90条）に反する麻薬の売買をしたとします。その場合、麻薬を給付した者は、売買が無効だからという理由で不当利得返還請求をすることはできません。趣旨は「クリーンハンズの原則」です。要は、自ら不法な給付をしておいて、後でそれを返せというのは違うだろうということです。次の図でイメージしてみましょう。

法は不法に助力しないということだよ。

不法原因給付 A

ＡＢ間で麻薬の売買契約を締結し、Ａは当該麻薬をＢに給付した。

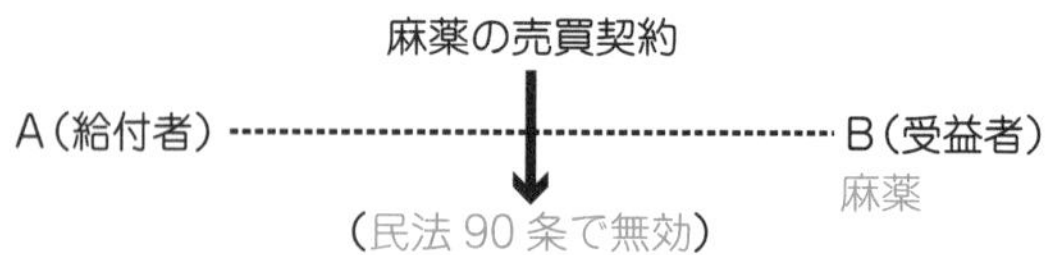

結論　AはBに給付した麻薬につき、不当利得を理由に返還請求することはできない。

また、AAは「契約が無効なのだから所有権は自分にあるはずだ」と言って、所有権に基づく返還請求をすることが考えられますが、不当利得返還請求を否定した趣旨から、これは認められません。判例によると、その結果反射的に所有権はBに移転することになります（最大判昭45・10・21）。さらに、Aせめて代金相当額は支払って欲しいということで不法行為に基づく損害賠償を請求していくことも考えられますが、やはりこれも認められません（大判明36・12・22、大判昭19・9・30）。このように、708条で不当利得返還請求を否定した趣旨が反故にされないように、脱法行為をことごとくシャットアウトしていくのが判例です。

では、不当原因給付の返還の特約は認められるのでしょうか？ 例えば、AAB間で契約を合意解除した上で、その給付した物について任意の返還特約をすることはできるのでしょうか？ この点、判例はこのような特約を有効としています（最判昭28・1・22)。708条は、不法原因給付の返還請求に法は助力しないというだけであって、受益者にその給付を法律上正当な原因があったものとして留保することまでを認めるものではないからだと説明されています。

なお、A不法の原因が受益者のみに存在する場合には、給付者は通常通り給付物を返還してもらうことができます。また、両者に不法がある場合でも、双方の不法性を比較して、受益者の不法性の方が大きいという場合にも給付者は給付物を返還してもらえるとするのが判例です（最判昭29・8・31)。

②「不法な原因」の意義

「不法」とは、強行法規違反ではなく、公序良俗（90条）違反を意味します。そして、「給付」とは、受領者に終局的な利益を与えるものであることを要します。具体的には、A登記されていない不動産（未登記不動産）は、引渡しをすれば給付があったことになります（最判昭45・10・21）が、登記された不動産（既登記不動産）は、引渡しのみならず、登記の移転までしないと給付があったことにはなりません（最判昭46・10・28)。

例えば、賭博で負けた借金を担保するために抵当権を設定しただけでは、給付とは言えないんだ。抵当権が実行されて初めて給付となるんだね（最判昭40・12・17)。

「給付」の意義 B

動産	引渡し（ただし、占有改定では足りない）
未登記不動産	引渡し
既登記不動産	登記（引渡しだけでは足りない）

PLAY! 理解度チェック

1. 不当利得の善意の受益者の返還の範囲は？

1.
その利益の存する限度において、返還する義務を負う。

2. 転用物訴権が認められる場合とは？

2.
賃貸借契約を全体として見て、賃貸人が対価関係なく利益を得ていると言える場合。

3. 騙取金による弁済がなされた場合、不当利得返還請求が認められるための要件とは？

3.
弁済を受けた者が、騙取金であることにつき悪意又は重過失であること。

4. 債務の弁済として給付した者は、その時において債務の存在しないことを知っていた場合であれば、強迫されたり、強制執行を免れたりするためにやむを得ずに弁済したときでも、返還請求することができないのか？

4.
できる。

5. 債務者は、弁済期にない債務の弁済として給付をしたときは、その給付したものの返還を請求することが（　　　　）。

5.
できない

6. 債務者でない者が錯誤によって債務の弁済をした場合において、不当利得返還請求ができなくなるのはどのようなときか？

6.
債権者が善意で証書を滅失させ若しくは損傷し、担保を放棄し、又は時効によって債権を失ったとき。

7. 不法な原因のために給付をした者は、その給付したものの返還を請求することができないが、所有権に基づく返還請求をすることはできるのか？

7.
できない。

8. 7.の場合において、不法行為に基づく損害賠償請求もできないのか？

8.
できない。

9. 7.の場合において、後になって不法原因給付の返還の特約をすることはできるのか？

9.
できる。

10. 受益者の不法性が著しく、給付者の不法性がわずかである場合、不当利得返還請求ができるのか？

10.
できる。

11. 給付するものが既登記不動産であるときは、引渡しをすれば「給付」にあたるのか？

11.
あたらない。引渡しのみならず、登記の移転までしないと給付があったことにはならない。

TRY! 本試験問題に挑戦

民法に規定する不当利得に関する記述として、判例、通説に照らして、妥当なのはどれか。
【特別区 R4】

1. 善意で法律上の原因なく他人の財産又は労務によって利益を受け、そのために他人に損失を及ぼした者は、その受けた利益に利息を付して返還しなければならない。

1. ×
利益の存する限度において、これを返還する義務を負う（現存利益の返還）。

2. 債務の弁済として給付をした者は、その時において、債務の存在しないことを過失によって知らなかったときには、その給付したものの返還を請求することができる。

2．○
そのとおり。
非債弁済となり、返還を請求することができなくなるのは、「債務の存在しないことを知っていたとき」である。善意・有過失は含まれない。

3. 債務者が、錯誤によって、期限前の債務の弁済として給付をしたときには、不当利得とはならず、債権者に対し、債権者が給付により得た利益の返還を請求することができない。

3．×
債権者が給付によって得た利益（中間利息）の返還を請求することはできる。

4. 債務者でない者が、錯誤によって、債務の弁済をした場合において、債権者が善意で時効によってその債権を失ったときには、その弁済をした者は、返還の請求をすることができる。

4．×
債権者が善意で時効によってその債権を失ったときには、その弁済をした者は、返還の請求をすることができない。

5. 不法原因給付をした者は、その給付したものの返還を請求することができず、また、給付を受けた不法原因契約を合意の上解除し、その給付を返還する特約をすることは、無効である。

5．×
このような特約は有効である。

正答　2

27 不法行為

重要度
★★★
頻出度
★★★

27章では「不法行為」を見ていく。毎年どこかで出題されている超頻出テーマであるがゆえ、量が多いからと言って決して読み飛ばしてはいけない。ゆっくり、じっくり進もう。

1 不法行為とは？

「不法行為」とは、故意又は過失によって他人の権利・利益を侵害する行為です（709条）。例えば、不注意で自動車の運転を誤り、歩行者にケガをさせたという場合が典型です。このときに生じる責任が、不法行為責任であり、被害者は加害者に対して損害賠償を請求することができます。

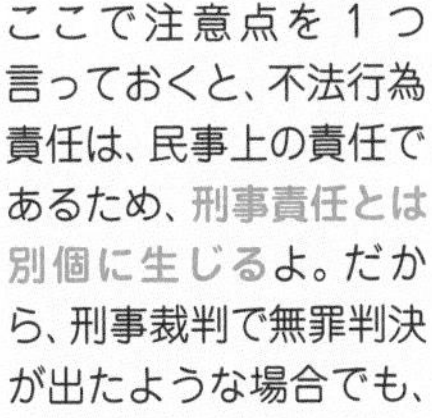

当事者間で何らかの契約関係があった場合には、通常の債務不履行責任と不法行為責任の両方が成立します。つまり、被害者は、債務不履行に基づいて損害賠償を請求することも、不法行為に基づいて損害賠償を請求することもできます。この２つは、「請求権競合」と言って、どちらを請求しても構いません。次の図で確認しましょう。

当事者間に契約関係があった場合 A

ＡＢ間の自動車の売買契約において、Ａの帰責事由（故意又は過失）により当該自動車の引渡しが不能となった（履行不能）。このとき、ＢはＡに対して何を根拠に損害賠償を請求することができるのか？

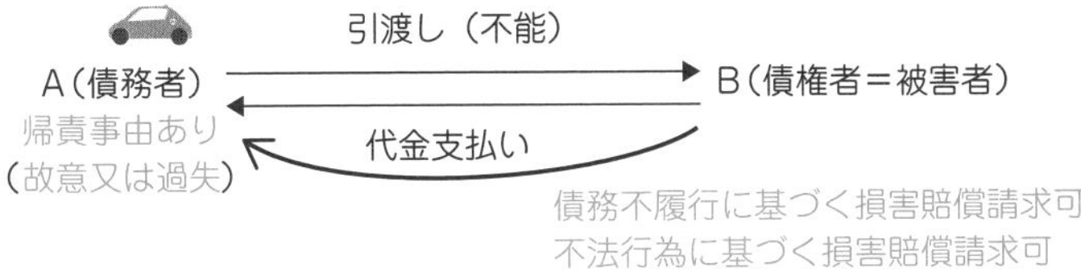

結論　BはAに対して債務不履行に基づいて損害賠償を請求することができる。また、BはAに対して不法行為に基づく損害賠償を請求することもできる。Bはこの2つのどちらを請求しても構わない（請求権競合）。

もっとも、Aこの図のように当事者間に契約関係があるのであれば、通常、債務不履行に基づく損害賠償を請求していく方がBにとっては有利です。なぜなら、債権者（被害者）にとっては、帰責事由立証の点で債務不履行に基づく損害賠償の方が負担は少ないからです。A債務不履行に基づく損害賠償の場合は、帰責事由不存在（免責事由の存在）を債務者の側が立証しなければ賠償責任を免れることができません。例えば、「債務不履行は大災害（不可抗力）によるものだったんだ」ということを債務者が立証しなければならないということです。つまり、債権者（被害者）の側は何もしなくて構わないということになり、非常に楽ですね。一方、A不法行為に基づく損害賠償の場合は、債権者（被害者）の側が「あなたには故意又は過失があったのだ」と積極的に立証しなければなりません。

このように、当事者間に契約関係がある場合は、債務不履行に基づいて損害賠償を請求した方が、債権者（被害者）にとって楽なのです。

債務不履行責任と不法行為責任 A

	債務不履行責任	不法行為責任
帰責事由（故意又は過失）の立証	債務者 →債務者が自己に帰責事由がなかったことを免責事由として立証する	原則、債権者（被害者） →債権者が積極的に相手方の故意又は過失を立証する
損害賠償の範囲	416条によって相当因果関係の範囲内	416条類推適用によって相当因果関係の範囲内

以上のことから、不法行為に基づく損害賠償請求がとくに問題となるのは、契約関係がない場面です。したがって、とりあえずは自動車事故のようなケースを考えるようにしておきましょう。

2 一般不法行為の要件

故意又は過失によって他人の権利又は法律上保護される利益を侵害した者は、これによって生じた損害を賠償する責任を負います（709条）。これを「一般不法行為」と呼びます。そして、条文上は、「他人の身体、自由若しくは名誉を侵害した場合又は他人の財産権を侵害した場合のいずれであるかを問わず、709条の規定により損害賠償の責任を負う者は、財産以外の損害に対しても、その賠償をしなければならない」とされています（710条）。これは要するに、A治療費のような財産的損害だけでなく、慰謝料などの精神的損害まで賠償の範囲に入ってくるということです。では、一般不法行為の要件を次にまとめておきます。コンパクトにしておくので、しっかり暗記してください。

一般的不法行為の要件 A

①故意又は過失

「故意又は過失がある」ということを債権者である被害者が立証しなければならない。なお、「失火（しっか）」の場合には、失火責任法という特別法により、「重過失」がなければ損害賠償責任は負わないと修正されている。わが国の家屋は、木造で失火による損害が拡大するのが通常であることから、加害者の責任が不当に拡大することを防止するためである。「過失」はいわゆる注意義務違反を指す。医療事故の場合、医師は危険防止のために実践上必要とされる最善の注意義務を負うが（最判昭36・2・16）、その最善の注意義務の基準は、諸般の事情を考慮して決められる。例えば、新規の治療法に関する知見が当該医療機関と類似の特性を備えた医療機関に相当程度普及していて、当該医療機関においてもその知見を有することを期待することが相当と認められる場合には、特段の事情がない限り、その知見は当該医療機関にとっての医療水準となる（最判平7・6・9）。また、建築事故のケースにおいては、設計者、施工者及び工事監理者も注意義務の主体となるので、特段の事情がない限り、損害を賠償しなければならない（最判平19・7・6）。

債務不履行責任は、契約当事者間で問題となるに過ぎないため、責任の不当な拡大という問題は生じない。だから、失火責任法は適用されないよ（最判昭30・3・25）。

②権利又は法律上保護される利益の侵害

③損害の発生

被害者が、示談書で「今後一切の請求権を放棄いたします」と定めても、その後の後遺症に基づく損害は別途請求できるよ。

法人が名誉権侵害を被った場合にも、無形損害として金銭賠償を請求できるよ（最判昭39・1・28）。

民法416条を類推適用し、相当因果関係の範囲内の損害のみ賠償してもらえる。また、損害には財産的損害（治療費など）のほかにも、精神的損害（慰謝料など）も含まれる。慰謝料請求権は、単なる金銭債権なので当然に相続の対象になる（最判昭42・11・1）。「相続させよう」というような被相続人の意思表示は不要ということだ。「当然に」というのがポイントである。なお、損害は実質的に考える。判例には、障害の程度が軽微で、被害者が従事する職業の性質からみて現在及び将来における収入の減少も認められない場合は、特段の事情がない限り、労働能力の一部を喪失しても財産上の損害は認められないとしたものがある（最判昭56・12・22）。逸失利益の算定についても難しい問題がある。例えば、交通事故の被害者が後遺障害により労働能力の一部を喪失したときの逸失利益の算定について、判例は、たとえ事故後に別の原因により被害者が死亡したとしても、事故の時点で、死亡の原因となる具体的事由が存在し、近い将来における死亡が客観的に予測されていたなどの特段の事情がない限り、死亡の事実を就労可能期間の認定上考慮しないとしている（最判平８・４・25）。

④因果関係

因果関係は被害者が立証する必要がある。ただ、裁判上の因果関係の立証は、一点の疑義も許されない自然科学的証明ではなく、経験則に照らして全証拠を総合検討し、特定の事実が特定の結果発生を招来した関係を是認しうる高度の蓋然性を証明することである。そして、その判定についても、通常人が疑を差し挟まない程度に真実性の確信を持つことができれば足りる（最判昭50・10・24）。一方、たとえ因果関係が証明されなかったときであっても、判例は、医療事故の事案で、医療水準にかなった医療が行われていたならば患者がその死亡の時点においてなお生存していた相当程度の可能性の存在が証明があれば、医師の不法行為責任を肯定できるとしている（最判平12・

9・22)。ここで問題となるのが企業損害と言われるものである。例えば交通事故によって企業の代表者が損害を受け、就労ができなくなったために会社の売上げが減少するようなケースなど。このような場合に、会社は加害者に対して損害賠償を請求できるのか？　この点判例は、会社が個人会社でその実権が代表者に集中して会社の機関に代替性がなく、経済的に会社と代表者が一体をなす関係にあるときは、損害賠償を請求できるとしている（最判昭43・11・15)。

⑤責任能力があること（712条、713条）

「責任能力」とは、自己の行為が違法であるとして非難されること、つまり自己の行為の責任を弁識しうる能力である。年齢的には、大体11歳か12歳くらいで備わるとされている。逆に言うと、責任無能力者に対しては損害賠償を請求できないということになる。もっとも、故意又は過失によって一時的に責任無能力状態を招いた場合（酒を飲みすぎて泥酔など……）には不法行為責任を負う。

⑥違法性阻却事由（正当防衛、緊急避難）がないこと

他人の不法行為に対し、自己又は第三者の権利又は法律上保護される利益を防衛するため、やむを得ず加害行為をした者は、損害賠償の責任を負わない（720条１項、正当防衛)。防衛行為により第三者に損害を与えた場合、第三者は不法行為をなした者に対して損害賠償を請求できる。また、他人の物から生じた急迫の危難を避けるためその物を損傷した場合についても同様に損害賠償の責任を負わない（720条２項、緊急避難)。

3 不法行為の効果

損害賠償は金銭で行うのが原則です（722条１項、417条、金銭賠償の原則)。B例外的に、名誉毀損（きそん）のような場合には、裁判所は、被害者の請求により、損害賠償に代え、又は損害賠償とともに、名誉回復処分を命ずることができます（原状回復処分）(723条)。例えば、新聞紙上に謝罪広告を掲載するよう命ずることができます。なお、A723条の原状回復処分に適するのは、人がその品性、徳行（とっこう）、名声、信用等の人格的価値について社会から受ける客観的な評価である社会的名誉に限ら

れ、人が自己自身の人格的価値について有する主観的な評価である名誉感情を毀損された場合には、原状回復処分をもって救済するに適しないというのが判例です（最判昭45・12・18)。なぜなら、他人の発言によって名誉感情が害されるというケースは結構あるわけですが、害されるか否かのハードルは人によって違うため、基準の画一化ができないからです。

なお、A被害者の生命が侵害されたときには、被害者の近親者（父母・配偶者・子）は、711条という条文で慰謝料請求ができる旨が規定されています。これは、生命侵害の場合には近親者が精神的苦痛を被ることが通常なので、その心情に配慮して特別に用意された条文です。

そして、A被害者が傷害を受けるにとどまる場合においても、近親者は、被害者が生命を侵害された場合にも比肩（ひけん）すべき程度の精神的損害を受けたときには、711条の規定ではなく、709条、710条に基づき慰謝料請求をなし得るというのが判例です（最判昭33・8・5)。

また、A生命侵害の場合においても、父母・配偶者・子以外の者（内縁の妻、未認知の子、祖父母、孫、兄弟姉妹）は711条類推適用により慰謝料請求をなし得ます。判例も、不法行為により死亡した被害者の夫の妹であっても、この者が、身体障害者であるため、長年にわたり被害者と同居してその庇護（ひご）のもとに生活を維持し、将来もその継続を期待しており、被害者の死亡により甚大な精神的苦痛を受けたなどの事実関係があるときには、711条の類推適用により加害者に対し慰謝料を請求し得るとしています（最判昭49・12・17)。

固有の慰謝料請求権 A

	生命侵害	傷害
近親者（父母、配偶者、子）	711条	709・710条
父母、配偶者、子以外	711条類推適用	709・710条

4 特殊の不法行為

（1）責任無能力者の監督者責任

A責任無能力者がその責任を負わない場合において、その責任無能力者を監督する法定の義務を負う者（監督義務者）は、その責任無能力者が第三者に加えた損害を賠償する責任を負います（714条１項）。Ａただし、監督義務者がその義務を怠らなかったとき、又はその義務を怠らなくても損害が生ずべきであったときは、当該損害につき賠償をする責任を負いません（714条１項ただし書）。また、監督義務者に代わって責任無能力者を監督する者も、同様の責任を負います（714条２項）。

このように免責規定という形で監督義務者の側に無過失の立証をさせる責任を過失責任の中でもとくに「中間責任」（過失責任と無過失責任の中間なので）と言うよ。中間責任の場合は、被害者が相手方の故意又は過失を積極的に立証しなくていいので楽なんだ。

責任無能力者の監督者責任 Ａ

親権者であるＣが目を離したすきに、Ｃの子であるＡが故意又は過失によってＢを殴ってケガをさせてしまった。このとき、Ｂは誰に対して損害賠償を請求すればよいのだろうか？

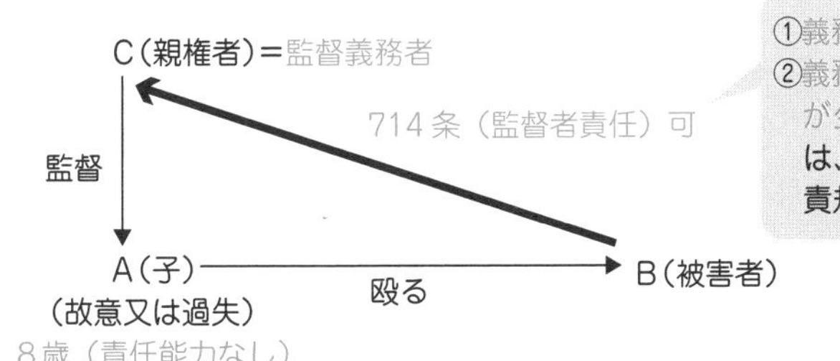

結論　ＢはＡに対しては損害賠償を請求できない（Ａには責任能力がないため）。しかし、その代わりに、監督義務者である親権者Ｃに対して損害賠償を請求できる。これが「監督者責任」である。

なお、Ａ加害者である未成年者が責任能力を有する場合、すなわちこの事例で言うＡが16歳である場合においても、監督義務者の監督義務違反と損害との間に相当因果関係が認められる限り、監督義務者は709条による責任を負います（714条は×）（最判昭49・３・22）。

この714条をめぐっては近時判例がたくさん出ています。そこで最後に私が重要だと考える判例を２つご紹介しておきます。

一つ目は、民法714条１項の法定の監督義務者とはいかなる者なのかという点が争われた重要判例です。事案としては、認知症の91歳の男性（A）が家を出て、徘徊したうえでJRのとある駅の路線に降りて電車にひかれるという事故が起こったため、JRが遺族（Aの妻や長男）に損害賠償を求めたというものです。判例は、精神障害者と同居する配偶者であるからといって、その者が法定の監督義務者に当たるということはできないとして、本件では、Aの妻も長男もAを「監督する法定の義務を負う者」に当たらないとしました。しかし、監督義務を引き受けたとみるべき特段の事情が認められる場合には、衡平（こうへい）の見地から法定の監督義務者に準ずべき者として、民法714条１項が類推適用されるとしたのです。そして、このような法定の監督義務者に準ずべき者に当たるか否かは、諸般の事情を総合考慮して決するとしました。本件では、妻自身も要介護１の認定を受けていたこと、及び長男もAとは遠く離れた場所で暮らし、本件事故まで20年以上もAと同居しておらず、１か月に３回程度週末にA宅を訪ねていたにすぎなかったことを考慮し、妻も長男も法定の監督義務者に準ずべき者に当たらないとしました（最判平28・３・１）。結果的に賠償責任を否定したわけですが、このように今後は本件のように認知症による徘徊事故について714条が問題となるケースが増えていくのではないかと予想されます。

二つ目は、714条１項ただし書（免責規定）の適用の有無が争点になった判例です。事案としては、小学校の校庭で遊んでいた子どもがサッカーボールを蹴飛ばしたところ、それが門扉を飛び越えて道路に飛んで行き、バイクに乗っていた80代の男性にぶつかり、怪我を負わせたというものです。判例は、通常は人身に危険が及ぶものとは認められない行為によってたまたま人身に損害を生じさせた場合は、当該行為について具体的に予見可能であるなど特別の事情が認められない限り、子に対する監督義務を尽くしていなかったとすべきではないとし、結論として、親権者が日頃から子どもに通常のしつけをしていたことを理由に、民法714条１項の監督義務者としての義務を怠らなかったと判断しました（最判平27・４・９）。

（2）使用者責任

①使用者責任とは？

使用者に代わって事業を監督する者も、同様に損害賠償の責任を負うよ（715条２項）。

Aある事業のために他人を使用する者（使用者）は、被用者がその事業の執行について第三者に加えた損害を賠償する責任を負います（715条１項）。これを「使用者責任」と言います。要は、他人を使用することで利益を上げる者は、そこから生じた損害についても同様に負担しなければならないという「報償責任の法理」に基づく責任です。Aただし、使用者が被用者の選任及びその事業の監督について相当の注意をしたとき、又は相当の注意をしても損害が生ずべきであったときは、責任を負わなくてすみます。これも「中間責任」ということですね。

使用者責任 A

Cに雇われているAは、事業を行う過程でBにケガを負わせてしまった。このとき、Bは誰に対して損害の賠償を請求できるのか？

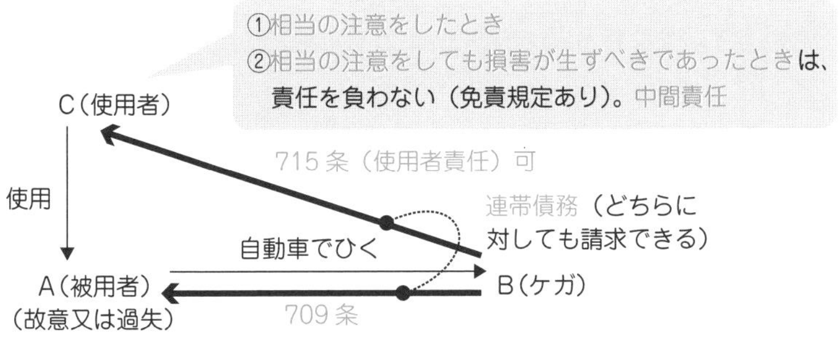

結論　Bは被用者Aに対して709条に基づく損害賠償を請求できるとともに、使用者Cに対しても715条の使用者責任に基づき損害賠償を請求できる。この両者の関係は連帯債務である（最判昭40・9・14）。そして、賠償を支払った使用者Cは、被用者Aに対して信義則上、相当な範囲内において（全額はムリ）求償権を行使することができる（715条３項、最判昭51・7・8）。一方、被用者AがBに損害を賠償した場合にも、被用者Aは、諸般の事情に照らし、損害の公平な分担という見地から相当と認められる額について、使用者Cに対して求償権を行使することができる（最判令２・２・28）。つまり、「逆求償」も認められる。

②使用者責任の要件

では、次に使用者責任が成立するための要件を見ていきます。やや細かいものまですべて書いておくので、試験では必ず得点してくださいね（笑）。

ア．ある事業のために他人を使用していること

使用者責任と言う以上は、使用関係にあることが必要なのですが、B雇用・委任関係の有無、有償・無償、継続的・臨時的等の**区別を問わず、事実上の指揮監督関係**があればよいとされています。要は実態に着目するということです。また、「事業」は**非営利的なものでも構いません**。

イ．事業の執行につきなされた行為であること

この要件の判断基準については、相手方を保護する観点から、「**外形標準説**」を採用するのが判例・通説です。すなわち、A**行為の外形から客観的に判断**して、使用者の職務の範囲内であればよいとするわけです。例えば、営業車を勤務時間**外**に**私用**で使って事故を起こした場合でも、外形的には職務の範囲内と言えるでしょう。営業車には「○○法人」と書いてあるわけですからね（笑）。このように「外形標準説」は相手方の外形に寄せる信頼を保護しようとします。そうである以上、A職務の範囲内の行為でないことにつき**悪意又は重過失**のある相手方に対しては、**責任を負わなくてすみます**。

このように、判例は、取引行為的不法行為のみならず、自動車事故のような**事実行為的不法行為の場合にも「外形標準説」を使う**としているよ（最判昭37・11・8）。

ウ．使用者が被用者の選任・監督について相当の注意をしたこと、又は相当の注意をしても損害が生ずべきであったこと（免責事由）を証明できないこと

エ．被用者の行為が709条の成立要件を満たすこと

A**被用者には**不法行為の要件が備わっていなければなりません。この点は、責任無能力者の監督者責任とは大きく異なる点なので注意しましょう。ちなみに、B被用者の失火について使用者責任を認めるためには、**「被用者」に重過失があることが求められます**（最判平7・1・24）。「使用者」を基準とするのではなく、あくまでも「被用者」を基準として重過失の有無を考えていくのです。

失火責任法の適用関係 B

被用者であるBが失火によってCに損害を加えた場合、「重過失」を使用者Aの選任・監督について見るのか、それとも被用者Bの失火行為について見るのか？

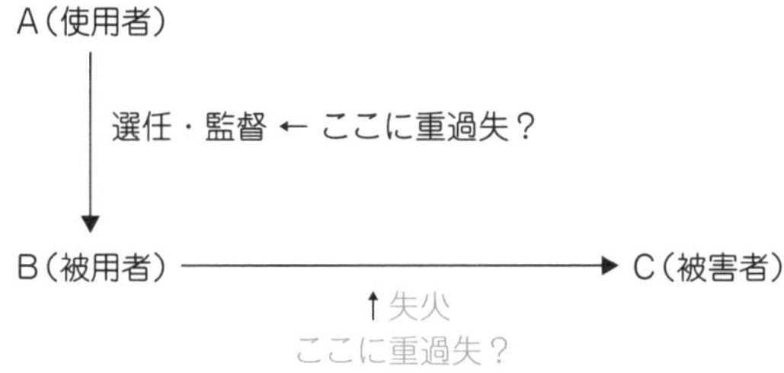

結論 被用者Bがなした失火行為について重過失があったかどうかを見る。よって、Bに重過失があれば、Aは責任を負う。

（3）請負人の加害行為に対する注文者の責任

B請負契約がある場合、注文者は、請負人がその仕事について第三者に加えた損害を賠償する責任を負いません。ただし、注文又は指図についてその注文者に過失があったときは、賠償の責任を負います（716条）。もしこの規定がなければ、注文者は先ほど見た使用者責任を問われてしまう可能性がありますね。しかし、請負契約では、請負人が注文者から独立して仕事を行うという性質があるため、請負人のミスを即座に注文者のミスと決めつけることは妥当ではないのです。そこで、注文者は原則として、請負人がその仕事について第三者に損害を加えても、損害賠償責任を負わないことにしたわけです。

請負における注文者の責任 B

原則 請負人がその仕事に際して第三者に損害を加えても、注文者は原則として損害賠償責任を負わない。

例外 注文者が請負人に対してした注文又は指図に過失があり、これにより第三者に損害が生じた場合には、注文者は損害賠償責任を負う。

（4）土地の工作物・竹木の瑕疵による責任

竹木の栽植又は支持に瑕疵がある場合についても同じだよ（717条２項）。

A土地の工作物の設置又は保存に瑕疵があることによって他人に損害を生じたときは、まずその工作物の「占有者」が、第一次的に被害者に対して損害を賠償する責任を負います。ただし、占有者が損害の発生を防止するのに必要な注意をしたときは、第二次的に「所有者」がその損害を賠償しなければなりません（717条１項、工作物責任）。このように、工作物責任は順番が決まっている点が特徴です。

そして、占有者の責任は「過失責任」（中間責任）なのですが、所有者の責任は「無過失責任」となっています。工作物責任は、「危ない物を支配している者は、そこから生じた損害も負わなければならない」という「危険責任の法理」に基づくものである以上、誰かが最終的な責任を負わなければならないのです。したがって、ちょっと気の毒ですが、所有者には無過失責任を負ってもらうことにしたわけです。なお、A占有者又は所有者が被害者に対して損害賠償を支払った場合に、損害の原因について他にその責任を負う者があるときは、その者に対して求償権を行使することができます（717条３項）。次の図で確認してみてください。

工作物責任 A

Aが所有する建物をBが占有して使っていたが、当該建物の屋根が崩壊し、その結果通行人Cがケガをした。

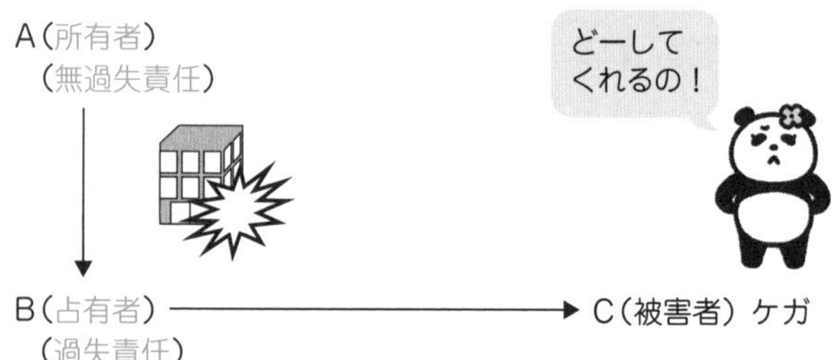

結論 まず、Cは①占有者Bに対して損害賠償を請求する。そして、Bが損害の発生を防止するのに必要な注意をしたことを立証した場合にはBは責任を免れ（過失責任、中間責任）、次に②所有者Aに対して損害賠償を請求する。なお、この場合、Aは責任を免れることができない（無過失責任）。また、B又はAが損害賠償をした後に、他にその責任を負うべき者がいれば（例えば、施工業者など）、その者に対して求償できる。

（5）動物占有者の責任

占有者に代わって動物を管理する者も、同様の責任を負うよ（718条２項）。

B動物の占有者は、その動物が他人に加えた損害を賠償する責任を負います。ただし、動物の種類及び性質に従い相当の注意をもってその管理をしたときは、責任を負いません（718条１項）。この動物占有者の責任も、工作物責任と同様、「危険責任の法理」に基づくもので、中間責任になっています。

動物占有者の責任 B

①動物の占有者ないし管理者は、その動物が他人に損害を加えた場合には、その損害を賠償する責任を負う。

②ただし、動物の種類及び性質に従い相当の注意をもってその管理をしたときは、損害賠償責任を負わない（中間責任）。

③なお、所有者については明文規定がない。

（6）共同不法行為

行為者間に共同の認識がなくても、客観的に関連共同している場合には、各自が連帯してその損害を賠償する責任を負うよ（最判昭43・4・23）。

B数人が共同の不法行為によって他人に損害を加えたときは、各自が連帯してその損害を賠償する責任を負います。また、共同行為者のうちいずれの者がその損害を加えたかを知ることができないときも、同じように各自が連帯して責任を負います（719条１項）。

さらに、B行為者を教唆（きょうさ）した者（唆（そそのか）した者）及び幇助（ほうじょ）した者（助けた者）も、共同行為者とみなされるので、連帯責任を負うことになります（719条２項）。

共同不法行為 A

B、C、Dが共同でAにケガを負わせた。

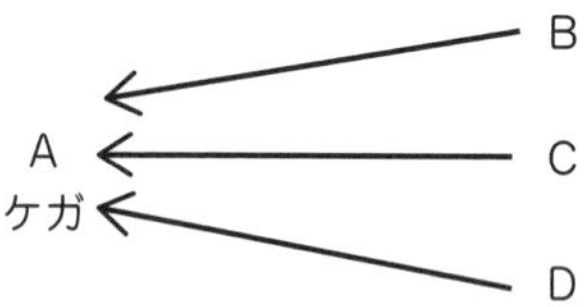

結論　B、C、Dの共同行為者全員が連帯して全額の損害賠償責任を負う（連帯債務）。また、教唆や幇助をした者も、連帯して損害賠償責任を負う。

この共同行為者の責任、すなわち損害賠償債務は連帯債務である以上、B自らの寄与度に応じた過失割合を算定し、減額を主張することはできません。あくまでも各自が全額負担することになります。そうでないと連帯債務とした意味がなくなってしまいますからね。

共同不法行為者の一方について債務を免除する場合に、他方についても残債務を免除する意思を有していると認められるときは、その他方についても、残債務の免除の効力が及ぶよ（最判平10・9・10）。

そして、共同不法行為者の１人が全額の賠償をしたときは、本来負担するべき責任の割合（原則は平等）に応じて、他の共同行為者に対して求償できます（最判昭41・11・18）。

なお、判例は交通事故と医療事故が順番に発生した場合も、被害者との関係でドライバーの運転行為と医者の医療ミスを共同不法行為として処理してしまいます（最判平13・３・13）。交通事故が起こって、救急車で運ばれたものの、搬送先の病院でまさかの医療事故が発生したようなケースですね。この場合、次に話す過失相殺については、各不法行為の加害者と被害者との間の過失の割合に応じてすべきものであり、他の不法行為者と被害者との間における過失の割合を斟酌（しんしゃく）してすることはできないとしています（最判平13・３・13）。このような処理の仕方を「相対的過失相殺」と呼ぶことがあります。かなり細かい知識なので、話半分でＯＫです。

5 過失相殺

A被害者に過失があったときは、裁判所は、これを考慮して、損害賠償の額を定めることができます（722条２項）。いわゆる「過失相殺」です。ただ、債務不履行の場面とは異なり、責任自体を否定することはできませんし、裁判所は任意で過失を考慮すれば足ります。つまり、義務ではないということですね。次に一応まとめておきますので、確認してみてください。

過失相殺 A

ＡがＢを自動車でひいてケガを負わせた。ただ、Ｂにも急に道路に飛び出したという過失があった。具体的な過失割合はＡが７割、Ｂが３割であった。

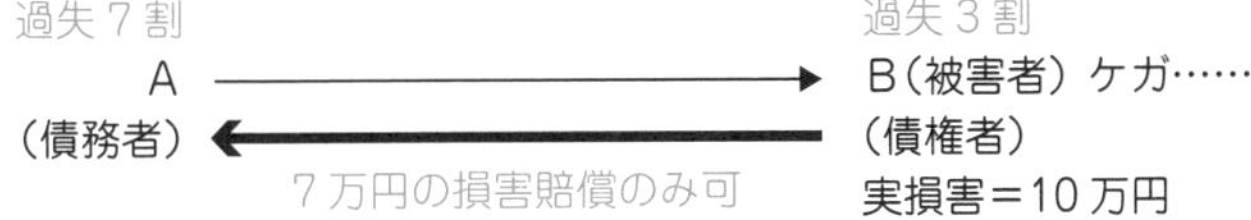

債務不履行	賠償責任自体を否定することも可（Ｂの過失を10割と認定して賠償額をゼロにすることも可）。裁判所は過失を必ず考慮しなければならない（義務的考慮）。
不法行為	賠償責任自体を否定することは不可（Ｂの過失を10割と認定して賠償額をゼロにすることは不可）。裁判所は過失を任意的に考慮すればよい（任意的考慮）。

過失相殺における「過失」が認められるためには、責任能力（責任を弁識する能力）を備えていることまでは要求されません。A自分の行為が危ないかどうかを認識できる程度の「事理弁識能力」（４～５歳）があれば足ります（最大判昭39・６・24）。過失相殺は、損害の公平な分担という趣旨で認められるものなので、責任を負わせるための「責任能力」とは次元が異なるのです。

なお、過失相殺に似た概念として損益相殺というものがあります。これは不法行為の被害者が損害を受けると同時に利益を得た場合に、その利益を損害賠償額から控除するというものです。例えば、死亡事故の場合の生活費などがこれにあたります。すなわち、死亡事故の場合、被害者は死亡しているわけですから、当然、それ以降被害者の生活費が発生することはなくなります。したがって、この死亡事故の場合における被害者の生活費は、損益相殺の対象となり、損害賠償額から控除されることになります。

ほかにも地方公務員等共済組合法に基づく**遺族年金**を受けた場合には、損害賠償額を減額することができるよ（最大判平５・３・24）。

この点、B判例は、**生命保険金**は掛け金としての対価である以上、**損益相殺の対象とならない**としています（最判昭39・９・25）。つまり、損害賠償額から控除してはいけないということですね。B同じように**火災保険金**も**損益相殺の対象になりません**（最判昭50・１・31）。また、交通事故で死亡した幼児の財産上の損害賠償額の算定についても、B幼児の養育費の支出が不要になったからといって、将来得られたであろう収入額（逸失利益）から**養育費を控除してはいけません**（最判昭53・10・20）。養育費は父母が支出するものであり、幼児の損害賠償請求権とは別物だからです。なお、過失相殺と損益相殺の順番は過失相殺を先にするというのが判例です（最判平元・４・11）。

6 被害者側の過失

A被害者自身に過失はないものの、被害者と**身分上・生活関係上一体**をなすと認められる者に過失がある場合、その者の過失は**被害者側の過失**として過失相殺の対象となります。「被害者と身分上・生活関係上一体」とは、簡単に言うと、「**財布が共通**」という意味です。例えば、次の図のようなケースです。

被害者側の過失 A

ＡとＢは夫婦であり、Ｂの運転によりドライブをしていた。ところが、ＢとＣの双方の過失により出会いがしらの事故が起こった。この事故によりＡがケガをした場合、ＡはＣに対して不法行為に基づく損害賠償を請求できる。このとき、Ｃは「確かに被害者であるＡに過失はないが、Ｂに過失があったのだから過失相殺してくれ」と主張した。

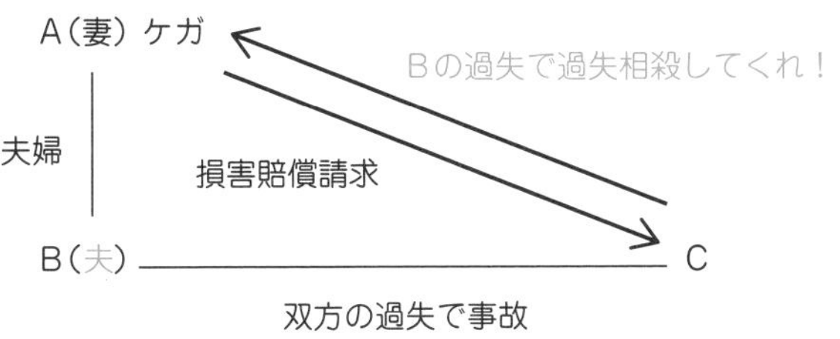

結論 Cは、Bの過失を主張することにより、過失相殺してもらえる（最判昭51・3・25）。なお、AにとってBが内縁の夫である場合も同様である（最判平19・4・24）。

理由 AとBは夫婦である以上、財布が共通と言える。したがって、身分上・生活関係上一体とみなしてよい。

Bただ、この図のような場合においても、AとBの夫婦関係が事実上破綻しているようなときには、もはや財布が共通とは言えないので、被害者側の過失としてBの過失を考慮できません（最判昭51・3・25）。次に、被害者側の過失として認められなかった典型事例を紹介します。

保育士の過失 A

２歳の幼児Aを連れて保育士のBは散歩に出かけた。しかし、Bが目を離したすきに（過失）、Aが道路に飛び出てしまい、Cの運転する自転車に衝突してケガをした。このとき、AはCに対して不法行為に基づく損害賠償を請求できるが、Cは「保育士Bの過失で過失相殺をしてくれ」と主張した。

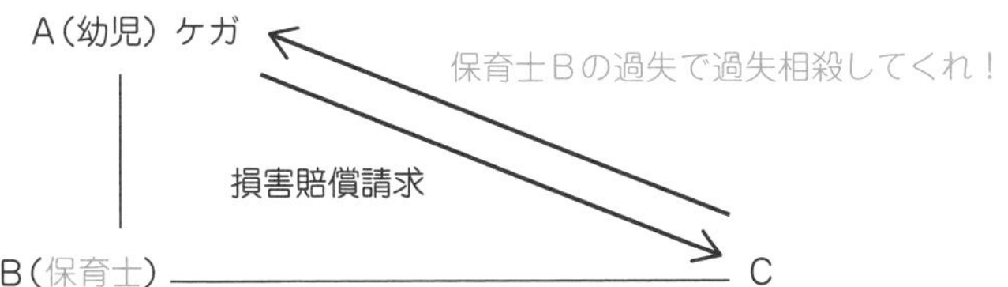

結論 Cが保育士Bの過失を主張しても、過失相殺はできない（最判昭42・6・27）。

理由 BはAにとって他人であり、財布が共通とは言えない。したがって、身分上・生活関係上一体とみなせない。

ほかにも、単に恋愛関係にあっただけの者の過失について、考慮することができないとした判例があります（最判平9・9・9）。

7 被害者の素因

「過失」とは言えないものの、損害賠償額の調整の観点から、被害者の元々有している素因を考慮することができる場合があります。要は、損害の発生・拡大に寄与した被害者の素因を賠償額の減額事由として主張できるわけです。A例えば、精神的に弱かったというような心因的素因（最判昭63・4・21）、疾患などの病的素因（最判平4・6・25）などは722条2項を類推適用して賠償額の減額を認めるのが判例です。

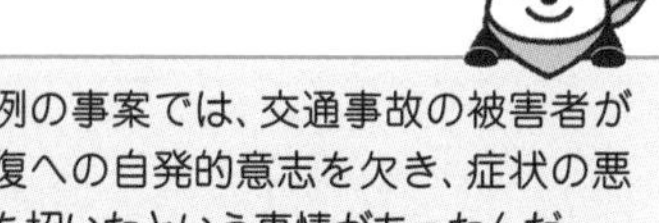

判例の事案では、交通事故の被害者が回復への自発的意志を欠き、症状の悪化を招いたという事情があったんだ。一方で、過労自殺が起きたケースで、被害者の性格が個性の多様さとして通常想定される範囲を逸脱していなかった場合は、心因的素因として考慮できないとした判例がある（最判平12・3・24）。

一方、B高齢であったなどの加齢的素因は賠償額の減額事由にはなりません。誰もが年をとるわけなので、年をとることを過失と同視するのは無理があるでしょう（笑）。

また、A身体的特徴も通常の個体差の範囲内であれば賠償額の減額事由になりません。例えば、普通の人より少し首が長いので、事故でむち打ち症になってしまったような場合には、その首が長いという素因を賠償額の減額事由として使うことはできません。A判例も、交通事故の被害者が平均的な体格や通常の体質とは異なる身体的特徴を有していたとしても、それが「疾患」にあたらない場合には、特段の事情がない限り、賠償額を定めるにあたり考慮することができないとしています（最判平8・10・29）。ここに言う「特段の事情」とは、極度の肥満症のような場合です。そのような場合には、通常の生活を送る中で特別の注意義務が課せられていると言ってよく、賠償額を減額する事由となり得るというわけです。

被害者の素因 A

賠償額の減額事由として考慮される素因（722条２項類推適用）は以下の通り。

・減額肯定例○
　→ 心因的素因、病的素因（疾患）
・減額否定例✕
　→ 加齢的素因、身体的特徴（平均的な体格ないし通常の体質と異なるとしても、疾患にあたらない場合には、特段の事情がない限り、考慮できない）

8 不法行為による損害賠償請求権の消滅時効

不法行為に基づく損害賠償請求権も債権である以上、消滅時効にかかります。主観的起算点と客観的起算点とに分けて規定が用意されている点がポイントです。また、生命・身体侵害の場合の特則も設けられていますので、この点も忘れてはいけません。

まず、A被害者又は法定代理人が損害及び加害者を知った時から３年間行使しないと消滅時効にかかってしまいます（724条１号）。B不法占拠のような継続的不法行為により損害が生じる場合は、その不法行為により日々発生する各損害につき被害者が知った時から別個に消滅時効が進行することになります（大連判昭15・12・14）。また、A不法行為の時から20年間行使しないときも消滅時効にかかります（724条２号）。「不法行為の時」とは、不法行為により発生する損害の性質上、加害行為が終了してから相当の期間が経過した後に損害が発生する場合（石炭鉱山におけるじん肺などのような蓄積進行型の損害）には、当該損害の全部又は一部が発生した時から進行するとするのが判例です（最判平16・４・27）。

損害を知った時とは、被害者が損害の発生を現実に認識した時をいい（最判平14・１・29）、加害者を知った時とは、加害者に対する賠償請求が事実上可能な状況のもと、その可能な程度にこれを知った時を意味するよ（最判昭48・11・16）。

不法行為による損害賠償請求権の消滅時効 A

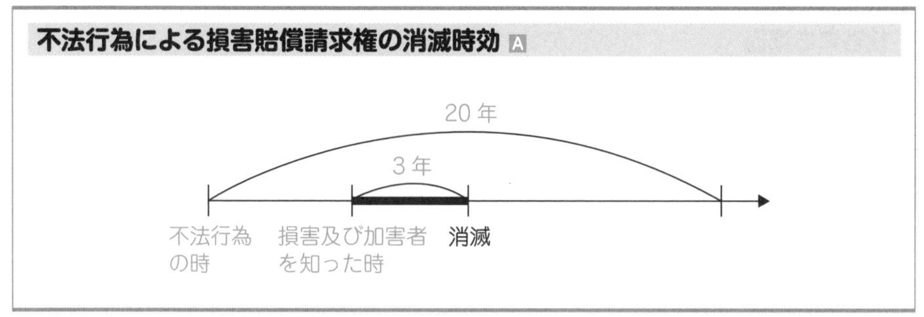

なお、A人の生命又は身体を害する不法行為（自動車の事故や医療事故など）による損害賠償請求権の消滅時効は、被害者又は法定代理人が損害及び加害者を知った時から５年間行使しないと消滅時効にかかることになっていて（724条の２）、消滅時効期間が延びます（客観的起算点の方は20年間で同じ）。これは被害者保護の観点から、生命・身体侵害の場合の損害賠償請求権を通常よりも存続させる趣旨です。これらをまとめると次の表のようになります。

不法行為による損害賠償請求権の消滅時効まとめ A

<table>
<tr><th></th><th colspan="2">不法行為</th><th colspan="2">債務不履行</th></tr>
<tr><td>一般の
損害賠償請求権</td><td>３年（主観的起算点から）</td><td rowspan="2">20年（客観的起算点から）</td><td rowspan="2">５年（主観的起算点から）</td><td>10年（客観的起算点から）</td></tr>
<tr><td>生命・身体侵害の
損害賠償請求権</td><td>５年（主観的起算点から）</td><td>20年（客観的起算点から）</td></tr>
</table>

※生命・身体侵害の損害賠償請求権は、不法行為だろうが債務不履行だろうが、それぞれ５年、20年で同じである点がポイント。

PLAY! 理解度チェック

1. 債務不履行に基づく損害賠償の場合は、帰責事由について（　①　）が立証するが、不法行為に基づく損害賠償の場合は（　②　）が立証する。

1.
①債務者（加害者）
②債権者（被害者）

2. 慰謝料請求権は、被相続人の意思表示がなければ相続されないのか？

2.
意思表示がなくても当然に相続される。

3. 故意又は過失によって一時的に責任無能力状態を招いた場合には不法行為責任を負わなくてよいのか？

3.
負わなければならない。

4. 他人の物から生じた急迫の危難を避けるためその物を損傷した場合を（　　　　）と言うが、この場合には損害賠償責任を負わない。

4.
緊急避難

5. 損害賠償を金銭以外で行うことは一切できないのか？

5.
名誉毀損のような場合には、例外的に名誉回復処分を命ずることができる。

6. 被害者が傷害を受けるにとどまった場合には、たとえ近親者であっても慰謝料を請求することができないのか？

6.
被害者が生命を侵害された場合にも比肩すべき程度の精神的損害を受けたときには、709条、710条に基づき慰謝料請求をなし得る。

7. 監督義務者が714条の監督者責任を免れるのはどのようなときか？

7.
義務を怠らなかったとき、又はその義務を怠らなくても損害が生ずべきであったとき。

8. 加害者が責任能力を有する16歳の場合は、監督義務者は一切責任を負わないのか？

8.
監督義務者の監督義務違反と損害との間に相当因果関係が認められる限り、監督義務者は709条の責任を負う。

9. 使用者が被害者に対して損害賠償金を支払ったときは、被用者に対して求償権を行使することができるのか？

9.
信義則上、相当な範囲内において行使することができる。

10. 請負契約がある場合、注文者は、原則として請負人がその仕事について第三者に加えた損害を賠償する責任を負うのか？

10.
原則として負わない。ただ、注文又は指図について注文者に過失があったときは負う。

11. 717条の工作物責任において、所有者の責任は過失責任なのか？

11.
無過失責任である。なお、占有者の責任は過失責任（中間責任）である。

12. 共同不法行為の場面において、教唆や幇助をした者は連帯責任を負わないのか？

12.
教唆や幇助をした者も連帯責任を負う。

13. 過失相殺における「過失」が認められるためには、責任能力まで備えていることが必要なのか？

13.
必要ない。事理弁識能力さえ備えていれば足りる。

14. 生命保険金や火災保険金は損益相殺の対象に含まれるのか？

14.
含まれない。

15. 夫の過失は、夫婦関係が事実上破たんしているようなときでも被害者側の過失として考慮できるのか？

15.
できない。

16． 保育士の過失は、被害者側の過失として考慮できるのか？

16．
できない。

17． 身体的特徴は、疾患にあたらない場合は、特段の事情がない限り、賠償額を定めるにあたり考慮することが（　　　　）。

17．
できない

TRY! 本試験問題に挑戦

不法行為に関するア～オの記述のうち、妥当なもののみをすべて挙げているのはどれか。　【国家一般職 H28】

ア． 数人が共同の不法行為によって第三者に損害を加えたときは、各自が連帯してその損害を賠償する責任を負うが、その行為者を教唆した者も、共同行為者とみなされ、各自が連帯してその損害を賠償する責任を負う。

ア．○
そのとおり。
教唆者も連帯責任を負う。

イ． 土地の工作物の設置又は保存に瑕疵があることによって第三者に損害を生じた場合、その工作物の所有者は、損害の発生を防止するのに必要な注意をしたときは、その損害を賠償する責任を負わない。

イ．×
損害の発生を防止するのに必要な注意をしたときに、損害を賠償する責任を負わないのは「占有者」である。所有者の責任は「無過失責任」である。

ウ． ある事業のために他人を使用する者は、被用者がその事業の執行について第三者に加えた損害を原則として賠償する責任を負うが、使用者が第三者にその損害を賠償したときは、使用者は被用者に求償権を行使することができる。

ウ．○
そのとおり。
信義則上相当と認められる限度において求償権を行使することができる。

エ. 未成年者が不法行為によって第三者に損害を加えた場合、その未成年者は、自己の行為の責任を弁識するに足りる知能を備えていなかったときは、その損害を賠償する責任を負わない。この場合において、その未成年者を監督する法定の義務を負う者は、その義務を怠らなかったことを証明したときに限り、その損害を賠償する責任を負わない。

エ. ×
その義務を怠らなかったとき、又はその義務を怠らなくても損害が生ずべきであったときは、その損害を賠償する責任を負わない。

オ. 精神上の障害により自己の行為の責任を弁識する能力を欠く状態にある間に第三者に損害を加えた者は、故意により一時的にその状態を招いたときは、その損害を賠償する責任を負うが、過失により一時的にその状態を招いたときは、その損害を賠償する責任を負わない。

オ. ×
過失により一時的にその状態を招いたときも、その損害を賠償する責任を負う。

1．ア、イ　　2．ア、ウ　　3．イ、オ　　4．ウ、エ　　5．エ、オ

正答　2

TRY! 本試験問題に挑戦

民法に規定する不法行為に関する記述として、判例、通説に照らして、妥当なのはどれか。 【特別区 R4】

1. 不法行為の成立には、その行為によって損害が発生したことが必要となるが、この損害とは、財産的な損害であり、精神的な損害などの非財産的損害は含まない。

1. ×
精神的な損害などの非財産的損害も含まれる。

2. 緊急避難とは、他人の不法行為に対し、自己又は第三者の権利又は法律上保護される利益を防衛するため、やむを得ず行う加害行為であり、その加害行為をした者は損害賠償の責任を負わない。

2．×
緊急避難ではなく、正当防衛に関する記述である。緊急避難は、他人の物から生じた急迫の危難を避けるため、その物を損傷した場合である。

3. 最高裁判所の判例では、不法行為による損害賠償額を過失相殺するには、被害者に責任能力がなければならず、被害者が未成年者である場合には、その過失は一切斟酌(しんしゃく)されないとした。

3．×
過失相殺するには、被害者に責任能力は必要ない。事理弁識能力があれば足りる。よって、被害者が未成年者でも、その過失が斟酌される場合がある。

4. 数人が共同の不法行為によって他人に損害を加えたときは、行為者間に共同の認識がなくても、客観的に関連共同している場合には、各自が連帯してその損害を賠償する責任を負う。

4．○
そのとおり。
客観的に関連共同している場合には、共同不法行為となる。

5. 人の生命又は身体を害する不法行為による損害賠償請求権は、被害者又はその法定代理人が、損害及び加害者を知った時から３年間行使しないときには、時効によって消滅し、不法行為の時から20年間行使しないときも、同様である。

5．×
３年ではなく「５年」である。

正答　4

28 親族

重要度 ★★★
頻出度 ★★★

この章では「親族」というテーマで、主に「婚姻」「離婚」「親子」について見ていく。範囲が膨大なのに1問出るか出ないか……という最悪のコスパを誇る厄介なテーマである。したがって、細かいことは一切無視して重要な点だけをコンパクトに解説する。

1 親族とは?

「親族」とは、①6親等内の血族、②配偶者、③3親等内の姻族を言います（725条各号）。「血族」には血縁でつながっている「**自然血族**」と法で血縁を擬制する「**法定血族**」があります。「姻族」とは、婚姻でつながっている配偶者の血族と血族の配偶者を意味します。例えば、妻の父母（義理の父母）や祖父母（義理の祖父母）、兄弟姉妹の配偶者などをイメージするとよいでしょう。

養子と養親の関係のことだよ。

親等の数え方は、自分を中心に、親子間の縦の開きを1親等とし、兄弟姉妹やおじ、おばなどの横の開きをカウントする際には、共通の先祖まで遡って、そこから下にいきます。よって、兄弟姉妹は2親等、おじ、おばは3親等となります。

それと、「直系」と「傍系」の言葉を知っておきましょう。「**直系**」とは、**血統が直上直下する形で連結するもの**（縦の関係）を言います。自分から見て、親、祖父母、子、孫などがこれにあたります。一方、「**傍系**」とは、**血統が共同の祖先によって連結するもの**（横の関係）を言います。ですから、自分から見て、兄弟姉妹、おじ、おばなどがこれにあたります。

最後に、「尊属」と「卑属」の区別を説明しておきます。「**尊属**」とは、**自分より世代が前の者**を言います。父母、祖父母などがこれにあたります。一方、「**卑属**」とは、**自分より世代が後の者**を言います。子や孫などがこれにあたりますね。

以上、これらの用語は今後説明の中で適宜使っていくので、何となくイメージできるようにしておきましょう。次の図は親族表になります。何回か見ながら覚えていってください。

親族表 B

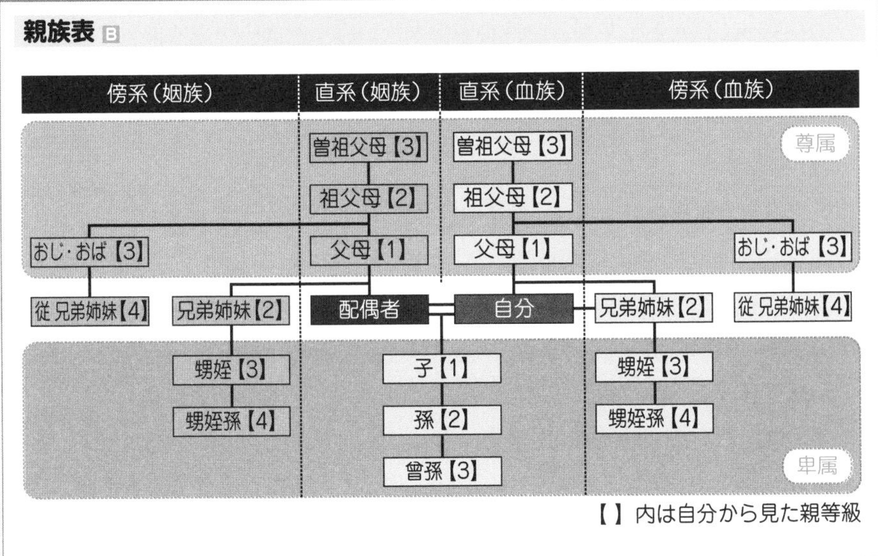

2 婚姻

（1）婚姻の成立要件

婚姻が有効に成立するためには、①婚姻意思と②婚姻の届出（739条）が必要です。B この２つのうちどちらか一方でも欠いてしまえば、婚姻は遡及的に無効となります（742条）。

婚姻成立要件 B

①婚姻意思：夫婦共同生活を営むという「実質的な意思」でなければならない。よって、婚外子に嫡出子の身分を与えるだけを目的とした婚姻は婚姻意思がなく無効となる（最判昭44・10・31)。このような形式的意思では足りないのである。また、婚姻意思は、合意の時点及び届出の時点の両方で必要である。

②婚姻の届出：これは、受理されれば足り、戸籍簿への記載がなされなくてもよい（大判昭16・７・29)。一方が勝手に婚姻届を提出し、その後他方がこれを知って追認した場合、婚姻は届出の当初に遡って有効になる（最判昭

47・7・25)。婚姻届作成時には婚姻意思はあったが、届出受理時に意思能力を失っていたとしても、**特段の事情がない限り、届出受理によって有効に婚姻が成立**する(最判昭44・4・3)。

(2)婚姻障害

以下の婚姻障害事由があれば、当該婚姻は**取消し**の対象(無効ではない)となる。

家庭裁判所に請求して取り消してもらうんだ。

婚姻障害事由 B

①**婚姻不適齢**:男女ともに18歳になるまでは婚姻できない(731条)。

②**重婚禁止**:すでに配偶者のある者は重ねて婚姻できない(732条)。なお、配偶者のある者が重ねて婚姻をした場合において、後婚が離婚によって解消されたときは、特段の事情がない限り、**後婚が重婚に当たることを理由として、その取消しを請求することは許されない**とするのが判例である(最判昭44・4・3)。後婚の取消しを請求する法律上の利益がないからである。

③**近親婚**:直系血族又は3親等内の傍系血族の間では婚姻をすることができない(親族関係が終了した後も同様)。ただし、養子と養方の傍系血族との間では、婚姻をすることができる(734条1項)。また、直系姻族の間でも婚姻をすることができない(姻族関係が終了した後も同様)(735条)。さらに、養子若しくはその配偶者又は養子の直系卑属若しくはその配偶者と養親又はその直系尊属との間では、親族関係が終了した後でも、婚姻をすることができない(736条)。

④**詐欺・強迫による婚姻**:詐欺又は強迫によって婚姻をした者(検察官は×、利害関係人は×)は、その婚姻の**取消しを家庭裁判所に請求**することができる(747条1項)。この取消権は、当事者が詐欺を発見し、若しくは強迫を免れた後**3か月を経過**し、又は**追認**をしたときは、**消滅する**(747条2項)。

なお、**成年被後見人は、成年後見人の同意を得ることなく婚姻することができる**(738条)。超頻出の知識だから絶対に覚えておこう。

なお、A婚姻の取消しは、将来に向かってのみその効力を有します（748条1項）。要は遡及しないということです。なぜなら、仮に「遡及する」としてしまうと、子どもの嫡出性までもが否定されてしまうからです。婚姻から婚姻取消しまでの間に出生した子は嫡出子として扱われるわけですが、婚姻が遡及してなかったことになると、その嫡出性までもが吹っ飛んでしまうわけです。それでは子どもがかわいそう……ということで遡及効を否定し将来効のみとしたのです。そして、B婚姻を取り消した場合に、婚姻の時においてその取消しの原因があることを知らなかった当事者が、婚姻によって財産を得たときは、現に利益を受けている限度において、その返還をしなければなりません（748条2項）。一方、B婚姻の時においてその取消しの原因があることを知っていた当事者は、婚姻によって得た利益の全部を返還しなければなりません。そしてこの場合において、相手方が善意であったときは、損害を賠償する責任も負うことになります（748条3項）。

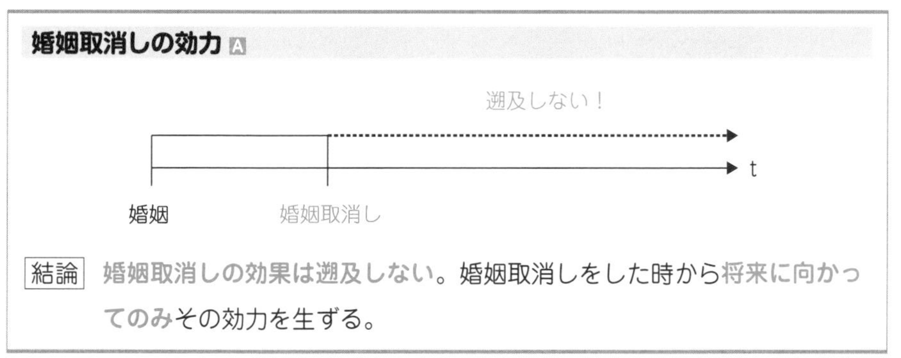

（3）婚姻の効力

夫婦は、婚姻の際に定めるところに従い、夫又は妻の氏を称することになります（750条）。夫婦別姓はダメですし（最大決令3・6・23）、これ以外の第三者の氏を称することも認められていません。また、B夫婦間でした契約は、婚姻中であれば、いつでも夫婦の一方から取り消すことができます（754条）。夫が妻に指輪を買ってあげると約束したのに、ボーナスカットで約束はなかったことに……などというケースは日常茶飯事でしょう。このように夫婦間の契約はもともとあてにならないのです（笑）。もっとも、B婚姻が実質的に破たんしているとき

ただし、第三者の権利を害することはできないよ（754条ただし書）。

は、本条は適用されないので、取り消すことができません（最判昭42・2・2）。この点には注意です。

また、夫婦の一方が日常の家事に関して第三者と法律行為をしたときは、他の一方は、これによって生じた債務について、連帯してその責任を負います。いわゆる「日常家事債務」です。Bただし、第三者に対し責任を負わない旨を予告した場合は、責任を負わなくてすみます（761条）。この条文は一度110条の表見代理で触れたのですが、覚えていますか？　すなわち、ある行為が761条の「日常家事」に該当しない場合、日常家事代理権を基本代理権として110条を適用できるのか？という論点で勉強したのですが……。結論は適用できないということでしたね。これを認めると夫婦の財産的独立を害してしまうからです。もっとも、Aその行為が当該夫婦の日常家事に関する法律行為の範囲内に属すると信ずるにつき正当の理由があるときに限り、110条の趣旨を類推適用して相手方を保護するというのが判例です（最判昭44・12・18）。

さらに、B夫婦の一方が婚姻前から有する財産及び婚姻中に自己の名義で得た財産は、その特有財産（夫婦の一方が単独で有する財産）とされます（762条１項）。そして、B夫婦のいずれに属するか明らかでない財産は、その共有に属するものと推定されます（762条２項）。また、夫婦は、その資産、収入その他一切の事情を考慮して、婚姻から生じる費用を分担します（760条、婚姻費用の分担）。

3 離婚

（1）協議上の離婚

協議離婚には、①離婚意思と②離婚の届出が必要です。これらのうちいずれか一方でも欠いてしまうと離婚は無効となります。ここに、A①離婚意思とは、形式的意思で足りるので、債権者の強制執行を免れるための協議離婚（最判昭44・11・14）も、生活扶助を受けるためになされた協議離婚（最判昭57・3・26）も有効です。また、A成年被後見人が離婚をするには、成年後見人の同意を要しません（764条、738条）。さらに、詐欺又は強迫によって離婚をした者は、その離婚の取消しを家庭裁判所に請求することができます（764条、747条）。そして、A離婚取消しは、婚姻取消しと異なり、遡及します。ここまでをまとめると、例えば、詐欺又は強迫によって協議離婚した場合には、裁判によって離婚を取り消すことができ、かつその効果は遡及するということになります。この点はよく試験で問われますので注意しましょう。

離婚取消しの効力 A

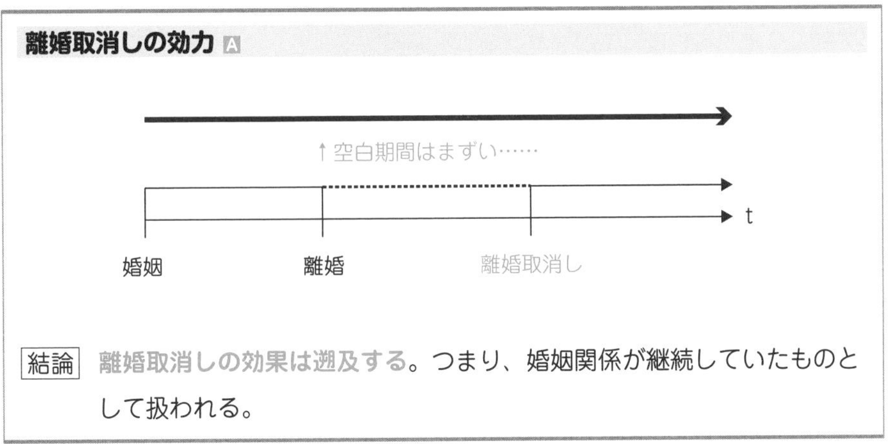

結論　離婚取消しの効果は遡及する。つまり、婚姻関係が継続していたものとして扱われる。

（2）裁判上の離婚

協議離婚が成立しなければ、調停を挟み、裁判離婚をすることになります（調停前置主義）。つまり、離婚の訴えを提起し裁判所の判決によって離婚をするのです。裁判上の離婚事由は、次の通りです。

裁判上の離婚事由 B

①配偶者に不貞行為があったとき。
②配偶者から悪意で遺棄されたとき。
③配偶者の生死が３年以上明らかでないとき。
④配偶者が強度の精神病にかかり、回復の見込みがないとき。
⑤その他婚姻を継続しがたい重大な事由があるとき（これを「一般的破綻事由」と言い、性格の不一致や性の不一致などがこれに該当する）。

ただ、B裁判所は、上記①から④までに掲げる事由がある場合であっても、一切の事情を考慮して婚姻を継続することが相当と認めるときは、離婚の請求を棄却することができます。これを「裁判所の裁量棄却」と言います。また、離婚判決があった場合には、仮に離婚事由の回復が後に認められたとしても、当然離婚が無効になることはありません。まぁ、それが裁判というものです。

なお、従前は、有責配偶者からの離婚請求は許されないと考えられてきたのですが、B現在は、一定の条件のもと例外的に許されるに至っています（最大判昭62・9・2）。問題はその一定の条件ですよね。この点につき、判例は、有責配偶者からの離婚請求でも、①別居が年齢及び同居期間との対比において相当長期間に及び②未成熟子が存在しない場合には、相手方配偶者が離婚により極めて過酷な状態に置かれる等著しく社会正義に反する特段の事情がない限り、認められるとしています。

例えば、不倫をした夫の側から離婚を請求するようなケースだよ。

（3）離婚の効果

まず、B婚姻によって氏が変わった者は、離婚によって当然婚姻前の氏に戻ります（767条1項、771条）。これを「復氏（ふくうじ）」と言います。もっとも、場合によっては婚姻中に築いた社会的な関係などにより、氏を戻したくない人もいることから、そのようなときは、B離婚の日から3か月以内に戸籍法の定めるところにより届け出ることで、離婚の際に称していた氏をそのまま称し続けることができます（767条2項、婚氏続称）。

次に、B離婚をした者は、相手方に対して財産分与を請求することができます（768条1項、771条）。財産分与とは、離婚時に、婚姻中に夫婦が形成してきた財産を分配することを言います。その目的には、①夫婦財産関係の清算、②離婚後の扶養、③損害賠償（慰謝料）が含まれます。財産分与は「2分の1ルール」と言って、夫婦で財産を半分ずつ分けるという基本的な考え方があり、これをもとに様々な要素を加味しながら当事者双方の割合を決めていきます。なお、当事者間で協議が調わないとき、又は協議をすることができないときは、当事者は、家庭裁判所に対して協議に代わる処分を請求することができます。この請求は離婚の時から2年以内にしなければなりません（768条2項）。

ただ、財産分与は、慰謝料などの損害賠償とは本来的には別物なんだ。だから財産分与がなされても、それが損害賠償を含めた趣旨とは解されないとき、又は損害賠償を含めたとしても、それでは慰謝として足りないときは、別途、慰謝料を請求できるんだよ。

婚姻の解消（死別と離婚の違い）B

	死別	離婚
復氏	復氏しない ただし、復氏する旨の届出をすれば婚姻前の氏に戻ることができる	当然に復氏する ただし、離婚の日から3か月以内に戸籍法の定めるところにより届け出ることによって離婚の際に称していた氏を称し続けることができる
子の監護権、親権	生存配偶者	離婚の際に親権者・監護権者を決めなければならない 協議離婚→協議で決める 裁判上の離婚→裁判所が決める
婚姻関係	終了しない ただし、生存配偶者が婚姻関係を終了させる意思表示をすれば終了する	当然に終了する なんらの意思表示もいらない
財産関係	婚姻費用の分担、日常家事債務などは消滅	
	相続が開始する	財産分与により、夫婦の財産関係が清算される

※復氏と婚姻関係終了とは別物。よって、死別の場合に復氏して婚姻関係を継続させるということも可能。その逆もまた然り。

4 内縁

「内縁」とは、婚姻の実質を有しながら唯一婚姻の届出がない状態を言います。内縁関係は婚姻の実態を有することから、その性質が許す限りにおいて、婚姻の規定が準用されます。例えば、夫婦の同居義務・扶助義務（752条）や婚姻費用の分担（760条）などは、内縁関係にも準用されます。しかし、B内縁配偶者には相続権が認められません。このこととの関係で、B内縁配偶者の一方が死亡した場合に、財産分与の規定を類推適用することはできないとするのが判例です（最決平12・3・10）。

もちろん、内縁の夫婦の離別による内縁解消の場合には、財産分与の規定を類推適用し得るよ（最決平12・3・10）。

ただ、他に相続人がいない場合という限定された場面において、特別縁故者として、請求により相続財産の全部又は一部を分与されることがあります（958条の３第１項）。なお、内縁関係の不当破棄については婚姻予約の不履行を理由として、又は不法行為を理由として相手方に損害賠償を請求できます（最判昭33・４・11）。

ほかにも、死亡した内縁配偶者に相続人がいる場合に、生存内縁配偶者が、その相続人の賃借権を援用して貸主に対抗することができるとする判例(最判昭42・２・21)や、死亡した内縁配偶者の賃借権を相続した相続人が生存内縁配偶者に対して明渡しを請求することは、権利の濫用として許されないとする判例(最判昭39・10・13)があるよ。

5 親子

（１）嫡出子

婚姻関係にある男女の間に懐胎又は出生した子を「嫡出子」と言います。民法上は嫡出の推定条文が置かれています。わかりづらいので次の表で確認してください。

嫡出の推定 A

①妻が婚姻中に懐胎した子	当該婚姻における夫の子と推定する（772条１項前段）
②女性が婚姻前に懐胎した子であって、婚姻が成立した後に生まれたもの	当該婚姻における夫の子と推定する（772条１項後段）

そして、A婚姻の成立の日から200日以内に生まれた子は、婚姻前に懐胎したものと推定されます（772条２項前段）。つまり、上記②が適用され、当該婚姻における夫の子と推定されるわけですね。一方、A婚姻の成立の日から200日を経過した後又は婚姻の解消若しくは取消しの日から300日以内に生まれた子は、婚姻中に懐胎したものと推定されます（772条２項後段）。こちらは、上記①が適用され、同じく当該婚姻における夫の子と推定されます。

ただし、A女性が子を懐胎した時から子の出生の時までの間に２以上の婚姻をしていたときは、その子は、その出生の直近の婚姻における夫の子と推定されます（772条３項）。前婚を解消して、女性が即再婚した場合には、その後に生まれた子は、たとえ前婚の解消の日から300日以内に生まれた子であっても、再婚後の夫（現在の夫）の子と推定されるわけです。次の図で確認しましょう。

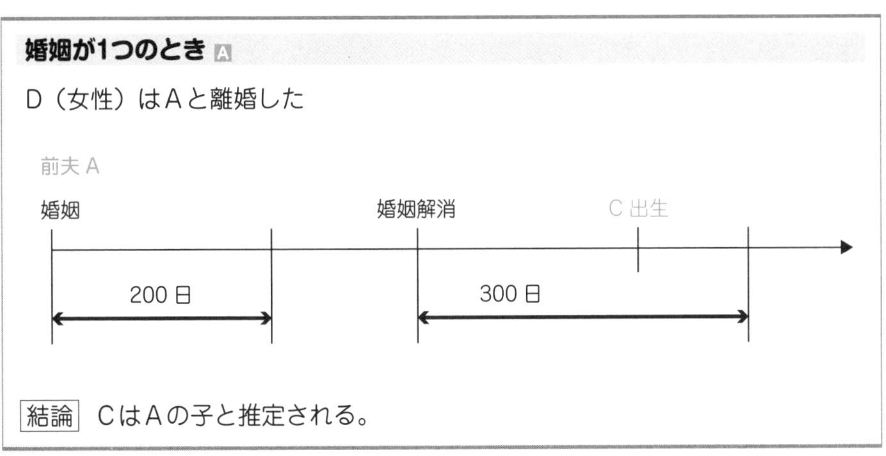

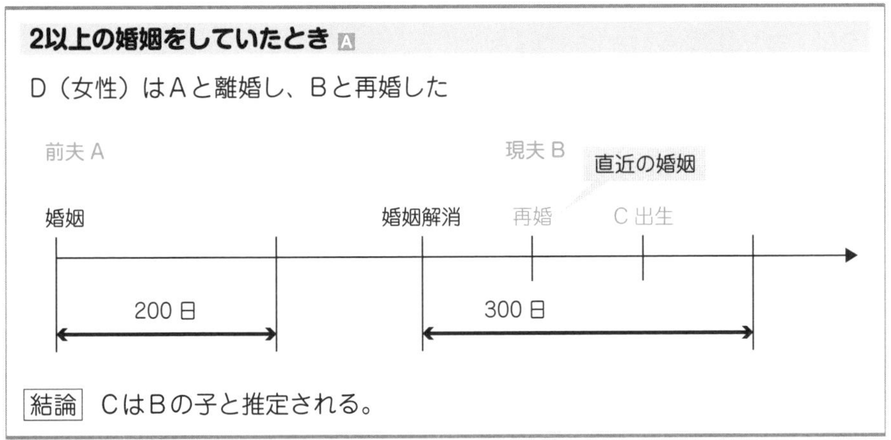

（2）嫡出の否認

（1）で述べた規定により子の父が定められる場合において、父又は子は、子が嫡出であることを否認することができます（774条1項）。「きみは俺の子ではない」「僕はあんたの子ではない」と訴えで否認することができるということです。母や前夫も、子が嫡出でないことを否認することができますが、ただこの場合は、否認権の行使が子

子の否認権は、親権を行う母、親権を行う養親又は未成年後見人が、子のために行使することができるよ(774条2項)。

の利益を害することが明らかであれば、することができません（774条３項、４項)。否認権は訴えを提起して行いますが（**嫡出否認の訴え**)、次に定める者（次表の被告）に対して行わなければなりません（775条)。ただし、A**父又は母**は、子の出生後において、その嫡出であることを**承認したとき**は、それぞれその**否認権を失います**（776条)。

嫡出否認の訴え B

原告	被告	出訴期間
父の否認権	**子又は親権を行う母**	**父が子の出生を知った時から３年**
子の否認権	父	その出生の時から３年
母の否認権	父	子の出生の時から３年
前夫の否認権	父及び子又は親権を行う母	前夫が子の出生を知った時から３年

もし、B嫡出否認の訴えによって嫡出であることが否認された場合であっても、**子は**、父であった者が支出した子の監護に要した費用を**償還する義務を負いません**（778条の３)。これは、子の保護の条文です。

なお、嫡出否認の訴えのほかにも「父を定めることを目的とする訴え」というものがあります。これは、重婚禁止規定に違反して婚姻をした女性が出産した場合において、その子の父を定めることができないときは、裁判所が定めるというものです（773条)。細かいですが、一応覚えておくとよいでしょう。

（３）認知

嫡出でない子（非嫡出子）について、その父又は母が認知することができ、これによって初めて親子関係が生じます。しかし、B母は出産（分娩の事実）をするため、その出産という事実から親子関係は明らかなので、**通常は認知を待たずに当然親子関係が生じます**（最判昭37・４・27)。母が認知するケースは、捨て子などの例外的な場面のみとなります。そのため、認知は、もっぱら父子間の問題として考えておくとよいでしょう。なお、A未成年者や成年被後見人が認知をする際には、その**法定代理人の同意を要しません**（780条)。

非嫡出子につき、親子関係を生じさせる手続だよ。

認知のイメージ A

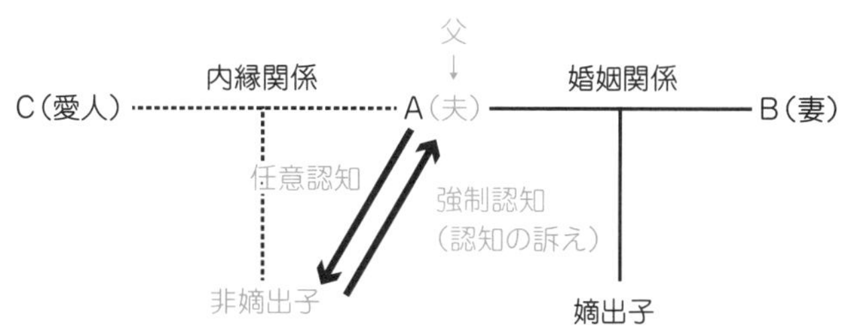

結論　非嫡出子とAとの間に父子関係を生じさせるためには、認知をしなければならない。方法は2つあり、Aが自発的に認知をする「任意認知」と非嫡出子の側から訴えを提起して認知させる「強制認知」がある。

子、その直系卑属又はこれらの者の法定代理人が、認知の訴えを提起できるんだ。父又は母が生存している間はいつでも提起できるんだけど、死亡したときはその死亡の日から3年を経過すると提起できなくなるよ(787条)。ちなみに、認知請求権は放棄できないよ(最判昭37・4・10)。つまり、父の側から「お金をあげるから認知請求権を放棄してくれ」みたいな交渉はできないんだ。

任意認知については、戸籍法の定めるところにより届け出ることによってします（781条1項）。また、B場合によっては、遺言によってすることもできます（781条2項、遺言による認知）。そして、認知をすると、出生の時に遡ってその効力を生じます（784条）。なお、B成年の子に対して認知をする場合は、その子の承諾がなければ認知することができません（782条）。これは、成年になった子に扶養してもらうことを目的として認知をする悪い親がいるからです。要は、子どもを食い物にしないようにという配慮の下、子の承諾を要件としているのです。

妻以外の女性との間に出生した子について、父が妻との間の嫡出子として出生届をし、これが受理された場合は、当該出生届は認知届としての効力を有するとした判例があるよ(最判昭53・2・24)。

また、B父は、胎内に在る子でも、認知をすることができるのですが、その場合は、母の承諾を得なければなりません（783条1項）。ただ、胎児がその後出生した場合において、嫡出の推定条文によりその子の父が定められるときは、認知をしてもその効力は生じません（783条２項）。さらに、B死亡した子でも、その直系卑属があるときに限り、認知をすることができるのですが、その直系卑属が成年者であるときは、その者の承諾を得なければなりません（783条３項）。

認知は、法的安定性の見地から、詐欺や強迫による場合を除いて、一度すると取り消すことができません（785条）。このように強烈な効果を伴うため、一定の者は、間違った認知だと判断した場合は、その認知に対して反対の事実を主張することができます（786条１項）。つまり、「この認知は間違っているから無効だ」と主張できるわけです。これは一種の防御権ですね。具体的には次の通りです。

認知の無効の訴え B

原告	期間
子又はその法定代理人	子又はその法定代理人が認知を知った時から７年以内
認知をした者	認知の時から７年以内
子の母	子の母が認知を知った時から７年以内 ※ただし、その認知の無効の主張が子の利益を害することが明らかなときは、訴えを提起できない

なお、子は、その子を認知した者と認知後に同居した期間が３年を下回るときは、７年以内でなくても、21歳に達するまでの間、認知の無効の訴えを提起することができます。ただし、子による認知の無効の主張が認知をした者による養育の状況に照らして認知をした者の利益を著しく害するときは、提起できません（786条２項）。

もし、B認知が無効とされた場合であっても、子は、認知をした者が支出した子の監護に要した費用を償還する義務を負いません（786条４項）。子を保護する趣旨です。

（4）養子

A養子縁組をすれば、その養子縁組をした日から（遡及効は×）嫡出子たる身分を取得します（809条）。法律によって親子関係を作り出すことを養子縁組というわけで、養子は普通の嫡出子と同じ扱いを受けることになります。ですから、氏も養親の氏を称することになります（810条）。養子縁組には、「普通養子縁組」と、「特別養子縁組」の２つがあります。

①普通養子縁組

普通養子縁組は、20歳に達すれば可能です（792条）。つまり20歳になれば養親になり養子をとることができるわけです。もっとも、尊属にあたる者、又は自分よりも年長者にあたる者を養子とすることはできません（793条）。この普通養子縁組は、当事者の合意に基づいて届出をすることで成立します（802条、縁組意思又は縁組の届出を欠くと無効）。そして、A実親との関係は継続します。つまり、実方との親族関係はそのまま継続するのです。これは、養子の側から見ると、親が養親と実親の両方になるということを意味しています。次によく出題される未成年者を養子にとる場合の要件を示しておきます。

未成年者を養子にする場合の要件 B

ＡＢ夫婦は、ＣＤの子である未成年者Ｅ（13歳）を養子として迎え入れようとしている。

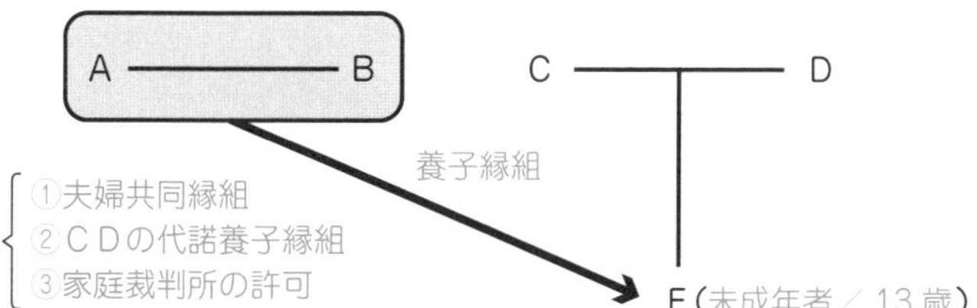

結論　①配偶者のある者が未成年者を養子とするためには、配偶者とともにしなければならない（夫婦共同縁組）。ただし、配偶者の嫡出である子（再婚相手の連れ子）を養子とする場合又は配偶者がその意思を表示することができない場合は、単独でできる（795条）。

②養子となる者が15歳未満であるときは、その法定代理人が、その者に代わって縁組の承諾をする（797条、代諾養子縁組）。

③未成年者を養子とするには、家庭裁判所の許可を得なければならない。ただし、自己又は配偶者の直系卑属（自分の孫や再婚相手の連れ子）を養子とする場合は、許可は不要である（798条）。

②特別養子縁組

特別養子縁組は、必ず養親となる者の請求による家庭裁判所の審判を経ることが必要で、これが成立することにより、実子としてその子を扱っていくというものです。よって、要件が厳格で①養親となる者は、配偶者のある者であること（817条の3）、②しかも養親となるべき者のうち、少なくとも一方が25歳以上でなければならないこと（817条の4、他の一方は20歳以上であれば足りる）、③養親となる者による家庭裁判所に対する審判請求時に、養子となる者の年齢が原則として15歳未満であること（817条の5第1項）、④特別養子縁組の成立時に養子が18歳未満であること（817条の5第1項）、⑤養子となる者の父母の同意があることが必要です。ただし、B父母がその意思を表示することができない場合又は父母による虐待、悪意の遺棄その他養子となる者の利益を著しく害する事由がある場合は、父母の同意はいりません（817条の6）。そして、養親となる者が養子となる者を6か月以上の期間監護した状況を考慮し、子の利益のためにとくに必要があると認められるときに、初めて成立します（817条の7、817条の8）。

養子となる者が15歳に達する前から引き続き養親となる者に監護されている場合で、15歳に達するまでに養親の家庭裁判所に対する特別養子縁組の審判請求がされなかったことについてやむを得ない事由があるときは、養子となる者の年齢が審判請求時に15歳に達していてもよい(817条の5第2項)。

養子となる者が15歳に達している場合は、特別養子縁組の成立に養子となる者本人の同意がなければいけない(817条の5第3項)。

なお、A特別養子縁組により、実親との関係は切断されます（817条の9）。つまり、実方との親族関係が終了するのです。よって、A子の福祉という観点から原則として離縁が制限されます。ただ、①養親による虐待等があり、かつ②実父母が相当の監護を行えるような状況にあるときのみ、例外的に家庭裁判所の審判で離縁することが認められています（817条の10）。なお、請求権者は養子、実父母又は検察官となっています。実父母が請求権者に含まれているという点がポイントです。

6 親権

成年に達しない子（未成年者）は、父母の親権に服します（818条１項）。子が養子であるときは、養親の親権に服します（818条２項）。親権は、父母の婚姻中は共同して行使するのが原則ですが、父母の一方が、親権を行うことができないときは、他の一方が行います（818条３項）。そして、Ａ父母が共同して親権を行う場合において、父母の一方が、共同の名義で、子に代わって法律行為をし又は子がこれをすることに同意したときは、その行為は、他の一方の意思に反したときであっても、有効となります。ただし、相手方が悪意であったときは、とくにその相手方を保護する必要がないので、無効となります（825条）。

> 非嫡出子については、母が親権を行うよ。父が認知したからといって当然に父に親権が移るわけではないんだ。

次に、親権者は、子のために代わりに代理権を行使でき、この代理権は「包括的代理権」とされています（824条）。つまり、子の代わりに何でもできてしまうわけです。そうなると、親と子の利益が相反する場合に子の利益を保護する必要が出てきます。そこで、民法は特別代理人を選任する制度を用意しています。具体的には、Ｂ親権を行う父又は母とその子との利益が相反する行為については、親権を行う者は、その子のために特別代理人を選任することを家庭裁判所に請求しなければなりません（826条１項、親と子の利益相反）。つまり、利益相反行為については、この特別代理人が子を代理するわけですね。また同様に、親権を行う者が数人の子に対して親権を行う場合においても、その１人と他の子との利益が相反する行為については、親権を行う者は、その一方のために特別代理人を選任することを家庭裁判所に請求しなければなりません（826条２項、子同士の利益相反）。この場合は、特別代理人と親権者との共同代理となるわけです。

> これを「利益相反行為」と言うんだけど、これにあたるか否かの判断は、親権者が子を代理してした行為自体を外形的・客観的に見て判断するんだ。親権者の動機や意図は関係ないんだね（最判昭42・４・18）。

> これを請求しないままなされてしまった利益相反行為は、無権代理となる。ただ、子が成年に達した後に追認することはできるよ（最判昭46・４・20）。

最後に、親権は子の福祉のためにあるため、やむを得ない事由がない限り（家庭裁判所の許可を得る必要）、勝手に辞することはできません（837条１項）。そして、

B親権者は自己のためにするのと同一の注意をもってその管理権を行わなければならないとされており、善管注意義務までは課されていません（827条）。この点は意外と出題されているので、念のため押さえておきましょう。

親権の停止 B

近時の民法改正で、親権を最長２年間停止できる親権停止の制度が創設された（834条の２）。従前は、期限の定めのない親権喪失制度しかなかったが、これに加える形で創設されたものである。家庭裁判所が親権停止の審判を行い、２年を超えない範囲内で親権を停止できるようになった。また、未成年後見人は１人かつ自然人しかなれなかったが、複数人でも法人でも良くなった。

懲戒権の削除 B

以前の民法822条が定める懲戒権は、児童虐待の正当化に悪用されているとの指摘があったため、条文自体が削除された。そして、「子の人格の尊重等」という条文が新設された。具体的には、親権を行う者は、監護及び教育をするに当たっては、子の人格を尊重するとともに、その年齢及び発達の程度に配慮しなければならず、かつ、体罰その他の子の心身の健全な発達に有害な影響を及ぼす言動をしてはならないこととされた（821条）。

7 後見制度

後見は、①未成年者に対して親権を行使する者がいないとき（単独親権者の死亡）、又は②親権者がいてもその者が管理権を有しないとき、③後見開始の審判があったときに開始します（838条）。①②は未成年後見、③は成年後見と呼びます。

B未成年後見人は請求により家庭裁判所が選任するのが通常ですが（840条１項）、最後に親権を行使する者が遺言で指定することもできます（839条１項）。一方、B成年後見人は、後見開始の審判をするときに家庭裁判所が職権で選任します（843条）。

なお、後見人は、正当な事由があるときは、家庭裁判所の許可を得て、その任務を辞することができます（844条）。これは裏を返せば勝手に辞めることはできないということです。また、成年後見人が、成年被後見人に代わって、その居住の用に供する建物又はその敷地について、売却、賃貸、賃貸借の解除又は抵当権の設定その他これらに準ずる処分をする際には、家庭裁判所の許可を受けなければなりません（859条の３）。

8 扶養

直系血族及び兄弟姉妹は、互いに扶養をする義務があります（877条１項）。また、家庭裁判所は、特別の事情があるときは、３親等内の親族間においても扶養の義務を負わせることができます（877条２項）。これらの扶養義務は「生活扶助義務」と言い、自分の生計を維持することができる限度で援助すれば足りるという比較的緩やかな扶養形態です。自分の生活を犠牲にする必要はないという感じで押さえておきましょう。

一方、夫婦は同居し、互いに協力し扶助しなければなりません（752条）。また、親権者は、子の監護及び教育をする権利を有し、義務を負います（820条）。これらの扶養義務を「生活保持義務」と言います。これは自己の最低限の生活を犠牲にしてでも自己と同等の生活を保障しなければならないというより強い扶養形態です。俗に「一杯のご飯をも分け合う」ような扶養と表現されることがあります。

扶養義務者が複数いる場合においては、その順位は当事者間の協議で定めます。そして、協議がまとまらないときは家庭裁判所がこれを定めます（878条）。

なお、日扶養請求権は、一身専属権なので、これを処分することはできません（881条）。よって、例えば、債権譲渡をしたり、担保に供したり、一定部分を差し押さえたりすることはできないのです。

PLAY! 理解度チェック

1. 婚姻意思は、婚外子に嫡出子の身分を与えるだけを目的とする形式的意思で足りるのか？

2. 成年被後見人は、成年後見人の同意を得ることなく婚姻することができるのか？

3. 婚姻取消しの効果は遡及するのか？

4. 夫婦のいずれに属するか明らかでない財産は、その（　　　　）に属するものと推定される。

5. 成年被後見人が離婚をするには、成年後見人の同意を要するのか？

6. 有責配偶者からの離婚請求は一切許されないのか？

7. 離婚によって当然婚姻前の氏に戻るが、婚氏続称のためにはどのような手続が必要か？

8. 内縁配偶者の一方が死亡した場合に、財産分与の規定を類推適用することはできるのか？

9. 女性が子を懐胎した時から子の出生の時までの間に2以上の婚姻をしていたときは、その子は、誰の子と推定されるのか。

1.
足りない。夫婦共同生活を営むという実質的な意思でなければならない。

2.
できる。

3.
遡及しない。

4.
共有

5.
要しない。

6.
一定の条件のもと例外的に許される。

7.
離婚の日から3か月以内に届け出ることが必要。

8.
できないとするのが判例。

9.
その出生の直近の婚姻における夫の子と推定される。

10. 父又は母は、子の出生後において、その嫡出であることを承認したときは、それぞれその（　　　　）。

10.
否認権を失う。

11. 認知は遺言によってすることはできないのか？

11.
できる。

12. 母親は、通常、子に対して認知をするのか？

12.
通常はしない。

13. 未成年者（15歳未満）を養子にする際には通常、どのような手続が必要か？

13.
夫婦共同縁組、代諾養子縁組、家庭裁判所の許可が必要。

14. 特別養子となる者の年齢は、養親となる者が家庭裁判所に特別養子縁組の審判を請求する時に、原則として（　①　）未満、かつ特別養子縁組の成立時に（　②　）未満でなければならない。

14.
①15歳　②18歳

15. 特別養子縁組において実方との親族関係は存続するのか？

15.
終了する。

16. 利益相反行為にあたるか否かの判断は、親権者の動機や意図を考慮するのか？

16.
考慮しない。行為自体を外形的・客観的に見て判断する。

17. 後見人は、正当な事由があるときは、（　　　　）を得て、その任務を辞することができる。

17.
家庭裁判所の許可

TRY! 本試験問題に挑戦

婚姻に関するア～エの記述のうち、妥当なもののみをすべて挙げているのはどれか。 【国税専門官 H28改題】

ア. 成年被後見人が婚姻するには、その成年後見人の同意を得なければならない。

ア. ×
成年後見人の同意は不要である。

イ. 婚姻が詐欺によってなされた場合、その婚姻は取り消し得るものとなるが、婚姻が強迫によってなされた場合、その婚姻は無効である。

イ. ×
強迫によってなされた場合も婚姻は取り消し得るものとなる。

ウ. 離婚における財産分与は、夫婦が婚姻中に有していた実質上共同の財産を清算分配し、かつ、離婚後における一方の当事者の生計の維持を図ることを目的とするものであるから、財産分与の請求に離婚による慰謝料を含めることはできないとするのが判例である。

ウ. ×
財産分与の請求に離婚による慰謝料を含めることは可能である。

エ. 内縁の夫婦の一方の死亡により内縁関係が解消した場合には、法律上の夫婦の離婚に伴う財産分与に関する民法768条の規定を類推適用することはできず、生存する内縁配偶者は、死亡した内縁配偶者の相続人に対して財産分与を請求することができないとするのが判例である。

エ. ○
そのとおり。
死別の場合は民法768条を類推適用することはできない。

1．ア　2．イ　3．エ　4．ア、オ　5．ウ、エ

正答　3

TRY! 本試験問題に挑戦

婚姻に関するア～オの記述のうち、妥当なもののみを全て挙げているのはどれか。【国税専門官、財務専門官 R４】

ア. 配偶者のある者が重ねて婚姻をした場合において、後婚が離婚によって解消されたときは、特段の事情がない限り、後婚が重婚に当たることを理由として、その取消しを請求することは許されないとするのが判例である。

ア. ○
そのとおり。
後婚の取消しを請求する法律上の利益がないため。

イ. 事実上の夫婦の一方が他方の意思に基づかないで婚姻届を作成・提出した場合において、その当時、両名に夫婦としての実質的生活関係が存在しており、かつ、後に他方の配偶者が届出の事実を知ってこれを追認したとしても、無効な行為は追認によっても効力を生じないため、当該婚姻の届出は無効であるとするのが判例である。

イ. ×
婚姻は届出の当初に遡って有効になる。

ウ. 詐欺又は強迫による婚姻の取消権は、当事者が、詐欺を発見し、若しくは強迫を免れた後３か月を経過し、又は追認をしたときは、消滅する。

ウ. ○
そのとおり。
３か月経過又は追認によって取消権は消滅する。

エ. 成年被後見人が婚姻をするには、その成年後見人の同意が必要である。

エ. ×
成年後見人の同意は不要である。

オ. 婚姻が取り消された場合には、婚姻の当時、取消しの原因があることを知らなかった当事者であっても、婚姻によって得た利益の全部を返還しなければならない。

> **オ. ×**
> **知らなかった当事者は、現に利益を受けている限度において、返還をすれば足りる。**

1. ア、イ　2. ア、ウ　3. イ、オ　4. ウ、エ　5. エ、オ

正答　2

TRY! 本試験問題に挑戦

民法に規定する特別養子縁組に関する記述として、妥当なのはどれか。

【特別区 R3】

1. 家庭裁判所は、養親となる者又は養子となる者の請求により、実方の血族との親族関係が終了する、特別養子縁組を成立させることができる。

> **1. ×**
> **「養親となる者」の請求による家庭裁判所の審判によって、特別養子縁組を成立させることができる。**

2. 養親となる者は、配偶者のある者であることは要しないが、25歳に達していなければならない。

> **2. ×**
> **配偶者のある者でなければならない。**

3. 特別養子縁組が成立するまでに18歳に達した者は、養子となることができない。

> **3. ○**
> **そのとおり。**
> **特別養子縁組の成立時に18歳に達した者は、養子となることはできない。**

4. 特別養子縁組の成立には、養子となる者の父母がその意思を表示することができない場合に限り、父母の同意を要しない。

> **4. ×**
> **父母による虐待、悪意の遺棄その他養子となる者の利益を著しく害する事由がある場合にも、父母の同意は不要である。**

5. 家庭裁判所は、養親、養子又は検察官の請求により、特別養子縁組の当事者を離縁させることができるが、実父母の請求により離縁させることはできない。

5. ×
実父母も請求権者に含まれている。

正答 3

29 相続

重要度
★★★
頻出度
★★★

29章では「相続」を見ていく。ここは相続分の計算問題が出題されることがあるので、基本事項だけは押さえておくようにしよう。それ以外はコスパが悪いので、さらっと一読しておく程度でよい。

1 相続

(1) 相続の意義

「相続」とは、人の死亡によって財産上の権利・義務を特定の者に包括的に承継させることを言います。その性質から、プラスもマイナスもすべて承継されることになります。また、財産上の権利であればよいので、例えば、占有権なども相続の対象となります。このとき、A相続人が占有権の存在を知らなくても、被相続人の死亡により当然に相続されることになります。ただ、生活保護受給権などの一身専属権は相続の対象にはなりません。これは憲法の「朝日訴訟」で勉強しましたね。

失踪宣告によっても死亡とみなされるので、相続が開始されるよ。

ほかにも生命侵害による財産的損害の賠償請求権(大判大15・2・16)や慰謝料請求権(最判昭42・11・1)なども相続されるよ。

(2) 相続人

①法定相続人

相続は、死亡によって開始されるのですが(882条)、遺産分割がなされるまではとりあえず相続人の共有となります。そして、民法上、相続できる人、すなわち「法定相続人」が決まっているので、これを覚えなければなりません。まず、A配偶者は無敵の存在で、常に相続人となります(890条)。したがって、配偶者は置いておいて(笑)、それ以外の法定相続人を見ていきます。具体的には、順番が決まっていて、A第1順位が「子」(養子も含む)、第2順位が「直系尊属」(父母等)、第3順位が「兄弟姉妹」となっています(887条、889条)。例えば、㋐被相続人に妻と子がいた場合は、妻と子が相続人となります。

死んだ人のことだよ。

この場合、父母や兄弟姉妹は相続人となりません。次に、㋑子がいなかった場合は、妻と父母が相続人となります。この場合、兄弟姉妹は相続人となりません。最後に、㋒子も父母もいなかった場合は、妻と兄弟姉妹が相続人となります。このように、A先順位の者がいたら、後順位の者は相続人にはなれません。

②法定相続分

各共同相続人は、その相続分に応じて被相続人の権利義務を承継します（899条）。では、相続人はどのくらいの割合で被相続人の財産を相続できるのでしょうか？　いわゆる法定相続分を見ていきます。まず、上記㋐の場合、配偶者が２分の１、子が２分の１の割合で相続します。次に、㋑の場合は、配偶者が３分の２、父母が３分の１の割合で相続します。最後に、㋒の場合は配偶者が４分の３、兄弟姉妹が４分の１の割合で相続します。なお、子、直系尊属（父母等）又は兄弟姉妹が複数人いる場合は、もらえる相続分をさらにその人数で等分します（例えば、子が２人いた場合は、２分の１×２分の１＝４分の１となる）（900条各号）。

法定相続人と法定相続分 B

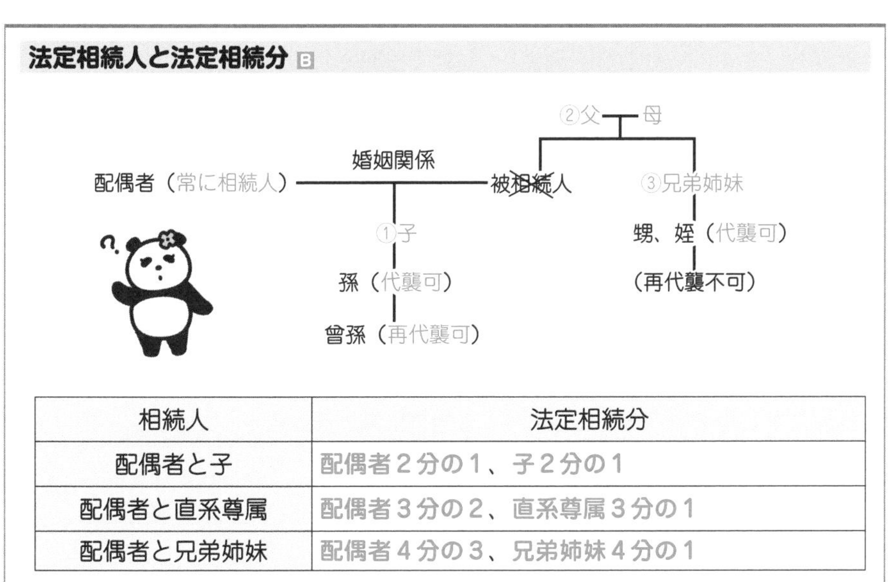

相続人	法定相続分
配偶者と子	配偶者２分の１、子２分の１
配偶者と直系尊属	配偶者３分の２、直系尊属３分の１
配偶者と兄弟姉妹	配偶者４分の３、兄弟姉妹４分の１

A被相続人が死亡する以前に、相続人である子や兄弟姉妹が既に①死亡している場合、又は②相続の欠格事由に該当する場合、③廃除された場合には、その者に代

わって孫や甥、姪が相続分を取得します。これを「代襲相続」と言います（901条、887条2項3項、889条2項）。A代襲原因は①死亡、②欠格、③廃除の3つだけで、相続放棄は含まれないので注意しましょう。また、同時死亡の場合（死亡が先後不明な場合も含む）にも代襲相続が生じます。さらに、A妻は、代襲者とはなり得ないという点にも注意を要します。

直系卑属については、再代襲相続（孫も既に死亡などしていれば曾孫がもらえる）が認められるが、兄弟姉妹については、再代襲相続は認められず、代襲相続までしかできないんだ。

さらに、応用知識となりますが、養子縁組前に生まれた養子の子（養子の連れ子）は、養親との間で血族関係がないので、代襲相続をすることはできません。一方、養子縁組後に生まれた養子の子は、養親の直系卑属になるので、代襲相続することができます。

ここで、代襲原因の1つである「相続の欠格」と「廃除」について説明しておきます。まず、B「相続の欠格」とは、法定の欠格事由に該当する者の相続権を法律上当然に奪う制度です。欠格の効果は、何らの手続も要することなく、法律上当然に発生します。欠格事由についてはすべて覚える必要はありませんが、次のようなものがあります。とくに①と⑤はよく試験で出題されています。

欠格事由（891条各号）B

①故意に被相続人又は相続について先順位若しくは同順位にある者を死亡するに至らせ、又は至らせようとしたために、刑に処せられた者
②被相続人の殺害されたことを知って、これを告発せず、又は告訴しなかった者。ただし、その者に是非の弁別がないとき、又は殺害者が自己の配偶者若しくは直系血族であったときは、この限りでない
③詐欺又は強迫によって、被相続人が相続に関する遺言をし、撤回し、取り消し、又は変更することを妨げた者
④詐欺又は強迫によって、被相続人に相続に関する遺言をさせ、撤回させ、取り消させ、又は変更させた者
⑤相続に関する被相続人の遺言書を偽造し、変造し、破棄し、又は隠匿した者。ただし、その行為が相続に関して不当な利益を目的とするものでなかったときは、これにあたらない（最判平9・1・28）

次に、B「廃除」とは、被相続人に対する虐待をし、若しくはこれに重大な侮辱を加えたとき、又はその他著しい非行があったときに、被相続人の請求によって（当然に×）、家庭裁判所が審判し、相続権を奪う制度です。なお、B廃除の対象には兄弟姉妹は含まれません（892条）。兄弟姉妹には遺留分がないので、相続させたくなければ遺言で他の者に遺贈すれば足りるからです。遺留分については後で説明します。

なお、B相続による権利の承継は、遺産分割によるものかどうかにかかわらず（遺言や遺産分割）、法定相続分を超える部分については、登記、登録その他の対抗要件を備えなければ、第三者に対抗することができないことになっています（899条の２第１項）。よって、「○○の土地は、長男に相続させる」といった、Bいわゆる「相続させる」旨の遺言（これを特定財産承継遺言という）をしたとしても、法定相続分を超える財産については登記がなければ第三者に対抗できません（899条の２）。例えば、被相続人Ａの相続人が長男Ｘと次男Ｙの２人でそれぞれが２分の１ずつの法定相続分を有する場合に、長男Ｘに対して「土地を相続させる」旨のＡの遺言がなされていたが、次男Ｙの債権者である第三者Ｚが次男Ｙの有する法定相続分２分の１を差し押さえたケースを考えてみましょう。この場合は、長男Ｘは自己の法定相続分２分の１を超える部分については、登記をしなければ第三者Ｚに対抗することができません。これにより、遺言の存在や内容を知り得ない第三者Ｚの利益が保護されることになります。

遺産分割方法の指定として遺産に属する特定の財産を共同相続人の１人又は数人に承継させる旨の遺言のことだよ（1014条２項）。

（３）相続の承認・放棄

相続は包括承継ですから、被相続人のプラスの財産のみならず、マイナスの借金も承継することになります。そこで、相続人の選択の自由を認め、民法では、「単純承認」「限定承認」（２つあわせて「承認」と言う）「相続放棄」の３つを用意しています。Aこのうち限定承認と相続放棄は家庭裁判所に申述することになっています（924条、938条）。ここに「単純承認」とは、プラスもマイナスも全面的に相続を承認することを言います。一番オーソドックスなパターンですね。「限定承認」とは、被相続人の債務につき相続で得た財産の限度でのみ弁済し、それ以上の責任は負わないという留保付きの承認のことを言います（922条）。「相続によって得た財産の範囲内で弁済します」という承認の仕方だと思っておきましょう。Aこの限定承認は、相続人が数人あるときは、共同相続人の全員（放棄をした者は除く）が共同してしなければなりません（923条）。A「相続放棄」とは、全面的に相続を拒否する意思表示を言い、これを行うと、相続開始の時に遡って初めから相続人でなかったものとみなされます（939条）。そして、相続の放棄をした者は、その放棄によって相続人となった者が相続財産の管理を始めることができるまで、自己の財産におけるのと同一の注意をもって、その財産の管理を継続しなければなりません（940条１項）。善管注意義務ではないので注意しましょう。

A相続の承認・放棄は、相続人が自己のために相続の開始があったことを知った時から３か月以内（熟慮期間）にしなければなりません（915条）。B相続の承認・放棄は財産上の行為であるため、相続人が承認・放棄をするには行為能力が必要です。よって、制限行為能力者が単独でした相続の承認・放棄は取り消すことができます。

また、A相続の承認・放棄は、相続開始後になされるべきものであるため、相続開始前にその意思表示をしても無効となります。相続の承認・放棄は、法的安定性の観点から、一度したのであればたとえそれがまだ熟慮期間中であっても撤回することはできません（919条１項）。もっとも、詐欺や強迫を理由とする相続の承認・放棄の取消しは、家庭裁判所に申述することによりできることとされています（919条２項、４項）。仮に限定承認や放棄をしないまま、熟慮期間である３か月を経過すると単純承認したものとみなされます。これを「法定単純承認」と言います（921条２号）。

ほかにも、相続人が相続財産の全部又は一部を処分したり、限定承認又は放棄をした後に、相続財産の全部又は一部を隠匿、消費等したりすると、法定単純承認となってしまうよ（921条１号、３号）。

（４）遺産分割

①遺産分割の効果等

相続開始によっていったん共有となった遺産に属する財産は、遺産分割をすることによって各相続人に確定的に帰属することになります。遺産分割とは、簡単に言うと、相続をめぐる家族会議のようなもので、よく兄弟姉妹でもめるアレをイメージしておけばよいでしょう（笑）。したがって、遺産分割をする前は、当該遺産に属する財産は共有状態ということになります。もし、**B遺産分割前**に遺産に属する財産が処分された場合であっても、共同相続人は、その**全員の同意**により、その処分された財産が遺産分割時に**遺産として存在するものとみなすことができます**（906条の２第１項）。共同相続人の勝手な処分を許すわけにはいかないからです。

預貯金を無断で引き出して自分のために使ってしまったような場合だよ。

自ら遺産分割前に処分した共同相続人の同意はいらないよ（906条の２第２項）。

そして、遺産分割の効力は**相続開始の時に遡ります**（909条、遡及効）。ただ、遺産分割前の第三者は一定の要件を備えれば保護されます。177条のところで勉強した遺産分割後の第三者との違いを覚えてください。次の図を見てみましょう。

遺産分割前の第三者 A

Xが死亡し、土地がＡＢに相続された。そこで、Ａは自己の持分（α）をＹに譲渡し、その後の遺産分割により、当該土地はＢの単独所有になった。

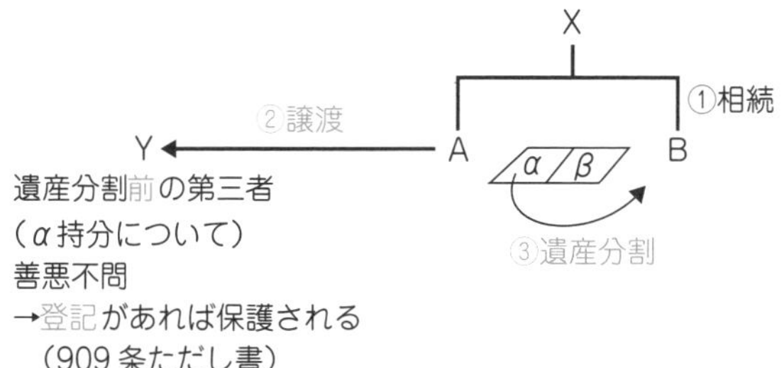

結論　遺産分割前の第三者であるＹは、登記を具備すれば保護される。

遺産分割後の第三者 A

Xが死亡し、土地がＡＢに相続された。遺産分割により、当該土地はＢの単独所有になったが、その後にＡは自己の持分（α）をＹに譲渡した。

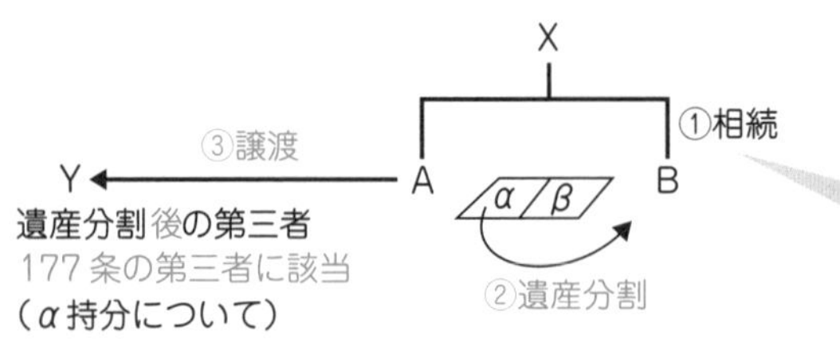

結論　BはYに対して、登記なくしてα持分の所有権取得を対抗できない。なお、この点については、改正民法で、相続による権利の承継は、遺産の分割によるものかどうかにかかわらず、相続分を超える部分については、登記、登録その他の対抗要件を備えなければ、第三者に対抗することができないと明記された（899条の２第１項）。

共同相続人は、原則として、いつでも、その協議で、遺産の全部又は一部の分割をすることができます（907条１項、協議分割）。もし遺産分割について共同相続人間に協議が調わないとき、又は協議をすることができないときは、各共同相続人は、その全部又は一部の分割を家庭裁判所に請求することができます（907条２項本文、審判分割）。ただし、遺産の一部の分割は、他の共同相族人の利益を害するおそれがある場合には、することができません（907条２項ただし書）。さらに、被相続人は、遺言で、遺産分割の方法を定め、若しくはこれを定めることを第三者に委託し（指定分割）、又は相続開始の時から５年を超えない期間を定めて、遺産分割を禁ずることもできます（908条）。そして、Ｂ各共同相続人は、他の共同相続人に対して、売主と同じく、その相続分に応じて担保責任を負うことになります（911条）。遺産分割は、共同相続人間で共有持分を交換したのに等しいからです。共同相続人間において遺産分割協議が成立したのに、相続人の１人が他の相続人に対して当該遺産分割協議において負担した債務を履行しないときは、通常は解除という話になるはずです。しかし、Ａ遺産分割の法的安定性を確保するため、他の相続人は民法第541条によって当該遺産分割協議を解除することはできないと考えていくのが判例です（最判平元・２・９）。Ｂ一方、既に成立した遺産分割を合意解除することは可能です。この場合は改めて遺産分割協議をすることになります（最判平2・9・27）。

②可分債権の共同相続と預貯金債権の扱い

このように、遺産に属する財産は、遺産分割までの間は相続人の共有になるのが原則ですが、A可分債権は相続によって当然に分割され、各共同相続人がその相続分に応じて自動的に権利を承継します（最判昭29・4・8）。もっとも、B判例は、債権は債権でも、預貯金債権は他の可分債権と異なり遺産分割の対象となるため当然には分割されないとしています（最大決平28・12・19、最判平29・4・6）。これは現金が当然には分割されないことと同じに扱う必要があったからだと思われます。したがって、預貯金債権は当然には分割されないため、遺産分割をしないと預貯金を金融機関から引き出せない、ということになります。ただこのような扱いになると、例えば葬儀費用や各相続人の生活費など急な出費を必要とする場合に、遺産分割をするまで預貯金を引き出せないという事態に陥り不都合です。さすがに「お金がないから葬儀なしね」、「今日から1か月1万円生活だ」というわけにはいかないでしょう。そこで、A遺産分割前でも、各相続人は、遺産に属する預貯金債権のうち相続開始の時の債権額の3分の1に共同相続人の相続分を乗じた額については、単独でその権利を行使することができるとされています。つまり1人で預貯金を引き出せるということです。そして、この場合において、当該権利の行使をした預貯金債権については、当該共同相続人が遺産の一部分割によりこれを取得したものとみなされます（908条の2）。

相続不動産から生じた賃料債権（最判平17・9・8）や、共同相続人全員の合意で不動産を売却した場合における代金債権（最判昭52・9・19）などが典型だよ。

2 遺言

（1）遺言の意義

「遺言（いごん）」の制度は、一定の事項について、遺言者の死後の法律関係が遺言で定められた通りに実現することを法的に保障する趣旨で認められています。遺言は、遺言者の死亡の時からその効力を生じますが（985条1項）、B遺言に停止条件が付されている場合には、その条件が遺言者の死亡後に成就した時から効力を生じます（985条２項）。そして、遺言は厳格な要式行為です。つまり、法律に定められた方式に従わなければ無効となります（960条）。遺言の解釈に当たっては、遺言者の文言を形式的に判断するだけでなく、遺言者の真意を探究すべきものであり、遺言書の特定の条項を解釈するに当たっても、B当該条項と遺言の全記載との関連、遺言書作成当時の事情及び遺言者の置かれていた状況等を考慮して当該条項の趣旨を確定すべきであるとするのが判例です（最判昭58・３・18）。

遺言の方式 B

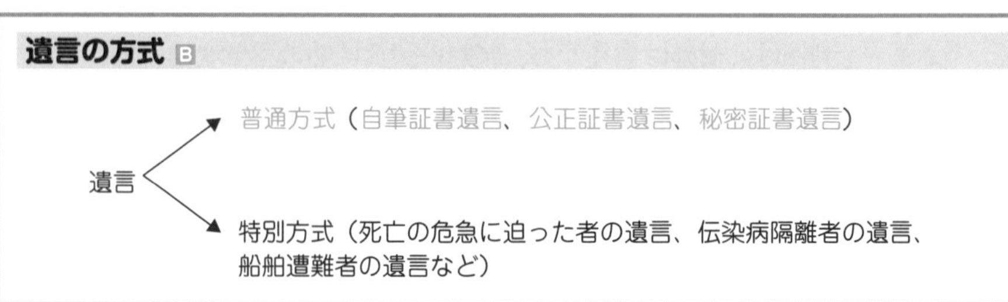

試験では、普通方式しか出題されないと思ってください。したがって、ここでは普通方式の３つの意義を簡単に説明しておきます。

まず、「自筆証書遺言」とは、自分が手書きした遺言です。遺言の全文、日付、氏名を自書し、押印（認印でも拇印でも可）をします。あくまでも、自分の手で書く必要があるので、カーボン紙を用いて複写の方法によって記載するのは筆跡がわかるので構いませんが（最判平５・10・19）、パソコンなどで印刷した場合は無効です。また、他人に代わりに書いてもらった場合も無効です。

> 日付は特定しないとダメだよ。「吉日」みたいな日時が特定できない遺言は無効だよ（最判昭54・５・31）。

> 遺言書の本文には押印がなく、遺言書を入れる封筒の封じ目に押印のある自筆証書遺言も有効だよ（最判平６・６・24）。

もっとも、相続財産の全部又は一部の目録を添付する場合は、その目録を自書する必要はありません（968条２項）。これらは自書が大変なので、パソコンで作成しても構いません。ただ、この場合においては遺言者は、その目録毎葉に署名し、印を押さなければなりません。

次に、「公正証書遺言」とは、その名の通り、公正証書による遺言で、２人以上の証人の立会いの下、遺言者が遺言の趣旨を口授し、それを聞いて公証人が作成します。公正証書は国の機関が作成して保管する書類ですから、紛失や偽造の心配がなく、確実な証拠となります。

公正証書遺言の作成にあたり、ちゃんとした証人が立ち会っていれば、証人となることができない者が同席していても、特段の事情がない限り、遺言は無効とはならないよ（最判平13・３・27）。

最後に、「秘密証書遺言」とは、自筆証書遺言と公正証書遺言を合わせたような感じの遺言です。細かいことは出題されないでしょうからカットします。B秘密証書遺言の方式に欠ける遺言でも、自筆証書遺言の方式を満たしていれば、自筆証書遺言として有効になります（971条）。これを「無効行為の転換」などと呼びます。

（２）遺言の要件・効力

A15歳に達した者は、遺言をすることができます（961条）。よって、15歳になれば、単独で有効な遺言をすることができます。A成年被後見人であっても、事理弁識能力を一時回復した時に、医師２人の立会いの下、有効な遺言をすることができます（973条１項）。

遺言者は、いつでも遺言の方式に従ってその遺言の全部又は一部を撤回することができます（1022条）。Bこのときの遺言は同一方式による必要はありません。遺言にとっては遺言者の最終意思がとにかく重要なので、撤回が自由とされているのです。そして、このような遺言の性質から、B遺言者は、その遺言を撤回する権利を放棄することができません（1026条）。

連名での遺言等、共同遺言は禁止されているよ。なぜなら、それぞれが自由に撤回できなくなっちゃうからだ。ただ、２枚の遺言をホチキスでとじただけのような場合には、容易に切り離すことができるから共同遺言にはあたらないよ（最判平５・10・19）。

また、B前の遺言が後の遺言と抵触するときは、その抵触する部分については、後の遺言で前の遺言を撤回したものとみなします（1023条１項）。同様に、遺言者が故意に遺言書を破棄したときも、その破棄した部分については、遺言を撤回したものとみなします（1024条）。そして、B撤回された第１の遺言は、その撤回行為が、さらに撤回され、取り消され、又は効力を生じなくなるに至ったときであっても、その効力を回復しません

遺言者が故意に遺贈の目的物を破棄したときも同じように遺言を撤回したものとみなされるよ（1024条）。

(1025条本文)。つまり、第1の遺言は復活しないということです。もっとも、撤回行為が錯誤や詐欺又は強迫による場合に、その撤回行為が取り消されたときは、前の遺言が復活します（1025条ただし書)。また、B判例には、第1の遺言を第2の遺言で撤回し、さらにそれを第3の遺言で撤回した場合、遺言者の意思として第1の遺言を復活させることを希望していることが明らかな場合には、第1の遺言が復活するとしたものがあります（最判平9・11・13)。

(3) 遺言の執行

遺言書の保管者は、相続の開始を知った後、公正証書遺言の場合を除き、遅滞なく、これを家庭裁判所に提出して、その検認を請求しなければなりません。一方、遺言書の保管者がいない場合には、遺言書を発見した相続人が検認を請求することになっています（1004条1項、2項)。

> 法務局に自筆証書遺言を保管することができるんだけど、その場合検認は不要だよ。また、公正証書遺言の場合も不要だね(1004条2項)。

B遺言者は、遺言で、1人又は数人の遺言執行者（遺言の内容を実現するための相続人の代理人）を指定し、又はその指定を第三者に委託することができます（1006条1項)。Bこの遺言執行者は、未成年者と破産者を除けば、誰でもなることができます（1009条)。そして、遺言執行者は、遺言の内容を実現するため、相続財産の管理その他遺言の執行に必要な一切の行為をする権利義務を有することになっていて（1012条1項)、遺言者が遺言に別段の意思を表示した場合を除き、自己の責任で第三者にその任務を行わせる（つまり復任する）ことができます（1016条1項)。遺言執行者がその権限内において遺言執行者であることを示してした行為は、相続人に対して直接にその効力を生じます（1015条)。このようなことから遺言執行者は相続人の代理人と呼ばれるわけです。遺言執行者には報酬も支払われます（1018条1項)。条文では家庭裁判所が定めることができるとされていますね（ただし、遺言者が遺言に報酬を定めたときはその額)。もし、遺言執行者がその任務を怠

> 遺言執行者が就任を承諾したときは、直ちにその任務を行わなければならないよ(1007条)。そして、遺言執行者がいる場合には、相続人は、相続財産の処分その他遺言の執行を妨げるべき行為をすることができないんだ(1013条1項)。その行為が無効になる(1013条2項本文)。要は遺言執行者を邪魔しちゃいけないんだね。ただし、相続人が違反してやってしまった行為の無効は善意の第三者には対抗できないよ(1013条2項ただし書)。

ったときその他正当な事由があるときは、利害関係人は、その解任を家庭裁判所に請求することができます（1019条１項）。また、遺言執行者の側としても、正当な事由があるときは、家庭裁判所の許可を得て、その任務を辞することができます（1019条２項）。

3 配偶者の居住の権利

（１）配偶者居住権

①配偶者居住権とは？

「**配偶者居住権**」とは、被相続人の配偶者が、被相続人の所有する建物に居住していた場合に、その不動産を**終身又は一定の期間**、**無償**で**使用及び収益**することのできる権利を言います。もちろんこの配偶者居住権がなくても、配偶者が建物の所有権を相続すれば建物に住み続けることは可能なのですが、建物の所有権は一般的に高額であるため、これを遺産分割で相続してしまうと現金などをはじめとする建物以外の財産をあまり相続できなくなってしまいます（法定相続分の大部分を建物所有権にもっていかれてしまうから……）。このようなことから以前から生活費用を生み出すために、せっかく相続した建物を売って現金に換えるというむなしい事案が多く発生していました（これでは建物を相続した意味がない）。そこで配偶者居住権という所有権ではないけれどそのまま建物に住み続けることができる権利を認めることで、所有権を他の相続人に譲り建物以外の財産を多くもらう選択肢を認めたのです。

この配偶者居住権は、A被相続人の配偶者が、被相続人の建物に、**相続開始の時に居住していた**という条件下で、①**遺産分割**によって配偶者居住権を取得するものとされたとき、又は②配偶者居住権が**遺贈の目的**とされたときに取得することができます（1028条１項本文各号）。ただし、B被相続人が相続開始時に居住建物を**配偶者以外の者と共有していた場合**には、配偶者居住権を取得することはできません（1028条１項ただし書）。配偶者居住権は、見方を変えると対価なく無償で建物を使わせなければならないという債務を発生させることになるわけですから、このような債務を他の共有者に無理矢理負わせるわけにはいかないのです。この点には注意が必要です。また、一定の場合には審判によって配偶者居住権を取得することもできます（1029条）。この点は細かいので省略します。

②内容

A配偶者居住権を取得すると、居住建物の全部を無償で使用及び収益をすることができます（1028条1項柱書）。その際、配偶者は、従前の用法に従い、善良なる管理者の注意をもって使用及び収益をしなければなりません（1032条1項）。また、B配偶者は、居住建物の所有者の承諾を得なければ、居住建物の改築若しくは増築をし、又は第三者に居住建物の使用若しくは収益をさせることができません（1032条3項）。そして、もし配偶者がこれらに違反した場合、居住建物の所有者が相当の期間を定めてその是正の催告をし、その期間内に是正がされないときは、居住建物の所有者は、当該配偶者に対する意思表示によって配偶者居住権を消滅させることができます（1032条4項）。なお、Bそもそも配偶者居住権は、配偶者の固有の権利であるため、他人に譲渡することはできません（1032条2項）。一応、この点には注意です。

ただし、従前は居住のために用いてこなかった部分について、居住のために用いることもできるよ（1032条1項ただし書）。

配偶者は、居住建物の所有者の承諾を得なくても、居住建物の必要な修繕をすることは可能だよ（1033条1項）。

③存続期間

配偶者居住権の存続期間は、原則として、配偶者の終身の間となりますが、遺産分割協議若しくは遺言に別段の定めがあるとき、又は家庭裁判所が遺産分割審判において別段の定めをしたときは、終身ではなく、定められた期間に限って存続することになります（1030条）。なお、居住建物の所有者は、配偶者に対し、配偶者居住権の設定の登記を備えさせる義務を負います（1031条1項）。

（2）配偶者短期居住権

①配偶者短期居住権とは？

「配偶者短期居住権」とは、配偶者が相続開始時に被相続人が所有する建物に居住していた場合に、遺産分割がなされるまでの一定期間、その建物を無償で使用し続けることができる権利です（1037条1項）。ざっくり言うと、遺産分割によって建物に無償で住み続けられる権利が配偶者居住権なのに対して、遺産分割がなされるまでの間、暫定的に無償で住むことができる権利が配偶者短期居住権であると言っていいでしょう。A配偶者短期居住権は、配偶者が被相続人の財産に属した建物に相続開始時に無償で居住していた場合に認められます。ただ、①配偶者が相続開始時において居住建物に係る配偶者居住権を取得したとき（配偶者居住権が遺贈の目的とされた場合のこと）、②配偶者に相続欠格事由があるとき、③配偶者が廃除されたときには、配偶者短期居住権は成立しません（1037条１項柱書ただし書）。

②内容

A配偶者短期居住権は、配偶者居住権とは異なり、終身の権利ではなく、一定の期間の使用権であるため、使用のみが許され収益は許されません。配偶者は、従前の方法に従い、善良なる管理者の注意をもって、居住建物の使用をしなければなりません（1038条１項）。そして、B配偶者は、居住建物取得者の承諾を得なければ、第三者に居住建物の使用をさせることができません（1038条２項）。もし配偶者がこれらに違反したときは、居住建物取得者は、当該配偶者に対する意思表示によって配偶者短期居住権を消滅させることができます（1038条３項）。Bまた、配偶者居住権とは異なり、登記をすることができないので、第三者対抗要件を備えることもできません。この点は使用貸借と似ていますね。

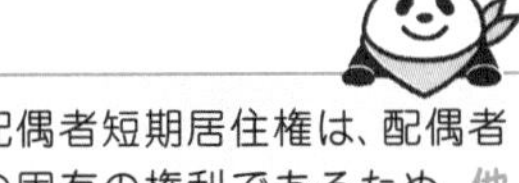

配偶者短期居住権は、配偶者の固有の権利であるため、他人に譲渡することはできない（1041条、1032条２項）。この点は配偶者居住権と同じだよ。

③存続期間

配偶者短期居住権の認められる期間は、次のようになります（1037条１項各号）。

❶居住建物について配偶者を含む共同相続人間で遺産分割をすべき場合
　→遺産分割により居住建物の帰属が確定した日又は相続開始の時から６か月を経過する日のいずれか遅い日

❷ ❶以外の場合
　→居住建物取得者による、配偶者短期居住権消滅の申入れの日から６か月を経過する日

このように、❶、❷いずれの場合も最低６か月間は配偶者短期居住権が認められることになります。そして、配偶者が居住建物に係る配偶者居住権を取得したときは、配偶者短期居住権が消滅します（1039条）。

4 遺留分

「遺留分」とは、相続人が最低限もらえる財産の価格のことです。被相続人がすべての財産を誰かに遺贈（又は生前贈与、死因贈与）した場合に、遺留分を有する者は、その財産の一定割合について金銭の支払いを請求することができます。これを「遺留分侵害額請求」と言います。Aこの遺留分侵害額請求は単なる意思表示で足り、必ずしも裁判上の請求による必要はありません（最判昭41・7・14）。A遺留分を有するのは、兄弟姉妹以外の法定相続人（つまり、配偶者、子、直系尊属）です（これらを「遺留分権利者」と言う）。ただし、相続の欠格事由に該当する者、廃除された者、相続放棄をした者は除かれます（もっとも、相続の欠格と廃除の場合には、代襲相続があるので、代襲者に遺留分が認められます）。

遺留分侵害額請求権はその意思表示が相手方に到達した時に効力を生じるよ。

まず、「相続人全体」の遺留分は、遺留分を算定するための財産の価額（被相続人の財産）に遺留分率をかけて算出します。遺留分率は相続人が誰なのかによってスパッと決まっているので（1042条）、次にまとめておきます。

遺留分率 B

相続人	遺留分率
直系尊属のみが相続人となる場合	被相続人の財産の３分の１
それ以外の場合	被相続人の財産の２分の１

次に、「各相続人」の遺留分は、上記で求めた値に各自の法定相続分率をかけて計算します。これらのことを前提に、簡単な事例で説明していきます。次の「練習」を見てください。

練習 B

Q. 被相続人が2000万円の財産を残して死亡した場合、相続人である配偶者と子の遺留分はいくらか？

A. 今回の事例では相続人が配偶者と子の２人なので、相続人全体の遺留分率は被相続人の財産の２分の１である。

↓したがって、

配偶者の遺留分：2000万円×遺留分率２分の１×法定相続分２分の１
=500万円

子の遺留分：2000万円×遺留分率２分の１×法定相続分２分の１=500万円

↓よって、

仮に被相続人が2000万円の財産をすべて愛人に遺贈しても、配偶者、子は各々遺留分侵害額に相当する500万円の限度で金銭の支払いを請求することができる（つまり、500万円は私の遺留分だから返してくれと愛人に対して言える）。

「遺贈」については算定の基礎として加算されないよ。もともと「被相続人が相続開始の時において有した財産」に含まれているので、加算したらダブルカウントになっちゃうからね。

なお、遺留分を算定するための財産の価額（「練習」で言う2000万円）は、「被相続人が相続開始の時において有した財産（遺贈を含む）」＋「贈与した財産」－「債務」で求めます（1043条１項）。B「贈与」は、**相続開始前の１年間にしたもの**及び**１年前の日より前にしたものであっても、当事者双方が遺留分権利者に損害を加えることを知ってしたもの**は算入されます（1044条１項）。遺留分侵害額請求の順序は、まず遺贈から請求して、それでも足りないときに初めて贈与から請求します（1047条１項１号）。複数の遺贈や同時贈与がある場合は、遺言に別段の意思表示がない限り、その価額の割合に応じて請求します（1047条１項２号）。さらに、贈与が複数ある場合には、**相続開始時に一番近い後の贈与から順次前の贈与に遡って請求**します（1047条１項３号）。なお、遺留分侵害額請求権を行使された受遺者又は受贈者の負担する債務の全部又は一部の支払いについては、裁判所は、受遺者又は受贈者の請求により、相当の期限を許与することができます（1047条５項）。すぐに金銭を用意できないときは、このような制度を使うとよいでしょうね。

B遺留分は、家庭裁判所の許可を受けた場合に限り、相続の開始前に放棄することができます（1049条１項）。このとき、B共同相続人の１人のした遺留分の放棄は、他の共同相続人の遺留分に影響を及ぼしません（1049条２項）。つまり、他の共同相続人の遺留分が増えるということはないのです。遺留分侵害額請求権は、遺留分権利者が権利行使の確定的意思を有することを外部に表明したと認められる特段の事情がある場合を除き、原則として債権者代位権の目的となりません（最判平13・11・22）。また、遺留分侵害額請求権には消滅時効があります。すなわち、遺留分権利者が、相続の開始及び遺留分を侵害する贈与又は遺贈があったことを知った時から１年間行使しないときは、時効によって消滅します。また、相続開始の時から10年経過したときも、同様に消滅します（1048条）。

5 特別の寄与

被相続人に対して無償で療養看護その他の労務の提供をしたことにより被相続人の財産の維持又は増加についてA特別の寄与をした被相続人の親族（相続人、相続の放棄をした者及び廃除によってその相続権を失った者を除く）は、相続の開始後、相続人に対し、特別寄与者の寄与に応じた額の金銭（特別寄与料）の支払いを請求することができます（1050条１項）。特別寄与料の請求ができるのはあくまで「相続人以外」の親族に限られますので注意が必要です。

「特別寄与者」と言うよ。相続人じゃないんだけど、被相続人の介護などによる療養看護を頑張った人が典型だ。例えば、義理の父を一生懸命に介護した娘（被相続人の息子の嫁）などは相続権がないよね。しかし、これではその娘が報われない……。そこで、このような請求権が特別に認められるんだ。

特別寄与料の額は、被相続人が相続開始の時において有した財産の価額から遺贈の価額を控除した残額を超えることができないよ（1050条４項）。

特別寄与料の支払いについて、当事者間に協議が調わないとき、又は協議をすることができないときは、特別寄与者は、家庭裁判所に対して協議に代わる処分を請求することができます。ただし、特別寄与者が相続の開始及び相続人を知った時から6か月を経過したとき、又は相続開始の時から1年を経過したときは、請求することができなくなります（1050条2項）。期間制限があるのでもたもたしているとすぐに請求できなくなってしまいます。

なお、この場合、家庭裁判所は、寄与の時期、方法及び程度、相続財産の額その他一切の事情を考慮して、特別寄与料の額を定めることになります（1050条3項）。

PLAY! 理解度チェック

1. 占有権は、相続人がその存在を知らなければ相続されないのか？

2. 相続人が配偶者と直系尊属であった場合の法定相続分は？

3. 代襲原因3つを挙げよ。

4. 相続放棄は代襲原因ではないのか？

5. 直系卑属については、再代襲相続が（　①　）が、兄弟姉妹については再代襲相続が（　②　）。

6. 妻は代襲者となれるのか？

7. 相続に関する被相続人の遺言書を偽造し、変造し、破棄し、又は隠匿した者は、相続についてどうなってしまうのか？

1. 知らなくても当然に相続される。

2. 配偶者3分の2、直系尊属3分の1。

3. 死亡、欠格、廃除。

4. 代襲原因ではない。

5. ①認められる
②認められない

6. なれない。

7. 法律上当然に欠格となり、相続権を失う。

8. 限定承認は単独でできるのか？

8.
できない。共同相続人の全員が共同でしなければならない。

9. 相続の承認・放棄は、一度したとしても熟慮期間中であれば撤回できるのか？

9.
できない。

10. 何歳に達すれば遺言をすることができるのか？

10.
15歳。

11. 遺言者は、その遺言を撤回する権利を放棄できるのか？

11.
できない。

12. 未成年者や破産者でも遺言執行者になれるのか？

12.
なれない。

13. 兄弟姉妹には遺留分が認められているのか？

13.
認められていない。

14. 相続の開始前に遺留分を放棄するための要件は？

14.
家庭裁判所の許可を受けること。

15. 遺留分侵害額請求権は、遺留分権利者が、相続の開始及び遺留分を侵害する贈与又は遺贈があったことを知った時から（　①　）年間行使しないときは、時効によって消滅する。また、相続開始の時から（　②　）年経過したときも、同様に消滅する。

15.
①1　②10

TRY! 本試験問題に挑戦

相続に関するア～オの記述のうち、妥当なもののみをすべて挙げているのはどれか。ただし、争いのあるものは判例の見解による。　【国家一般職 H28】

ア. 被相続人の子が、相続の開始以前に死亡した場合、又は相続を放棄した場合には、被相続人の子の配偶者及び被相続人の子の子は、被相続人の子を代襲して相続人となることができる。

ア．×
相続放棄は代襲原因とはならない。また、配偶者は代襲者となることができない。

イ. 相続人が相続に関する被相続人の遺言書を破棄又は隠匿した場合において、相続人の当該行為が相続に関して不当な利益を目的とするものでなかったとしても、当該相続人は、民法891条5号所定の相続欠格者にあたる。

イ．×
相続人の当該行為が相続に関して不当な利益を目的とするものでなかったときは、当該相続人は、民法891条5号所定の相続欠格者にあたらない。

ウ. 相続人は、自己のために相続の開始があったことを知った時から3か月以内であれば、一度した相続の承認及び放棄を撤回することができる。

ウ．×
一度した相続の承認及び放棄を撤回することは、たとえ熟慮期間中であってもできない。

エ. 相続人は、遺産の分割までの間は、相続開始時に存した金銭を相続財産として保管している他の相続人に対し、自己の相続分に相当する金銭の支払を請求することはできない。

エ．○
そのとおり。
金銭は遺産分割の対象となる。

オ. 共同相続人間において遺産分割協議が成立した場合に、相続人の1人が他の相続人に対して当該遺産分割協議において負担した債務を履行しないときであっても、他の相続人は民法第541条によって当該遺産分割協議を解除することができない。

オ．○
そのとおり。
法的安定性の観点から、遺産分割協議は解除できない。

1．ア、ウ　2．ア、オ　3．イ、ウ　4．イ、エ　5．エ、オ

正答　5

TRY! 本試験問題に挑戦

相続の放棄に関するア～エの記述のうち、妥当なもののみを全て挙げているのはどれか。【国家一般職 R2】

ア. 相続の放棄をしようとする者は、相続の開始前においては、その旨を家庭裁判所に申述しなければならないが、相続の開始後においては、その意思を外部に表示するだけで足りる。

ア．×
そもそも相続の放棄は、相続の開始前においてはすることができない。なお、形式としては家庭裁判所に申述する必要がある。

イ. 相続の放棄をした者は、その放棄によって相続人となった者が相続財産の管理を始めることができるまで、善良な管理者の注意をもって、その財産の管理を継続しなければならない。

イ．×
自己の財産におけるのと同一の注意をもって、その財産の管理を継続しなければならない。

ウ. 被相続人の子が相続の放棄をしたときは、その者の子がこれを代襲して相続人となることはない。

ウ．○
そのとおり。
相続の放棄は代襲原因にはならない。

エ. 一旦行った相続の放棄は、自己のために相続の開始があったことを知った時から3か月以内であっても、撤回することができない。

エ. ○
そのとおり。
熟慮期間中であっても撤回はできない。

1. ア、イ　2. ア、ウ　3. イ、ウ　4. イ、エ　5. ウ、エ

正答　5

TRY! 本試験問題に挑戦

相続に関するア～エの記述のうち、妥当なもののみを全て挙げているのはどれか。　【国税専門官、財務専門官、労働基準監督官 R3】

ア. 遺言が一旦有効に成立したとしても、遺言者は、いつでも遺言の方式に従って、その遺言の全部又は一部を自由に撤回することができる。

ア. ○
そのとおり。
遺言の撤回は自由である。この遺言の撤回権は放棄できない。

イ. 遺言の解釈に当たっては、遺言者の文言を形式的に判断するだけでなく、遺言者の真意を探究すべきものであり、遺言書の特定の条項を解釈するに当たっても、当該条項と遺言書の全記載との関連、遺言書作成当時の事情及び遺言者の置かれていた状況等を考慮して当該条項の趣旨を確定すべきであるとするのが判例である。

イ. ○
そのとおり。
遺言者の真意を探究するべきであり、様々な状況等を考慮して条項の趣旨を確定すべきである。

ウ. 配偶者居住権は、相続開始時に被相続人の財産に属した建物に居住していた被相続人の配偶者が、相続後も当該建物を無償で使用及び収益をすることができる権利であり、当該権利は第三者に譲渡することもできる。

ウ. ×
配偶者居住権は、配偶者の固有の権利であるため、第三者に譲渡することができない。

エ. 共同相続人間において遺産分割協議が成立した場合に、相続人の一人が他の相続人に対して当該遺産分割協議において負担した債務を履行しないときは、他の相続人は、債務不履行解除の一般規定である民法第541条により、当該遺産分割協議を解除することができるとするのが判例である。

エ. ×
遺産分割協議を民法541条によって解除することはできない。

1．ア、イ　2．ア、エ　3．イ、ウ　4．イ、エ　5．ウ、エ

正答　1

TRY! 本試験問題に挑戦

次の事例における各人の相続額として妥当なのはどれか。【国家総合職 H29】

平成29年１月10日、Ａは、預金１億8000万円を残して死亡した。預金の他にみるべき資産はなかった。

Ａには配偶者Ｂとの間に息子Ｃと娘Ｄがいたが、Ｄは既に死亡しており、Ａ、Ｂ、Ｃ及びＤの子Ｅが同居していた。また、ＡにはＢと婚姻する前に交際していたＦとの間にも子Ｇがおり、Ａは、Ｇが生まれた直後にＧを認知していた。

Ｃは、同年１月15日、自筆で書かれたＡの遺言書を発見した。当該遺言書は、民法の規定にのっとった有効なものであり、その内容は、「Ｃには財産を一切相続させないものとする」というものであった。Ｃは腹を立て、自分も法定相続分どおりの金額をもらいたいと考えて、その場で当該遺言書を破棄した。

後に訴訟となって、Cが遺言書を破棄したことが発覚したが、Cは、自分には少なくとも遺留分はあると主張した。

	B	C	E	G
1．	9000万円	0円	6000万円	3000万円
2．	9000万円	0円	4500万円	4500万円
3．	9000万円	1500万円	3750万円	3750万円
4．	8250万円	1500万円	5500万円	2750万円
5．	8250万円	1500万円	4125万円	4125万円

まず、相続人を確定する必要があるが、次の図のように、本事案のもとにおける相続人はB、E、Gの３人である。このうち、EはDを代襲相続する。ちなみに、Cは相続の欠格事由（遺言書の破棄による）があるため、相続人となれず遺留分も認められない（よって０円）。

次に、各相続人の相続分を検討するが、配偶者と子の組合せである以上、配偶者が２分の１、子が２分の１の割合で相続する。もっとも、子は２人いる（Gと代襲相続をするE）ので、２分の１の割合をさらに按分する。よって、Bは9000万円、EとGはそれぞれ4500万円という相続分となる。

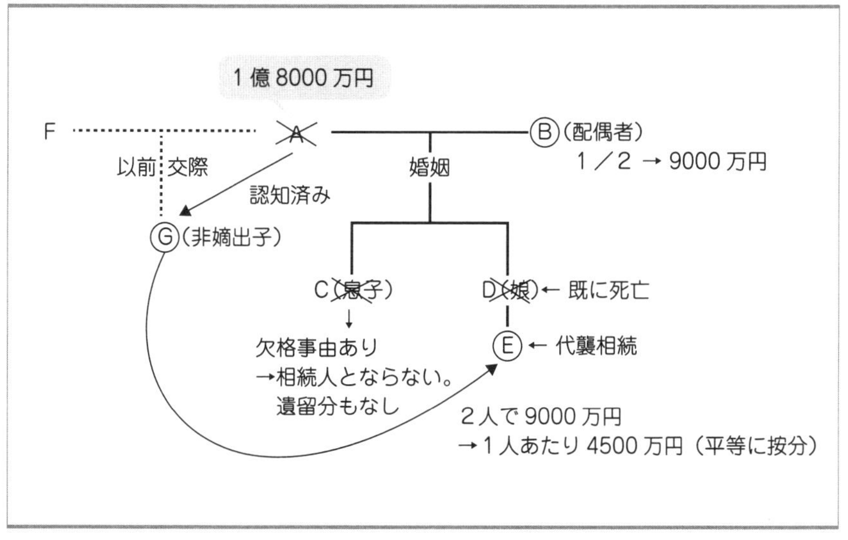

正答　2

索引

い

遺言 389
遺言執行者 392
遺産分割 386
一般的破綻事由 363
一般不法行為 335
委任 294
違法性阻却事由 337
違約手付 223
遺留分 396
遺留分侵害額請求 396
姻族 358

う

請負 283
請負人の担保責任（契約不適合責任） 286
受取証書 139

お

親子 366

か

外形標準説 342
解除 204
解除権の消滅 212
解除権不可分の原則 208
解除後の第三者 211
解除前の第三者 211
買主の代金減額請求権 229
買主の追完請求権 228
買戻し 234
解約手付 223
解約申入れ 274
確定日付 120
過失相殺（１章・債務不履行） 20
過失相殺（27章・不法行為） 347
果実の帰属 227
監督者責任 339
管理継続義務 316

き

危険責任の法理 344
危険通知義務 305
危険負担 195
期限前の弁済 326
寄託 303
求償権 82
協議上の離婚 362
教唆 345
供託 157
共同不法行為 345
共同保証 100
緊急事務管理 317
緊急避難 337
金銭債務 15
金銭賠償の原則 337

く

組合 308
クリーンハンズの原則 328

け

契約上の地位の移転 136
検索の抗弁 95
現実の提供 140
原状回復義務 209
原状回復処分 337
限定承認 385

こ

後見 374
工作物責任 344
口頭の提供 141
合有 308
個人根保証契約 102
婚姻意思 359
婚姻の届出 359
婚姻費用の分担 362

さ

債権者代位権 35

債権者代位権の転用 42
債権証書 139
債権譲渡 111
債権の二重譲渡 119
催告 205
催告によらない解除（無催告解除） 206
催告による解除（催告解除） 205
催告の抗弁 95
財産分与 364
裁判上の離婚 363
債務引受 132
債務不履行 10
詐害意思 53
詐害行為取消権 52

し

死因贈与 241
敷金 263
時効の利益の放棄 96
自然血族 358
下請け自由の原則 284
失火責任法 335
自働債権 161
死別 365
事務管理 315
熟慮期間 386
受働債権 161
受領権者としての外観を有する者に対する弁済 146
受領遅滞 29
準消費貸借 248
使用者責任 340
使用貸借 249
承諾 182
承諾転貸 270
譲渡制限特約 113
消費貸借 245
証約手付 223
事理弁識能力 347
親権 373
親族 358
信頼関係破壊の法理 268

す

随伴性 93

せ

請求権競合 333
精神的損害 335
正当防衛 337
責任能力 337

そ

相殺 161
相殺適状 162
相続 382
相続の欠格 384
相続放棄 386
贈与 240
訴訟告知 63
損益相殺 347
損害賠償額の予定 21
損害賠償による代位 22
尊属 358

た

第三者による弁済 142
第三者のためにする契約 201
代襲相続 384
代償請求権 23
代物弁済 148
代弁済請求権 297
他人の債務の弁済 327
他人物売買 226
単純承認 385
担保責任（契約不適合責任） 227

ち

嫡出子 366
嫡出否認の訴え 368
中間責任 339
直接効果説 209

直系 358
賃借人の義務 266
賃貸借 258
賃貸人の義務 264

つ
通常生ずべき損害（通常損害） 18

て
定期行為 207
定期贈与 241
定型取引 218
定型約款 218
手付 223
転借人 270
填補賠償 17
転用物訴権 323

と
同時履行の抗弁権 187
到達主義 182
動物占有者の責任 345
特殊の不当利得 325
特殊の不法行為 338
特別の事情によって生じた損害（特別損害） 19
特別養子縁組 372

な
内縁 365

に
日常家事債務 362
認知 368

は
配偶者居住権 393
配偶者短期居住権 394
廃除 385
売買 223
売買の一方の予約 233

ひ
被害者側の過失 348
被害者の素因 350
非債弁済 325
卑属 358
被保全債権 36
費用前払義務 297

ふ
不可分債権 77
不可分債務 81
不完全履行 12
付従性 92
負担部分 79
普通養子縁組 371
不動産賃借権の物権化 259
不動産の賃貸人たる地位の移転 261
不当利得 322
不法原因給付 328
不法行為 333
扶養 375
分割債権 74
分割債務 78

へ
併存的債務引受 133
弁済 139
弁済による代位 151
弁済の充当 145
弁済の提供 140
弁済の費用 139
騙取金による弁済 325

ほ
包括的代理権 373
傍系 358
幇助 345
報償責任の法理 341
法定解除 204
法定血族 358
法定相続人 382

法定相続分 383
法定利率 20
法律的不能 16
補充性 93
保証債務 91
保証人の資格 93

む
無断譲渡 267
無断転貸 267
無理由解除 297

め
免責的債務引受 134

も
申込み 182

や
約定解除 204

よ
養子縁組 370
要物契約 182
預金担保貸付と478条 147

り
履行遅滞 12
履行遅滞の起算点 14
履行に着手 224
履行不能 12
離婚意思 362

れ
連帯債権 74
連帯債務 78
連帯保証 100

わ
和解 311
和解の確定効 311

Staff

編集
小山明子

ブックデザイン・カバーデザイン
HON DESIGN（小守いつみ）

イラスト
くにとも ゆかり

編集アシスト
田中 葵

エクシア出版の正誤情報は、
こちらに掲載しております。
https://exia-pub.co.jp/
未確認の誤植を発見された場合は、
下記までご一報ください。
info@exia-pub.co.jp
ご協力お願いいたします。

著者プロフィール

寺本康之

埼玉県立春日部高等学校卒業、青山学院大学文学部フランス文学科卒業、青山学院大学大学院法学研究科中退。全国の学内講座で講師を務める。大学院生のころから講師をはじめ、現在は法律科目（憲法、民法、行政法など）や行政科目、社会科学、人文科学、小論文、面接指導など幅広く講義を担当している。

寺本康之の
民法Ⅱザ・ベスト ハイパー 債権・家族［改訂版］

2023年7月12日　改訂版第1刷発行

著　者：寺本康之

発行者：畑中敦子
発行所：株式会社 エクシア出版
〒101-0054　東京都千代田区神田錦町2-1-5
印刷・製本：モリモト印刷株式会社

ISBN 978-4-910884-11-0 C1030